REGARDS MASCULINS, REGARDS FÉMININS
DU MOYEN ÂGE SUR LA FEMME

DANS LA MÊME COLLECTION

Après la métaphysique : Augustin ? Actes du colloque inaugural de l'Institut d'Études Médiévales de l'Institut Catholique de Paris, 25 juin 2010, édités par Alain de LIBERA, avec la participation de O. BOULNOIS, V. CARRAUD, E. FALQUE, A. de LIBERA, J.-L. MARION, J.-L. NANCY et Ch. SOMMER, 2013, 176 pages.

Philosophie et Théologie chez Jean Scot Érigène, édité par Isabelle MOULIN, avec la participation de O. BOULNOIS, A. de LIBERA, S. GERSH, J. MARENBON, I. MOULIN, D. MORAN, W. OTTEN, 2016, 216 p.

Participation et Vision de Dieu chez Nicolas de Cues, édité par Isabelle MOULIN, avec la participation de J.-M. COUNET, V. GIRAUD, J.-C. LAGARRIGUE, J. MILBANK, I. MOULIN, S. OLIVIER, H. PASQUA, CH. TROTTMANN, 2017, 178 p.

Le Beau et la Beauté au Moyen Âge, édité par Olivier BOULNOIS et Isabelle MOULIN, avec la participation de D. ALIBERT, H. ANZULEWICZ, G. ASLANOFF, O. BOULNOIS, F. CASSINGENA-TRÉVERDY, F. MEUNIER, K. MITALAITÉ, I. MOULIN, D. POIREL, F. SCHULER-LAGIER, PH. SERS, L. SOLIGNAC, A. SPEER, A. VASILIU, O.-TH. VENARD, 2018, 354 p.

Commenter au Moyen Âge, édité par Pascale BERMON et Isabelle MOULIN, avec la participation de P. BERMON, O. BOULNOIS, J. CASTEIGT, G. DAHAN, J. DALARUN, S. EBBESEN, L. HIMMELFARB, Th. JOUBERT, R. MEYER, I. MOULIN, E. PETIT, Chr. SCHABEL, PH. VALLAT, 2020, 280 p.

Le théologico-politique au Moyen Âge, édité par Dominique POIREL, avec la participation de O. BOULNOIS, B. BOURDIN, F. DAGUET, J.-PH. GENET, G. KAPRIEV, O. L. LIZZINI, D. POIREL, S. SIMONETTA, É. TARDIVEL, PH. VALLAT, 2020, 180 p.

Libertés médiévales, édité par Kristell TREGO, avec la participation de G. ALLINEY, I. BOCHET, N. CARRIER, TH. DUTOUR, M. W. ELLIOTT, H. GORIS, T. HOFFMANN, C. MICHON, J. MÜLLER, M. SOROKINA, K. TREGO, CHR TROTTMANN, N. WEILL-PAROT, 2021, 240 p.

PUBLICATIONS DE L'INSTITUT D'ÉTUDES MÉDIÉVALES
DE L'INSTITUT CATHOLIQUE DE PARIS

Directeur : Olivier BOULNOIS

REGARDS MASCULINS, REGARDS FÉMININS DU MOYEN ÂGE SUR LA FEMME

édité par
Pascale BERMON et Dominique POIREL

Ouvrage publié avec le concours du
Vice-Rectorat à la Recherche de l'Institut Catholique de Paris

PARIS
LIBRAIRIE PHILOSOPHIQUE J. VRIN
6, place de la Sorbonne, V^e

2022

Imprimé en France

ISSN 2267-1994
ISBN 978-2-7116-3078-3

www.vrin.fr

INTRODUCTION

Les métamorphoses des femmes et des féminités médiévales, de Michelet aux études de genre

Il existe deux colloques déjà anciens qui ont même objet que le nôtre : le premier, édité par Michel Rouche en 1990, avait eu lieu à Maubeuge où sainte Aldegonde avait vers 670 fondé un cloître mixte dont elle avait été la première abbesse ; le second, organisé par la Faculté de droit Jean-Monnet et publié par Françoise Thibaut en 1992 [1]. Tous deux renferment d'importantes contributions auxquelles il est toujours utile de se référer.

Nul n'ignore que le champ des études sur les femmes en général, et par ricochet sur les femmes et les féminités au Moyen Âge, a subi de grands bouleversements depuis le milieu des années 1980, sous l'effet notamment de ce que l'on appelle les études de genre. Ces bouleversements historiographiques ont été décrits par Judith M. Bennett et Ruth Mazo Karras, dans leur introduction au volume *Women and Gender in Medieval Europe*, publié à Oxford en 2013 [2]. Les études de genre ont produit une telle multiplication des publications sur notre sujet qu'il n'est désormais plus possible de parler des femmes comme d'un « Quart-État » (pour reprendre le titre suggestif d'un livre de Shulamith Shahar), laissé pour compte, des

1. M. Rouche, J. Heuclin (dir.), *La femme au Moyen Âge. Actes du colloque international, Maubeuge, 6-9 octobre 1988*, Maubeuge-Paris, ville de Maubeuge-diffusion librairie J. Touzot, 1990 ; F. Thibaut (dir.), B. Basdevant (adjuv.), *La femme au Moyen Âge. Actes des journées de la Faculté de droit Jean-Monnet, Université de Paris-Sud* [*12 mars 1991*], Paris, La Documentation française, 1992.

2. J. M. Bennett & R. Mazo Karras, « Women, Gender and Medieval Historians », dans *ead.* (éd.), *Women and Gender in Medieval Europe*, Oxford, OUP, 2013, p. 1-17.

études sur le Moyen Âge[1]. En revanche, le domaine des études sur les femmes et les féminités dans les mondes non latinophones au Moyen Âge semble pour sa part à l'heure actuelle sous-exploré. Notre volume ne peut, hélas, pas combler cette lacune, ce qui est d'autant plus regrettable que ce sujet est revêtu d'une certaine actualité dans nos sociétés[2].

Le XIXe siècle nous a légué des stéréotypes encore vivaces aujourd'hui. Nous pensons aux femmes médiévales comme à des créatures dominées par l'homme, quasi-esclaves, responsables du péché de l'humanité, mourant en couches d'une mort jugée bien méritée, châtelaines enfermées dans des tours, passant leur temps à attendre, en filant au rouet, leur époux parti guerroyer[3], paysannes abusées par droit de cuissage, prostituées assouvissant la libido des clercs dans les villes, religieuses aux cheveux rasés sous leur voile dépérissant derrière leur clôture[4], sorcières enfin,

1. *Cf.* S. Shahar, *The Fourth Estate : A History of Women in the Middle Ages*, London-New York, Routledge, 11983.

2. Sur la femme dans les mondes non latinophones, quelques publications peuvent être signalées ici, à titre informatif. Pour la littérature hébraïque : T. Rosen, *Unveiling Eve : Reading Gender in Medieval Hebrew Literature*, « Jewish culture and contexts series », Philadelphia, University of Pennsylvania, 2003 ; J. R. Baskin, « Jewish Traditions about Women and Gender Roles : From Rabbinic Teachings to Medieval Practice », dans *Women and Gender in Medieval Europe*, p. 36-51 ; Z. Stampfer, A. Ashur (dir.), *Language, Gender and Law in the Judaeo-Islamic Milieu*, « Cambridge Genizah Studies Series, 10 ; Études sur le judaïsme médiéval, 82 », Leyden, Brill, 2020. Pour la société byzantine, qui reconnaissait trois genres (femme, homme, eunuque) et qui définissait les rôles avec une certaine fluidité : B. Neil, L. Garland (dir.), *Questions of Gender in Byzantine Society*, Farnham, Ashgate, 12013. Pour les sources arabes : M. Marin, R. Deguilhem (dir.), *Writing the Feminine : Women in Arab Sources*, London-New York, I. B. Tauris in association with the European Science Foundation, 2002. La série de Brill « Women and Gender : The Middle East and the Islamic World » ne contient aucun volume sur le Moyen Âge. Pour les traditions islamiques, signalons : J. P. Berkey, « Women and Gender in Islamic Traditions », dans *Women and Gender in Medieval Europe*, p. 52-67. Pour l'Extrême-Orient, un volume centré sur la période Song (960-1276) : P. Buckley Ebrey, *Women and the Family in Chinese History*, « Critical Asian Scholarship Series », London, Routledge, 2002.

3. G. Duby, *Les femmes et le pouvoir au XIIe siècle. Conférence au collège de France*, 17 février 1994, https://www.filmsdocumentaires.com/films/1525-georges-duby, évoque encore un « monde des femmes [au Moyen Âge] presque aussi strictement séparé du monde des hommes qu'il l'est aujourd'hui dans les sociétés musulmanes ».

4. La stricte clôture fut rendue obligatoire pour toutes les moniales par la décrétale *Periculoso* en 1298 (éditée dans *Sextus liber Decretalium*, L. II, tit. XVI, cap. un., éd. A. Friedberg, *Corpus iuris canonici,* t. 2, Leipzig, Bernhard Tauchnitz, 1922, col. 1053-1054). Les communautés rattachées aux ordres mendiants (clarisses, dominicaines) devaient aussi suivre des règles de vie très austères sur ce point, dont le respect littéral allait être promu par les réformateurs observants au XVe siècle, comme l'a montré S. Duval, « *Comme des*

brûlées par l'Inquisition. Il faudrait peser un à un ces fantasmes à l'aune de l'histoire[1]. Je m'attarderai seulement sur le cas de la sorcière, orchestré jadis par Michelet, dans son ouvrage intitulé justement *La Sorcière*, publié à Paris en 1862. Claude Gauvard a « démonté » ce stéréotype historiographique dans un discours prononcé en 2009 devant la Société de l'histoire de France[2], rappelant qu'au Moyen Âge, les sorcières étaient en réalité des sorciers. La sorcellerie dépendait d'un répertoire de connaissances scientifiques et magiques auxquelles les femmes n'avaient en principe pas accès. En 1437, tardivement donc, Jean Nider exprime d'ailleurs encore son malaise à l'idée d'attribuer des capacités de sorcellerie à des femmes[3].

Les recherches sur les femmes au Moyen Âge ont commencé véritablement à sortir de ces stéréotypes dans les années 1970-1980, malgré quelques études pionnières, qu'il faut signaler, en particulier celle de l'historien Herbert Grundmann, habilitation soutenue à Leipzig en 1933 et publiée à Berlin en 1935, sous le titre (que je traduis en français) *Les Mouvements religieux au Moyen Âge. Les liens historiques de l'hérésie, des ordres mendiants et des mouvements religieux féminins aux* XII*e et* XIII*e siècles, avec les fondements de la mystique allemande*[4].

anges sur terre ». Les moniales dominicaines et les débuts de la réforme observante, « Bibliothèque des Écoles françaises d'Athènes et de Rome, 366 », Rome, École française de Rome, 2015. *Cf.* M. Brennan, « La clôture. Institutionnalisation de l'invisibilité des femmes dans les communautés ecclésiastiques », *Concilium* 202, 1985, p. 57-68.

1. L'ouvrage récent dirigé par N. Weill-Parot et V. Sales, *Le vrai visage du Moyen Âge, au-delà des idées reçues,* Paris, Éditions Vendémiaire, 2017, se donne justement pour objectif, en vingt-deux interviews d'historiens de renom, de « débarbouiller le Moyen Âge des préjugés qui l'encombrent ». Sans surprise, les femmes y occupent une place de choix.

2. C. Gauvard, « Discours de Mme Claude Gauvard présidente de la Société de l'histoire de France en 2009 », *Annuaire-Bulletin de la Société de l'histoire de France*, Paris, 2009, p. 3-14, en ligne.

3. Voir M. D. Bailey, « From Sorcery to Witchcraft : Clerical Conceptions of Magic in the Later Middle Ages », *Speculum* 76/4, October 2001, p. 960-990 (p. 977-985). Jean Nider consacre le cinquième et dernier livre du Formicarius, écrit en 1437-1438, « aux sorciers et à leurs tromperies ». C'est le premier traitement étendu du sujet de la part d'un clerc et il sera édité sept fois jusqu'à 1692. Davantage, c'est une source majeure du *Malleus maleficarum* d'Henricus Institoris, cinquante ans plus tard, qui tiendra une place centrale dans le phénomène de chasse aux sorcières aux XVIe et XVIIe siècles. Nider y fournit trois descriptions du sabbat des sorciers et est le premier à noter que la sorcellerie est le plus souvent le fait de femmes.

4. H. Grundmann, *Religiöse Bewegungen im Mittelalter. Untersuchungen über die geschichtlichen Zusammenhänge zwischen der Ketzerei, den Bettelorden und der religiösen Frauenbewegungen im 12. und 13. Jahrhundert, und über die geschichtlichen Grundlagen der Deutschen Mystik,* Berlin, Ebering, 1935 ; trad. angl. S. Rowan, *Religious Movements in*

En France, Georges Duby a joué un rôle moteur. Il a consacré son enseignement au Collège de France à l'histoire des femmes, depuis *Famille et parenté dans l'Occident médiéval*, publié en 1977 avec Jacques Le Goff, jusqu'à *Mâle Moyen Âge* en 1988, en passant par *Le chevalier, la femme et le prêtre*, paru en 1981 et l'article fondateur *Que sait-on de l'amour en France au XIIe siècle ?* qui date de 1983[1]; sans oublier les trois tomes des *Dames du XII*e *siècle*[2] et les cinq tomes de *l'Histoire des femmes en Occident*, co-dirigés avec Michelle Perrot et parus en français en 1990-1992[3]. Dans *Mâle Moyen Âge : de l'amour et autres essais*, Duby déclare dans une formule devenue célèbre : « Ce Moyen Âge est mâle, résolument. Car tous les propos qui me parviennent et me renseignent sont tenus par des hommes, convaincus de la supériorité de leur sexe. Je n'entends qu'eux »[4]. On se souvient en effet des remarques désabusées d'Élisabeth Carpentier, qui, après n'avoir compté que douze occurrences du mot *mulier* et une de *femina* dans le vocabulaire des biographies royales, contre deux cent quatre-vingt-quatorze apparitions de *vir* et *homo*, concluait que « la femme en général n'intéressait guère nos auteurs », qui la désignaient surtout par « sa place dans la famille (*uxor, soror, mater*, etc.) »[5].

the Middle Ages. The Historical Links between Heresy, the Mendicant Orders, and the Women's Religious Movement in the Twelfth and Thirteenth Century, with the Historical Foundations of German Mysticism, Notre Dame, University of Notre Dame Press, 1995.

1. G. Duby, *Que sait-on de l'amour en France au XIIe siècle ?*, Oxford, OUP, 1983, repr. dans *Féodalité*, préface de J. Dalarun, Paris, Gallimard, 1996, p. 1399-1411.

2. G. Duby, *Dames du XIIe siècle*, t. 1 : *Héloïse, Aliénor, Iseut et quelques autres* ; t. 2 : *Le souvenir des aïeules* ; t. 3 : *Ève et les prêtres*, Paris, Gallimard, 1995-1996. P. Boucheron (« La lettre et la voix : aperçus sur le destin littéraire des cours de Georges Duby au Collège de France, à travers le témoignage des manuscrits conservés à l'IMEC », *Le Moyen Âge* 115/3, 2009, p. 487-528) explique que ces tomes « paraissent longtemps après les cours au Collège de France qui les ont inspirés. Le premier tome, consacré notamment à Héloïse, et qui fut publié en 1995, reprend pour l'essentiel la matière du cours de 1984-1985, et le second tome celui de 1989-1990. Quant au troisième tome, paru l'année de sa mort en 1996, il [s'appuie] sur la dernière année du séminaire (1990-1991) ».

3. G. Duby & M. Perrot (dir.), *Histoire des femmes en Occiden*t, Paris, Plon, 1990-1991, 5 t. Antérieurement, G. Duby & Ph. Ariès (dir.), *Histoire de la vie privée*, Paris, Seuil, 1985-1987, 5 t.

4. G. Duby, *Mâle Moyen Âge : de l'amour et autres essais*, Paris, Flammarion, 1988, p. 7.

5. É. Carpentier, « L'homme, les hommes et la femme. Étude sur le vocabulaire des biographies royales françaises (XLe-XLLLe siècle) », *Annales. Économies, Sociétés, Civilisations* 41/2, 1986, p. 325-346.

Georges Duby est mort en 1996 et dès 1998 paraissait un intéressant numéro de la revue *Clio*, intitulé *Georges Duby et l'histoire des femmes*, où s'exprime un hommage, nuancé de plusieurs critiques [1]. Jacques Dalarun y explique par exemple que l'évitement de la question de la religion aurait interdit à Duby « l'écoute des voix féminines que nous pouvons plus directement percevoir : les religieuses, les mystiques » [2]. Quant à Christiane Klapisch-Zuber, elle rappelle que « l'histoire sociale des rapports de sexes ne se réduit pas, pour schématiser, à une histoire des images que quelques clercs se faisaient des femmes » [3].

Mais c'était déjà en 1998 et à cette date les études de genre, avec lesquelles l'histoire des femmes est souvent confondue, s'étaient installées dans le paysage universitaire. La notion de genre s'est en effet diffusée en France à partir de la publication en 1986 d'un article de l'historienne spécialiste de la France du XIXe siècle, Joan Scott, professeur à Princeton, intitulé : « Genre, une catégorie utile d'analyse historique » [4]. Dans une contribution plus récente, datée de 2010, Joan Scott explique que le genre est construit socialement, historiquement et qu'il permet de combattre la « fixité de l'opposition masculin/féminin, son absence d'histoire ». Que l'on parle de « genre » ou de « différence des sexes », comme préfère désormais le faire Joan Scott, ce qui compte est de ne pas « présumer de différences fixes » mais « d'étudier leur mode opératoire » [5].

1. *Clio. Histoire, femmes et sociétés* 8, 1998, mis en ligne le 5 juillet 2005, consulté le 9 décembre 2019, http://journals.openedition.org/clio/312 ; DOI : 10.4000/clio. 312.

2. J. Dalarun, « Argument *e silentio*. Les femmes et la religion », *Clio. Histoire, femmes et sociétés* 8, non paginé.

3. Chr. Klapisch-Zuber, « Avant-propos », *Clio. Histoire, femmes et sociétés* 8, non paginé. À quoi fait écho le propos d'A. Livingstone, « Pour une révision du "mâle" Moyen Âge de Georges Duby (États-Unis) », *ibid.* : « Là où G. Duby et ses disciples mettent en lumière impuissance et répression, nous avons dégagé une autre vision des femmes dans le monde médiéval [...] qui insiste sur le pouvoir et la participation féminine [...]. Au lieu de nous dévoiler une société rigidement patriarcale, [...] les chartes [...] suggèrent que les femmes furent des membres [...] respectés et influents de leur famille et de la société où elles vivaient » (non paginé).

4. J. Scott, « Gender : A Useful Category of Historical Analysis », *American Historical Review* 91/5, 1986, p. 1053-1075, trad. fr. É. Varikas, « Genre : une catégorie utile d'analyse historique », *Les Cahiers du Grif* 37-38, *Le genre de l'histoire*, 1988, p. 125-153.

5. J. Wallach Scott, « Fantasmes du millénaire : le futur du "genre" au XXIe siècle », *Clio. Femmes, Genre, Histoire* 32, 2010, p. 89-117 : « Nous avons justement créé le terme genre pour combattre la pratique qui réduit les relations sociales à la différence anatomique des sexes » (p. 91) ; *ibid.*, p. 104 : « Les termes d'"homme" et de "femme", comme tous les signifiants, ont donc des sens qui ne sont ni fixes ni absolus : ils s'établissent dans l'espace

Les études de genre se sont développées dans le champ des études médiévales. Aux États-Unis, a été créée en 1992 la Society for Medieval Feminist Scholarship qui s'est dotée d'une publication en ligne : le *Medieval Feminist Forum : A Journal of Gender and Sexuality*, qui promeut les études interdisciplinaires sur les femmes et le genre au Moyen Âge (500-1500), publie des articles, d'utiles comptes rendus et des bibliographies. Les revues, telle *Clio. Histoire, femmes et sociétés*, déjà mentionnée, fondée en 1994 [1], ainsi que les collections dédiées au sein des maisons d'édition [2], ont fleuri. Les études sur la masculinité, en forgeant des outils capables de décrire les formations des identités masculines au Moyen Âge, complètent actuellement cette approche renouvelée [3].

Je voudrais brièvement illustrer les apports concrets de cette nouvelle approche dans un champ restreint, celui du rapport des femmes à l'écrit au Moyen Âge. Je m'appuierai pour le faire sur l'excellent panorama publié par Sylvie Duval dans la revue *Médiévales* [4]. Il permet de se rendre compte de l'efficacité de ces nouvelles approches pour faire tomber certains préjugés historiographiques jusque-là bien admis, le principal étant celui du *clericus litteratus*, qui pose l'équivalence du clerc et du lettré et fait de la culture – lecture, écriture, connaissance du latin – un privilège masculin au

différentiel de la relation entre l'un et l'autre [...]. C'est ainsi que je me retrouve à utiliser de moins en moins le terme genre dans mon travail et à préférer parler de la différence des sexes (terme qui ne présume pas de différences fixes, mais étudie leur mode opératoire) et du sexe biologique en tant que variables conceptuelles et historiques. » J. Scott considère qu'en 2010 « le genre a généralement atteint ce degré de neutralité scientifique et sociale qui le distingue de l'engagement qu'est le féminisme politique, lui garantissant par là son intégration universitaire » (*ibid.*, p. 108). D. Lett (« Les régimes de genre dans les sociétés occidentales de l'Antiquité au XVIIe siècle », *Annales. Histoire, Sciences Sociales* 67/3, 2012, p. 563-572) introduit la notion de « régime de genre », qu'il définit comme « un agencement particulier et unique des rapports de sexe dans un contexte historique, documentaire et relationnel spécifique. Plusieurs régimes peuvent coexister dans une même période historique » (p. 565-566).

1. F. Thébaud & M. Zancarini-Fournel, « CLIO, Histoire, Femmes et Sociétés : naissance et histoire d'une revue », *Clio. Histoire, femmes et sociétés* 16, 2002, p. 9-22.

2. Ainsi, chez Brepols, les collections « Medieval Women : Texts and Contexts » et « Sanctimoniales. Religious Women ; Geistliche Frauen ».

3. Ainsi, J. J. Cohen, B. Wheeler (éd.), *Becoming Male in the Middle Ages*, New York, Routledge, 1997 ; D. M. Hadley (éd.), *Masculinity in Medieval Europe*, New York, Routledge, 1999 ; R. Mazo Karras, *From Boys to Men : Formations of Masculinity in Late Medieval Europe*, Philadelphia, University of Pennsylvania, 2003.

4. S. Duval, « La littéracie des femmes à la fin du Moyen Âge. Questions sur l'histoire de la culture, de la lecture et de l'écriture à travers des travaux récents », *Médiévales* 75/2, 2018, p. 227-248.

Moyen Âge. On y découvre l'apport des travaux les plus récents, inspirés par l'approche du genre, à l'histoire de la culture au Moyen Âge.

Faisant écho dans son titre à l'ouvrage pionnier de Peter Dronke, *Women Writers in the Middle Ages*, publié en 1984, le livre de Dennis H. Green, *Women Readers in the Middle Âges*, publié en 2007, a remis en cause l'équivalence entre clerc et lettré. Green avance même que, « dans l'aristocratie médiévale, les femmes, habituées à lire et à méditer sur leurs ouvrages pieux, étaient plus lettrées que leurs maris »[1].

Les mères donnaient à leurs enfants leur première instruction dans un bréviaire ou un livre d'heures, « ainsi que le rappellent les représentations, courantes à la fin du Moyen Âge, de la Madone ou de sainte Anne tenant un livre devant leur enfant »[2]. Cette pratique bien attestée était déjà l'objet du volume collectif dirigé par Jean Delumeau, *La religion de ma mère. Le rôle des femmes dans la transmission de la foi*, publié à Paris en 1992. Les mères apprenaient à leurs enfants, indissociablement, à lire et à méditer (mais non à écrire). Les travaux développés actuellement par Sabrina Corbellini et ses collègues[3] à l'Université de Groningue démontrent de façon précise comment se déroulaient les pratiques de lecture médiévales. Elles engageaient les lecteurs à une « participation active », qui se déploie « en un temps qui n'est pas celui du simple déchiffrement des caractères, mais bien celui du cheminement spirituel. La lecture suit le rythme de la méditation, et non l'inverse », pour mener à la contemplation[4].

Les recherches sur les moniales d'Europe du Nord ont confirmé la participation des femmes à la culture. L'étude des manuscrits liturgiques composés et enluminés au XIVe siècle par les moniales du Paradies bei Soest (Westphalie), publiée en 2016 par une équipe de quatre chercheurs[5]

1. P. Dronke, *Women Writers of the Middle Ages. A Critical Study of Texts from Perpetua († 203) to Marguerite Porete († 1310)*, Cambridge, CUP, 1984 ; D. H. Green, *Women Readers in the Middle Ages*, Cambridge, CUP, 2007. Voir Duval, « La littéracie », p. 241 et p. 242 : « Certains livres pouvaient même être typiquement féminins, tels les petits livres de femmes, libricini da donna, que l'on trouve dans les trousseaux des jeunes épouses italiennes des XIVe-XVe siècles ».

2. Duval, « La littéracie », p. 242.

3. M. Hoogvliet & B. Ramakers (éd.), *Discovering the Riches of the Word. Religious Reading in Late Medieval and Early Modern Europe*, Leyde, Brill, 2015.

4. Duval, « La littéracie », p. 243.

5. E. Schlotheuber, J. Hamburger, M. Fassler & S. Marti, *Liturgical Life and Latin Learning at Paradies bei Soest, 1300-1425. Inscription and Illumination in the Choir Books of a North German Dominican Convent*, Münster, Aschendorff Verlag, 2016, 2 t. Le premier tome comprend notamment un paragraphe intitulé « Albertus Magnus and the Women :

« a mis en lumière l'habileté des sœurs à manier l'Écriture sainte, à saisir et à réinterpréter le sens de la liturgie », en latin et en langue vernaculaire, et même

> à livrer leurs propres interprétations théologiques, dans l'élaboration d'illustrations complexes et dans la rédaction de prières micrographiques, minuscules textes glissés entre les partitions, ou à l'intérieur des images [1].

D'autres études ont montré que les monastères dominicains de l'Empire germanique, Unterlinden de Colmar où était prieure au XVe siècle Élisabeth Kempf, brillante latiniste, Sainte-Catherine de Nuremberg, Sainte-Catherine à Saint-Gall, étaient des centres de culture religieuse de premier plan [2].

Le projet *Nuns' Literacies in Medieval Europe*, dirigé par Virginia Blanton, Veronica O'Mara et Patricia Stoop, complète notre connaissance des moniales médiévales [3]. Les études publiées dans le cadre de ce projet et qui portent sur la période antérieure au XIe siècle, présentent toutes l'image d'une société où la moniale cultivée, telle Lioba, correspondante de Boniface au VIIIe siècle, occupait une place de premier plan [4]. Pour la période postérieure, les trois volumes publiés livrent de nombreuses études de cas. On y apprend que dans les régions rhénanes, on dénombre à l'heure actuelle cent quarante manuscrits qui ont été composés par des religieuses [5]; que les religieuses du monastère de Jéricho à Bruxelles

The Beginnings of Paradies », p. 21-26 : la désignation du couvent de Paradies, fondé en présence d'Albert le Grand en 1255, comme un *lugubris paradisus*, doit provenir de la théologie d'Albert lui-même. Le chap. III, « Intellectual Horizons », p. 43-92, contient une partie intitulée « Religious Expression and Latin Learning », p. 43-75, qui décrit la place de l'éducation et des lettres dans la représentation que se font les moniales, l'attitude de l'Église à l'égard de l'éducation des religieuses, le rôle de l'éducation et le cursus dans les écoles conventuelles. On y rappelle qu'être *litteratus/litterata* constituait un pré-requis pour l'entrée dans la vie religieuse (p. 52).

1. Duval, « La littéracie », p. 234. Voir E. Schlotheuber, J. Hamburger, M. Fassler & S. Marti, *Liturgical Life and Latin Learning*, t. 1, p. 154-156 : « Micrographic Prayers : Significance and Origins ».

2. Duval, « La littéracie », p. 238.

3. V. Blanton, V. O'Mara & P. Stoop (éd.), *Nuns'Literacies in Medieval Europe*, t. 1 : *The Hull Dialogue*, Turnhout, Brepols, 2013 ; t. 2 : *The Kansas City Dialogue*, Turnhout, Brepols, 2015 ; t. 3 : *The Antwerp Dialogue*, Turnhout, Brepols, 2018.

4. Duval, « La littéracie », p. 246.

5. A. Winston-Allen, « Outside the Mainstream : Women as Readers, Scribes and Illustrators of Books in Convents of the German-Speaking Regions », dans *The Kansas City Dialogue*, p. 191-207.

« organisaient autour de leur *scrijfcamere*, leur *chambre à écrire*, un travail collectif de rédaction des sermons délivrés devant leur communauté », sorte de *reportationes* savantes [1].

Pour l'Italie, Giovanna Murano vient de publier un catalogue d'autographes de femmes médiévales [2]. Pour l'Angleterre, Karen A. Winstead montre dans un récent ouvrage comment l'écriture hagiographique a aussi évolué à la fin du Moyen Âge, à partir des années 1410, pour donner plus de place aux femmes, avec un fort accent sur l'éducation et l'enseignement [3].

Comme l'illustre cet exemple rapide, les études de genre ont donc fait céder petit à petit, par l'accumulation de données, ces dernières années, le schéma, jusque-là dominant dans l'historiographie, quoique relativement récent, d'une culture exclusivement masculine au Moyen Âge occidental latin [4].

Pascale BERMON

LA FEMME AU MOYEN ÂGE
INTRODUCTION AU PRÉSENT COLLOQUE

Pourquoi consacrer ce colloque à la femme au Moyen Âge ? Dès qu'on commence à se poser la question, les réponses affluent, si nombreuses, qu'on serait plutôt tenté de se demander : pourquoi ne pas consacrer ce colloque à la femme au Moyen Âge ? En effet, la moitié de l'humanité, durant la moitié de l'ère chrétienne, mérite bien qu'on lui accorde quelques jours. D'autre part, une actualité chargée – l'écriture inclusive, le mouvement *me too*, les féminicides, les violences conjugales entre autres – fait ici ou là resurgir sur les blogs ou dans la presse l'adjectif

1. Duval, « La littéracie », p. 237 et p. 240-241 : « Les registres de gestion des monastères, démontrent en outre que les religieuses détenaient aussi une culture écrite pratique remarquable, qui leur permettait de gérer leur communauté et leurs domaines ».

2. G. Murano, *Autographa*, t. II/1, *Donne, sante e madonne* (*da Matilde di Canossa ad Artemisia Gentileschi*), Imola, La Mandragora, 2018.

3. K. A. Winstead, *Fifteenth-Century Lives. Writing Sainthood in England*, Notre Dame, Notre Dame University Press, 2020.

4. Comme le note Duval, « La littéracie », p. 246 : « le Moyen Âge ne considérait sans doute pas de la même manière les auteurs féminins et masculins ; pour autant, les refus d'attribuer à des femmes la pleine responsabilité d'un texte sont caractéristiques de siècles bien postérieurs. Ce n'est qu'au XIXe siècle, et jusqu'à très récemment, que l'on a douté de l'authenticité des écrits de Hrotsvita ou d'Héloïse ».

« moyenâgeux », au sens d'arriéré, brutal, grossier, inculte, machiste et patriarcal, ce qui n'est pas sans interroger les médiévistes et les citoyens que nous sommes sur les relations entre l'homme et la femme au Moyen Âge. Cette période fut-elle vraiment plus moyenâgeuse que la nôtre, et si oui, ou si non, dans quels domaines surtout ?

Mais la question est mal posée, car nous savons bien que non seulement il n'a pas existé un unique Moyen Âge, qui courrait de la déposition de Romulus Augustule à la découverte de l'Amérique, mais moins encore il n'a existé, durant la même période, une unique femme médiévale, tout ensemble princesse et vilaine, abbesse et prostituée, bourgeoise et sorcière, béguine et poétesse. Notre objet d'études est donc protéiforme : il se diversifie selon les siècles, selon les états de vie, selon les étapes d'une même vie. Bien plus, il se diversifie tout autant selon la discipline qui l'examine : histoire religieuse, sociale ou littéraire, histoire de la philosophie, de la théologie, du droit civil ou canonique, des sciences, de l'art et des mentalités... Bref, pour étudier de façon un peu complète les femmes au Moyen Âge, il faudrait au bas mot un millier d'exposés : dix siècles, fois dix rangs sociaux, fois dix angles disciplinaires. Un colloque un peu complet réclamerait donc mille heures de travail, soit un semestre, ce qui laisserait l'autre semestre pour nous occuper de l'homme (mâle) au Moyen Âge.

C'est bien sûr une voie différente qu'explore le présent ouvrage. Nous avons en effet choisi de confronter, non pas des situations, mais des regards. Que disent de la femme des hommes médiévaux, des femmes médiévales ? C'est ce qui donne à notre entreprise la forme d'un diptyque. En effet, une difficulté de méthode bien connue, quand il s'agit d'atteindre les femmes des temps anciens, c'est que leurs témoignages sont le plus souvent rares, discrets et indirects. Qu'il soit ou non « médian », le Moyen Âge est à cet égard un âge « médié » par excellence : pour entendre la voix des hommes, et plus encore pour entendre la voix des femmes, il faut passer par des intermédiaires, par des transmissions, presque toujours masculines, qui jouent le rôle de filtre en même temps que de relais. Pour prendre en compte cette difficulté, à défaut de l'abolir, la décision a été prise de consacrer la première section à des discours ordinaires, donc masculins, sur la femme ; et la seconde section à des discours féminins, donc exceptionnels, sur elles-mêmes comme femmes.

En effet, parler de la femme ou des femmes comme telles, c'est avoir affaire à une différence, donc à une relation entre la femme et l'homme. S'il est toujours difficile d'atteindre la réalité historique complexe et mouvante qui se cache derrière les sources, du moins en comparant ces mêmes sources nous pouvons saisir sur le vif quelque chose de la diversité des visions, féminines et masculines, sur la nature, la place et le rôle que les unes et les autres assignent à la femme. Notre sujet d'étude est donc moins un objet qu'un prisme. La présente enquête se propose moins de reconstruire une réalité ou une image commune, qui serait le portrait idéal ou moyen de « la femme médiévale » comme point de convergence d'une série d'études particulières, que de faire apparaître la diversité des regards sur la femme, entre les hommes, entre les femmes, et surtout entre les hommes et les femmes. En observant quelle place les uns et les autres accordent aux femmes dans leur discours, nous voudrions documenter la manière dont les discours dominants, masculins, qui forment la première section, sont repris et intériorisés dans les discours féminins, matière de la seconde, ou sont au contraire remplacés par une parole différente, originale, inattendue. Chaque intervention est donc une pièce à l'intérieur d'une mosaïque collective dont personne, au début du colloque, ne savait au juste ce qu'elle révèlerait une fois composée.

Sur une période courant du XIe au XVe siècle, une dizaine de discours est ici présentée, cinq masculins et cinq féminins. Parmi les discours masculins, celui du moine vient en premier, en l'occurrence Pierre Damien, réputé pour son extrême misogynie (Lorenzo SARACENO, « Un eremita di fronte al femminile : repulsioni, paure, fascinazioni. Intorno alla "misoginia" di Pier Damiani »[1]). Puis, celui d'un chanoine régulier, Hugues de Saint-Victor, remarquable à l'inverse pour sa vision harmonieuse des deux sexes (Dominique POIREL, « Hugues de Saint-Victor est-il féministe ? »[2]). Après ces deux réguliers, qui récapitulent deux visions presque opposées de la femme au temps de la réforme grégorienne, les trois contributions suivantes décrivent trois regards différents sur la femme à l'âge des universités. D'abord celui des théologiens, à travers les premiers commentaires sur les *Sentences* de Pierre Lombard, de Guillaume d'Auxerre à Thomas d'Aquin (Laure SOLIGNAC, « Ève dans les premiers commentaires des Sentences. Questions sur l'égalité entre homme et

1. Voir *infra* p. 23-52.
2. Voir *infra* p. 53-79.

femme »[1]). Ensuite celui des juristes influencés par le droit romain, qu'ils soient civilistes ou canonistes (Laurent MAYALI, « *Mulier in genere*. Les juristes et la femme au Moyen Age »[2]). Enfin, celui de Gilles de Rome, abordé comme philosophe et plus précisément comme pédagogue des princes, à travers son *De regimine principum* (Julie BRUMBERG-CHAUMONT, « La raison défaillante des femmes au miroir de la pensée théologico-politique de Gilles de Rome : domination, déni d'éducation, confinement, silence »[3]).

La parole est ensuite donnée à cinq discours féminins : d'abord, une abbesse, prophétesse et médecin, en lien par sa correspondance avec tout ce qui compte dans l'Europe latine de son temps, Hildegarde de Bingen (Laurence MOULINIER, « Hildegarde de Bingen, la "plus que femme" ? »[4]). Ensuite une laïque sans instruction, d'abord suspectée de possession, avant d'accéder au rang de mère spirituelle d'une communauté franciscaine et même d'enseignante en matière sacrée, Angèle de Foligno (Dominique POIREL, « Au cœur du livre, la femme : Angèle de Foligno doctrice en théologie »[5]). Puis son exacte contemporaine, moins heureuse puisqu'elle fut jugée, condamnée, brûlée pour hérésie, Marguerite Porete (Marie-Pascale HALARY, « Les avatars de Marguerite Porete. Le genre dans la réception du *Mirouer des simples ames* »[6]). Yolande de Flandre, comtesse régente en Barrois, illustre ensuite le cas des femmes de gouvernement et la façon dont elles parviennent dans des circonstances favorables à s'imposer dans l'exercice masculin du pouvoir (Michèle BUBENICEK, « Discours de femmes sur le pouvoir au féminin, durant l'époque médiévale »[7]). Cette galerie s'achève avec une femme multiple, une femme chef d'orchestre, bergère et meneuse d'hommes, visionnaire et générale d'armée, sainte ou sorcière selon les camps, Jeanne d'Arc, une des femmes à la fois les plus mystérieuses et les mieux connues grâce aux minutes de son procès (Catherine GUYON, « Jeanne d'Arc, une femme d'armes »[8]).

1. Voir *infra* p. 81-116.
2. Voir *infra* p. 117-136.
3. Voir *infra* p. 137-174.
4. Voir *infra* p. 249-271.
5. Voir *infra* p. 273-300.
6. Voir *infra* p. 301-319.
7. Voir *infra* p. 321-337.
8. Voir *infra* p. 339-352.

Au centre de ces dix regards, faisant comme la charnière entre les deux volets du diptyque, prend place une étude sur la présence des femmes là où peut-être on les attendait le moins, le sacerdoce excepté, c'est-à-dire dans ce sanctuaire des « clercs », au double sens d'ecclésiastiques et de savants, que sont les écoles et les universités (Pascale BERMON, « Les femmes dans les milieux éducatifs au Moyen Âge (XIIIe-XIVe siècle) » [1]).

Bien d'autres enquêtes auraient été possibles, mais celles-ci suffisent déjà pour faire apparaître des questions de méthode, des évolutions et des constances. Les questions de méthode sont bien connues : puisque les textes médiévaux sont surtout écrits par des hommes et pour des hommes, y découvrir la présence des femmes, *a fortiori* leur parole, plus encore leur parole sur elles-mêmes, réclame de l'historien un travail de collecte et de critique des sources plus vigilant qu'ailleurs, pour composer avec tous les biais que suscitent une information rare, filtrée, transmise et réinterprétée par d'autres qu'elles-mêmes. Chaque article peut donc se lire comme un effort pour affronter cette difficulté dans divers champs historiques et avec divers types de documents, des écrits théologiques aux sceaux de cire en passant par les correspondances, les gloses juridiques, les traités d'éducation, les chartes, les minutes de procès et bien d'autres genres encore.

Il est une autre difficulté, inverse de la première et paradoxale, qu'ont fait apparaître plusieurs contributions : on s'habitue si bien au silence des femmes que le danger existe de ne pas les entendre, quand d'aventure elles parlent et que leur discours s'est conservé. C'est ce qui arrive quand les écrits d'Hildegarde de Bingen, de Trota, de Marguerite Porete sont après elles réattribués à des hommes, tant il semble incroyable qu'une femme écrive sur la sexualité, la médecine ou la vie religieuse. De façon plus insidieuse, c'est encore ce qui survient quand une femme délivrant sur Dieu un enseignement validé, non sans mal, par les plus hautes autorités ecclésiastiques de son temps, telle Angèle de Foligno, se voit aujourd'hui désignée comme « mystique », sans que ce terme ait le moindre support dans les textes, tout simplement parce qu'il nous semble impensable qu'une femme soit théologienne. C'est aussi ce qui se produit quand on conclut un peu trop vite que les femmes sont absentes des écoles et des universités, alors qu'elles s'y rencontrent de cent manières inattendues, jusque dans la chaire du maître, des « petites écoles » au remplacement occasionnel d'un père canoniste. Rares sont donc les femmes dans les positions de puissance,

1. Voir *infra* p. 175-247.

plus rares encore les sources où elles s'expriment; mais c'est un comble qu'à ces deux raretés cumulées l'historien d'aujourd'hui en ajoute souvent une troisième, artificielle, en ignorant par principe ou par routine une présence féminine pourtant bien documentée dans les textes.

Du XIe au XVe siècle, quelles évolutions, quelles permanences fait apparaître cette brève revue des discours masculins et féminins sur la femme? Si, du côté des hommes, on observe des pics de misogynie chez des auteurs aussi bien monastiques que scolastiques, d'un côté Pierre Damien, de l'autre Accurse ou Gilles de Rome, le sens de leurs discours n'est pourtant pas le même. Même en laissant de côté les différences de caractère ou de biographie, la diversité des époques et des milieux donne à leur commune attitude de méfiance envers la femme une coloration nettement différente. L'un aspire à fuir le monde, l'autre à le hiérarchiser. Pour le premier, la femme est une tentation, pour le second elle est une mineure. Entre les deux, la redécouverte du droit romain et de la physique d'Aristote ont certes réaffirmé la consistance d'un ordre naturel, mais cet ordre soumet implacablement la femme à l'homme. Aussi est-ce chez les théologiens, en particulier les moins dociles à la philosophie péripatéticienne comme Hugues de Saint-Victor et Bonaventure, qu'on observe, sinon un discours égalitaire, du moins une tension d'origine biblique entre une subordination de fait et une parité d'origine et de destination.

Du côté des femmes, la rareté de leurs prises de parole rend plus difficile de dessiner des tendances fermes. À quelque époque que ce soit, cependant, exercer par l'action ou la parole publique un pouvoir sur des hommes suppose non seulement qu'elles bénéficient de circonstances exceptionnelles, à quoi contribue mais ne suffit pas une naissance aristocratique, mais encore qu'elles fassent preuve d'une force peu commune de caractère, qu'en d'autres termes elles montrent des qualités réputées « viriles » en plus des féminines. D'Hildegarde à Jeanne d'Arc en passant par Yolande de Flandre, il importe d'avoir « cuer d'homme » et d'être « plus que femme », bref de dépasser la différence des sexes et d'assumer une humanité complète, de réaliser en somme l'*homo simplex*. Sans doute est-ce pourquoi la vierge, proche encore de l'indécision entre les sexes, domine parmi les figures étudiées.

En contrepartie de sa domination, la femme de tête s'expose au tout ou rien : pas de milieu pour elle, mais à partir du XIIIe siècle, quand s'étend le goût de l'ordre, il lui faut le plus souvent susciter un mélange instable de vénération et de détestation. De là vient qu'Angèle fut suspectée de possession avant d'être assimilée à la Sagesse divine; que Marguerite

Porete et Jeanne d'Arc furent condamnées à la flamme avant d'être diversement associées à la sainteté; que même Yolande de Flandre, pour avoir gouverné, ne fut pas épargnée par la « mauvaise réputation », chez ses contemporains d'abord, ensuite chez les érudits du XIXe siècle. Exceptionnelle, inclassable, la femme de pouvoir sort du rang, par le haut, par le bas : c'est même une contradiction dans les termes. Pour qu'elle commande, il faut que sa supériorité soit évidente, inattaquable, sinon gare. Pourtant, on a plusieurs fois vu que la femme, lorsqu'elle dicte ou écrit, se présente rarement comme telle, elle se perçoit avant tout comme un être humain. Là est peut-être l'écart principal entre les paroles d'hommes et de femmes sur la femme au Moyen Âge : les secondes s'efforcent de tenir, comme les premiers et en dépit d'eux, un discours épicène; mais tous autour d'elles, jusqu'à nous qui les étudions, ne cessons de les ramener à leur sexe.

Sur ce point comme sur tant d'autres, il vaudrait la peine d'étudier dans quelle mesure les relations entre hommes et femmes ont vraiment changé depuis le Moyen Âge. Ceci relève bien sûr d'une autre étude, mais des travaux comme celui-ci y préparent. Qui sait même si le bienfait principal de l'histoire n'est pas là : offrir à l'homme d'aujourd'hui un détour pour s'interroger et se comprendre soi-même.

Dominique POIREL

UN EREMITA DI FRONTE AL FEMMINILE: REPULSIONI, PAURE, FASCINAZIONI. INTORNO ALLA « MISOGINIA » DI PIER DAMIANI

LORENZO SARACENO

IL PROBLEMA: PIER DAMIANI TESTIMONE PER ECCELLENZA DI UNA MISOGINIA CRISTIANA?

Per entrare subito in *medias res*: Pier Damiani, a cavallo tra Alto e Basso Medioevo, non è forse uno dei più indicativi esempi della misoginia cristiana, che peraltro ha già radici tardo antiche[1]? Certo un testo come questo, cui si fa di solito riferimento, lo sembra confermare e per questo merita essere citato nella sua interezza:

Interea et vos alloquor, o lepores clericorum, pulpamenta diaboli, proiectio paradisi, virus mentium, gladius animarum, aconita bibentium, toxica convivarum, materia peccandi, occasio pereundi. Vos, inquam, alloquor ginecea hostis antiqui, upupae, ululae, noctuae, lupae, sanguisugae, *affer, affer* sine cessatione dicentes. Venite itaque, audite me, scorta, prostibula savia, volutabra porcorum pinguium, cubilia spirituum inmundorum,

E ora parlo a voi, bagasce dei chierici, esca del diavolo, rifiuto del paradiso, veleno delle menti, spade delle anime, pozione avvelenata di aconito dei bevitori, bevanda tossica per i convitati. materia di peccato, occasione di rovina! Parlo a voi, dico, serraglio dell'antico nemico, upupe, barbagianni, civette, lupe, mignatte che senza posa dite: « Dammi, dammi! ». Venite dunque, ascoltatemi un po' sgualdrine, puttane, baci bocca a bocca, brago di porci

1. *Cf.* P. Brown, *Le renoncement à la chair: virginité, célibat et continence dans le christianisme primitif*, Paris, Gallimard, 1995. Una contestualizzazione della posizione di Pier Damiani nel quadro del pensiero medievale in J. Percan, « *Femina dulce malum* »: *la donna nella letteratura medievale latina, secoli 10.-14.*, Roma, Kappa, 2003.

nimphae, sirenae, lamiae, dianae, et si quid adhuc portenti, si quid prodigii reperitur, nomini vestro competere iudicetur. Vos enim estis daemonum victimae ad aeternae mortis succidium destinatae. Ex vobis enim diabolus tanquam delicatis dapibus pascitur, vestrae libidinis exuberantia saginatur. *Habitat enim*, iuxta scripturam, *in secreto calami et locis humentibus*. Vos estis vasa irae et furoris Domini, reposita in diem ultionis. Vos tygrides inpiae, quarum nesciunt preter humanum sanguinem cruenta ora sitire. Vos arpigae, quae sacrificium Domini circumvolantes arripitis, eos que qui Deo oblati fuerant, crudeliter devoratis. Nam et leenas vos non incongrue dixerim, quae beluarum more iubas attollitis, et incautos nomine ad suae perditionis interitum cruentis amplexibus arpaxatis. Vos sirenes atque caribdides, quae dum suavem deceptionis editis cantum, inevasibile struitis salo vorante naufragium. Vos viperae furiosae, quae prae inpatientis ardore libidinis Christum, qui caput est clericorum, vestris amatoribus detruncatis.

lardosi, covili di spiriti immondi, ninfe, sirene, streghe, diavoli notturni. E se si può trovare ancora qualcosa di eccessivo, di mostruoso per definirvi, si pensi che possa essere adatto a voi. Voi siete vittime dei demoni, destinate all'ecatombe della morte eterna. Di voi si pasce il diavolo come di deliziose vivande: egli si ingrassa della vostra esuberanza. Come dice la Scrittura: *Abita nel folto del canneto e della palude*. Voi siete i vasi dell'ira e del furore del Signore, riposti per il giorno della vendetta. Voi siete perfide tigri, la cui bocca, intrisa di sangue, è avida solo di sangue umano. Voi siete arpie, che svolazzando intorno all'altare rapite il sacrificio e crudelmente divorate coloro che erano stati offerti a Dio. Non impropriamente vi chiamerò anche leonesse, perché, come belve siffatte, alzate le vostre criniere e con cruenti amplessi attirate gli incauti a rovina e perdizione. Vi chiamerò Sirene e Cariddi, perché, mentre levate un dolce canto ingannevole, preparate il naufragio inevitabile per i naviganti, che verranno così inghiottiti dal mare. Vi chiamerò poi vipere furiose, perché con l'ardore dell'impaziente libidine mozzate i corpi dei vostri amanti, separandoli da Cristo, capo dei chierici [1].

Una pagina siffatta non sembra lasciar spazi a distinguo e ad attenuazioni: è quanto di più violento e oltraggioso si possa concepire, quanto di meno religiosamente corretto e quanto di più ripugnante alla sensibilità del nostro tempo, ormai ben diversamente orientata (almeno idealmente)

1. Pier Damiani, *Lettera* 112, 34 (si legge in Pier Damiani, *Lettere*, V, a cura di N. D'Acunto & L. Saraceno, Roma, Città Nuova 2011 [Opera Omnia di Pier Damiani 1/5], p. 400-403: citerò d'ora in poi da questa edizione dell'*Opera Omnia* con la sigla OPD/1… [Lettere]; 2/… [Sermoni]; 4/… [Poesie e Preghiere]).

verso una considerazione umana e cristiana del mondo femminile. E questo vale ovviamente quale che sia la ovvia considerazione da dare al rischio degli anacronismi, sempre in agguato quando si voglia giudicare il passato con gli occhi dell'oggi. Senza nulla togliere a questa impressione, difficilmente contestabile, ai fini di un giudizio storicamente contestualizzato si dovrebbe peraltro osservare che qui scrive è un retore abilissimo, dotato di una padronanza del lessico latino tra le più prodigiose della latinità medievale [1] e degli artifici stilistici che di lì a poco uno dei suoi interlocutori, Alberico di Montecassino, avrebbe organizzato ponendo le fondamenta delle *Artes dictandi* [2]. Egli qui si produce in un autentico *exploit*. Nella sua battaglia contro il nicolaismo, considerato (e questo non è secondario per definire lo stile) alla stregua di una eresia [3] e nel quadro violentemente polemico delle tesi addotte in questa lettera a favore del celibato dei preti, il vescovo ed eremita riformatore a un certo punto, abbandonato lo stile argomentativo in terza persona, attraverso la figura retorica dell'apostrofe direttamente si rivolge a un interlocutore fittizio di seconda persona plurale, a rappresentare idealmente l'uditorio delle donne concubine dei preti. Con un simile stacco stilistico il discorso è come se esplodesse nel tono della *indignatio*, ribadita dal gioco dell'anafora e dell'accumulo lessicale organizzato in più serie epiteti raccolti prevalentemente per campi semantici e giocato su termini particolarmente rari e perlopiù di ascendenza classica, desunti (oltre che dal proprio bagaglio culturale) dalle *Etymologiae* di Isidoro di Siviglia o da antichi lessici [4]. Osservazioni queste che, se da una parte rafforzano la percezione di una violenza dei toni e dei contenuti inaudita, dall'altra un po'la relativizzano per la dimensione indubbiamente artificiosa del discorso, funzionale allo specifico contesto:

1. *Cf.* Quanto osserva P. Tombeur nella sua « Introduction » a *Thesaurus Petri Damiani*, Series A – Formae, curante CTLO, Turnhout, Brepols, 2004, p. VII-IX a proposito della straordinaria libertà della lingua di Pier Damiani e della sua ricchezza stilistica e lessicale.

2. Su di lui si veda F. Morenzoni, « Epistolografia e "*Artes dictandi*" », in *Lo spazio letterario del Medioevo*, II, *La circolazione del testo*, Roma, Salerno editrice, 1994, p. 446-449; Sui rapporti tra Pier Damiani e Montecassino si veda il dossier raccolto e commentato in *Pier Damiani Lettere ai monaci di Montecassino*, a cura di A. Granata, Milano, Jaca book, 1988.

3. *Cf.* le osservazioni al riguardo di G. Fornasari, *Celibato sacerdotale e autocoscienza ecclesiale: per la storia della Nicolaitica haeresis nell'Occidente medievale*, Udine, Del Bianco, 1981.

4. Alcuni riferimenti puntuali si trovano nelle annotazioni di K. Reindel nell'edizione critica da lui curata *Die Briefe des Petrus Damiani* [d'ora in poi *Briefe*], t. 3, München, MGH, 1989, p. 278-279.

nella lotta contro il concubinato ecclesiastico, di cui questa lettera è un pezzo fondamentale, Pier Damiani, equiparando il clero ai monaci, assume le categorie proprie delle esortazioni alla castità monastica e così, secondo la tradizione, nella seduzione vede uno dei mali da estirpare con maggior determinazione dall'orizzonte fisico e morale di chi professa la continenza. Certo, con la classica convinzione che, se è grave il cedimento degli uomini alle tentazioni della carne, ben più grave è il ruolo delle donne come istigatrici.

Già un lettore attento come Jean Leclercq, come noto pionieristicamente attento al tema del femminile nel Medioevo, aveva raccolto nel *mare magnum* di un'opera cospicua e variegata (e senza i nostri sofisticati strumenti informatici!) praticamente tutto l'insieme delle occorrenze in cui Pier Damiani ha avuto occasione di parlare di e con delle donne: in tutto una sessantina di occorrenze, dunque un *dossier* abbastanza ricco, ma non particolarmente cospicuo all'interno di un'opera che nel suo insieme occupa due volumi del Migne. Nel suo studio [1], che resta il riferimento fondamentale per chi voglia riaffrontare il problema con diverse angolature, metteva in guardia dal rischio delle semplificazioni anacronistiche. Ma, a guardare a testi come questi, è per lo meno un fatto che in lui per lo più troviamo tutti gli ingredienti della misoginia: una repulsione mossa anche dalla paura di non saper reggere alla fascinazione della donna, che si guarda con gli occhi di chi a priori concepisce una relazione con il mondo femminile inevitabilmente ispirata solo dall'istinto di conservazione e di difesa, al fine di preservarsi da ogni possibile attentato all'impegno assunto di una vita di continenza sessuale e da ogni caduta nel peccato della concupiscenza. Elementi di una considerazione che a noi sembrerebbe più equilibrata, enumerati con puntiglio dal Leclercq, si trovano molto di rado, e mi sembra per lo meno eccessiva la rivalutazione degli stessi a scapito degli altri, così massicciamente preponderanti per frequenza e per tono. Pertanto non mi sentirei di sottoscrivere la sua affermazione conclusiva, non priva a mio avviso di una preoccupazione apologetica: « La testimonianza dei suoi testi è irrefutabile: Pier Damiani non è stato antifemminista » [2].

1. J. Leclercq, « San Pier Damiani e le donne », in *id.*, *Momenti e figure di storia monastica italiana*, Cesena, Badia di Santa Maria del Monte, 1993, p. 347-358; edito originariamente in francese: J. Leclercq, « S. Pierre Damien et les femmes », *Studia monastica* 15, 1973, p. 43-55.

2. J. Leclercq, « San Pier Damiani e le donne », p. 357.

Intendo tuttavia ripercorrere il *dossier* damianeo a partire da un approccio non solo dedicato ai singoli contenuti (penso che si troverebbe poco di nuovo e di originale in questo ambito) [1], quanto piuttosto agli indizi linguistici rivelatori di un atteggiamento e di un modo di porsi. A tal fine percorrerò tre piste di verifica, utilizzando prevalentemente l'epistolario, perché questo è evidentemente l'ambito in cui, proprio in virtù del genere letterario, è più facile individuare possibili tratti personali di chi scrive, e potrebbe essere meno sorvegliato il filtro della letterarietà. Questo almeno in via di ipotesi di lavoro, anche se va precisato che in Pier Damiani è molto evidente il suo uso frequente dello stile epistolare come forma di teologia militante mediante delle sorte di « lettere aperte » (non a caso la tradizione editoriale fino al Migne incluso ha raccolto queste lettere/trattati come *opuscula*), e dunque mai ci dobbiamo immaginare un Pier Damiani poco sorvegliato nello stile e poco attento nel rivestire (e di riflesso schermare) il suo pensiero e il suo sentire di tutti i *colores rethorici* a disposizione.

DONNE REALI NELL'ORIZZONTE DI PIER DAMIANI

Un primo campo di ricerca su cui ragionare è quello delle donne concrete con cui a nostra conoscenza Pier Damiani si è relazionato. Campo facile da definire grazie alle sue lettere, tenuto comunque conto che il loro numero complessivo, se a prima vista può apparire ristretto quando pensiamo a un Bernardo di qualche decennio dopo, è comunque di un certo rilievo se si tiene conto che il *corpus* delle lettere a noi pervenute (180 in tutto), nella sua varietà di funzioni e di contenuti, costituisce comunque il più cospicuo epistolario a noi noto del secolo XI. Il quadro complessivo delle donne interlocutrici dirette di Pier Damiani è quello che si desume dalla tabella che segue:

1. P. L'Hermite-Leclercq, *L'Église et les femmes dans l'Occident chrétien des origines à la fin du Moyen Âge*, Turnhout, Brepols, 1997, p. 204: « Pierre Damien appartient à une génération de moines si farouchement ascètes que, pour trouver leurs modèles, il faut remonter aux Pères du désert des III-IVe siècles ».

Lettera	Destinatario	Argomento
15	Ad Amelrico e alla moglie Ermelinda [1]	Li consola per la morte di un figlio
51	Alla duchessa Beatrice di Canossa [2]	Riguardo al voto di mutua castità con il secondo marito Goffredo il Barbuto
64	A nome del papa Niccolo II ad Anna, regina dei Franchi	Esorta a incoraggiare la religiosità del marito e ad educare cristianamente i figli
66	Alla contessa Bianca	Illustra i fondamenti della spiritualità monastica in prospettiva escatologica
71	All'imperatrice Agnese [3] a nome dell'arcivescovo Umberto	Invito a inviare l'arcivescovo di Magonza a Roma per ricevere il pallio
93	A una sorella	Su che cosa ci fu prima della creazione e sul giudizio finale
94	Alle sorelle Rodelinda e Sufficia	Invito a rimanere nella vedovanza
104	All'imperatrice Agnese	Loda la sua scelta di farsi monaca rinunciando al potere terreno
114	Alla duchessa Adelaide [4]	Le chiede di lottare contro il matrimonio del clero
124	All'imperatrice Agnese	La consola della partenza di Rainaldo vescovo di Como e di

1. *Cf.* N. D'Acunto, *I laici nella Chiesa e nella società secondo Pier Damiani. Ceti dominanti e riforma ecclesiastica nel secolo XI*, Roma, Istituto Storico Italiano per il Medio Evo, 1999, p. 198-199.

2. Beatrice di Lorena, sposa in seconde nozze con Goffredo il Barbuto, cf. *ibid.*, p. 305-307.

3. *Ibid.*, p. 286-290.

4. Adelaide contessa degli Arduinici, cf. *ibid.*, p. 353-360.

		trarre vantaggio spirituale dalla solitudine
130	All'imperatrice Agnese	Sulle difficoltà della nuova condizione e sulla perseveranza necessaria
136	Alla monaca Ermisinda [1]	La esorta a fuggire la superbia commentando alcuni passi biblici
143	Alla contessa Guilla [2]	La mette in guardia dai cattivi costumi della famiglia acquisita e a non opprimere i poveri
144	All'imperatrice Agnese	La esorta a tornare a Roma al più presto
148	Al marchese Goffredo Barbuto e a sua moglie Beatrice di Canossa	Li invita a finanziare l'acquisto di una Bibbia
149	All'imperatrice Agnese	La esorta a tornare a Roma per vivere la condizione monastica già intrapresa

Tav. 1: Lettere rivolte a corrispondenti donne

In totale dunque noi abbiamo 16 lettere aventi delle donne come destinatarie, su 180 complessive: poco meno di un decimo. Difficile giudicare se siano tante o poche visto la scarsità di testimonianze negli epistolari coevi. Possiamo rilevare almeno che:

– sei sono rivolte alla medesima corrispondente: l'imperatrice Agnese, ma già nel momento in cui, da vedova, ha deciso di intraprendere la vita monastica in Roma, pur con tutti i condizionamenti politici del caso [3]: Pier Damiani a più riprese insiste sul desiderio che essa, che aveva dovuto ritornare in Germania per riallacciare rapporti più sereni tra la corte

1. Già vedova del conte di Aquitania, fratello di Agnese. Cf. *ibid.*, p. 287.

2. Cf. *ibid.*, p. 333-337, ove si propone l'identificazione con Guilla, moglie del marchese casentinese Rainerio II.

3. Riguardo alla scelta monastica della vedova di Enrico III si veda M. Parisse, *Religieux et religieuses en Empire du Xe e au XIIe siècle*, Paris, Picard, 2011, p. 173-189 (ried. di « Des veuves au monastère », in *Veuves et veuvage au haut Moyen Âge*, a cura di M. Parisse, Paris, Picard, 1993, p. 257-274).

imperiale e Roma, rientri al più presto per rispondere al suo desiderio profondo;

– quattordici (15, 51, 64, 66, 93, 94, 104, 114, 124, 130, 136, 143, 144, 149) si possono ritenere in senso più o meno stretto di direzione spirituale, ma per lo più all'interno anche di uno sguardo « politico »: le sue interlocutrici sono tutte appartenenti al mondo delle corti, fatta eccezione delle due lettere alle sorelle;

– dieci tra queste, vale a dire il gruppo più cospicuo all'interno di questo dossier di carattere più « spirituale » sono rivolte a donne sposate che, o per scelta condivisa tra coniugi (51) o per vedovanza, hanno intrapreso o deciso di intraprendere la vita monastica o comunque di ascesi nella continenza;

– solo tre (15, 143, 148) più quella inviata a nome del papa Niccolò II (64) sono inviate a figure femminili considerate nel loro ruolo di coniugi e di madri.

In conclusione potremmo dire che il Pier Damiani che più liberamente, al di là delle convenienze e degli impegni legati al suo ruolo curiale, si rivolge a delle figure femminili è un monaco autorevole, che da eremita e uomo di Chiesa parla quasi esclusivamente con donne le quali, vergini o vedove o coniugi che siano, hanno scelto di vivere in castità e astinenza sessuale: se non monache istituzionalmente, per lo meno nel cuore. Un particolare vincolo di amicizia spirituale è senza dubbio quello nei confronti dell'ex imperatrice Agnese: al suo riguardo di particolare rilevanza sembra essere stato il ruolo dell'Avellanita nel suo consigliare e sostenerne la scelta di abdicare per intraprendere una vita monastica, anche se non era l'unico a cui Agnese sembra aver fatto riferimento. Nel suo riserbo come nelle sue scelte di relazione, l'eremita cardinale appare insomma sempre un monaco che evita rapporti che possano distoglierlo dalla prudenza e dalla riservatezza che egli intende assumere nel suo ascetismo di monaco ed eremita che non ha mai nascosto, anzi quasi esibito la radicalità della sua scelta. Del resto, come qualcuno ha osservato, « Il rifiuto dell'eros, compreso in quello del mondo, è scelta primaria per asceti e monaci, dipende da una decisione personale libera e volontaria, perseguita con determinazione severa » [1].

1. T. Scardella, « Eros rifiutato ed Eros proibito. Ascesi dei monaci e celibato dei clerici », in *L'Eros difficile. Amore e sessualità nell'antico cristianesimo*, a cura di S. Pricoco, Soveria Mannelli, Rubbettino, 1998, p. 199.

Potrebbe fare eccezione il caso della lettera 143 alla contessa Guilla da più parti segnalata come una possibile finestra che attesterebbe un Pier Damiani non insensibile al fascino femminile. In essa, con il gusto del paradosso che gli è tipico, esordisce così:

Quoniam rei ex qua conflictus oboritur, melius est gratuitam ignorantiam possidere quam de comparanda semper oblivione confligere, iuvenculis mulieribus, quarum formidamus aspectus, tuto litterarum praebemus alloquium. Ego certe qui iam senex sum, anus quidem faciem rugis exaratam ac lipientium oculorum fluoribus madidam securus intueor, licenter attendo, a venustioribus autem atque fucatis sic oculos tanquam pueros ab igne custodio. Infelix quippe cor meum, quod evangelica tenere mysteria centies perlecta non sufficit, semel aspectae formae memoriam non amittit. Et ibi vanitatis imaginem oblivio non intercipit, ubi lex divino descripta digito non permansit.

Poiché di qualche cosa che genera una situazione conflittuale è meglio restare ignorante senza farsi coinvolgere, anziché dover esercitare uno sforzo continuo per dimenticarla, a delle donne giovani, il cui aspetto mi incute timore, mi sento sicuro solo se rivolgo la parola attraverso delle lettere. Certo, essendo io ormai anziano, posso guardare liberamente il volto di donne vecchie, pieno di rughe e bagnato di lacrime che scendono dai loro occhi cisposi, ma dalle donne avvenenti e truccate debbo tenere gli occhi ben lontani, come si tengono lontani i bambini dal fuoco. Il mio cuore è davvero infelice! Non gli basta per ricordare i misteri del Vangelo il fatto di averli letti e riletti centinaia di volte, mentre non dimentica un bel volto anche se lo ha visto una volta soltanto! E quella vana immagine non viene dimenticata proprio allorquando nel cuore non rimane la legge scritta dalla mano divina [1].

Ma anche qui potremmo insospettirci, a causa del carattere fortemente retorico del discorso: con la figura dell'ironia e della preterizione in fondo si ribadisce il concetto che dalle donne (almeno da quelle giovani) si dovrebbe stare alla larga per non incorrere nella lascivia.

1. *Lettera* 143,2, OPD 1/6, p. 360-361.

FEMINA E *MULIER*
ESISTE UNA DIFFERENZIAZIONE SEMANTICA?

Ho ritenuto utile di sperimentare un altro percorso di indagine, a carattere lessicale, cercando di risalire all'atteggiamento consapevole e/o inconsapevole dell'autore a partire dagli usi linguistici, spesso rivelatori nelle loro ricorrenze e nelle loro assenze.

In particolare ho preso in esame gli usi della coppia sinonimica *mulier/femina*. È una coppia in realtà non perfetta dal punto di vista semantico, e per questo oggetto di discussioni già in età classica. Del resto gli esiti nelle lingue romanze delle due parole così diversificati, con in più l'interferenza di *domina*, ne potrebbero essere una buona testimonianza.

Per esempio è sintomatica per molti riguardi la notazione del Forcellini [1] sotto la voce *femina*, a partire da una falsa etimologia (*mulier* da *mollis*), che peraltro ha avuto una fortuna plurisecolare:

> *Femina* et *mulier* unum idemque significant, namque in utroque ratio naturae physicae habetur: hoc tamen discrimine, quod in *femina* spectatur sexus et ideo *mas* ipsi opponitur; in *muliere* spectatur natura debilis ac mollis (ab hac enim voce illam deducunt) et ideo *vir* ipsi opponitur.

La delicatezza del discrimine semantico in ambito cristiano assume nuove dimensioni per più riguardi, soprattutto in ragione del peso che la verginità assume nell'idea di femminilità in una considerazione spirituale e religiosa. Si veda per esempio quanto sintetizza il dizionario patristico del Blaise [2]:

> femina, *-ae,* f., 1. femme (op. à homme, mâle, cl.): *pro maris et feminae distinctionem,* HIER. *Ep. 84, 5; uiri et feminae,* AUG. *Serm. 363, 4;* (*Christus*) *natus ex femina,* AHG. *Serm. 51, 2, 3* (n'emploie en ce cas *mulier* que dans les citations bibliques); *Filium suum editum ex foemina,* S. S. *Gal. 4, 4 ap.* MAR.-VICT. *Gal. 2, 4, 4* (*factum ex muliere,* VVLG. *Gal. 2, 4, 4*); *quidam ita dicunt « editum ex muliere » cum uirgo Maria sit uel* (= *et*) *fuerit: quare dixerit, editum ex muliere? In usu loquendi feminam dicimus,*

1. *Lexicon totius latinitatis cum appendicibus* Aeg. Forcellini, Ios. Furlanetto, Fr. Corradini, Ios. Perin, Patavii, 1940 [1864-1926]. Per comodità dove non diversamente indicato, cito a partire dalle referenze fornite dal database di Brepolis DLD (Database of Latin Dictionaries) edited by the Centre « Traditio Litterarum Occidentalium » published with the support of the Fonds National de la Recherche Scientifique and the collaboration of the Comité National du Dictionnaire du Latin Médiéval under the direction of Paul Tombeur.

2. *Dictionnaire latin-français des auteurs chrétiens*, éd. A. Blaise, Turnhout, Brepols, 1954-1967, éd. revue et corrigée sous la direction de P. Tombeur, 2005.

> *quod Graeci* γυνή *dicunt... Omnis enim femina quae edit aliquid mulier dicitur,* MAR.-VICT. *Gal. 4, 4 ap.*; (pour ce *mulier* biblique, voir l'explication de St Jérôme au mot *mulier*).

Dove penso si debba fare riferimento a questo testo di Gerolamo:

> Non enim necesse erat semper quasi caute et timide *virginem* dicere, cum *mulier* sexum magis significet quam copulam uiri et secundum intellegentiam graecitatis γυνή tam *uxor* quam *mulier* ualeat interpretari [1].

Interessante da questo punto di vista la seguente nota del Forcellini sotto il lemma *mulier*, che sembra per lo meno indicare la tendenza tardo antica cristiana a distinguere tra *mulier*, donna sposata e che ha conosciuto la relazione coniugale e la maternità, e *femina*, persona di sesso femminile in generale; dove peraltro l'essere *mulier* implica il sottostare alla maledizione di Eva:

> Interdum mulier dicitur, quae id est aetatis, ut concipere et parere haud amplius possit. *Hieronym. in Helvid. n.* 20. Quae non est in partus anxietatibus et dolore, quae, deficientibus menstrui cruoris officiis, mulier esse desiit, a Dei maledictione fit libera. *et n.* 21. Non negamus viduas, non negamus maritatas, sanctas mulieres inveniri, sed quae uxores esse desierint, quae in ipsa necessitate conjugii virginum imitentur castitatem.

In questo quadro lessicale e concettuale certamente fluido come si pone l'uso linguistico di Pier Damiani? Per evidenti motivi ho espunto dalla mia analisi le citazioni bibliche dirette della Vulgata, che comunque già ponevano problemi di definizione semantica a Gerolamo, come si è visto. Le occorrenze prese in esame sono le seguenti [2]:

1. Hieronymus, *Commentarii in epistolas Paulinas* (CPL0591)-LLT-A, *Ad Galatas*, liber:2,cap.:4,versus:4-5,SL77A pag.:108,linea:11. Per comodità riporto le citazioni così come si possono desumere dai data base di Brepolis, Library of Latin Texts (LLT).

2. I riferimenti di LLT (vedi nota precente) vanno attribuiti alla edizione: *Die Briefe des Petrus Damiani*, éd. K. Reindel, Teil 1, nr. 1-40; Teil 2, nr. 41-90; Teil 3, nr. 91-150; Teil 4, nr. 151-180 und Register, « Monumenta Germaniae Historica: Epistolae, 2, [Die Briefe der deutschen Kaiserzeit, 4] », München, 1983-1993.

Mulier	*Femina*
Lett. 31: 5	Lett. 31: 5
Lett. 38: 3	Lett. 38:5
Lett. 40: 4	Lett. 40: 0
Lett. 66:3	Lett 66: 1
Lett. 81: 0	Lett. 81: 3
Lett. 86: 3	Lett. 86: 9
Lett. 102: 4	Lett. 102: 0
Lett. 104: 3	Lett. 104: 0
Lett. 106: 6	Lett. 106: 0
Lett. 112: 0	Lett. 112: 5
Lett. 114: 0	Lett. 114: 6
Lett. 119: 5	Lett. 119:1
Lett. 123: 6	Lett. 123: 2
Lett. 132:0	Lett. 132:3
Lett. 143:7	Lett. 143:0
Lett. 162: 6	Lett. 162:3
Lett. 168: 6	Lett. 168: 0
TOTALE 61	TOTALE 43

Tav. 2: Le occorrenze di *mulier* e *femina*

Esaminiamo analiticamente le lettere in cui con maggior frequenza appaiono entrambi i lemmi per verificarne la possibile differenza semantica.

Lettera 31 (= Liber Gomorrhianus)

Sui quattro generi di peccato di omosessualità da parte degli ecclesiastici [1].

1. Nutrita la bibliografia su questa lettera. Basti qui il rimando a G.M. Cantarella, « Pier Damiani, il liber Gomorrhianus e Leone IX », in *Ovidio Capitani: quaranta anni per la storia medioevale*, a cura di M. Consiglia De Matteis, Bologna, Patron, 2003, vol. 1, p. 117-125 e ancora K. Skwierczyński, « L'apologia della Chiesa, della società o di se stesso? Il Liber

p. 294, l. 28

Quis de clerico facit pellicem, de masculo *mulierem*?

p. 295, l. 2

Si *mulierem* quis violat, quam de sacro fonte levavit, nunquid non absque ullo cunctationis obstaculo communione privandus esse decernitur et sacrorum censura canonum per publicam penitentiam transire iubetur?

p. 296, l. 1

Sequitur ergo, ut eadem sententia digne feriatur et qui carnalem filiam perdidit et qui spiritalem sacrilega commixtione corrupit et is quoque, qui a se factum clericum nefanda luxuria polluit, nisi forte in hoc utriusque criminis qualitas discernatur, quod uterque iste licet incestuose naturaliter tamen, quia cum *muliere* peccavit, ille in clericum turpitudinem operans sacrilegium commisit in filium, incestus crimen incurrit, in masculum naturae iura dissolvit.

p. 298, l. 19

Hac tamen, ut dictum est, diversitate servata, quia hoc tanto perpenditur esse deterius, quanto per identitatem sexuum nature probatur adversum et cum in iudicandis excessibus iure ad delinquentis semper recurratur arbitrium, qui masculina femora polluit, si natura permitteret, quicquid in *mulieribus* agitur, totum in masculo per effrenatae libidinis insaniam perpetraret.

p. 289, l. 16

In lege quoque dicitur: Qui dormierit cum masculo coitu *femineo*, uterque operati sunt nefas, morte moriantur, sanguis eorum sit super eos.

p. 290, l. 6

Ecce hic aperte colligitur, quia quisquis vir cum viro *femineo* coitu, hoc est inter femora, labitur, quod nimirum scelus, ut supra docuimus, per vetustae legis sententiam morte multatur, etiamsi honestis moribus polleat, si psalmodiae studio ferveat, si in amore orationis enitescat et omnino religiosam vitam sub adprobatae famae testimonio ducat.

p. 292, l. 12

Nam *feminae* eorum immutaverunt naturalem usum in eum usum, qui est contra naturam.

p. 292, l. 13

Similiter autem et masculi relicto naturali usu *feminae* exarserunt in desideriis suis, invicem, masculi in masculos turpitudinem operantes et mercedem, quam oportuit, erroris sui in semetipsos recipientes.

p. 315, l. 2

Fusum vero tenere, est virilis vite fortia facta relinquere et *femineae* conversationis illecebrosam mollitiem exhibere.

Gomorrhianus di s. Pier Damiani », in *Pier Damiani l'eremita, il teologo, il riformatore (1007-2007)*, a cura di M. Tagliaferri, Bologna, EDB, 2009, p. 259-279.

p. 299, l. 1

Et ut ad sacros id est execrabiles confessores adhuc se disputationis sermo retorqueat: si quilibet canonicus presbyter cum *muliere* ceciderit, cui paenitentiae iudicium vel semel indixit, a nemine prorsus ambigitur, quin synodalis censura concilii merito degradetur.

Mulier qui sembra indicare il partner di sesso femminile. *Femina/femineus* sono invece utilizzati prevalentemente per caratterizzare nel concreto un tipo di rapporto omosessuale tra uomini (« inter femora »): si tratta del terzo (in ordine crescente di gravità) dei quattro tipi di peccato di omosessualità lungamente descritti nella lettera e severamente condannati da Pier Damiani come causa di scomunica. Ciò vale soprattutto a indicare la gravità dell'atto omosessuale di chi, contro natura, si comporta passivamente come una femmina o attivamente come con un partner di sesso femminile.

Lettera 38

Nelle lettera si sostiene l'impossibilità di abbandonare lo stato religioso, anche in caso di malattia.

p. 358, l. 8

Scribit enim inter alia: Quamobrem quisquis virorum vel *mulierum* habitum semel induerint vel induerunt spontanee religiosum, aut si vir deditus aecclesiae choro, vel femina fuerit aut fuit delegata puellarum monasterio, in utroque sexu praevaricator ad propositum invitus reverti cogatur, ut vir detondeatur et puella monasterium ingrediatur

p. 358, l. 8

Scribit enim inter alia: Quamobrem quisquis virorum vel mulierum habitum semel induerint vel induerunt spontanee religiosum, aut si vir deditus aecclesiae choro, vel *femina* fuerit aut fuit delegata puellarum monasterio, in utroque sexu praevaricator ad propositum invitus reverti cogatur, ut vir detondeatur et puella monasterium ingrediatur.

p. 364, l. 1

Sed si forte calumniaris me exemplum de *mulieribus* reddidisse, cum tu de viris inquireres, nolo te lateat, quod in Vernicriensi concilio legitur: Eadem, inquit, lex erit viro et faeminae.

p. 364, l. 1

Sed si forte calumniaris me exemplum de mulieribus reddidisse, cum tu de viris inquireres, nolo te lateat, quod in Vernicriensi concilio legitur: Eadem, inquit, lex erit viro et *faeminae*.

p. 366, l. 2

Et quia sermo se de *mulieribus* intulit, cur ista de velatis viduis dicimus, cum et virgines, quae nullo adhuc sacro velamine conteguntur, si saltim permanere se in virginali proposito simulaverint, districte prohibentur, ut nubere non presumant.

p. 366, l. 18

Quod autem nunc etiam de *feminis* loquimur, nequaquam fieri extra lineam propositi operis arbitramur.

p. 366, l. 19

Salvo enim eo, quod eadem lex erit viro et *feminae*, idcirco se etiam ad muliebrem sexum nostra se extendit oratio, quia vicium, quod male nasci iam in viris aspicimus, attamen pullulare etiam quandoque et in faeminas formidamus.

p. 366, l. 19

Salvo enim eo, quod eadem lex erit viro et feminae, idcirco se etiam ad *muliebrem* sexum nostra se extendit oratio, quia vicium, quod male nasci iam in viris aspicimus, attamen pullulare etiam quandoque et in faeminas formidamus.

p. 366, l. 19

Salvo enim eo, quod eadem lex erit viro et *feminae*, idcirco se etiam ad muliebrem sexum nostra se extendit oratio, quia vicium, quod male nasci iam in viris aspicimus, attamen pullulare etiam quandoque et in *faeminas* formidamus.

Non mi sembra qui di rilevare differenze semantiche particolari: in questo testo *mulier* vale indifferentemente come *femina* nell'opposizione di genere con *vir*.

Lettera 66

Si tratta della lettera a Bianca, in cui si elogia la vita monastica [1] che la donna ha scelto di intraprendere.

1. La lettera è analizzata nel suo complesso e contestualizzata nel genere tradizionale delle lettere di direzione spirituale da M. Carpinello, « Pier Damiani a Bianca. Il direttorio per

p. 251, l. 1

Haec te nimirum ebrietas impulit ampla satis atque uberrimis faecunda proventibus rura contempnere, munita turrium atque castrorum propugnacula declinare, dultium propinquorum necessitudines ac vernaculorum affectus abicere, quod que horum omnium permaximum est, unicum filium eum que efebum adhuc atque inpuberem sine coniugalis solatio foederis abdicare, et quae constipatis vallata clientium cuneis solebas incedere, iam didicisti in angulo monasterii cum pauperibus spiritu sanctis *mulieribus* humiliter residere.

p. 269, l. 13

Enimvero fratres cum me, cur id fieret, inquisissent, quod mihi videbatur, exposui: Hoc, inquam, ut opinor, ad salutem vestram divinitus agitur, ut in illo uno corpore, quod tam pulchrum venustum que vidistis, quid etiam de caeteris *mulieribus* in temptatione luxuriae sentiri debeat, liquido colligatis, quoniam caro illa et tunc putredo veraciter erat, cum ad se spectandum lubricos intuentium oculos provocabat.

p. 276, l. 17

Huius itaque sancti senis exemplo faciendae disciplinae mos adeo in nostris partibus inholevit, ut non modo viri sed et nobiles *mulieres* hoc purgatorii genus inhianter arriperent.

p. 270, l. 14

Sed omnipotenti Deo quantum huius *feminae* fuerit exosa superbia, manifesta docuit ulciscendo censura.

una consacrata nella lettera 66 e nella tradizione anteriore », in *La « grammatica di Cristo » di Pier Damiani. Un maestro per il nostro tempo*, a cura di I. Gargano e L. Saraceno, S. Pietro in Cariano VR, Gabrielli Editori, 2009, p. 221-233.

In un quadro prevalentemente esortativo nei confronti di una giovane donna che, da vedova, ha scelto la vita monastica, evidentemente il ruolo istigatore della concupiscenza non può che essere in ombra: non a caso in una sola occorrenza, e proprio quando si adduce un modello negativo, si ricorre a *femina*. Ma la *mulier* che ha scelto ancor giovane e bella una vita di continenza è occasione da una parte, inizialmente, di un raro (per Pier Damiani) elogio delle nozze spirituali con lo sposo celeste, dall'altra, sul finire, di un discorso di forte tono escatologico riguardo alla caducità di una bellezza terrena (femminile: il fascino estetico è concepibile quasi solo esclusivamente nella donna), destinata alla corruzione della morte.

Lettera 86

È uno dei più estesi bestiari medievali. Si tratta di una lettera inviata all'amico fraterno Desiderio da Montecassino, importante perché costituisce un lungo discorso figurato sui vizi e sulle virtù della vita religiosa. Tra essi il vizio più rilevante è certo la lussuria, per cui la condanna della concupiscenza è quindi particolarmente diffusa, e quindi il testo è ricco di testimonianze di uno sguardo sospetto sulla tentazione femminile. Qui *femina* rappresenta sostanzialmente la dimensione dell'oggetto del desiderio sessuale da parte del maschio

p. 502, l. 10

Cum igitur petulanti ferae *mulier* sepe colluderet, ulnis astringeret, amplexibus demulceret, sed et ille nichilominus quaedam libidinis signa praetenderet atque ad nudam illius carnem pertingere quibusdam gestibus anhelaret, dixit ei cubicularia sua: Permitte, si placet, quicquid vult agere, ut liquido pateat, quid nititur attentare.

p. 503, l. 3

Sed dum de turpis infidelitate *mulieris* eloquimur, cetus etiam ille marinus nobis in memoriam revocatur.

p. 468, l. 3

Sed ut vires ammittant incentiva libidinum, declinanda est proculdubio societas *feminarum*.

p. 468, l. 5

In quodam nempe monte Orientis lapides sunt igniferi, qui masculus et *femina* nuncupantur, et dicuntur phiroboli.

p. 468, l. 6

Qui nimirum cum a se invicem procul sunt, non accenduntur, si vero *femina* appropinquaverit masculo, protinus ex eis ignis egreditur, ita ut omnia quae circa montem sunt flammis vaporantibus exurantur.

p. 503, l. 14

Quid mirum, si bestia muta insulam mentita procellis inmergitur, cum et *mulier* violata fide coniugii ferinis amplexibus exponatur?

p. 486, l. 1

Enimvero, qui ab eo, quem ante conceperat, calore tepescit, quasi de viro qui fuerat, sese in *feminam*

vertit.

p. 486, l. 2

Et hic hyenae merito comparatur, quae nonnunquam de masculo in *feminam*, aliquando de *femina* in masculum commutatur, atque ideo inmundum animal dicitur, et ob id ab humanis esibus prohibetur,

p. 490, l. 23

Quae videlicet hac coeundi vel pariendi consuetudine naturali potiuntur imperio, ut masculus in os *feminae* caput inpingat, quod illa prae nimii amoris inpatientia mordendo praecidat ac praesto deglutiat.

p. 491, l. 17

Quis docuit elefantem perpetuam diligere castitatem? Qui tamen cum naturae coactus imperio, vertens caput post se, quasi nolendo et nauseando coierit, concipiente semel *femina* ad concubitum non recurrit.

p. 502, l. 14

Quid plura? Permisit, et quod turpe dictu est, cum *femina* fera concubuit.

p. 502, l. 23

Sed ha scelus! Et *femina* ius coniugii turpiter violat, et bestia in iugulum domini gladium vibrat.

Nella lettera non si rilevano particolari differenziazioni semantiche: anche *mulier* può avere senso negativo; ma è di rilievo che prevalgano nettamente le occorrenze di *femina* in un contesto per lo più negativo, in cui la donna è considerata regolarmente come fonte di concupiscenza.

Lettera 104.

Sulla scelta dell'imperatrice Agnese di farsi monaca.

p. 148, l. 24

Ut quo magis ad virum *mulier* onerata deproperat, eo et gloriosior appareat, et ille propensius in eius amore sedulus infervescat.

p. 149, l. 12

Quis praeterea rerum transeuncium pertimescat inopiam, cum spontaneam videat in ea *muliere* pauperiem, quam tot utique regnis paulo ante conspexerat imperantem?

p. 155, l. 10

Nunquid et *mulieres* ab huius mundanae decepcionis rotali vertigine reperiuntur immunes?

Si usa solo *mulier*, esclusivamente con il senso di "donna sposata". Anche qui di rilievo lo sviluppo dell'immagine delle nuove nozze mistiche contratte con lo Sposo celeste [1],

1. *Cf.* per es. *lett.* 104,14: « Aulea tua blathina vel pocius deaurata templorum laquearibus appenduntur, ornamenta regalia sacris famulantur altaribus. Nullis, ut ita fatear, parcitur rebus. Et hoc solum indigentibus vel aecclesiis non confertur, quod extra tui iuris peculium reperitur. Cuncta proicis, cuncta dilapidas, ut ad sponsi caelestis amplexus exonerata prorsus immo nuda pervenias » (OPD 1/1, p. 224).

Lettera 162

È uno dei pezzi maggiori della lotta di Pier Damiani riguardo al nicolaismo.

p. 147, l. 8

Convenio vos, o prolectarii, uxorii, ac *mulierum* dominantium ditionibus inserviti, ut quid canonicae sanctionis iura confunditis, et a sanctis patribus institutam puritatis aecclesiasticae regulam violatis?

p. 152, l. 2

Civitas universalis aecclesia, turris castitatis est eminentia, ad quam confugerant viri simul ac *mulieres*, fortes scilicet et infirmi, principes etiam civitatis, ordo videlicet clericorum, qui tenet aecclesiae principatum.]

p. 152, l. 21

Mulier vero de cuius manibus mittitur, sacra lex est, quae flagitiosis pudicitiae contemptoribus repentinum Christi iudicium comminatur.

p. 155, l. 27

Si mundi sunt pueri, maxime a *mulieribus*, manducent.

p. 156, l. 1

Ubi notandum, quia cum dicit eos qui panem sanctum cogebantur edere, maxime a *mulieribus* mundos esse debere, perspicue docet nullum culpae contagium, nullum omnino reatum divinis mysteriis magis esse contrarium, quam est inlicita praesertim commixtio feminarum.

p. 155, l. 20

Unde necesse est, ut paupertas indiga solitudinis *feminarum* doceat abdicare consortium, et greges inhianter edentium prohibeat gignere parvulorum (NB: sta commentando il passo di 1 reg. 21,4 in cui si parla di *mulieres*!).

p. 156, l. 1

Ubi notandum, quia cum dicit eos qui panem sanctum cogebantur edere, maxime a mulieribus mundos esse debere, perspicue docet nullum culpae contagium, nullum omnino reatum divinis mysteriis magis esse contrarium, quam est inlicita praesertim commixtio *feminarum*.
(NB come sopra)

p. 156, l. 10

Hii qui inter illa terribilia sacramenta choris admiscentur angelicis, mox tanquam de caelo ruentes ad *femineae* foeditatis relabuntur amplexus, et velut sues inmundae caenosis vermigenae luxuriae volutabris inmerguntur, quorum scilicet ignis non extinguetur, et vermis non morietur.

p. 156, l. 8

Ha scelus! Manus quae deputatae fuerant ad ordinandas in caelestis mensae ferculo vitales epulas angelorum, tractare non metuunt obscoenitates et spurca contagia *mulierum*.

L'uso preminente di *mulier* in questo caso in senso a carattere negativo, è condizionato dal dettato del passo biblico di 1 reg. 21,4 (*Si mundi sunt pueri, maxime a mulieribus, manducent*) che viene commentato, ma sono per questo sintomatiche, in sede di riferimento non direttamente testuale, le sostituzioni di *mulier* con *femina* segnalate in tabella.

Come risultato di questo spoglio mi sembra che si possa, con tutte le approssimazioni del caso e senza pretendere di individuare tratti sistematici nell'uso dei due lemmi da parte di Pier Damiani, individuare almeno alcune linee di tendenza:

– *Mulier* già risente della evoluzione semantica che avviene nelle lingue romanze, in particolare quella caratteristica dell'area italiana, indicando, oltre all'opposizione di genere, la condizione di donna che ha conosciuto la condizione coniugale e la generazione maternale.

– *Femina* è usata anch'essa di frequente ad indicare l'opposizione di genere, ma per lo più nella sua dimensione fisica, sessuata. In questa luce sembra indubitabile che più facilmente a *femina* si guarda con sospetto e allarme proprio per la sua alterità sessuale, per cui le si attribuiscono prevalentemente i caratteri specifici di istigatrice e lei stessa è rappresentata come protagonista di lussuria [1].

A conferma può essere indicativo che proprio nella lettera 112, quella da cui ci siamo mossi e in cui si riversano le espressioni più violente della misoginia, il termine *mulier* non è mai utilizzato, ma solo *femina*, e in questo contesto sempre evidentemente con tono peggiorativo, essendo le donne concubine dei preti considerate quasi alla stregua di prostitute:

1. In altro contesto vedi anche l'espressione *femineo furore* in *Vita Romualdi* 59,1, cf. *Petri Damiani Vita Beati Romualdi*, a cura di G. Tabacco, Roma, Ist. Storico Italiano per il Medio Evo, 1957, p. 98.

Lettera 112

p. 262, l. 19

Nos plane quilibet nimirum apostolicae sedis editui, hoc per omnes publice concionamur aecclesias, ut nemo missas a presbytero, non evangelium a diacono, non denique epistolam a subdiacono prorsus audiat, quos misceri *feminis* non ignorat.

p. 272, l. 8

Equi amatores in *feminas* emissarii facti sunt.

p. 276, l. 9

Alio quoque tempore, cum papa Stephanus, qui zeli Finees aemulabatur ardorem, omnes clericos Romae, qui post interdictum papae Leonis incontinentes extiterant, de conventu clericorum et choro aecclesiae praecepisset exire, ut quanquam relictis *feminis* per paenitentiae se lamenta corrigerent.

p. 276, l. 13

Tamen quia sancto viro inoboedientes fuerant et de sacrario ad tempus exirent et celebrandae missae licentiam de caetero non sperarent, iuxta canonicam beatae Ceciliae trans Tyberim constitutam presbyter habitabat, qui nec *feminam* ullo modo acquiescebat abicere, nec umquam poterat haec statuta nisi vana prorsus et frivola iudicare.

p. 112, p. 280, l. 16

In plenaria plane synodo sanctae memoriae Leo papa constituit, ut quaecunque damnabiles *feminae* intra Romana moenia reperirentur presbyteris prostitutae, ex tunc et deinceps Lateranensi palatio adiudicarentur ancillae.

Conclusivamente potremmo chiederci: esiste un modo positivo di guardare alla donna nella sua identità femminile da parte di Pier Damiani? Difficile individuare da esili frammenti una linea coerente di idee e sentimenti, come si evince anche dalle risultanze che ho discusso fin qui. Lo stesso amore materno, nell'atto generativo e nella cura dei figli, è una virtù ovviamente esaltata, e a questo titolo si parla di *amor vicarius*, amore reciproco (l'espressione è stata messa in rilievo da J. Leclercq) tra coniugi [1]: significativamente è concepito come forma particolare di quel generale *amor vicarius* che deve unire tutti i credenti. Ma l'atto del concepimento resta sempre una espressione di *incontinentia*, e pertanto da considerare positivo solo nella sua necessità strumentale per perpetrare la progenie, e unicamente in questa prospettiva concepito anche come *remedium concupiscentiae*. Tuttavia si deve osservare che l'idea stessa del *remedium* in sé ha ben poco spazio nel pensiero damianeo, che non a caso non usa mai l'espressione, anche se nella lettera 172 si esprime il concetto, sia pure in termini molto limitativi [2]. Dal punto di vista di un possibile modello di santità per la donna si considera quasi soltanto la verginità o la continenza vedovile [3].

Esiste un ideale femminile? Un approccio indiretto: come Pier Damiani guarda a Maria

Per individuare un possibile approccio positivo alla figura femminile possiamo infine guardare al modo in cui Pier Damiani guarda alla figura di Maria: in via di ipotesi di lavoro, in essa potremmo trovare la dimensione ideale della donna per il nostro autore. Penso tuttavia sia difficile trovare nei vari scritti a lei dedicati particolari novità dal punto di vista concettuale.

1. *Lett.* 19,7, OPD 1/1, p. 346: « Idcirco autem matrimonii lex tanta magisterii arte sub aecclesiastica disciplina componitur, ut mutuae charitatis vinculum inter homines necessario teneatur, videlicet ut quousque successionis ordo protrahitur, vicarius amor proximi ex ipsa germanitatis necessitudine praebeatur ». Altre due occorrenze nel corpus delle opere di Pier Damiani, nel senso generale del termine, cui anche qui si fa comunque riferimento.

2. *Lett.* 172, cf. *Briefe* IV, p. 262: « Cum enim mulierem non tangere bonum esse primo perhibeat, deinde propter fornicationem uxorem habere unumquemque decernat, ad caelibes proculdubio nuptias discretus doctor invitat, ut si laqueum fornicationis dumtaxat evadere possumus, carnale commertium in nuptiis non quaeramus ».

3. J. Leclercq, « San Pier Damiani e le donne », p. 351-354. Cfr. anche i sermoni LXVII e LXVIII per il comune delle vergini, in P. Damiani, *Sermoni* (36-76), Roma, Città Nuova, 2015 (OPD 2/2), p. 384-403.

Certo la dimensione del panegirico, in cui Pier Damiani è maestro, è in alcuni tratti particolarmente elevata ed ispirata, ma perfino i mariologi più agguerriti e pregiudizialmente ben disposti hanno stentato a trovare elementi di rilievo particolare, salvo, ed è evidentemente non senza una oggettiva importanza, un abbozzo di devozione « affettiva » che per certi versi prepara quella di un Bernardo [1], e più in generale una significativa e precoce testimonianza di quella dimensione devozionale del culto mariano che avrà tanta fortuna nel Basso Medioevo.

A mio parere ancora il Leclercq ha visto giusto nell'osservare la rilevanza del punto di vista con cui Pier Damiani guarda prevalentemente a Maria: più che la divina maternità è la verginità a contare, e solo la maternità verginale è degna di far assurgere al massimo grado di eccellenza la figura di Maria e la sua fecondità di madre di Cristo e di tutti [2]. A riprova merita di segnalare come proprio in forza della condizione verginale, più che della divina maternità, è proclamata la sua assunzione in cielo senza conoscere la corruzione della morte, allo stesso titolo di quella che, secondo la tradizione che Pier Damiani recepisce, è attribuita al vergine Giovanni Evangelista: « Perciò, sebbene non osiamo affermarlo con certezza, è cosa buona ritenere che, come lo crediamo della beata Madre di Dio, così si dica che anche il beato Giovanni probabilmente sia già risorto. Cosicché, come loro furono associati nella loro integrità verginale, così appaiano giustamente eguali anche nella risurrezione anticipata, né vi sia diversità nella risurrezione per chi, in vita, visse con tanta familiarità di rapporto » [3]. E altrove, sempre in forza di questa connessione, si precisa la grandezza tutta particolare della maternità verginale:

> Quamvis enim in omnibus sanctis semper sit angelicae munditiae contubernalis et cognata virginitas, beatus tamen Iohannes tanto reliquos virgines superat quanto virginitati beatae Mariae per sedulitatis ac perpetuae custodiae meritum appropinquat. A qua videlicet sola praeceditur,

1. *Cf.* G. M. Roschini, « La mariologia di s. Pier Damiano », in *San Pier Damiano nel IX centenario della morte (1072-1972)*, I, Cesena, Centro studi e ricerche sulla antica provincia ecclesiastica ravennate, 1972, p. 195-237.

2. J. Leclercq, « San Pier Damiani e le donne », p. 351-352.

3. Pier Damiani, *Sermone* LXIV,5 (OPD 2/2 p. 330): « Unde, etsi non audeamus pleniter diffinire, pium tamen est arbitrari, ut sicut de beata Dei Genitrice creditur, ita etiam beatus Iohannes iam resurrexisse probabiliter asseratur. Quatinus sicut in virginea fuerunt integritate participes, ita nichilominus et in anticipata resurrectione merito videantur aequales. Nec sit in resurrectione diversitas, quibus tanta fuerat unanimitas conversationis in vita ». Quanto alla leggenda della morte di Giovanni *cf.* in proposito le note introduttive di U. Facchini, *ibid.*, p. 300-301.

quia fecunditas virginalis quae est in Maria nullis est omnino meritis comparanda. Et non solum quia fecunda est, sed quia deifica. Virginem enim parere novum ac singulare est, Deum vero parere ita omnem novitatem singularitatis exuperat, ita omnia quae miranda sunt antecedit atque incomparabiliter supereminet ut nec mente concipi nec lingua valeat aliquatenus explicari. Sed sicut venerandae Matri Domini beati Iohannis virginitas cedit, sic ipse pro glorioso eius contubernio ceteros a mundi principio virgines antecellit [1].

Giustamente ancora il Leclercq osserva come, *e contrario,* quando nella lettera 118 sulla onnipotenza divina si tratta di trovare un esempio di quello che, per il giudizio comune, normalmente neppure Dio potrebbe ripristinare, egli pensa alla verginità perduta di una donna che ha subito violenza; ciò che egli invece ritiene di dimostrare essere possibile, opponendosi in particolare a Girolamo [2]. Al di là della dimensione paradossale e volutamente estrema del caso e delle argomentazioni, ben note agli studiosi del dibattito tra dialettici e antidialettici, è proprio su questo nesso tra Onnipotenza divina e verginità che interessa fermarsi.

La verginità di Maria sembra importare perché è un caso di concepimento e di generazione senza violazione della integrità fisica, e questa è la prova forse più alta dell'onnipotenza di Dio. In fondo, la relazione sessuale, unicamente consentita allo scopo di generare, è ritenuta ordinariamente una fastidiosa necessità, espressione di una fragilità connaturata dell'uomo segnato dal peccato; per con qui solo a questa condizione si può

1. Pier Damiani, *Sermone* LXIII,12 (OPD 2/2, p. 318); trad. it.: « Quantunque, infatti, in tutti i santi la verginità sia ritenuta conforme e consimile al candore angelico, nondimeno il beato Giovanni sorpassa gli altri vergini tanto quanto egli si avvicina alla verginità della beata Vergine Maria per il merito conseguito di essere a suo servizio e a perenne protezione. Soltanto da lei è sorpassato, perché la fecondità verginale che c'è in Maria non è assolutamente paragonabile a nessun altro merito. E non soltanto perché è feconda, ma anche perché ha generato Dio. Partorire da vergine, infatti è cosa del tutto straordinario e singolare, ma partorire Dio supera talmente qualsiasi evento straordinario, sorpassa ed è a tal punto superiore rispetto a tutto ciò che vi è di mirabile, che non è possibile né concepirlo con la mente né in qualche modo spiegarlo con la lingua. Ma come la verginità di Giovanni è al di sotto di quella della venerabile Madre di Dio, così egli sta al di sopra di tutti gli altri vergini che ci furono fin dall'inizio del mondo, in virtù della gloriosa comunanza di vita con lei ».

2. Cf. *Lett.* 118, sulla quale almeno è imprescindibile il commento di A. Cantin nella introduzione a Pierre Damien, *Lettre sur la Toute-puissance divine*, « Sources Chrétiennes, 191 », Paris, Cerf, 1963 e da ultimo i saggi raccolti nel numero monografico di *Noctua* 8,2021, nn. 1-2 (« Pier Damiani. Nuove prospettive sul suo pensiero »).

giustificare l'esercizio della sessualità [1]. La verginità insomma è il bene supremo che la donna dovrebbe custodire potenzialmente in assoluto [2]. Proprio per questo è inconcepibile non solo una concezione del Figlio di Dio non verginale, ma anche un parto che materialmente attenti alla integrità verginale della Maadre di Dio. Una inconcepibilità che grazie all'onnipotenza divina diviene possibile.

Un'ulteriore considerazione si impone. Indubbiamente in Pier Damiani la dimensione escatologica ha un peso rilevante, proprio a sostegno di un itinerario di ascesi [3]. In questa tensione volta alla fine, sulla scorta delle parole di Paolo ai Corinzi, una donna non vergine è una donna che ha dovuto sottostare, sia pure anche lecitamente, alle necessità di un mondo che è comunque *senescens*, per cui anche i legami coniugali e parentali hanno un valore relativo, e tanto più la sessualità [4]. Proprio in questa luce va

1. Esemplare nella lettera 86,53 (il bestiario di cui sopra si è fatto cenno) l'esempio positivo di castità dell'elefante: « Quis docuit elefantem perpetuam diligere castitatem? Qui tamen cum naturae coactus imperio, vertens caput post se, quasi nolendo et nauseando coierit, concipiente semel femina ad concubitum non recurrit. », OPD 1/4, p. 334.

2. *Cf.* R. M. Karras, *Sexuality in Medieval Europe. Doing Unto Others*, New York, Routledge, 2005, p. 35: « Peter Damian in the mid-eleventh century argued that Mary remained a virgin even after the birth of Jesus, implying her hymen was not broken even then. To be truly pure was to be unpenetrated, impenetrable. The difference between virginity for men and virginity for women, then, had to do with the transitive nature of sexual relations, as something a man does, something a woman has done to her. For a man to have sex might be a sin, but for women it was a violation ». *Cf.* J. Dalarun, « Regards de clercs », in G. Duby & M. Perrot (dir.), *Histoire des femmes en Occident*, t. 2 : *Le Moyen Âge*, Paris, Plon, 1991, p. 40-42; M. Sauer, *Gender in Medieval Culture*, London-New York, Bloomsbury, 2015, p. 107-109.

3. Si vedano per esempio le lettere 93-94 alle sorelle.

4. *Cf.* la seguente citazione nel contesto della lettera 172, in cui si distingue tra il matrimonio come atto giuridico-sacramentale e la la sua res, il *coniugium*: « Quantum ergo ad antiquitatem saeculi intentio nuptiarum est procreatio filiorum. Attamen sicut solo vomere terra proscinditur, sed, ut hoc fieri possit, caetera necessaria membra aratris attexuntur, soli nervi in cytharis atque huiuscemodi musicis vasis aptantur ad cantum, sed ut aptari possint, insunt et caetera in compagibus organorum, quae a canentibus non percutiuntur, ita et huic intentioni, propagandae videlicet sobolis, adduntur et alia, cum propter coniugalis matrimonii sacramentum, tum propter speciem honestatis, conventus videlicet pronuborum, convivii celebris apparatus, dona sponsalia, tabularum dotalium instrumenta, et si qua sunt alia. Quae videlicet omnia simul iuncta nuptiae vocantur. Et haec antiquitus, ut praedictum est, ad propagandam tantummodo sobolem, nunc autem advesperascente iam mundo et illius coruscante doctrina, qui de virgine virgo est, ad evitandam spectant proculdubio fornicationem. [...] Enimvero qui, sicut superius diximus, uxorem ducendam praedicat et non tangendam, non exculpere prolem, sed fornicationis videtur oppilare voraginem. Nec tumescentem uterum infantium que balatum, sed immaculatum cubile et coniugalis continentiae desiderat caelibatum »

a mio avviso compresa una delle espressioni più problematiche riferita a Maria, che riporto in modo strutturato per mettere in evidenza la forte tensione retorica che in qualche modo impone formule icastiche:

> ipse Dei mediator et hominum
> *de* ***peccatoribus*** *originem duxit*
> et de fermentata massa sinceritatis azima **absque ulla** vetustatis **infectione** suscepit,
> immo ut expressius dicam,
> ex ipsa carne virginis,
> *quae* ***de peccato*** *concepta est,*
> caro **sine peccato** prodiit,
> quae ultro etiam carnis **peccata** delevit [1].

Ove almeno si deve notare come attraverso la contrapposizione tra i paralleli *de peccatoribus ducere originem* e poi *de peccato concipere* si contrappongono rispettivamente *de fermentata massa synceritatis azima suscepit* e *caro sine peccato prodiit*, per poter concludere: *quae* [sc. *caro*] *carnis peccata delevit*. Siamo insomma all'interno di una serie di tensioni lessicali tra una carne segnata dal peccato e una carne redenta dal peccato. La tensione retorica non attenua il messaggio, ma è forma che in qualche modo condiziona e suscita l'argomentazione, giocata, come quasi sempre in Pier Damiani, sulle antitesi e sul paradosso. Dove l'antitesi fondamentale è che una carne, quella del Cristo, possa distruggere il peccato per così dire strutturale della carne. Proprio in questo quadro si pone la verginità *in partu* di Maria come manifestazione dell'onnipotenza divina.

Ma non possiamo ignorare l'espressione *de peccato concepta*, che mi pare comunque problematica, soprattutto alla luce degli sviluppi successivi della pietà e del dogma mariano, che sarà solo nel secolo XIX formulato come Immacolata Concezione. Se bene fa il Gargano a dire: « In realtà l'espressione damianea e il suo contesto rimandano piuttosto a una "opinio communis" che non riusciva a liberare del tutto l'atto coniugale da una qualche connotazione peccaminosa » [2], è pur vero che l'espressione *de peccato*, che come tale è ordinariamente riferita al peccato originale di Adamo trasmesso a tutta l'umanità, qui è espressamente

(*Briefe*, IV, p. 262-263). Insomma idealmente un matrimonio potrebbe essere perfetto, in fondo migliore perché già orientato alla escatologia, anche senza la sua consumazione nell'unione carnale.

1. *Lett.* 40, 44 (OPD 1/3 p. 372, ove si veda la nota di I. Gargano citata n. 1, p. 38-39).

2. *Ibid.*

applicata al concepimento di Maria, proprio in virtù di quel peccato. Salvo smentite, sulla base di una ricerca compiuta sulla banca dati di Brepolis questo uso mi risulta essere un *unicum* nella tradizione cristiana medievale latina. Forse che la tensione retorica abbia forzato la mano dell'Avellanita? Ma è pur vero che così per esempio si rappresenta la verginità *in partu*:

> Haec enim est *hortus conclusus, fons signatus*, quae et fructum fecunditatis edidit et virginitatis meritum non inminuit. O mirabilis, o singulariter nobilis caro beatissimae Virginis, in qua muliebris natura mutatur, humana conditio non tenetur! Per coitum quidem est genita, sed per efficaciam coitus non enixa: edita communi nascentium iure, edidit singularis gratiae novitate [1].

Certo niente di originale dal punto di vista dottrinale, anzi nel pieno della tradizione liturgica e patristica. Ma è proprio questa antitesi tra il suo essere nata *per coitum*, cioè *ex peccato* e il suo generare non *per efficaciam coitus*, cioè *sine coitu* [2] – una antitesi che espressa così ho trovato solo in Pier Damiani – a fare spicco: non mi sembra essere solo amplificazione retorica, ma un guardare ancora una volta alla realtà naturale della generazione con una repulsione infastidita. La grandezza di Maria sta nel suo aver potuto «mutare la natura» della sua femminilità nel concepimento e nel parto, quella natura che in sé, almeno nel suo essere stata generata come tutti *ex peccato*, non preordinava alla santità.

Una conclusioni problematica

Per molti aspetti le risultanze del percorso che ho proposto possono sembrare deludenti o comunque limitate: mi sembra si possa affermare che non esiste un vero modello ideale femminile in Pier Damiani, e laddove, in un quadro documentario tutto sommato esile, l'approccio sembra più positivo è per definire una femminilità che si reprime nelle sue connotazioni di genere. Questo, mi pare doveroso richiamarlo, vale ancor più che per la sessualità maschile, per la quale come virtù si propone piuttosto una

1. *Sermone* 46,22, OPD 2/2, p. 158.

2. Letteralmente l'espressione riferita a Maria si trova nell'inno n. 3 per l'Assunzione di Maria: «Felix ista puerpera / Evae lege liberrima / Concepit sine coitu, / Emisit absque gemitu» (Pier Damini, *Poesie e preghiere*, OPD 4, p. 194).

continenza[1] adattata agli specifici *status* delle persone. Per la donna invece il bene sacro, la virtù suprema sembra essere la sua verginità, intesa come integrità anche fisica: continenza e verginità, seppure entrambe legate alla dimensione sacra della castità, non sono con tutta evidenza omogenee.

Certo la nostra mentalità rischia di farci usare degli occhiali anacronistici, quali il porci una domanda del tipo: come avrebbe letto Pier Damiani un testo come l'*Amoris laetitia* di papa Francesco?... Ma è pur vero che il passato va letto anche a partire dalle nostre domande e dalle nostre sensibilità, magari senza trovare risposte soddisfacenti o plausibili. Un discorso siffatto ci porterebbe però su territori che esulano dalle mie competenze e dal campo specifico di indagine che ho intrapreso. Ripercorrendo questi testi a me viene piuttosto da chiedere se la vera domanda non sia su come vedesse la donna Pier Damiani. In fondo su questo piano la risposta sarebbe semplice: la vedeva da monaco che cercava di esercitare la sua continenza sessuale con una sorta di *age contra*, cercando di evitare al massimo, anche nel suo immaginario, di considerare una dimensione del femminile che potesse esercitare un fascino comunque pericoloso. Con espressioni di un disprezzo che a ben vedere è, ed è sempre stato, una forma di dominio della paura.

Ma la vera questione forse è un'altra, per certi aspetti più di fondo: come vedeva Pier Damiani la sessualità? Direi che con le nostre categorie questo è problema prima di tutto antropologico, e solo di riflesso teologico e spirituale. La sessualità nel suo esplicarsi è per lui, ma non solo per lui nel suo tempo e oltre, sempre e comunque, in vari gradi, espressione del peccato, non campo su cui esercitare il dominio di sé. Come se il dominio di sé non fosse un frutto dello Spirito[2], quindi forma di libertà, ma effetto solo di un'ascesi essenzialmente repressiva. Ma se la sessualità è solo luogo di concupiscenza, in fondo espressione della bestialità istintuale dell'uomo e tanto più della donna (e questo, sappiamo, è il fondamento strutturale di ogni misoginia), è a priori estranea alla carne redenta da Cristo.

1 L'affermazione è confermata da una indagine statistica sommaria. Nelle lettere su 41 occorrenze complessive del campo lessicale *continentia continens contineo continenter* 19 sono riferiti alla continenza maschile, 3 a quella coniugale, 6 a quella vedovile, una soltanto a quella femminile; le altre occorrenze hanno valore più generico, soprattutto riferite alla continenza alimentare. Nei Sermoni su 4 occorrenze 2 sono riferiti a uomini, una a coniugi, 1 a una donna. Interessante la seguente occorrenza in *lett.* 119 riferita a donne: « Neque enim in illo Dei populo solummodo virgines erant, sed et multae coniugiis obligatae vel post virginitatis dispendium continentes » (OPD 1/6, p. 114).

2. *Cf.* Gal 5,22.

Sembrerebbe di poter dire che in questo ambito la *caro* non può essere *cardo salutis*, per lo meno (ma non è evidentemente aspetto accessorio) in alcune delle sue dimensioni più costitutive, quelle della sessualità e della generatività. E per sessualità intendo non solo le pulsioni istintive su cui esercitare un controllo più o meno repulsivo: l'escludere la sessualità dalla dinamica della redenzione impedisce, almeno concettualmente se non esistenzialmente, di porsi in una dimensione psico-affettiva, e di conseguenza anche spirituale, che oggi chiameremmo di genitalità. Tra l'altro una diversa considerazione di essa avrebbe potuto (potrebbe?) meglio integrare anche la continenza in una prospettiva che non respinge (e quindi trasforma in ossessione) l'altro/a da sé, ma suppone un processo, anche faticoso, di uscita da sé, di un rapporto con un tu che apre alla relazione matura, e quindi anche a una sublimazione possibile.

La questione, sappiamo, non è originale in Pier Damiani, ma segna tutto il cristianesimo antico, medievale, e oltre. Ma ciò vale tanto più quando, agli albori del secondo millennio, questo mondo è percepito come ormai giunto alla sua parabola conclusiva, per cui l'aspetto di una genitalità che produce una vita che continua sembra poco importare, perché il tempo si percepisce come ormai breve [1], in una più o meno consapevole assimilazione del tempo come *kronos* e del tempo come *kairos*. La diversità di genere in questa prospettiva e in questa mentalità è qualcosa di irrilevante, se non di destabilizzante, per cui al suo riguardo si mescolano tabù, fascinazioni represse, e aspirazioni ascetiche tese a un ideale di perfezione e di santità. Ma le intemperanze e le paure dell'eremita, che vuole trasformare idealmente tutto il mondo in un eremo [2] perché proteso, almeno nella tensione interiore, a vivere l'imminenza della fine come il problema serio del proprio tempo oltre che della propria vita, ci aiutano a comprendere come questa sia una questione del passato e del presente cristiano con cui fare i conti.

1. In proposito si veda per esempio la *lett.* 165 sul *Contemptus mundi*, ai paragrafi 88-89: « Cum itaque mundus præcipitem et iamiamd protinus prae oculis imminentem sui cursus minetur occasum homines etiam cotidie immaturo praeventi rapiantur interitu, quid restat, nisi ut hoc brevi puncto quo vivimus, lapsura quaeque velut iam lapsa despicere et ad ea, quae permanent, pleno fervidae mentis studeamus desiderio festinare? » (*Briefe*, IV, p. 228).

2. Ho discusso questa espressione damianea in L. Saraceno, « "Trasformare il mondo in un eremo" (*Vita Romualdi*, 37). Progettualità e utopia in una formula agiografica di Pier Damiani », *Studi Umanistici Piceni* 29, 2009, p. 65-73.

HUGUES DE SAINT-VICTOR EST-IL FÉMINISTE?

DOMINIQUE POIREL

Plusieurs fois, au cours de nos échanges, le nom d'Hugues de Saint-Victor est apparu sous la plume des maîtres de l'université [1]. Son effet le plus clair était de tempérer l'affirmation d'une domination masculine qui s'alourdit à partir du XIIIe siècle, à mesure que triomphent le droit romain chez les juristes et la physique d'Aristote chez les philosophes. Les citations dont il s'agit proviennent de deux ouvrages surtout, d'abord le *De sacramentis christianae fidei*, c'est-à-dire la somme de théologie hugonienne, et plus rarement le *De beatae Mariae virginitate*, un traité sur le mariage de la Vierge.

Trois questions se posent au sujet de ces extraits. D'abord, quel est leur sens précis ? Une fois examinés de plus près, dans leur contexte et leur logique propre, présentent-ils vraiment une doctrine plus favorable à la femme ? Ensuite, sont-ils représentatifs ? Reflètent-ils fidèlement la doctrine du maître victorin, ou bien leur enseignement est-il combattu par d'autres passages de ses écrits ? Enfin, comment les expliquer ? Supposé qu'il y ait chez Hugues un vrai souci de tenir une balance égale ou presque entre la femme et l'homme, quelles sont ses raisons de le faire et peut-on comprendre ce qui prédisposait notre auteur à une sorte de féminisme [2] ?

1. Cf. *infra* L. Solignac, « Ève dans les premiers commentaires des *Sentences*. Questions sur l'égalité entre homme et femme », p. 81-116.

2. Sur Hugues de Saint-Victor et la femme, *cf.* M.-Th. d'Alverny, « Comment les théologiens et les philosophes voient la femme », *Cahiers de civilisation médiévale* 20, 1977, p. 105-129, en part. p. 118-119; *id.*, « Ugo di S. Vittore († 1141) », dans A. Carpin, *Il sacramento del matrimonio nella teologia medievale. Da Isidoro di Siviglia a Tommaso D'Aquino*,

PARITÉ ET RÉCIPROCITÉ : LA CRÉATION D'ÈVE ET LE MARIAGE DE LA VIERGE

Commençons par établir le sens des textes invoqués. Celui tiré du *De sacramentis* est de loin le plus invoqué par les théologiens. Nous en avons trouvé l'écho, du vivant même d'Hugues, chez Pierre Abélard († 1142), dans une œuvre datée de 1133-1137, soit après les premières occurrences du thème chez le maître de Saint-Victor [1]. Des citations se lisent ensuite dans les *Sentences* de Pierre Lombard († 1160) [2]. À partir de là, il se diffuse largement : chez Géroh de Reichersberg († 1169) [3], Magister Bandinus († 1199) [4], Raoul Ardent

Bologna, Edizioni Studio Domenicano, 1991, p. 59-69; T. Deswarte, « Une sexualité sans amour ? Sexualité et parenté dans l'Occident médiéval », *Cahiers de civilisation médiévale* 48, 2005, p. 141-164. Voir aussi la section « Hugo von St. Viktor : *De sacramentis christiane fidei* und *De beatae Mariae virginitate* », dans la thèse de N. Roth, *Freundschaft und Liebe. Codes der Intimität in der höfischen Epik des Mittelalters. Inauguraldissertation zur Erlangung des Grades eines Doktors der Philosophie im Fachberich Neuere Philologien der Johan Wolfgang Goethe-Universität zu Frankfurt am Main*, Frankfurt, 2014, p. 56-60. Voir aussi D. Poirel, « Amour de Dieu, amour humain. Hugues de Saint-Victor et le sacrement de mariage », dans *Décalogue VI : Tu ne commettras pas l'adultère : Communio* 27/1, janvier-février 1997, p. 55-67; *id.*, « Nature, amour et courtoisie: les valeurs séculières d'un chanoine régulier », dans V. Fasseur & J.-R. Valette (éd.), *Les écoles de pensée du XIIe siècle et la littérature romane (oc et oïl)*, « Bibliothèque d'histoire culturelle du Moyen Âge », Turnhout, Brepols, 2016, p. 139-155.

1. *Expositio in Hexameron*, 483, éd. M. Romig & D. Luscombe, « CCCM 15 », Turnhout, Brepols, 2004, p. 107 : « VNAM DE COSTIS. De latere uiri, non de superiori uel inferiori parte mulierem formare decreuit, ut eam quasi sociam et collateralem, non quasi prelatam uel subiectam ante peccatum intelligeret. »

2. *Sententiae*, II, dist. 18, cap. 2, éd. I. Brady, « Spicilegium Bonaventurianum 4 », Quaracchi, Collegium S. Bonaventurae, t. 2, 1971, p. 416-417 = PL 192, 688 (dans PL : « Aug. lib. 9 de Gen. ad litteram, cap. 13 ») : « Cum autem his de causis facta sit mulier de viro, non de qualibet parte corporis viri, sed de latere eius formata est, ut ostenderetur quia in consortium creabatur dilectionis: ne forte si fuisset de capite facta, viro ad dominationem videretur praeferenda; aut si de pedibus, ad servitutem subicienda. Quia igitur uiro nec domina nec ancilla parabatur, sed socia, nec de capite nec de pedibus, sed de latere fuerat producenda, ut iuxta se ponendam cognosceret, quam de suo latere sumptam didicisset. » Voir aussi « Si de summa fieret, ut de capite, videretur ad dominationem creata; si vero de imo, ut de pedibus, videretur ad servitutem subiicienda. » (*ibid.*, 915).

3. *Expositio Psalmorum* (*Commentarius aureus*), pars II, Psalmus 29, vers. 6, éd. PL 193, 1260 : « Quia enim de latere viri erat sumpta, recte intelligitur ei socia creata. »

4. Éd. PL 192, 1046A : « Facta est igitur mulier de latere viri, non de capite, aut de pedibus, quia nec domina, nec ancilla ei parabatur. »

(† 1199/1200)[1], Simon de Tournai († 1201)[2], Martin de Léon († 1203)[3], Étienne Langton († 1228)[4], Hugues de Saint-Cher († 1263)[5]. La *Summa* d'Alexandre de Halès († 1245) et son équipe lui fournissent à nouveau un puissant relai[6]. Dès lors, le thème est quasi universel : on le lit par exemple chez Albert le Grand († 1280)[7], Bonaventure († 1274)[8], Thomas d'Aquin

1. Raoul Ardent, *Homiliae*, éd. PL 155, 1743A : « Non formavit autem Dominus mulierem de capite viri, ne inde super virum superbiret, nec de pedibus, ne vir eam despiceret, sed de latere, ut tanquam sociam diligeret. »

2. *Institutiones in sacram paginam*, dist. VI, éd. R. Heinzmann, *Die « Institutiones in sacram paginam des Simon von Tournai. Einleitung und Quästionenverzeichnis*, « Veröffentlichungen des Grabmann-Institutes, Neue Folge, 1 », München/Wien, Paderborn/Verlag Ferdinand Schöning, 1967, p. 55 : « Quaeritur, cur potius de latere quam de capite uel pede formata sit mulier. Redditur : ut credatur uiri socia non domina. »

3. Éd. PL 208, 557A. 583B : « Quia igitur mulier non est domina, nec ancilla, sed socia, recte nec de capite, nec de pedibus, sed de latere fuit formata, ut eam vir iuxta se poneret, quam de suo latere sumptam esse cognosceret. [...] Mulier non de qualibet parte corporis viri, sed de latere eius formata est, ut ostenderetur quia in consortium creabatur dilectionis; ne forte si de capite facta fuisset, viro ad dominationem videretur praeferenda, aut si de pedibus, ad servitutem subiicienda. Quia igitur iure nec domina, nec ancilla probatur, sed socia; nec de capite, nec de pedibus, sed de latere fuerat producenda, ut iuxta se ponendam cognosceret, quam de suo latere sumptam didicisset. »

4. *Super Genesim* 2, 22, ms. Paris, Bibliothèque nationale de France, lat. 14414, f. 5vb (cité par R. Saccenti, « Donne e ordine. Note sull'uso di Tommaso d'Aquino, nei documenti del magistero. 5. La *societas* fra uomo e donna : una tradizione ebraica », *Rivista europea di cultura*, 8 juin 2020, sur le blog d'Andrea Grillo : *Come se non*, https ://www.cittadellaeditrice.com/munera/donne-e-ordine-s-tommaso-daquino-nel-magistero-5-di-riccardo-saccenti/ note 8) : « Mulier non est facta de capite uel de pedibus, sed de latere. Per hoc datur intelligi quod non domina, non ancilla debet esse sed socia ».

5. *Postillae in Genesim* 2, 22, ms. Paris, Bibliothèque nationale de France, lat. 14417, f. 14va (cité par R. Saccenti, *ibid.*, n. 9) : « De costa vero viri, non de terra, formata est mulier ut eam vir plus diligeret. De medio autem non de capite, non de pede, ne domina vel omnino subiecta putetur, sed socia ».

6. *Summa fratris Alexandri*, *Prima pars secundi libri*, lib. II, pars 1, inq. 4, tr. 2, sectio 2, qu. 2, cap. 2, num. 464, éd. Quaracchi, t. 2, 1928, p. 618, col. 2 : « Quia igitur viro nec domina nec ancilla parabatur, sed socia, nec de capite nec de pedibus, sed de latere fuerat producenda, ut iuxta se ponendam cognosceret quam de iuxta se sumptam didicisset ».

7. *Commentarii in quartum librum Sententiarum*, dist. 15C, art. 25, éd. A. Borgnet, 1894, t. 29, p. 509, col. 2 : « Videtur, quod sic : quia 1. Dicit Augustinus, quod ideo sumpta est de latere, ut sciat eam marito sociam non ancillam : ergo ipsa potestatem habet in bonis sicut vir : ergo dare ita potest sicut ille » ; *ibid.*, dist. 26A, art. 3, t. 30, p. 101, col. 2 : « Quare autem sumpta est de latere, et non de capite, vel pede, Magister in secundo Sententiarum assignavit rationem : et haec sufficiant. »

8. *Commentaria in quattuor libros Sententiarum*, lib. II, dist. 44, art. 2, q. 2, conclusio, éd. Quaracchi, t. 2, 1885, p. 1108, col. 2 : « Et ideo supra dixit Magister distinctione decima

(† 1274)[1], François de la Marche († p. 1343)[2], Denys le Chartreux († 1471)[3], Laurent de Brindisi († 1619)[4]... Sûrement une enquête un peu systématique apporterait une moisson de résultats bien plus vaste.

Les occurrences du second extrait sont plus difficiles à mettre en évidence, car les théologiens en connaissent plutôt la doctrine à travers le *De sacramentis*, qui reprend des passages entiers du traité. Il semble toutefois qu'il ait exercé une profonde influence sur la doctrine du mariage

octava, quod mulier ad aequalitatem fuit condita; ideo fuit formata de latere, non de pedibus, vel de capite, ut viri videretur esse socia, non domina, vel ancilla. »

1. Thomas d'Aquin, *Scriptum super Sententiis*, lib. IV, dist. 15, q. 2, art. 5 : « Quia, sicut dicit Augustinus, uxor in societatem matrimonii assumitur, propter quod non de capite neque de pedibus femina formata est, sed de latere. » ; *ibid.*, dist. 28, q. 1, art. 4 : « Quia non de capite, nec de pedibus, sed de latere. » ; *Super I Epistolam ad Corinthios lectura*, 7, 1, num. 321, éd. Marietti, 1953, p. 297 : « Unde mulier non est formata de pedibus viri tamquam ancilla, nec de capite tamquam domina, sed de latere tamquam socia, ut legitur gen. ii, 21. »

2. *Improbatio contra libellum domini Iohannis qui incipit « Quia vir reprobus »*, 8, 497, éd. N. Mariani, « Spicilegium Bonaventurianum, 28 », Grottaferrata, Collegium S. Bonaventurae, 1993, p. 253 : « Et ita quod dicit postea : Fecit ex ipso auxiliatricem ipsius, manifeste dictum est per explicationem prius facti et dicti, quare illa littera que dicit : "Vt suorum dominator effecit", est uerior et melior quam illa que dicit : "Vt seruorum", quia in illa nominatione prophetica nostri et animalium includitur principaliter nominatio prophetica Eue, que non fuit facta serua Ade, set sua socia. »

3. *Enarratio in Genesim*, art. 21, éd. *Dionysii Cartusiani opera omnia*, t. 1 1896, p. 85, col. 1 : « Item ad innuendum, quod uxor sit juxta sui mariti latus ponenda et tanquam socia, non quasi ancilla aut domina a viro suo habenda : idcirco de media corporis parte, videlicet costa, non de capite aut pede viri est facta » ; *Enarrationes in duodecim prophetas minores. In Malachiam*, art. 3, cap. 2, vers. 14-15, *ibid.*, t. 10, 1900, p. 701, col. 1 : « Et haec particeps tua, id est, uxor ista esse debet consors ac socia tua, non famula : ideo enim mulier de latere viri plasmata est. » ; *Enarrationes in omnes beati Pauli epistulas*, *Ad Eph.*, art. 5, cap. 5, vers. 22-24, *ibid.*, t. 13, 1901, p. 322, col. 1 : « Sciendum tamen, quod subjectio mulieris sub viro, non est in omnibus similis subjectioni ancillae aut servi, quum ipsa sit socia viri, et una caro cum eo, facta non de capite aut pedibus, sed de latere viri, quasi similis ei, et juxta latus ejus ponenda. » ; *Enarrationes in septem Epistulas canonias*, *In Ep. Petri I*, art. 6, cap. 3, vers. 1, *ibid.*, t. 13, 1901, p. 645, col. 1 : « Propter quod Deus in exordio fecit mulierem non de capite aut pede viri, sed de latere ejus, ut eam haberet pro socia, et juxta se collocaret in lecto et mensa. »

4. *Explanatio in Genesim*, *Exegesis*, 2, éd. *S. Laurentii a Brundusio Opera omnia*, t. 3, Padova, Ex typographia Seminarii, 1959, p. 243 : « Propterea nanque de costa formavit, non de capite, aut pede : quia viro dedit Deus mulierem non tanquam dominam aut servam, sed tanquam coniugem ac sociam » ; *Sanctorale*, éd. S. Laurentii a Brundusio Opera omnia, t. 5C : *Quadragesimale secundum*, *Homilia* 3, 2, p. 467 : « [...] nec tanquam servam, nec tanquam dominam tenere debet, sed tanquam sociam, hinc enim Eva nec de capite nec pedibus formata est ».

dans le droit canonique et l'on en trouve des traces jusque dans la littérature vernaculaire, par exemple chez Philippe de Mézières [1].

« *Nec domina nec ancilla [...] sed socia* » : *la création d'Ève*

Commençons par l'extrait du *De sacramentis*, le plus souvent cité. En voici le texte avec notre traduction en regard :

CAP. XXXV. Quare mulier de uiro facta, et quare de latere.	Chap. XXXV. Pourquoi la femme a été faite de l'homme, et pourquoi de son côté.
Postea uero in adiutorium generationis de ipso uiro mulier facta est, quoniam, si aliunde fieret, unum profecto principium omnium hominum non esset. Facta est autem de latere uiri, ut ostenderetur quod in consortium creabatur dilectionis, ne forte, si fuisset de capite facta, praeferenda uideretur uiro ad dominationem [2], aut, si de pedibus, subicienda ad seruitutem. Quia igitur uiro nec domina nec ancilla parabatur sed socia, nec de capite nec de pedibus sed de latere fuerat producenda, ut iuxta se ponendam cognosceret, quam de iuxta se sumptam didicisset.	Ensuite, la femme a été faite comme une aide pour la génération, à partir de l'homme lui-même, car, si elle avait été faite à partir d'autre chose, il n'y aurait pas un principe unique de tous les êtres humains. Elle a été faite du côté de l'homme pour montrer qu'elle était créée pour une communauté d'amour, afin qu'on ne pensât pas, si elle avait été faite à partir de la tête, qu'elle dût avoir sur lui une préséance pour la domination; ou, faite à partir des pieds, qu'elle dût lui être soumise pour la servitude. Puisqu'à l'homme n'était préparée ni une dominante ni une servante, mais une associée, il ne fallait la produire ni de sa tête ni de ses pieds mais de son côté, pour qu'il reconnût qu'elle devait être placée à côté de lui, elle dont il aurait appris qu'elle est tirée d'à côté de lui. *De sacramentis*, I, VI, 35, éd. PL 176, 284BC.

1. Philippe de Mézières, *Livre de la vertu du sacrement de mariage et du réconfort des dames mariées*, ms. Bibl. nat. de France, fr. 1175, voir le compte rendu par G. Hasenohr, dans *Revue belge de philologie et d'histoire* 62/2, 1984, p. 351-359, ici p. 352, de l'ouvrage de J. Cambell, *Enquête pour le procès de canonisation de Dauphine de Puimichel, comtesse d'Ariano († 26. XI. 1360). Édition critique*, Torino, Bottega d'Erasmo, 1978.

2. *damnationem* dans la *Patrologia latina*.

La Genèse vient d'affirmer que parmi tous les animaux, auxquels il vient de donner un nom, « pour Adam ne se trouvait aucune aide semblable à lui » [1]. Reprenant cette notion d' « aide », Hugues précise qu'elle concerne l'engendrement d'une progéniture : on reviendra sur ses conceptions concernant cette fonction générative [2]. En attendant, deux questions sont posées : pourquoi la femme est-elle crée à partir de l'homme ? Et pourquoi à partir de son côté ? À la première, Hugues répond par la nécessité que tous les êtres humains descendent d'un seul principe. Des origines à la fin des temps, hommes et femmes forment donc une même et commune humanité. D'une certaine manière, la réponse à la seconde question découle de cette première affirmation. Si toutes et tous n'ont qu'un principe unique, aucune raison n'existe a priori de marquer entre elles et eux des degrés de supériorité ou d'infériorité. Que donc la femme, tirée de l'homme, ne l'ait été ni de sa tête ni de ses pieds mais de son côté, cela signifie que rien ne la destine à occuper envers l'homme une place soit supérieure, en sorte d'être sa *domina*, soit inférieure, pour à l'inverse être sa *serva*.

On notera que les mots *domina* et *serva*, qu'on a choisi de laisser ici en latin, soulèvent tous deux des difficultés de traduction, mais pour des raisons diverses. *Serva*, parce que ce mot pourrait se rendre indifféremment par esclave, serve ou servante, le mot latin s'adaptant à des situations légales bien différentes [3]. *Domina*, parce que les mots français de « dame » ou de « maîtresse », qui viennent en premier pour le traduire, se sont aujourd'hui fort écartés de leur signification originelle : le premier par affaiblissement et banalisation, pour dire une « femme » adulte, le second par spécialisation et presque par inversion de sens, pour dire une « concubine », voire une « favorite » [4]. N'est-il pas instructif, mais sur nous-

1. Gen. 2, 20 : « Adam vero non inveniebatur adiutor similis eius. ».

2. Voir *infra* p. 59-63.

3. Sur le mot *servus* et la diversité des conditions qu'il signifie, voir J.-C. Dumont, *Servus. Rome et l'esclavage sous la république*, « Publications de l'École française de Rome, 103 », Rome, École française de Rome, 1987; D. Bondue, *De « Servus » à « Sclavus ». La fin de l'esclavage antique (371-918)*, « Cultures et civilisations médiévales, 53 », Paris, Presses de l'Université de Paris-Sorbonne, 2011; C. Verlinden, *L'esclavage dans l'Europe médiévale*, 2 t., Bruges, De Tempel, 1955 et 1957.

4. Le *Dictionnaire de l'Académie française* semble réticent à sanctionner le sens de concubine. Il faut attendre en effet la 8e édition, celle de 1935, pour qu'on lise, presque à la fin de l'article « Maître » : « Maîtresse signifie spécialement Femme ou fille qui vit avec un homme dans un commerce d'amour et de galanterie. C'est sa maîtresse. Il a eu plusieurs maîtresses. » On lit ensuite dans l'édition actuelle : « II. Par extension [...] 3. Spécialement. Au féminin. Se disait autrefois de la femme exerçant son empire sur l'homme qui l'aime et la

mêmes, que les mots les plus naturels pour dire la domination féminine tendent, à l'époque moderne, à se vider de leur sens ou à le subvertir [1] ?

Revenons à Hugues. Ni *domina* ni *serva*, la première femme est pour lui la *socia* du premier homme, ce qui est la forme féminine du mot *socius*, traduit d'ordinaire par « compagnon », « allié », « associé ». L'emploi originel du mot semble désigner en effet le compagnon d'armes, celui avec qui l'on partage les périls et les fortunes du combat; c'est donc une notion réciproque. À partir de ce sens premier, le substantif *societas* a été formé pour signifier des alliances militaires, des unions politiques, des compagnies commerciales, voire le genre humain tout entier [2], tandis que le verbe *sociare* signifie l'action de partager, de mettre en commun, de s'unir sur la base d'une certaine parité, confiance et réciprocité entre les associés [3].

Puisqu'avec la tête, les pieds et le côté Hugues invite le lecteur à situer la femme dans l'espace, concentrons-nous sur l'expression *iuxta se*, qu'il emploie finalement pour l'exprimer par rapport à l'homme. Comment traduire, comment comprendre *iuxta se* ? Les dictionnaires traduisent ainsi l'adverbe *iuxta*: 1. « près de, à côté de »; 2. « immédiatement après »; 3. « [fig.] près de »; 4. « conformément à, suivant, d'après » [4]. Comme souvent, cependant, rien n'éclaire mieux le sens que l'étymologie. Le mot *iuxta* dérive en effet d'une racine indo-européenne dont provient le verbe *iungere* (joindre), qui a justement donné *coniugium*, le mariage. De façon plus primordiale et plus concrète, cette racine a produit le substantif *iugum*, d'où le mot français « joug », c'est-à-dire un dispositif d'attelage qui maintient unis deux animaux, côte à côte et de plain-pied [5]. Tout ceci nous aide à préciser les notions, contenues en germe dans la préposition *iuxta* : notions de dualité, de proximité, de communité de niveau. Pour les conserver, on pourrait traduire *ut iuxta se ponendam cognosceret* de la

courtise. Dans « Le Cid », Chimène est la maîtresse de Rodrigue. Désigne aujourd'hui une femme qui a une liaison avec un homme en dehors du mariage. Elle est sa maîtresse, l'une de ses maîtresses. » Le mot anglais *Mistress* paraît avoir subi une évolution analogue. Voir sur le sujet, D. B. Sova, *The Encyclopedia of Mistresses* [1993], London, Robson Books, 2001.

1. Jacques Dalarun a fait la même remarque à propos de la « gouvernante », voir *Gouverner c'est servir : essai de démocratie médiévale*, Paris, Alma, 2012.

2. Cicéron parle ainsi de la « société du genre humain » (*ex infinita societate generis humani*), dans *Laelius de amicitia*, 20; voir aussi *Leges*, I, 16 : « quae sit coniunctio hominum, quae naturalis societas inter ipsos ».

3. Sur le mot *socius* et ses dérivés, voir A. Ernout & A. Meillet, *Dictionnaire étymologique de la langue latine. Histoire des mots*, Paris, Klincksieck, ^{4}1967, p. 631.

4. F. Gaffiot, *Dictionnaire illustré latin français*, Paris, Hachette, 1934, p. 876.

5. Ernout & Meillet, *Dictionnaire étymologique*, p. 326-328.

manière suivante : « pour qu'il connût qu'elle devait lui être placée côte à côte ».

D'autres occurrences de *iuxta* chez Hugues confirment cet éclairage, procuré par l'étymologie. Dans le *De substantia dilectionis*, cherchant à définir la « charité ordonnée », par laquelle tout ce qu'on aime est aimé à sa juste place, notre auteur déclare : « Deus supra nos est, proximus *iuxta* nos, mundus subtus nos » (Dieu est au-dessus de nous, le prochain à côté de nous, le monde au-dessous de nous) [1]. Dans l'une et l'autre citations, *iuxta* prend place dans un triple étagement, pour désigner l'échelon intermédiaire, celui qui n'est ni supérieur ni inférieur, mais au même niveau. En outre, par ses emplois bibliques le mot *proximus* renforce l'idée, déjà partiellement présente dans *socia*, d'une réciprocité : il est fréquent dans les Écritures pour dire soit une action exercée dans les deux sens [2], soit un précepte universel concernant les relations humaines [3].

La relation entre l'homme et la femme est encore précisée par l'expression *consortium dilectionis*, qui mérite à son tour d'être lue avec attention. Dérivé de *sors*, cette tablette de bois transmettant la réponse des oracles ou réglant, par tirage au « sort », l'affectation des magistratures, *consortium* signifie le fait de partager le même sort, la même destinée, la même puissance, la même possession indivise [4]. La nature de ce partage est précisée par le génitif *dilectionis*, qui signifie l'amour, mais avec une nuance de choix, comme lorsqu'Hugues se plaît à rapprocher les mots *diligere* et *eligere*, *dilectio* et *electio* [5]. La dilection, c'est un amour qui donne du prix à l'objet aimé, car il a été choisi entre plusieurs. Comment comprendre alors le génitif qui affecte *dilectionis* et, à travers lui, la façon

1. *De substantia dilectionis*, éd. R. Baron, *Six opuscules spirituels*, « Sources chrétiennes, 155 », Paris, Cerf, 1969, p. 90, l. 105-106.

2. Gen. 11, 13 : « Dixitque alter ad proximum suum ».

3. Matth. 5, 43; 19, 19; 22, 39, etc. : « Diliges proximum tuum ».

4. Ernout & Meillet, *Dictionnaire étymologique*, p. 637-638.

5. *De laude caritatis*, éd. et trad. H. Feiss, D. Poirel, H. Rochais & P. Sicard, *L'Œuvre de Hugues de Saint-Victor*, « Sous la Règle de saint Augustin, 3 », Turnhout, Brepols, 1997, p. 188, l. 96-97, 99-100, 105-106 : « Quod plus diligis, hoc potius eligis. Audi ergo, ut aut corrigas dilectionem, aut non differas electionem [...]. Dilige ergo ut eligas, dilige melius ut eligas salubrius, dilige Deum ut eligas esse cum Deo. Ergo per dilectionem eligis. [...] Vide quomodo totum tibi est dilectio, ipsa est electio [...]. » ; *De beatae Mariae uirginitate*, éd. et trad. B. Jollès, *L'Œuvre de Hugues de Saint-Victor*, « Sous la Règle de saint Augustin, 7 », Turnhout, Brepols, 1997, p. 204, lin. 315-316 : « Ibi dilectionem operata est sola conditio, hic electionem sine conditione fecit sola dilectio. » ; *De sacramentis*, II, XIII, 10, éd. PL 176, col. 536C : « Sed forte dicat quis parem dilectionem facere non posse electionem. »

dont Hugues introduit l'amour dans le partage ? Veut-il dire que cet amour est *l'objet* du partage : le « sort » qu'Ève et Adam ont à se partager, c'est un amour mutuel ? Ou bien est-il la *condition* du partage : pour qu'Ève et Adam partagent le même sort, c'est-à-dire se marient, il faut d'abord qu'ils s'aiment ? Ou bien enfin est-il le *climat* général du partage : c'est dans l'amour qu'Ève et Adam doivent partager le même sort, la même existence commune ? Rien n'invite à exclure aucune de ces trois réponses, qui du reste confluent dans une quatrième, étayée par le *De beatae Mariae uirginitate* comme on va le voir : la *dilectio* intervient dans le *consortium* de l'homme et de la femme en ce qu'elle lui donne tout son sens.

« hoc uterque sit alteri quod ipse et sibi » : la dilection réciproque de l'homme et de la femme

Voyons à présent le second extrait, tiré d'un traité d'Hugues, écrit contre des docteurs qui interprétaient le consentement sur lequel se fonde le mariage comme un consentement à l'union charnelle [1]. Leur conception se heurte à un précédent exceptionnel, mais essentiel : le mariage de la Vierge Marie. En effet, la tradition chrétienne, appuyée sur sa réponse à l'ange Gabriel : « Comment cela se fera-t-il, puisque je ne connais point d'homme ? » (Luc. 1, 34), attribue à la Vierge Marie un dessein de virginité, contraire à un tel consentement. Si donc on suit ces docteurs, ou bien la Vierge Marie n'a pas été réellement vierge, ou bien elle n'a pas été réellement mariée.

Refusant cette alternative, Hugues soutient que la Vierge Marie fut vraiment vierge et vraiment mariée, car le mariage comporte deux dimensions, l'une principale, l'autre secondaire : ce qui définit proprement le mariage, ce n'est pas tant l'union des corps que l'union des cœurs. Il peut

1. On sait que c'est aussi le cas de Gratien : « Le *Décret* fait en effet de la consommation charnelle la clé de la formation du lien et un élément indispensable » (M. Madero, *La loi de la chair. Le droit au corps du conjoint dans l'œuvre des canonistes* (XIIe -XVe *siècle*), « Histoire ancienne et médiévale, collection de l'École française de Rome », Paris, Publications de l'Université Paris-Sorbonne, 2015, p. 53). Voir aussi P. L. Reynolds, « The Regional Origins of Theories about Marital Consent and Consummation during the Twelfth Century », dans M. Korpiola (éd.), *Regional Variations in Matrimonial Law and Custom in Europe 1150-1600*, « Medieval Law and its Pratice », Leiden, Brill, 2011, p. 43-76. Voir aussi *id.*, *Marriage in the Western Church. The Christianization of Marriage during the Patristic and Early Medieval Periods*, « Vigiliae christianae, Supplement, 24 », Leiden, Brill, 1994; *id.*, *How Marriage became One of the Sacraments. The Sacramental Theology of Marriage from its Medieval Origins to the Council of Trent*, Cambridge, CUP, 2018.

donc y avoir un mariage virginal, comme celui de Marie, puisque l'union des corps est une fonction (*officium*) du mariage, mais n'est pas le mariage lui-même. En d'autres termes, on peut se marier sans consentement à l'union fonctionnelle des corps, dans la copulation, du moment qu'est présent le consentement à l'union essentielle des cœurs, dans l'amour. Les deux unions, charnelle et cordiale, sont toutes deux des *sacramenta*, signes efficaces et sacrés ; mais l'union cordiale est plus noble et plus sainte que l'union charnelle [1] :

Hoc tibi fortasse uidebitur carni et carnem solam consideranti. Nichil ergo aliud in coniugio inuenire potuisti ut coniugalem societatem ob id solummodo sanctificatam et in eo sanctam esse confirmes ! Nonne multo magis est si duo fiant unum mente quam si carne unum fierent ? Si participem facit alter alterum carnis sue et sanctum esse potest, participem facit alter alterum anime sue et sanctum non est ! Absit !

Voilà peut-être ce qu'il t'en semble, à toi qui est chair et ne considère que la chair. Tu n'as donc rien pu trouver d'autre dans le mariage, en sorte que tu n'aies que cette raison pour confirmer la sanctification et la sainteté de la société conjugale ? N'est-ce pas bien plus si les deux deviennent un par l'esprit que s'ils devenaient un par la chair ? Si chacun donne part à l'autre à sa chair et que cela peut être saint, chacun donne part à l'autre à son âme et cela n'est pas saint ? Sûrement non !

C'est ce qui conduit notre auteur à compléter pour ainsi dire l'Écriture, en forgeant comme un verset hugonien, symétrique, complémentaire et même supérieur au verset paulinien :

« Erunt duo in carne una : sacramentum hoc magnum est in Christo et Ecclesia » [2]. Erunt duo in corde uno : sacramentum hoc maius est in Deo et anima.

« Ils seront deux en une seule chair : ce sacrement est grand dans le Christ et l'Église. » Ils seront deux en un cœur : ce sacrement est plus grand en Dieu et l'âme.

1. Sur la notion de sacrement et sa flexibilité chez Hugues, voir D. Poirel, « Sacraments », dans J. Mousseau & H. B. Feiss (éd.), *A Companion to the Abbey of Saint Victor in Paris*, « Brill's Companions to the Christian Tradition », Leiden, Brill, 2017, p. 277-297.

2. Du verset paulinien, la première partie « Erunt duo in carne una » est tirée de Gen. 2, 24, puis citée par le Christ en Matth. 19, 5 (// Marc. 10, 8 ; Luc. 17, 34) avant d'être reprise par saint Paul en Eph. 5, 31. Saint Paul seul ajoute la seconde partie : « sacramentum hoc magnum est in Christo et Ecclesia » au verset suivant, Eph. 5, 32.

Le dédoublement des dimensions, physique et spirituelle, impliquées dans le mariage et leur étagcment en dignité permet à Hugues d'affirmer la valeur de l'union charnelle et même, en un certain sens, sa sacramentalité, sans faire consister en elle l'objet de ce consentement qui constitue le mariage : l'union charnelle est au mariage proprement dit ce que l'union du Christ et de l'Église, dans la chair, est à l'union de Dieu et de l'âme, dans l'esprit :

sacramentum		*res sacramenti*	
coniugium (*in corde*)	*uir/mulier*	*unio* (*in corde*)	*Deus/anima*
officium coniugii (*in carne*)	*uir/mulier*	*incarnatio* (*in carne*)	*Christus/Ecclesia*

Ce point étant défini, Hugues peut se concentrer sur ce qui est à ses yeux au centre de l'union de l'homme et de la femme, c'est-à-dire la dilection. Il en fait miroiter toutes les facettes en recourant successivement aux notions suivantes : la *sollicitudo*, c'est-à-dire le fait de s'inquiéter et de s'alarmer pour autrui; la *pietas*, qui est une certaine tendresse et pureté des sentiments; la *compassio*, par laquelle on prend part aux souffrances d'autrui; la *consolatio*, par laquelle à l'inverse on partage avec lui ce qui est propre à le réconforter et à le réjouir; la *devotio*, pour se vouer à lui, se consacrer à lui et s'engager sans réserve; la *pax* et la *tranquillitas*, qui évoquent un calme opposé aux combats et à la tempête marine; la *communicatio*, c'est-à-dire le fait de tout mettre en commun; enfin la *felicitas* et la *beatitudo*, deux variétés du bonheur dont la première suggère plutôt la fécondité, la seconde le contentement de toutes les aspirations :

Ecce quo pacto se uoluntarie sponsionis astringunt, ut abhinc et deinceps semper, in omni sinceritate dilectionis, in omni cura sollicitudinis, in omni affectu pietatis, in omni studio compassionis, in omni uirtute consolationis et fide deuotionis, hoc uterque sit alteri quod ipse et sibi; ut quisque alterum quasi unum secum factum attendat, tam in bonis quam in malis omnibus, sicut consolationis socium ac participem ita

Voici par quel pacte d'un engagement volontaire ils se lient, en sorte que dorénavant, en toute pureté d'affection, en tout souci de sollicitude, en toute affection de tendresse, en toute ardeur de compassion, en toute vertu de consolation et en toute foi de dévotion, chacun soit pour l'autre ce qu'il est pour lui-même; en sorte que chacun fasse attention à l'autre comme ne faisant qu'un avec lui, et se montre, en toutes

et tribulationis et sufferentiae indiuisum exhibeat. Postremo, quantum foris ad necessitatem corporis attinet, quasi propriam carnem fouendum excipiat; quantum uero spectat ad amorem cordis intrinsecus, quasi animum suum in pace et tranquillitate, quantum in se est, sine perturbatione custodiat. Sic enim fit in sanctae societatis pace et communicatione quiescentibus ut, dum uterque non sibi uiuit sed alteri, felicius atque beatius uterque uiuat sibi.

choses, bonnes aussi bien que mauvaises, le compagnon et le partenaire indivisible aussi bien dans la consolation que dans la tribulation et la souffrance; qu'enfin, pour ce qui concerne, au-dehors, les besoins du corps, il accueille l'autre et le choie comme sa proche chair; et pour ce qui concerne, au-dedans, l'amour du cœur, il le garde autant qu'il peut sans trouble dans la paix et la tranquillité, comme son propre esprit. Ainsi se produit-il que, reposant dans la paix et la communion d'une société sainte, chacun, en vivant non pour soi mais pour l'autre, vit pour soi-même de façon plus heureuse et bienheureuse.

Au passage, on a reconnu le mot *socius*, dont le sens est précisé par les mots *particeps... indivisus*, cette idée de participation en indivision déjà présente dans le *consortium*. Ce qui toutefois change, dans le texte présent, c'est que *socius*, comme *particeps* et *indivisus*, est désormais au masculin. Le plus remarquable en cette page est en effet la façon dont les nuances du sentiment amoureux sont exprimées sans opposer les genres grammaticaux : *uterque alteri*, *quisque alterum*, *uterque non sibi sed alteri*... Le mariage selon Hugues est en effet une bi-relation, un vis-à-vis mutuel, dans laquelle chacun, étant « pour l'autre ce qu'il est à lui-même », est à tel point décentré de soi-même et tourné vers l'autre qu'il « ne vit pas pour soi mais pour l'autre ». Pour autant, il n'y perd rien, au contraire, car en vivant de la sorte il reçoit autant que ce qu'il donne, et même davantage : « chacun, pour soi, vit plus heureusement et bienheureusement ».

La dilection dont il s'agit est un oubli de soi pour l'autre, où chacun tour à tour trouve plus de bonheur à s'offrir en échange qu'à se conserver. Le plus important, pour notre propos, est que dans cet amour de dilection entre l'époux et l'épouse, il ne semble plus y avoir « ni homme ni femme »[1] et que la différence des sexes est comme abolie. Il n'y a plus en effet qu'un « l'un... l'autre », « chacun... l'autre », où les deux époux semblent tournoyer dans une constante alternance des polarités. Ce qui pour Hugues

1. Gal. 3, 28 : « Non est Iudaeus neque Graecus, non est servus neque liber, non est masculus neque femina, omnes vos unum estis in Christo Iesu ».

constitue l'essence du mariage, bien au-delà des relations sexuelles ou de l'inscription des époux dans des rôles fixés par la société, c'est une parfaite symétrie de dilection entre l'homme et la femme, une parfaite circulation et réciprocité dans la façon de se manifester leur amour mutuel.

LES LIMITES DE L'ÉGALITARISME HUGONIEN

Ève tirée du côté d'Adam, *dilectio* mutuelle entre l'épouse et l'époux : les deux textes qu'on vient de lire sont-ils représentatifs de la pensée d'Hugues de Saint-Victor ? Oui, assurément. L'idée qu'Ève est tirée de la côte ou du côté d'Adam pour signifier son statut de *socia* ne se lit pas seulement dans le *De sacramentis*, mais encore dans deux ouvrages antérieurs d'Hugues de Saint-Victor : dans ses gloses littérales sur les huit premiers livres de l'Ancien Testament [1] ; ensuite, dans un dialogue entre maître et disciple qui semble une première tentative, inachevée, pour offrir une synthèse de la foi chrétienne [2]. Dans le *De sacramentis* lui-même, outre le passage déjà cité, un autre répète la même idée [3] et un dernier y fait allusion [4]. Citée cinq fois, dans trois ouvrages différents, qui semblent se répartir sur l'ensemble de la carrière d'Hugues de Saint-Victor, le thème

1. *Adnotationes in Octateuchum*, éd. PL 175, 40C : « Sed potius attendendum est quod nec de capite, nec de pedibus viri sumptum est id unde fieret mulier, ne aut domina, si de capite, aut ancilla, si de pedibus putaretur. Ideo de medio, id est costa sumi decuit, ut socia intelligeretur. »

2. *De creatione mundi*, éd. Giraud, « CCCM 269 », Turnhout, Brepols, 2015, p. 308-309, l. 235-247 = PL 176, 22D-23A : « D. Quare facta est mulier? M. In adiutorium generationis. D. Quare de uiro facta est? M. Quia, si aliunde fieret, unum principium non esset. D. Quare de latere facta est? M. Vt ostenderetur quia in consortium creabatur dilectionis, ne, si de capite facta fuisset, preferenda uideretur uiro ad dominationem; aut, si de pedibus, subicienda ad seruitutem. Quia igitur uiro nec domina nec ancilla parabatur sed socia, nec de capite nec de pedibus sed de latere fuerat producenda, ut iuxta se ponendam agnosceret, quam de iuxta se sumptam didicisset. *Misit igitur Deus soporem in Adam* et *tulit unam de costis eius* [Gen. 2, 21] et exinde mulierem fabricauit. »

3. *De sacramentis*, II, XI, éd. PL 176, 485AB : « Quia enim socia data est, non ancilla aut domina, idcirco nec de summo nec de imo, sed de medio fuerat producenda. Si enim de capite fieret, de summo fieret, et uideretur ad dominationem creata; si autem de pedibus fieret, de imo fieret, et uideretur ad seruitutem subicienda. Propterea de medio facta est, ut ad aequalitatem societatis facta probaretur. »

4. *De sacramentis*, I, VIII, 12, éd. PL 176, 314A : « Mulier facta in adiutorium uiro ei sociata memoratur ».

d'Ève *socia* peut donc être tenu pour une doctrine stable et même favorite de notre auteur.

Quant à cette idée que le mariage est une union réciproque des cœurs qui suscite entre les époux une forme de parité, elle n'est pas seulement au centre du *De beatae Mariae uirginitate*, mais présente de façon dispersée dans le *De sacramentis*, y compris à proximité du thème précédent[1]. On comprend bien du reste la solidarité doctrinale qui réunit les thèmes : de part et d'autre, il s'agit d'affirmer une forme de parité, de complémentarité, de réciprocité entre l'homme et la femme, voulue par Dieu dès l'origine et réalisée par excellence dans le mariage chrétien, fondé sur une *dilectio* mutuelle.

Égalité et infériorité.

Pour autant, ces deux thèmes suffisent-ils à ce qu'on puisse parler d'un parfait égalitarisme chez Hugues entre les sexes? Non, car d'autres passages obligent à tempérer la notion d'égalité, surtout dans le *De sacramentis*. Certes, une fois dans son œuvre, dans cette somme précisément, le Victorin s'est servi du mot *aequalitas* pour qualifier la position de la femme par rapport à l'homme. Il s'agit justement d'un des passages commentant la création d'Ève à partir du côté d'Adam. L'affirmation paraît nette : la position médiane de ce qui a été pris à l'homme pour former la femme implique une « égalité d'association », une égalité entre le *socius* et la *socia* :

Propterea de medio facta est, ut ad aequalitatem societatis facta probaretur. *De sacramentis*, éd. PL 176, 485AB.	Elle a donc été faite du milieu, pour qu'il soit prouvé qu'elle a été faite pour une égalité d'association.

Mais aussitôt, comme s'il craignait d'être allé trop loin, Hugues ajoute une parenthèse, qui est en même temps une restriction, et pourrait même sembler une annulation vis-à-vis de cette égalité qu'il vient pourtant d'affirmer. Il nous faut donc examiner attentivement la phrase qui suit :

1. En particulier en *De sacramentis*, I, XI (*De sacramento coniugii*), surtout dans les chap. 2-4, éd. PL 176, 481A-485D.

In hoc tamen quodammodo inferior ipso quod facta est de ipso, ut ad ipsum semper quasi ad principium suum respiceret, et ei individue adhaerendo, ab ea se quae adinvicem constare debebat societate non separaret. *De sacramentis*, éd. PL 176, 485AB.

D'une certaine façon elle est pourtant inférieure en ce qu'elle a été faite à partir de lui, pour qu'elle regarde toujours vers lui comme vers son principe et qu'en s'attachant indivisiblement à lui elle ne se sépare pas de l'association qui devait les relier tous deux.

Au contraire des autres occurrences du thème d'Ève *socia* d'Adam, Hugues affirme dans le *De sacramentis* que la création à partir d'Adam entraîne pour la femme une infériorité, certes relative (*quodammodo*), mais explicite (*inferior*). La suite explique en quoi Ève n'est inférieure que « d'une certaine manière ». Il s'agit moins d'exprimer une différence de statut hiérarchique que d'affirmer la nécessité d'une union, à la fois de principe et de destination, par adhésion indivisible (*individue adhaerendo*) et par association mutuelle (*adinvicem... societate*). De même que l'égalité n'est déclarée que pour être ensuite partiellement restreinte, de même l'infériorité n'est affirmée que pour être ensuite virtuellement résorbée [1]. Il y a donc, chez Hugues, une tension entre égalité et inégalité, que l'auteur décrit plus en détail dans le passage ci-dessous, lui aussi emprunté au *De sacramentis* :

Erant enim duo haec in coniugio ipso : coniugium ipsum et coniugii officium, et utrumque sacramentum erat. Coniugium constabat in consensu foederis socialis, officium coniugii constabat in copula carnis. Coniugium sacramentum fuit cuiusdam societatis spiritualis quae per dilectionem erat inter Deum et animam, in qua societate anima sponsa erat et sponsus Deus; officium coniugii sacramentum fuit cuiusdam societatis quae futura erat per

Il y avait ces deux éléments dans le mariage : le mariage même et sa fonction, et l'un et l'autre étaient des sacrements. Le mariage consistait dans le consentement au pacte d'une association, la fonction du mariage consistait dans le lien de chair. Le mariage fut le sacrement de l'association spirituelle qui existait entre Dieu et l'âme par amour : l'âme y était l'épouse et Dieu l'époux. La fonction du mariage était le sacrement d'une

1. Sur cette tension entre égalité et inégalité chez d'autres théologiens, voir K. E. Børresen, *Subordination et équivalence. Nature et rôle de la femme d'après Augustin et Thomas d'Aquin*, Oslo-Paris, Universitetsvorlaget-Mame, 1968; *ead.*, « Théologiennes au Moyen Âge », *Revue théologique de Louvain* 20, 1989, p. 67-71, qui analyse plusieurs publications sur ce sujet; *ead.*, *Image of God and Gender Models in Judaeo-Christian Tradition*, Oslo, Solum Forlag, 1991.

carnem assumptam inter Christum et Ecclesiam, in qua societate Christus sponsus futurus erat et sponsa Ecclesia. Et qui sponsus erat utrobique superior erat, et eius dilectio per pietatem trahebatur ad inferiorem; quae autem sponsa erat utrobique inferior erat, quia sibi sufficiens non erat et per se stare non poterat. Et propterea eius dilectio necessitate magis conuertebatur ad superiorem. Superior diligendo beneficium praestitit, inferior diligendo beneficium accepit [...].

société qui allait être entre le Christ et l'Église, par la chair qu'il a assumée : le Christ allait y être l'époux et l'Église l'épouse. De part et d'autre, l'époux était le supérieur, et son amour l'entraînait par tendresse envers l'inférieur; de part et d'autre l'épouse était l'inférieure, car elle ne se suffisait pas et ne pouvait subsister par elle-même, et pour cette raison son amour se tournait davantage par nécessité vers le supérieur. Le supérieur offrit un bienfait par amour, l'inférieur le reçut par amour [...].

Propterea natura humana duplici qualitate distincta est, ut in uiro quidem robustior, in femina uero infirmior et aliena ope egens appareret. Et iuncti sunt duo in unum una dilectione et societate una, ut in una dilectione essent et per dilectionem unam in una societate manerent. Et uir quidem, ut imago Dei fieret in hoc sacramento, pietate ad dilectionem inclinaretur; femina uero, ut formam animae rationalis exprimeret, necessitate magis et quasi respectu commoditatis cuiusdam amare persuaderetur; sic tamen ut utrinque uoluntaria esset dilectio, quia si uoluntaria non esset neque uera dilectio nec uerae dilectionis sacramentum esse posset. *De sacramentis*, I, VIII, 13, éd. PL 176, 314C-315B.

C'est pourquoi la nature humaine a été distinguée en une qualité double, pour qu'elle apparaisse plus robuste chez l'homme, plus faible chez la femme et qu'elle ait besoin de l'aide d'un autre. Et les deux se sont unis en un, par une dilection unique et une association unique, pour qu'ils soient en une dilection unique et, par une dilection unique, demeurent en une association unique; que l'homme, pour être l'image de Dieu en ce sacrement, soit incliné à l'amour par la tendresse; et que la femme, pour représenter l'âme rationnelle, soit davantage persuadée à aimer par la nécessité et pour ainsi dire par la considération de son avantage; qu'ainsi cependant la dilection soit volontaire des deux côtés, car si la dilection n'était pas volontaire il ne pourrait y avoir ni de dilection véritable ni de sacrement d'une dilection véritable.

Vers l'égalisation

En d'autres termes, l'identité de principe, d'un côté, et l'union par amour, de l'autre, produisent entre l'homme et la femme une égalité d'origine et de destination, qui expliquent les passages les plus paritaires d'Hugues sur Ève *socia* d'Adam et sur la réciprocité des relations dans le mariage. Toutefois, entre ce commencement et cette fin, il y a des éléments d'inégalité, les uns physiques, comme la plus grande robustesse de l'homme, les autres sociaux, comme la dépendance de la femme vis-à-vis de l'homme. Peu présents dans les œuvres antérieures du Victorin, ces éléments d'inégalité semblent gagner en importance dans le *De sacramentis*, datable de la fin de sa carrière.

Une interprétation globale de la pensée d'Hugues de Saint-Victor sur les relations entre la femme et l'homme pourrait être celle-ci. Dans ses œuvres antérieures, particulières ou de circonstance, comme le *De beatae Mariae virginitate*, Hugues répondait à une question précise. Dans sa grand synthèse doctrinale qu'est le *De sacramentis*, il a souhaité donner, sur cette question comme sur d'autres, un enseignement aussi intégratif et aussi complet que possible. Ceci l'a conduit à prendre plus largement en compte l'ensemble de la tradition biblique, patristique et canonique; peut-être aussi à faire plus de place à la condition ordinaire de la femme au moment où il écrit. Il en résulte une pensée plus complexe, plus tiraillée, qui cherche à penser ensemble l'égalité et l'inégalité : une égalité idéale, à la fois égalité de principe et de destination, et, entre cette origine et cette fin, une inégalité présente et concrète, provisoire certes mais bien réelle.

Ajoutons que cette tension entre des relations égales et inégales se lit déjà dans la Bible : entre le livre de la Genèse, où « Dieu créa l'être humain à son image, à l'image de Dieu il le créa, mâle et femelle il les créa » [1] et la condition nouvelle dans le Christ, où « il n'y a plus ni juif ni grec, ni esclave ni homme libre, ni mâle ni femelle » [2], l'histoire sainte vérifie presque à chaque page cette parole : « tu seras sous la puissance de l'homme et il dominera sur toi » [3], présentée certes, non comme le dessein primordial de

1. Gen. 1, 27 : « Et creavit Deus hominem ad imaginem suam, ad imaginem Dei creavit illum, masculum et feminam creavit eos. »

2. Gal. 3, 28 : « Non est Judaeus neque Graecus, non est servus neque liber, non est masculus neque femina : omnes enim vos unum estis in Christo Iesu. »

3. Gen. 3, 16 : « Mulieri quoque dixit : "Multiplicabo aerumnas tuas et conceptus tuos; in dolore paries filios, et sub viri potestate eris et ipse dominabitur tui." » (la version hébraïque porte plutôt : ton désir te portera vers l'homme et lui te dominera. »

Dieu, mais comme une sanction ou un effet, parmi d'autres, de la faute originelle.

Cette tension atteint son paroxysme dans la théorie hugonienne, d'origine biblique une fois encore, du mariage comme sacrement de Dieu et l'âme dans l'amour. Qu'y a-t-il en effet de plus inégalitaire que le créateur et sa créature ? L'idée de supériorité, donc d'inégalité, se trouvait déjà là. Toutefois, grâce à l'idée chrétienne d'un amour qui se dépossède et s'anéantit pour se mettre sur le même plan que l'être aimé [1], grâce en outre à l'idée hugonienne d'un amour qui transforme littéralement l'aimant en l'aimé [2], la charité entre Dieu et l'homme superpose à l'inégalité première, de nature, une égalité seconde, de grâce, que notre auteur se plaît à chanter dans le *De laude caritatis* :

Via igitur es, o caritas. Qualis uia? Superexcellens, suscipiens, dirigens et perducens. Cuius uia? Via hominis ad Deum et uia Dei ad homines. O beata uia, que sola commercium nostrae salutis agnoscis. Tu Deum ad hominem deducis, tu hominem ad Deum dirigis. Ille descendit quando ad nos uenit, nos ascendimus quando ad illum imus. Nec ille tamen, nec nos, nisi per te ad alterutrum transire possumus. Tu mediatrix es, aduersos concilians, disiunctos socians, et tantum dispares quodammodo coequans. Deum humilians, nos sublimans; illum ad ima trahens, nos ad summa erigens, sic tamen ut nec abiecta sed pia sit eius descensio, nec superba sed gloriosa sit nostra exaltatio.

Tu es donc une voie, ô charité. De quelle sorte ? Une voie surexcellente, qui reçoit, dirige et conduit au but. Voie de qui ? Voie de l'homme à Dieu et de Dieu aux hommes. Ô voie bienheureuse, qui seule connaît l'échange de notre salut. Tu fais descendre Dieu vers l'homme, monter l'homme vers Dieu. Il descend en venant à nous, nous montons en allant à lui. Ni lui ni nous, pourtant, ne pouvons aller l'un vers l'autre sans passer par toi. Tu es la médiatrice, qui concilies les extrêmes, associes ce qui est désuni, égalises d'une certaine façon ce qui est tellement dissemblable; qui abaisses Dieu et nous exaltes, l'entraînant tout en bas, nous élevant tout en haut, de sorte pourtant que sa descente ne soit pas honteuse mais affectueuse, et que notre exaltation ne soit pas orgueilleuse mais glorieuse.

1. Philip. 2, 7 : « Sed semetipsum exinanivit, formam servi accipiens ».

2. *De arrha animae*, éd. *L'Œuvre de Hugues de Saint-Victor*, t. 1, « Sous la Règle de saint Augustin », Turnhout, Brepols, 1997, p. 232, l. 109-112 : « Ea uis amoris est, ut talem te esse necesse sit, quale illud est quod amas, et cui per affectum coniungeris, in ipsius similitudinem ipsa quodammodo dilectionis societate transformeris. »

Les causes d'un équilibre hugonien entre l'homme et la femme

Hugues de Saint-Victor n'est donc pas féministe, il ne revendique pas pour la femme une égalité totale et absolue. Ses écrits n'en contiennent pas moins, non pas de manière accidentelle et sporadique, mais de façon cohérente et stable, une vigoureuse propension à poser la femme de plain-pied avec l'homme, comme une vraie partenaire, et à décrire entre l'un et l'autre des relations remarquables par leur équilibre et leur réciprocité. Peut-on mettre au jour les raisons d'une telle attitude, d'autant plus remarquable qu'elle est plus rare[1] ?

Fausses pistes

Commençons par écarter des explications erronées ou insuffisantes. Comme il n'est pas rare avec des théologoumènes hugoniens, les dominicains Albert le Grand et Thomas d'Aquin ont par erreur attribué à saint Augustin la paternité du thème hugonien le plus caractéristique sur la femme, celui d'Ève *socia* d'Adam puisque tirée, non de sa tête ni de ses pieds, mais de son côté[2]. En réalité, on ne trouve rien de tel chez le Docteur d'Hippone et les concordances confirment que le thème n'apparaît pas avant les *Adnotationes in Octateuchum* d'Hugues de Saint-Victor.

Un rapprochement suggestif est en outre proposé par Riccardo Saccenti du côté de l'exégèse rabbinique[3]. Cette piste est d'autant plus intéressante qu'on sait la place qu'Hugues et André de Saint-Victor ont accordé aux versions et aux commentaires hébraïques de la Bible[4]. Or, dans le commentaire *Bereshit Rabba*, on lit une explication, attribuée à R. Yehoshua de Siknin, qui passe en revue les parties du corps de l'homme

1. À la génération suivante, autre chanoine régulier, lui aussi du nom d'Hugues et souvent confondu du reste avec Hugues de Saint-Victor, le Picard Hugues de Fouilloy († 1173/1174) est à l'inverse l'auteur d'un traité *De nuptiis* dans lequel il accumule les *topoi* misogynes pour dissuader son destinataire de prendre femme, voir *Patrologia latina*, t. 177, 1210-1218.

2. Voir *supra* n. 7, p. 53 et n. 1, p. 54.

3. R. Saccenti, « Donne e ordine. Note sull'uso di Tommaso d'Aquino, nei documenti del magistero. 5. La *societas* fra uomo e donna : una tradizione ebraica », *Rivista europea di cultura*, 8 juin 2020, sur le blog d'Andrea Grillo : *Come se non*, https://www.cittadellaeditrice.com/munera/donne-e-ordine-s-tommaso-daquino-nel-magistero-5-di-riccardo-saccenti/.

4. Sur cette assimilation par Hugues et André de Saint-Victor de l'exégèse rabbinique, voir en dernier lieu M. Leyra Curia, *In Hebreo. The Victorine Exegesis in the Light of Its Northern-French Jewish Sources*, « Bibliotheca Victorina, 26 », Turnhout, Brepols, 2017.

dont la femme n'a pas été tirée, pour les éliminer à cause du défaut correspondant qui sinon en résultait : l'orgueil correspond ainsi à la tête, la coquetterie à l'œil, la curiosité à l'oreille, le bavardage à la bouche, la jalousie au cœur, la kleptomanie à la main, la déambulation permanente au pied. Pour chacune de ses parties est cité un verset de la Bible illustrant ce défaut[1].

Hugues a-t-il eu connaissance de cette exégèse ? C'est fort possible, mais alors son originalité n'en éclate que mieux. L'explication de Yehoshua ne porte nullement, en effet, sur la place hiérarchique de la femme vis-à-vis de l'homme et s'efforce moins encore d'établir entre les deux une quelconque parité. Au contraire, une certaine misogynie n'est pas absente d'une explication où chaque membre, aussitôt fait femme, devient la proie d'une activité fébrile et désordonnée. Tout compte fait, comprend-on, si Dieu dans sa sagesse a tiré la femme de la côte ou du côté, ce n'est point parce que cette partie du corps est à mi-hauteur entre la tête et les pieds, signe d'un équilibre entre les sexes, mais parce qu'étant la plus inerte elle est ainsi la plus inoffensive ! Si donc Hugues a lu cette exégèse ou en a entendu parler, qu'il lui fasse rendre un son nouveau ne met que mieux en relief ce qu'il ajoute à sa source[2].

1. *Commento alla Genesi* (*Bereshit Rabba*), éd. A. Ravenna & T. Federici, Torino, UTET, 1978, p. 141.

2. On peut en dire autant d'un commentaire nestorien anonyme, écrit en langue syriaque et datable du Xᵉ siècle, dont l'interprétation paraît proche à première vue de celle d'Hugues, mais pour aboutir à cette conclusion que la femme n'est qu'une « demi-créature » : « [...] la femme n'a pas été créée à partir du dos, pour que nous ne pensions pas que Dieu l'a faite dans un état de sujétion ; pas à partir du front, pour que nous ne pensions pas qu'il lui a donné autorité égale, mais il prit une côté de son côté pour qu'elle voie qu'elle est une demi-créature » (A. Levene, *The Early Syrian Fathers on Genesis, from a Syriac MS. in the Mingana Collection*, London, Taylor's Foreign Press, 1951, p. 77). Plus proche est au VIᵉ siècle l'explication de Cosmas Indicopleustès dans sa *Topographie chrétienne*, III, 47 : « De plus, c'est du côté de l'homme que Dieu fit la femme, car les deux côtés maintiennent le corps entier ; il ne la fit pas du devant, pour que la femme ne l'emporte pas sur l'homme, ni du dos, pour que l'homme ne l'emporte pas sur la femme ; il la fit du côté, parce qu'elle est égale à l'homme par sa nature ; même si l'homme la précède en tant que cause, dans le temps, il ne la surpasse pas par sa nature. » (éd. et trad. fr. W. Wolska-Conus, t. 1, « Sources chrétiennes, 141 », Paris, Cerf, 1968, p. 482). Toutefois, des différences ne sont pas négligeables : l'axe horizontal (avant, milieu, arrière) se substitue à l'axe vertical (haut, milieu, bas). Surtout, on voit mal comment Hugues de Saint-Victor aurait pu avoir accès à un texte grec, déjà rare dans le monde byzantin, et dont il n'existait aucune version latine. Voir M. de Merode, « "Une aide qui lui corresponde". L'exégèse de Gen. 2, 18-24 dans les écrits de l'Ancien Testament, du judaïsme et du Nouveau Testament », *Revue théologique de Louvain* 8/3, 1977, p. 329-352, en part. n. 38, p. 344.

Les origines hugoniennes

Pourquoi dès lors cette insistance sur une certaine égalité des sexes? Plusieurs explications peuvent être invoquées, qui ne sont pas exclusives les unes des autres. La première qui nous vient à l'esprit est difficile à prouver. Nous la formulons cependant : c'est qu'Hugues de Saint-Victor a pu être influencé par son milieu familial. Certes, nous ne savons rien de précis sur l'entourage, en particulier féminin, qui fut le sien durant son enfance, avant son entrée dans la vie religieuse, d'abord à Hamersleben en Saxe, puis à Saint-Victor de Paris; mais au ton de ses écrits on imagine un environnement serein, débonnaire et raffiné, aux relations harmonieuses entre les femmes et les hommes.

À cet égard il nous paraît significatif qu'au contraire d'un Pierre Abélard ou d'un Bernard de Clairvaux Hugues ne soit pas né dans une famille de simples chevaliers, où sont d'ordinaire exaltées les vertus guerrières et la vaillance virile, mais au sein d'un haut lignage, qui plus est germanique[1]. Un calendrier du fond de Saint-Victor, écrit d'une main allemande, du milieu du XIIe siècle, et complété par des notices d'obit caractéristiques, confirme qu'Hugues de Saint-Victor se rattache aux comtes de Blankenburg, apparentés par mariage à ce Lothaire de Supplinbourg qui fut successivement duc de Saxe en 1106, roi des Romains en 1125, empereur de 1133 à 1137[2]. Cette illustre ascendance pourrait expliquer en partie la tonalité si remarquable dans les écrits d'Hugues de Saint-Victor, faite d'un mélange de tranquille autorité, de bienveillance souriante et de délicate courtoisie, loin des ardeurs batailleuses d'un Abélard ou d'un Bernard[3]. Certes, nous sommes ici dans le royaume des conjectures, mais il n'est pas déraisonnable de penser que notre auteur a pu trouver dans son entourage

1. Voir le chapitre « Enfances et apprentissages », dans J. Verger et J. Jolivet, *Bernard – Abélard ou le cloître et l'école*, « Douze hommes dans l'histoire de l'Église », Paris, Fayard-Mâme, 1982, p. 49-71.

2. Le Paris, Bibl. nat. de France, lat. 15118 contient aux f. 20v-26r un calendrier liturgique enrichi de notices d'obit, parmi lesquelles on lit, à la date du 3 mars (*.V. nonas*) : « Obiit Reinardus episcopus » (f. 21v); puis, au 6 mai (*.II. nonas*) : « Obiit Hugo » (f. 22v). Ces deux défunts peuvent être identifiés : ce sont Reinhard, évêque de Halberstadt (1107-1123), et son archidiacre Hugues devenu chanoine régulier à Saint-Victor, comme l'autre Hugues, son neveu. Le calendrier victorin renforce donc les affirmations de Derling selon lesquelles ces deux personnages, parents des comtes de Blankenburg, sont les oncles d'Hugues de Saint-Victor.

3. K. Guth, *Kaiser Heinrich II. und Kaiserin Kunigunde – das heilige Herrscherpaar. Leben, Legende, Kult und Kunst*, Petersberg, Imhof, ^{2}2002; I. Baumgärtner (éd.), *Kunigunde, eine Kaiserin an der Jahrtausendwende*, Kassel, Furore, ^{2}2002.

familial, chez ses parents peut-être, un modèle de relations équilibrées entre l'homme et la femme, comme l'empereur Henri II et l'impératrice Cunégonde de Luxembourg en ont donné l'exemple, y compris dans l'exercice partagé du pouvoir[1].

Humanisme et intégration

Le regard d'Hugues de Saint-Victor sur les relations entre hommes et femmes nous semble s'éclairer aussi par la comparaison avec quelques traits récurrents de sa pensée. L'un d'eux est son inclination à ne rien mépriser, mais à soutenir au contraire la valeur de ce que la plupart de ses contemporains négligent comme secondaire ou inférieur[2]. Devant des couples de termes opposés, au lieu d'en choisir un à l'exclusion de l'autre, le victorin conserve presque toujours les deux ensemble, pensés à la fois dans leur différence, leur relation et leur unité. Il y a chez lui une tendance générale à la synthèse et l'intégration, qui, par exemple, se manifeste par l'inclusion des arts mécaniques, à côté des arts libéraux, dans sa division de la philosophie; par la revalorisation de l'histoire, à côté de l'allégorie, dans sa théorie de l'exégèse biblique; par l'éloge de l'action, à côté de la contemplation, dans le projet d'une vie religieuse; plus généralement, par le souci d'accorder toute leur place et leur valeur au visible et au corporel, au temporel et au multiple, à la nature et à l'homme, en même temps qu'à l'invisible et au spirituel, à l'éternel et à l'un, à la grâce et à Dieu.

Françoise Héritier a défendu l'idée que l'hégémonie masculine s'est idéologiquement construite à l'aide de

> discours symboliques [...] bâtis sur un système de catégories binaires, de paires dualistes, qui opposent face à face des séries comme Soleil et Lune, haut et bas, droite et gauche, clair et obscur, brillant et sombre, léger et

1. Voir S. Dick *et al.* (éd.), *Kunigunde – consors regni. Vortragsreihe zum tausendjährigen Jubiläum der Krönung Kunigundes in Paderborn*, Paderborn-München, Fink, 2004. Sur la sainteté ottonienne, un des seuls modèles à produire de saintes épouses et mères comme telles, et non comme vierges, comme veuves ou comme pénitences, voir P. Corbet, *Les saints ottoniens: sainteté dynastique, sainteté royale et sainteté féminine autour de l'an mil*, « Beihefte der Francia, 15 », Sigmaringen, J. Thorbecke, 1986.

2. *Didascalicon*, VI, 3, éd. C. Buttimer, p. 114, l. 5-6 : « Noli contemnere minima haec. Paulatim deficiunt qui minima contemnunt » ; *ibid.*, p. 120, l. 27 : « Noli ea contemnere, sed potius venerare » ; *Super Ierarchiam Dionisii*, VII-vii, éd. D. Poirel, « CCCM 178 », Turnhout, Brepols, 2015, p. 599, l. 959 : « sed noli contempnere ».

lourd, face et dos, chaud et froid, sec et humide, masculin et féminin, supérieur et inférieur[1].

Le trait commun à toutes ces paires est qu'elles reposent, dit-elle, sur une « logique des contraires, des oppositions binaires à valeurs positive et négative »[2]. Si l'on suit ce raisonnement, une pensée qui s'affranchirait d'une telle logique des contraires, mais s'attacherait soit à valoriser les deux pôles d'une dualité, soit même à sortir d'un jeu d'oppositions binaires, aurait toute chance de coïncider avec une pensée plus respectueuse de la femme.

Or c'est bien ce qui nous semble être le cas chez Hugues de Saint-Victor. Non seulement sa pensée s'efforce de ne rien mépriser, d'affirmer en chaque paire la dignité du terme inférieur et de substituer aux contradictions des gradations, aux oppositions des tensions ou de simples différences, mais, plus profondément encore, on le voit à l'inverse privilégier, chaque fois que possible, des manières ternaires d'envisager le réel et de structurer le connaissable. Sa façon si spontanément triadique de poser un problème ou de le résoudre nous apparaît ainsi comme une résistance méthodique à la binarisation croissante du discours savant, que favorisait pourtant l'essor de la logique aristotélicienne[3]. La répugnance déjà notée d'Hugues devant les affrontements binaires qui clivent, closent, appauvrissent le réel et ont pour effet collatéral de légitimer dans les esprits la domination du clerc sur le laïc et du mâle sur la femme, ce pluralisme au lieu des dualismes ordinaires nous paraît offrir un terreau favorable à une pensée moins schématique et plus équilibrée des relations entre les sexes[4].

1. F. Héritier, « Le sang du guerrier et le sang des femmes », *Les cahiers du GRIF* 29, 1984 : « L'africaine, Sexe et Signe », p. 12. Voir aussi *ead.*, *Masculin/féminin : la pensée de la différence*, Paris, Odile Jacob, 1996, p. 219.

2. F. Héritier, « Le sang du guerrier et le sang des femmes », p. 14. Voir aussi *ead.*, *Masculin/féminin*, p. 221.

3. Voir par exemple notre étude : « Pierre Abélard théologien », dans *Pierre Abélard génie multiforme. Colloque international de l'Institut d'Etudes Médiévales tenu à Paris, Institut Catholique de Paris, les 29-30 novembre 2018*, éd. D. Poirel, Turhout, Brepols, 2022.

4. Sur cette résistance hugonienne à la « binarisation » de la théologie, voir notre étude : « Deux styles de vie et de pensée dans la première moitié du XIIe siècle : Pierre Abélard et Hugues de Saint-Victor », *Bulletin de philosophie médiévale* 58, 2016, p. 3-22.

La mariologie victorine

Une autre explication doit être cherchée du côté de la mariologie victorine. On sait que la dévotion à la Vierge Marie occupe une place importante à Saint-Victor : l'attestent plusieurs séquences d'Adam, en particulier celle fameuse sur Marie *totius Trinitatis nobile triclinium* : « noble *triclinium* de toute la Trinité »[1] ; l'attestent aussi plusieurs écrits d'Hugues, comme le *De beatae Mariae virginitate* dont on a déjà parlé[2]. Pourtant, on lit souvent qu'un tel culte marial, en sublimant une femme quasi divinisée, renforce le contraste avec la femme ordinaire, pécheresse, et consolide ainsi les assises du patriarcat. Ce jugement ne nous paraît pas correct dans le cas d'Hugues de Saint-Victor, qui insiste plusieurs fois, à propos de la Vierge Marie, sur la troublante coïncidence chez elle entre l'humble et le sublime, le banal et l'exceptionnel.

Son commentaire du *Magnificat* débute ainsi par l'expression d'une surprise : alors qu'on attend que ce cantique de la Vierge, prononcé par elle à la suite de la conception du Verbe, « jubile d'une joie nouvelle et inouïe des esprits humains », pourtant ses paroles semblent banales et toutes simples :

> La plus grande difficulté que je trouve dans les Écritures divines est celle-ci : là où parfois la situation nous force à rechercher des réalités grandes et sublimes, la lettre ne semble rien présenter d'autre que des paroles ordinaires et sans grandeur[3].

1. Où *triclinium* signifie ce lit triple, en fer à cheval, où s'étendent les convives d'un repas de fête. Voir B. Jollès, *Adam de Saint-Victor. Quatorze proses du XIIe siècle à la louange de Marie*, « Sous la règle de saint Augustin, 1 », Turnhout, Brepols, 1994. Sur l'œuvre poétique d'Adam de Saint-Victor, voir J. Grosfillier, *Les séquences d'Adam de Saint-Victor. Étude littéraire (poétique et rhétorique). Textes et traductions, commentaires*, « Bibliotheca Victorina, 20 », Turnhout, Brepols, 2007. Dans l'une des *Cantigas de santa Maria* attribuées traditionnellement au roi de Castille Alphonse X le Sage, on raconte ce miracle survenu lors de la composition par Adam de la séquence *Salve mater Salvatoris* : la Vierge Marie l'aurait elle-même aidé à trouver une rime qui lui manquait : de là seraient venus les deux vers si denses doctrinalement : « totius Trinitatis nobile triclinium », éd. Jollès, *Adam de Saint-Victor*, p. 216, l. 58-59 = Grosfillier, *Les séquences*, p. 419, l. 58-59 (n° XXXIX) ; voir aussi p. 721-722.

2. Voir les textes rassemblés par B. Jollès dans *L'œuvre de Hugues de Saint-Victor*, « Sous la Règle de saint Augustin, 7 », Turnhout, Brepols, 2000.

3. *Super Canticum Mariae*, *Prologus*, éd. Jollès, *ibid.*, p. 24, l. 2-5 : « Maximam hanc in Scripturis diuinis difficultatem inuenio quod, ubi magna quedam et sublimia nonnunquam requirere nos causa circumstans cogit, ibi nichil preter solitum et quod dictu non magni sit pretendere littera uideatur. » ; *ibid.*, p. 32, l. 111-113 : « Sed quia, eodem Spiritu sancto

Résistant sans trève à la tentation d'allégoriser, de court-circuiter la modestie de la lettre pour s'élever à la majesté du mystère, tout le commentaire s'efforce au contraire de remettre le mystère à sa juste place : dans le sens le plus obvie, le plus ordinaire du texte. Ainsi lu, le *Magnificat* dit nûment la joie, longtemps « cachée par humilité », d'une simple jeune fille devant l'annonce qui la dépasse, d'une « servante » dont justement Dieu « a regardé l'humilité ». L'exégète doit donc en rabattre de ses attentes trop sublimes et suivre le discours de Marie dans son évangélique simplicité.

De même avec le *De beatae Mariae virginitate* : alors qu'Hugues n'aurait eu aucune peine à réfuter l'objection que lui font ses adversaires, s'il avait allégué d'emblée le caractère incomparable du mariage de la Vierge, au contraire toute sa réponse consiste à faire entrer l'exception dans la loi commune, et même, plus encore, à prétendre que ce mariage sans exemple éclaire le sens profond du mariage le plus habituel. Le primat de la *dilectio* et la réciprocité des relations entre la femme et l'homme découlent de cet effort pour banaliser l'extraordinaire. Loin d'opposer la sainte hors-sol à la triviale pécheresse, Hugues exalte au contraire, dans ce qu'il a précisément de plus universel, le sentiment amoureux entre les deux sexes et met de plain-pied le mari et la femme, grâce à la réciprocité que produit entre eux la *dilectio*.

Se lire épouse

Cette haute place faite à l'amour nuptial peut enfin être rapprochée de l'essor au XIIe siècle de l'exégèse du Cantique des cantiques : Hugues lui-même en a commenté plusieurs extraits, en particulier ceux qui ont été incorporés à la liturgie[1]. Or ce mouvement plus général contribue, lui aussi, à expliquer un modèle de relation plus équitable entre l'homme et la femme. Qu'en effet la Bien-aimée du Cantique soit interprétée au sens allégorique, comme signifiant l'Église, ou au sens tropologique, comme désignant l'âme du fidèle, dans tous les cas le lecteur est invité à se penser lui-même au féminin, à se fondre collectivement ou personnellement dans le rôle de l'Épouse, à retrouver et revivre en soi tous les affects de la femme. La vogue du Cantique chez les réguliers du XIIe siècle, moines et

docente, didicerat sicut sua per humilitatem tegere sic alienis bonis per caritatem congaudere [...] ».

1. Ce sont le *Pro Assumptione Virginis*, éd. Jollès, *ibid.*, p. 101-167, qui commente un chant liturgique formé de Cant. 4, 7. 11 ; 2, 11-12 ; 4, 8 ; et l'*Eulogium Sponsi*, éd. PL 176, col. 268-277, qui commente l'antienne *Ibo michi ad montem myrrhae*, tirée de Cant. 4, 6-8.

chanoines, cisterciens et victorins, invite à vivre la vie religieuse au féminin[1].

Progresser dans la vie contemplative, c'est dès lors, non pas jouer la femme, par une sorte d'inversion des sexes, mais se découvrir comme telle, se lire et se comprendre, homme ou femme, comme fondamentalement « Épouse » et « Bien-aimée » dans sa relation avec Dieu. C'est ainsi que, pour instruire de la vraie *dilectio*, Hugues a composé le *De arrha animae*, celle de toutes ses œuvres qui eut le plus grand succès : il y dévoile à sa propre âme (et à travers elle à l'âme de tous ses lecteurs) son état de divine fiancée. Ce qu'on a dit plus haut de l'infériorité féminine, dans le couple épouse / époux comparé au couple âme / Dieu, n'est plus propre à la femme seule : l'intérioriser, s'y reconnaître et s'y complaire est au contraire pour Hugues un chemin universel de conversion et de salut.

Ce n'est donc pas par hasard si l'âme, pour Hugues la partie la plus haute de la personne humaine, porte dans ce dialogue une appellation et une fonction féminines : cette féminisation de la vie spirituelle, enracinée dans la *lectio divina* et thématisée dans le chef d'œuvre hugonien, apparaît pour tous, femme ou homme, laïc ou clerc, le sommet de toute vie religieuse. Bien plus, ce qu'elle contient d'infériorité tend avec l'amour à se dissiper : grâce à l'incarnation du Verbe, grâce à la divinisation de l'âme, grâce à la transformation professée par Hugues de l'amante en l'aimé, l'affection mutuelle met mystérieusement la première à égalité avec le second[2]. Le modèle nuptial des relations entre Dieu et l'âme est donc ambivalent : partant d'une distance abyssale entre les deux, il tend, par une descente de Dieu et une ascension de l'âme, à une circularité des relations où non pas toute différence, mais toute inégalité s'abolit dans l'affection mutuelle.

1. Sur cette « féminisation du religieux », voir J. Dalarun, « *Dieu changea de sexe, pour ainsi dire* ». *La religion faite femme : XI*e*-XV*e *siècles*, Paris, Fayard, 2008. Le même Jacques Dalarun me suggère en outre cette explication : poursuivant des objectifs très divers (séparation des clercs, exaltation des vierges et secondairement des veuves, sacramentalisation du mariage), la réforme grégorienne a de ce fait tenu sur la femme des discours qui nous semblent contradictoires, mais correspondent à des étapes successives de sa mise en place, depuis la violente misogynie d'un Pierre Damien jusqu'à la vision plus équilibrée d'un Hugues de Saint-Victor.

2. Voir *supra* p. 66-68.

À l'évidence, les écrits d'Hugues de Saint-Victor témoignent d'un regard sur la femme bien plus favorable que celui qui, au siècle suivant, allait triompher chez les docteurs de l'université. Certes, on se tromperait en faisant de notre auteur le tenant d'une stricte égalité entre les sexes, laquelle du reste ne passe pas pour régner à quelque époque que ce soit. Néanmoins, on a vu que sur la création d'Ève et la définition du mariage il avait deux fois innové, en insistant ici sur la parité dans le premier couple, là sur la réciprocité des relations entre époux, de part et d'autre en posant la femme en authentique vis-à-vis de l'homme. Sans doute, dans le *De sacramentis* surtout, il accorde une relative infériorité de la femme par rapport à l'homme : c'est ce qui permet au mariage unissant la femme et son mari d'être un sacrement de l'amour unissant l'homme et Dieu. Toutefois, cette infériorité est relative, temporaire et n'empêche pas l'affirmation, apparemment contraire, d'une égalité de principe et de fin entre l'homme et la femme.

Pourquoi cette inclination stable à mettre les deux sexes de plain-pied ? Au terme de cette étude, le mystère reste entier. Plutôt que des explications proprement dites, des convenances ou cohérences sont apparues entre l'équilibre des sexes et un équilibre plus général de la pensée hugonienne, sans qu'on puisse dire lequel des deux précède l'autre et le cause. Tout ce qu'on peut affirmer est que les deux vont bien ensemble. Qu'il s'agisse du rapport à la nature, au monde animal, au règne végétal, à la matière, au corps, à soi-même, à autrui, aux travaux manuels, aux savoirs profanes, à l'histoire, aux classiques, aux sacrements des juifs et à ceux des païens, Hugues se signale par un souci de tout inclure et de ne rien mépriser, un sens de l'harmonie et un goût de l'admiration, qui découlent peut-être de son regard sur la femme, à coup sûr le favorisent et le confirment.

Tout regard sur la femme – mais peut-être devrait-on dire plutôt : tout regard sur les relations entre la femme et l'homme – engage et suppose un regard plus général sur le monde et sur les relations entre les êtres, entre moi et l'autre. Peu importe dès lors où est la cause et où est l'effet, si tant est que la question même ait un sens ; les doctrines pourraient bien compter moins ici que le style, le climat, le mouvement qui les anime. L'important est qu'il y a des pensées qui ouvrent et qui relient, qui décloisonnent et valorisent, tandis que d'autres scindent, bornent, écartent, affrontent : pensées de la relation ou pensées de la substance, équilibres ou dichotomies, jonctions ou ruptures, ponts ou murs. Les premières seront toujours plus favorables à la femme, et à bien plus que la femme. À coup sûr, Hugues de Saint-Victor se rattache à elles : c'est pourquoi nous n'avons pas fini de le redécouvrir.

ÈVE DANS LES PREMIERS COMMENTAIRES DES *SENTENCES*. QUESTIONS SUR L'ÉGALITÉ ENTRE HOMME ET FEMME

LAURE SOLIGNAC

Pour aborder le délicat dossier de la femme dans la pensée médiévale latine, on peut légitimement se demander si la figure d'Ève offre une porte d'entrée favorable. À en juger par la littérature pléthorique consacrée à ce sujet, la première femme semble plutôt malmenée par les jugements formulés à son encontre, du fait de sa responsabilité particulière dans le péché originel[1]. Mais qu'en est-il si l'on se penche sur les discours théologiques tenus sur Ève *avant* le péché originel ? Ne trouve-t-on pas alors la femme à son sommet (la Vierge Marie à part), à l'état d'innocence ? Une enquête portant sur cette anthropologie théologique antérieure au péché permet en outre la mise au jour de thèses valant pour toutes les femmes, quelle que soit leur condition, puisqu'Ève, comme universel concret, est un être qui, dans sa particularité, contient tous les autres ; l'état d'innocence demeure en effet l'état de référence sur lequel se greffent les autres statuts anthropologiques impliqués dans la pensée chrétienne, à savoir l'état post-lapsaire, l'état de grâce et l'état de gloire. Parce qu'elle est la première, et parce que le péché n'a pas anéanti la nature, Ève est la condition de possibilité de ces différents états. Le repérage des textes portant sur cette Ève immaculée est en outre aisé : dans les commentaires des *Sentences*, les questions sur la femme avant le péché se trouvent dans le livre II, des distinctions 16 à 24, et forment un fil conducteur facile à suivre.

1. À titre d'exemple, voir l'entrée « Eve » dans M. Schaus (éd.), *Women and Gender in Medieval Europe. An Encyclopedia*, London, Routledge, 2006, p. 266-267. Dans cet article, D. Spivey Ellington recense les différentes raisons pour lesquelles la figure d'Ève suscite la méfiance au Moyen Âge.

Il est pourtant nécessaire de nuancer l'idée d'une immunité de la première femme dans les jugements théologiques, même dans cet état privilégié. En effet, la figure d'Ève avant le péché n'est pas aussi lisse que l'on pourrait spontanément le penser et suscite des questions très variées. Même si les sources utilisées sont relativement resserrées[1], les dossiers ouverts, comme les problématiques, sont en réalité multiples. Ainsi en va-t-il de l'égalité entre homme et femme; sont-ils également à l'image de Dieu[2]? L'apparente simplicité de la question cache un entrelacs de difficultés redoutables qui rendent parfois les auteurs hésitants. Or cette question est relancée par celle de la formation de la femme à partir de la côte d'Adam, dans le deuxième récit de la création. En effet, si un auteur est parvenu à établir, en commentant le premier récit, que la femme est à l'image de Dieu tout comme l'homme, il doit ensuite montrer comment une telle égalité de principe est compatible avec le fait qu'Ève ait été créée en second lieu et à partir d'Adam. Derrière cet ensemble problématique, qui se greffe sur les deux récits de la création, se profilent des questions tout aussi épineuses, qui ne seront pas traitées pour elles-mêmes ici, mais qu'il convient de mentionner, à savoir la question politique de la domination (est-elle une conséquence du péché originel? Ou est-il «naturel» que l'homme commande la femme, et plus généralement qu'un homme commande d'autres hommes?); la question jaillie de la confrontation à la

1. En ce qui concerne la Bible, les deux chapitres de la Genèse bien sûr, la première épître aux Corinthiens chap. 11; en ce qui concerne les Pères et les maîtres, Augustin dans les livres VII et IX de *La Genèse au sens littéral*, et le livre I du *De sacramentis* d'Hugues de Saint-Victor.

2. Sur la question de la femme à l'image de Dieu, voir l'excellent article de M. C. Horowitz, «The Image of God in Man. Is Woman included?», *Harvard Theological Review* 72, 1979, p. 175-206. Cet article prend position contre l'ouvrage de J. O'Faolain et de L. Martines, *Not in God's Image : Women in History from the Greeks to the Victorians*, New York, Harper and Row, 1973, et montre (p. 177) que cet ouvrage repose sur une mauvaise version de 1 Co 11, 7-9 que l'on trouve dans le *Décret* de Gratien, qui vient des *Quaestiones Veteris et Novi Testamenti* et qui contredit la Vulgate; cet article porte particulièrement sur le Talmud, le Midrash, Philon, Origène, Basile, Grégoire de Nysse, Ambroise et Augustin. En ce qui concerne la période qui précède les premiers commentaires des *Sentences*, voir R. Javelet, *Image et ressemblance au XIIe siècle, de saint Anselme à Alain de Lille*, Paris, Letouzey & Ané, 1967, I, p. 236-245 et, pour les notes, II, p. 206-211. En revanche, Aimé Solignac n'a pas poursuivi cette enquête dans l'article «Image et ressemblance» (IV. Chez les scolastiques du XIIIe siècle), par ailleurs extrêmement riche, du *Dictionnaire de spiritualité ascétique et mystique*, VII, 2, col. 1434-1451. En ce qui concerne plus précisément Thomas d'Aquin, voir C. Capelle, *Thomas d'Aquin féministe ?,* Paris, Vrin, 1981, chap. IV, «L'image de Dieu et le voile de la femme», p. 111-130.

pensée aristotélicienne : pourquoi des femmes, si elles ne sont que des « hommes manqués »[1] ? À quoi il faut ajouter toutes les questions liées à l'exégèse spirituelle des récits bibliques de la création de la femme : celle de l'organisation interne de l'âme humaine, Ève représentant la portion inférieure de la raison, d'après Augustin[2] ; celle de la relation entre l'âme et Dieu, ou entre le Christ et l'Église, puisqu'Ève représente aussi l'âme de chaque fidèle ainsi que l'Église.

L'étude de toutes ces questions excédant le cadre imparti, il s'agira ici de voir comment sont traitées les problématiques mises en place par les deux récits bibliques de la création, à savoir celle de l'image de Dieu (Gn 1, 27) et celle de la formation d'Ève à partir de la côte d'Adam (Gn 2, 21-23). Ces deux dossiers constituent à bien des égards la matrice des autres questions, permettent d'aborder frontalement la question de l'égale dignité de l'homme et de la femme, et donnent déjà beaucoup de fil à retordre aux théologiens scolastiques – alors même qu'Ève n'a pas encore péché.

LA FEMME EST-ELLE À L'IMAGE DE DIEU OU À L'IMAGE DE L'HOMME ?

Cette question est absente des *Sentences* de Pierre Lombard, lequel aborde la distinction entre image et ressemblance, et la différence entre « être l'image de Dieu » et « être *à* l'image de Dieu ». Mais elle apparaît très tôt dans les commentaires des *Sentences*, d'autant plus que saint Augustin l'avait posée de manière explicite dans le *De Trinitate* XII, VII, 10. L'évêque d'Hippone avait proposé une solide mise au point sur la contradiction entre Gn 1, 27 et 1 Co 11, 7. La Genèse affirme en effet que Dieu a créé l'homme à son image, « homme et femme il les créa », ce qui semble

1. Aristote, *La Génération des animaux*, II, 3, cité entre autres par Thomas d'Aquin, *Commentum in quatuor libros Sententiarum*, II, d. 18, q. 1, a. 1, *Sed contra* (*Opera omnia 6*, éd. Parme, vol. 1, p. 542) : « Or la femme est un homme inachevé (*vir imperfectus*) ou manqué (*sive occasionatus*), comme le dit le Philosophe dans le seizième chapitre au sujet des animaux. »

2. *De Trinitate*, XII, 7, 10 (BA 16, p. 231 ; CCSL 50, p. 364-365). Sur ce point, voir R. J. Mc Gowan, « Augustine's spiritual equality : the allegory of man and woman with regard to *imago Dei* », *Revue des études augustiniennes* 33, 1987, p. 255-264 ; ainsi que J. O'Meara, *The Creation of Man in St. Augustine's De Genesi ad litteram*, Villanova, Villanova UP, 1980, en particulier p. 38-39, où l'auteur explique qu'Augustin est plutôt mieux disposé que d'autres auteurs par rapport à la question de l'égalité entre homme et femme, en particulier parce qu'il réaffirme fortement leur égalité spirituelle.

associer indifféremment l'homme et la femme au fait d'être à l'image de Dieu. Or, dans la première épître aux Corinthiens, au chapitre 11, alors que saint Paul parle de la tenue des femmes à l'église, notamment lorsqu'elles prient ou prophétisent, il précise que l'homme, parce qu'il est à l'image de Dieu, ne doit pas prier ou prophétiser la tête couverte. Au contraire, la femme doit porter un voile parce qu'elle est « la gloire de l'homme » (verset 7), qu'elle a été tirée de l'homme (verset 8) et qu'elle a été faite pour l'homme (verset 9). La suite est importante, même si les médiévaux n'en tiennent pas compte dans les textes étudiés : saint Paul réaffirme qu'homme et femme sont inséparables devant le Seigneur et que si la femme a été tirée de l'homme à l'origine, « l'homme naît de la femme ». Ces précisions rétablissent une certaine égalité entre les deux sexes [1].

Face à ces textes, Augustin proposait une interprétation très nuancée ; il rappelait premièrement que « d'après la Genèse, c'est la nature humaine en tant que telle qui a été faite à l'image de Dieu – nature qui existe parfaitement dans l'un et l'autre sexe et qui ne permet pas de mettre la femme à part, quand il s'agit de comprendre ce qu'est l'image de Dieu » [2] ; la Genèse servira donc de repère et de texte régulateur pour bien comprendre les versets pauliniens. Dans un deuxième temps, pour concilier cette affirmation avec l'enseignement de saint Paul, Augustin s'orientait vers une exégèse spirituelle et psychologique du passage : la femme représente la raison qui s'abaisse vers les réalités inférieures, et cette partie de la raison n'est pas à l'image de Dieu, contrairement à la raison supérieure, qui contemple les réalités spirituelles. Le « voile », quant à lui, symbolise la contrainte et la soumission de la raison inférieure à la raison supérieure. « C'est donc, en déduit Augustin, dans un sens figuré et mystique que l'Apôtre parle de l'obligation qu'a la femme de se voiler la tête. Si ces paroles ne se référaient à quelque mystère caché, elles n'auraient aucun

1. R. Javelet, *Image et ressemblance*, a montré que l'extrait de Paul reprend en fait celui de la Genèse, en particulier p. 237 : « Pourquoi [Paul] n'a-t-il pas dit qu'elle est également l'image de Dieu ? Tout simplement parce que l'homme n'est pas de la femme, alors que la femme est de l'homme. C'est une question d'origine, d'origine corporelle. Car selon l'âme, la dépendance de la femme est la même que celle de l'homme : c'est une dépendance de Dieu qui les a créés tous deux à son image : *mulier aeque ut vir*. Autant l'homme que la femme, mais non pas l'homme plus que la femme. La preuve, c'est que tous deux président en commun aux poissons, oiseaux, à tous les animaux. »

2. *De Trinitate*, XII, 7, 10 (BA 16, p. 229). CCSL 50, p. 364 : « Ad imaginem quippe dei naturam ipsam humanam factam dicit quae sexu utroque completur, nec ab intelligenda imagine dei separat feminam. »

sens »[1]. Dans un dernier temps, Augustin conclut que ce n'est pas du fait de notre configuration corporelle, mais de notre âme spirituelle que nous sommes à l'image de Dieu, et que le renouvellement de l'image par le baptême montre bien lui aussi que les femmes ne peuvent pas être mises à part : « Qui donc prétendrait exclure les femmes de cette participation, alors qu'elles sont, tout comme nous, cohéritières de la grâce ? »[2]. Augustin précise que la participation au Christ n'est pas une négation du sexe, mais l'affirmation que le genre, masculin ou féminin, auquel on appartient n'a pas d'incidence sur la possibilité d'être héritier de la grâce : l'homme comme la femme sont renouvelés dans leur âme spirituelle, en sa partie la plus haute, celle qui « contemple les raisons éternelles et s'en inspire »[3].

Ce détour par Augustin était nécessaire pour introduire les données du problème de l'image, mais également pour mettre en évidence la régression de plusieurs théologiens du XIIIe siècle sur cette question – même si la femme est symboliquement dévalorisée dans le texte d'Augustin, puisque comme image de la partie inférieure de la raison, elle représente *ce qui n'est pas* à l'image de Dieu.

Prenons l'exemple de Guillaume d'Auxerre, dans la *Summa aurea*, bien que cet ouvrage ne soit pas à proprement parler un commentaire des *Sentences* ; contrairement à Pierre Lombard, cet auteur aborde de front la contradiction entre Gn 1, 26 et 1 Co 11. Or, à l'encontre d'Augustin, il propose une interprétation littérale du verset de l'épître[4] et trouve trois bonnes raisons à la parole de l'Apôtre : 1) la femme n'est faite à l'image et à la ressemblance de Dieu qu'à cause de l'homme, en vue de lui, et non en tant qu'elle appartient au genre humain – ce qui octroie une primauté au verset paulinien sur celui de la Genèse ; 2) l'homme a un « intellect plus perspicace », naturellement, que la femme, qui doit par nature lui être

1. *Ibid.*, 7, 11 (BA 16, p. 233). CCSL 50, p. 365 : « Ideo figurate ac mystice quia de velando muliebri capite loquebatur, quod nisi ad aliquod secretum sacramenti referatur inane remanebit. »

2. *Ibid.*, 7, 12 (BA 16, p. 235). CCSL 50, p. 367 : « Quis ergo qui ab hoc consortio feminas alienet cum sint nobiscum gratiae cohaeredes [...] ». Cette remarque d'Augustin est suivie d'une longue citation de l'épître aux Galates, 3, 26-28.

3. *Ibid.* : « ex qua parte mens hominis aeternis rationibus conspiciendis vel consulendis adhaerescit ».

4. Guillaume d'Auxerre s'inscrit ce faisant dans le grand mouvement de redécouverte du sens littéral initié par Hugues de Saint-Victor, approfondi au XIIIe siècle sous l'effet de la transformation de la *sacra doctrina* en science. Sur ce point, voir G. Dahan, *L'Exégèse chrétienne de la Bible en Occident médiéval, XIIe-XIVe siècle*, Paris, Cerf, 1999, chap. V, en particulier l'introduction du chapitre, p. 239-242.

subordonnée ; 3) de même que Dieu est le principe de tout, de même Adam est le principe de tous les hommes et de toutes les femmes, ce qui restitue un semblant d'égalité[1].

C'est seulement ensuite que l'exégèse spirituelle d'Augustin est évoquée : l'homme représente la raison supérieure et la femme la raison inférieure, et cela en chaque être humain. De façon surprenante, Guillaume renverse alors la situation : la raison inférieure est elle aussi à l'image de Dieu, Augustin a tort de formuler une telle restriction[2]. Mais cette critique de l'interprétation spirituelle augustinienne ne fait que renforcer l'importance de l'interprétation littérale de Guillaume : aucune échappatoire symbolique n'est possible, il faut interpréter littéralement la parole de l'Apôtre, contrairement à ce que dit Augustin.

Le premier véritable commentaire des *Sentences* abordant la question de l'image est la *Glossa super Sententiarum* d'Alexandre de Halès. À la

1. Magistri Guillelmi Altissiodorensis, *Summa aurea*, « Spicilegium Bonaventurianum », Grottaferrata (Roma), éd. du CNRS/Editiones Collegii S. Bonaventurae ad Claras Aquas, 1982, II, t. 1, tractatus IX, cap. 1 : « Quomodo factus est ad ymaginem et similitudinem Dei », q. 3 : « queritur qualiter vir factus est ad ymaginem, non mulier », p. 232-233 : « Tertio capitulo queritur qualiter vir factus est ad ymaginem et siimilitudinem Dei, non mulier [allusion à Paul 1 Co 11]. Videtur enim hoc esse falsum, quia mulier habet rationem que renovatur de die in diem in agnitionem Dei, sicut et vir. Solutio. Dicimus quod tribus de causis dicit hoc Apostolus. Prima est, quia vir immediate factus est ad ymaginem et similitudinem Deo, mulier vero mediante viro quia facta est propter virum. Unde dicitur in Genesi : Faciamus ei adiutorium simile. Secunda ratio est, quia vir perspicatiorem intellectum habet naturaliter quam mulier et secundum ordinem nature subici debet ei. Tertia ratio est, quia sicut ab uno Deo sunt omnia, ita ab uno homine sunt alii homines, et mares et femine. »

2. *Ibid.* : « Augustinus tamen dicit quod illa verba Apostoli trahenda sunt potius ad figuram. Dedit enim illis tantum figurative intelligi virum et mulierem esse in homine interiori. Ibi enim vir superior est pars rationis, femina vero inferior pars rationis qua disponere habet terrena. Superior autem pars rationis regere debet inferiorem que est tanquam femina, quia secundum contemplationem eternorum debemus per ymitationem disponere terrena, scilicet iuste et misericorditer. Cum ergo quodam modo duas partes habet : unam qua contemplatur celestia, aliam qua disponit terrena, secundum illam qua contemplatur celestia factus est tantum ad ymaginem et similitudinem Dei, et non secundum aliam. Sed hoc videtur esse falsum, quia secundum hanc ymitatur Deum in operibus discrete factis. Ergo secundum illam factus est ad ymaginem et similitudinem Dei. » Dans la *Summa de bono* de Philippe le Chancelier, il n'y a rien sur Ève en particulier, mais dans la partie IV « de bono quod ex corporali et intellectuali creatura », q. 2 « de potentiis anime » (n° 4 : de duabus portionibus rationis et de sensualitate, p. 205-206), on note une reprise de la correspondance augustinienne entre homme et raison supérieure, et femme et raison inférieure, sensualité et serpent (*De Trinitate* XII, VII est cité, et relié à saint Paul, 1 Co 11, ainsi cité : « Mulier est ymago et gloria viri »).

distinction 16, alors qu'Alexandre distingue image incréée (le Verbe) et image créée, une précision importante est donnée :

> On appelle image créée de façon très générale toute créature, de façon moins générale toute créature rationnelle, et de façon très spéciale l'homme (*homo*). Dans le genre humain, la femme est *communément* appelée image, Adam est *proprement* appelé image, et le Christ est *très proprement* appelé image. Mais on parle encore d'image par rapport à la nouvelle création, comme dans I Cor 15, 49 : *Nous portons une image céleste*. On peut aussi dire d'une créature qu'elle est l'image d'une autre, comme la femme de l'homme [1].

Il ressort de cet extrait que la femme est moins proprement appelée image de Dieu que l'homme, et pour le montrer, l'auteur s'appuie implicitement sur la hiérarchie paulinienne de 1 Co 11 : Dieu est le chef du Christ, le Christ est le chef de l'homme, et l'homme est le chef de la femme. Quant au garde-fou que constituait le verset 27 du premier chapitre de la Genèse, il est dissout dans la gradualité de l'image (« très générale », « moins générale », « très spéciale », puis « communément », « proprement », « très proprement »). Cette fois encore, le recul par rapport à l'interprétation augustinienne est assez net.

Faute d'une mise au point dans la *Summa Halensis* (ce qui est d'ailleurs étonnant), nous passons à un dernier auteur franciscain, à savoir Bonaventure.

Le Docteur séraphique pose la question en ces termes : est-ce que l'image se trouve « plus principalement » dans l'homme que dans la femme [2] ? Bonaventure allègue quatre arguments dans un sens et dans l'autre et conclut négativement; il s'oppose donc à la perspective de la *Glossa* et revient à un traitement plus franchement augustinien de la question : dans son être, l'image concerne l'âme et ses puissances.

> Comme il ressort de ce qui a été dit précédemment, l'image quant à son être consiste principalement dans l'âme et ses puissances, et d'autant plus puissamment en ces dernières qu'elles sont tournées vers Dieu. Et en cela, il

1. Alexandre de Halès, *Glossa super sententiarum*, éd. PP. Collegii S. Bonaventurae, Roma, Quaracchi, 1951, I, d. 16, n. 4, p. 148-149 : « Imago autem create generalissime dicitur omnis creatura, et minus generaliter omnis rationalis creatura, et specialissime homo. In genere hominum communiter dicitur mulier imago, et proprie Adam, et propriissime Christus. Adhuc autem dicitur imago quoad recreationem, ut I Cor. 15, 49 : *Portavimus imaginem caelestis*. Dicitur etiam imago creaturae ad creaturam, ut mulier viri. »

2. La même question a été posée en ce qui concerne l'homme et l'ange et au sujet de la puissance cognitive et de la puissance affective dans les pages précédentes.

> n'y a pas de distinction entre le masculin et le féminin, ni entre le serviteur et l'homme libre. C'est pourquoi l'image, pour ce qui est de sa plénitude et de son être, ne se trouve pas davantage dans l'homme que dans la femme [1].

Du point de vue de l'être de l'âme, de sa structure et de ses puissances, il n'y a pas lieu de faire de différence entre homme et femme. Les distinctions d'intensité d'image, si l'on peut dire, ne sont liées qu'à un critère, à savoir le fait que les puissances en question (mémoire, intelligence et volonté) soient plus ou moins tournées vers Dieu. En ce sens, le saint est plus à l'image de Dieu que l'homme tourné vers soi, ce qui nous entraîne sur le terrain de la ressemblance plutôt que sur celui de l'image. En revanche, en ce qui concerne la clarté de l'expression de l'image (son *bene esse*), il y a bien une distinction entre homme et femme :

> Quant à l'être-bien ou à l'expression plus claire, l'image consiste davantage dans l'âme en tant qu'elle a ordre et disposition par rapport au corps. Et puisque du côté du corps il y a la distinction des sexes, et que selon la distinction des sexes la représentation est plus grande soit sous l'aspect de la présidence soit sous l'aspect du principe, parce que *l'homme est la tête de la femme* (1 Co 11, 13), et que l'homme est le principe de la femme, car ce n'est pas l'homme qui est pour la femme mais la femme pour l'homme, en ce sens c'est sur un mode plus excellent que l'image se trouve dans le sexe masculin que dans le sexe féminin. Et cela non pas en raison de l'être même de l'image, mais en raison de ce qui l'accompagne [2].

Sous le rapport de la claire expression de Dieu par l'image, le corps auquel l'âme est unie doit être pris en compte, ce qui indique, indirectement, que le corps humain est considéré comme l'expression de l'âme à l'image de Dieu. En ce sens, le corps se présente comme un révélateur de l'image et participe indirectement, du fait de son union à l'âme, à la dignité

1. Bonaventure, *II Sent.*, d. 16, a. 2, q. 2 (éd. Quaracchi II, p. 403) : « Sicut ex praecedentibus patet, imago quantum ad suum esse principaliter consistit in alma et eius potentiis, et in his potissime, prout habent ad Deum converti ; et quantum ad hoc non est distinctio masculi et feminae, servi et liberi [Gal 3, 28] : ideo imago, quantum ad id quod est de complemento eius et de eius esse, non magis reperitur in viro quam in muliere. »

2. *Ibid.* : « Quantum autem ad bene esse sive ad clariorem expressionem, consistit magis in anima, secundum quod ad corpus habet ordinem et habitudinem. Et quoniam ex parte corporis est sexuum distinctio, et secundum sexuum distinctionem maior est repraesentatio sive quantum ad rationem praesidendi, sive quantum ad rationem principiandi, quia *vir est caput mulieris* [1 Co 11, 13], et vir est principium mulieris, et *non vir propter mulierem, sed mulier propter virum :* quantum ad hunc utique modum excellentiori modo reperitur imago in sexu masculino quam femino, non ratione eius quod est de esse ipsius imaginis, sed ratione ipsius quod adiacet. »

de l'image de Dieu. Ici se trouve la pointe de l'argument bonaventurien : du fait de la différence des sexes, Dieu n'est pas « exprimé » avec la même clarté dans le corps de l'homme et dans le corps de la femme. Le sexe masculin *représente* plus excellemment Dieu que le sexe féminin, qui *représente* mieux la créature face au Créateur ou l'âme par rapport à Dieu. Et Bonaventure de citer l'épître aux Corinthiens, et d'invoquer la *ratio praesidendi* et la ratio *principiandi* plus visibles dans le corps masculin ; on peut supposer que le Frère mineur pense à la taille et à la force physique d'ordinaire plus développées chez les hommes, mais aussi au fait que la chair d'Adam constitue pour ainsi dire la chair principielle et natale dont Ève est tirée, d'après le deuxième récit. Ève représente donc davantage la créature. Mais ce faisant, la première femme devient l'image de toute créature par rapport à Dieu, ce qui concerne évidemment les êtres de sexe masculin : si les hommes portent dans leur chair une image plus manifeste de Dieu que les femmes, ils n'en sont pas moins des créatures, comme le rappelle l'image de la condition de créature, plus manifeste dans le corps féminin, pour l'instruction de tout homme. Le Docteur séraphique ajoute donc une symbolique à l'autre : à la sexuation augustinienne de la raison supérieure et de la raison inférieure, il substitue dans un premier temps l'exégèse du *Cantique des Cantiques*, en bon lecteur des cisterciens du XIIe siècle [1]. Au corps féminin est attaché l'image de l'Épouse, donc de l'âme et de l'Église, tandis que le corps masculin fait inévitablement songer à l'Époux, au Bien-Aimé, et donc à Dieu.

Bien sûr, on peut regretter que le Docteur séraphique n'ait pas réservé à cette question le traitement qu'il proposait pour comparer l'homme et

1. Et en particulier de saint Bernard. Sur ce point, voir J.-G. Bougerol, *Saint Bonaventure, Études sur les sources de sa pensée*, « Saint Bernard », Northampton, Variorum Reprints, 1989, partie IV, p. 15 : « Il était normal que Bonaventure considère les sermons *In Cantica* comme l'œuvre capitale de Bernard. Il les cite 102 fois. » Cette exégèse du Cantique des Cantiques implique que l'âme d'un homme soit considérée comme un être féminin par rapport à Dieu, comme le manifeste abondamment l'œuvre spirituelle du Docteur séraphique, par exemple le deuxième chapitre du *Soliloquium*, dans lequel l'homme intérieur exhorte l'âme à prendre patience dans son ardeur à vouloir être unie à Dieu (éd. Quaracchi VIII, p. 51). Cette féminisation de l'âme de tout homme dans sa relation à Dieu n'est pas sans poser de problème à certains : dans l'introduction de son *Traité de l'amour de Dieu*, François de Sales expliquait, non sans humour, que certains hommes ne parvenant pas à s'identifier à la Philothée de l'*Introduction à la vie dévote*, il avait dû changer le prénom du destinataire de son nouvel ouvrage en Théophile.

l'ange, à savoir la piste du « mutuel excès »[1]. La raison pour laquelle l'image de Dieu est plus éloquente dans l'ange incorporel est aussi la raison pour laquelle cette même image est mieux exprimée dans un être humain : certes, l'ange représente mieux la transcendance divine à l'égard de toute créature (parce que l'ange est purement spirituel), alors que l'homme représente mieux la proximité et l'intimité de Dieu à l'égard des créatures, justement du fait qu'il a un corps. Mais n'aurait-il pas été gênant (au moins pour nous aujourd'hui) d'assimiler le rapport entre homme et femme au rapport entre homme et ange, comme le fait Thomas d'Aquin dans son commentaire des *Sentences* ? Au moins l'exégèse inspirée du *Cantique des Cantiques* tire-t-elle l'expression différenciée de l'image dans une direction positive, celle de la conjugalité.

Pour autant, la considération de l'expression est secondaire au regard du traitement principal de la question : du point de vue de l'être de l'image, homme et femme sont parfaitement égaux. Si la femme représente moins bien Dieu que l'homme, c'est en raison d'une propriété accidentelle :

> Le mot homme (*vir*) désigne métaphoriquement la partie supérieure de la raison, et femme (*mulier*), la partie inférieure, comme l'explique Augustin dans le douzième livre sur la Trinité. Et si tu objectes que l'Apôtre parle littéralement de l'homme et de la femme, il faut répondre qu'il ne parle pas d'eux en tant que tels mais selon la signification. L'homme, en effet, parce qu'il est fort et commande la femme, signifie la partie supérieure de la raison, et la femme l'inférieure. C'est pourquoi aussi dans le mariage, l'homme signifie Dieu, et la femme signifie l'Église ou l'âme. Et cela en raison de la virilité de l'un et de la faiblesse ou fragilité de l'autre, ce qui ne concerne pas l'image en tant que telle, mais est dit par rapport au corps considéré, et pour cette raison, cela n'est pas dit de façon essentielle mais accidentelle[2].

1. Voir Bonaventure, *II Sent.*, d. 16, a. 2, q. 1, resp. (éd. Quaracchi II, p. 401-402) ainsi que L. Mauro, « Il corpo nella riflessione antropologica bonaventuriana », *Doctor seraphicus* 44, 1997, p. 29-50, et B. Faes de Mottoni, *San Bonaventura e la scala di Giacobbe*, Napoli, Bibliopolis, 1995, p. 165-236.

2. *II Sent.*, d. 16, a. 2, q. 2, resp ad arg. 1.2. (II, 404) : « vir accipitur metaphorice pro superiori parte rationis et mulier pro inferiori, sicut exponit Augustinus duodecimo de Trinitate. Et si tu obiicias, quod Apostolus loquitur de viro et muliere ad litteram ; dicendum quod loquitur de eis non secundum se, sed secundum significationem. Vir enim, quia fortis est et praesidet mulieri, superiorem portionem rationis significat, mulier vero inferiorem. Unde etiam est in matrimonio, quo dvir significat Deum, et mulier significat Ecclesiam sive animam. Hoc autem est ratione virilitatis ex parte una, et infirmitatis sive fragilitatis ex altera, quae non

La fin de l'extrait pourrait laisser penser que la relation de l'âme au corps est accidentelle, mais ce n'est absolument pas le cas : il s'agit au contraire d'une relation substantielle, la première école franciscaine a beaucoup contribué à la clarification de ce point[1]. En revanche le fait d'être homme ou femme est accidentel et ne permet donc pas de fonder la thèse d'une inégalité substantielle entre l'homme et la femme quant à l'image de Dieu. Nous pouvons en outre remarquer en passant que du fait de son attention à la symbolique des corps, Bonaventure n'invoque aucune infériorité intellectuelle de la femme dans le traitement de la question. Seules sont prises en compte la « faiblesse ou fragilité » de son corps, tandis que le corps masculin est considéré dans sa « virilité », sans que soit mentionnée une quelconque supériorité de l'intelligence masculine.

L'analyse de Bonaventure n'a ni la brutalité de celle de Guillaume d'Auxerre, ni la maladresse de celle d'Alexandre. En suivant l'exégèse spirituelle d'Augustin et en l'enrichissant de l'arrière-plan conjugal du Cantique, il parvient à élaborer une réponse qui articule solidement l'égalité entre homme et femme quant à l'image et la prise en compte de leurs différences corporelles. Qu'en est-il maintenant dans la tradition dominicaine ?

Dans son commentaire des *Sentences*, Albert pose lui aussi la question en ces termes : est-ce que l'homme et la femme sont également à l'image de Dieu ? Il évoque trois arguments contre l'égalité (dont 1 Co 11, 7) et deux en sa faveur (dont Gn 1, 27)[2]. Vient alors une réponse assez surprenante en

respiciunt imaginem secundum se, sed ratione corporis annexi, et ita non essentialiter, sed accidentaliter. »

1. Voir Bonaventure, *II Sent.*, d. 1, p. II, art. 3, q. 2, resp. (éd. Quaracchi II, p. 50) : « Que l'âme soit unie au corps humain et qu'elle vivifie le corps humain, ce n'est pas un acte accidentel ni un acte ignoble : ce n'est pas un acte accidentel puisqu'en raison de cet acte, l'âme est la plus noble de toutes les formes et c'est en l'âme que s'arrête le désir de toute la nature. En effet, la complexion et l'organisation du corps humain sont les plus nobles de la nature ; c'est pourquoi il n'est complet et n'est fait pour être complété que par la forme ou nature la plus noble. » Sur l'émergence de l'*unibilitas substantialis* chez Hugues de Saint-Cher et dans la première école franciscaine, voir M. Bieniak, *The Soul-Body Problem at Paris, CA. 1200-1250. Hugh of St-Cher and His Contemporaries*, « Ancient and Medieval Philosophy Series, I », Louvain, Leuven UP, 2010, p. XLII.

2. Albert le Grand, *Opera omnia*, éd. Borgnet, Paris, Vivès, 38 t., 1890-1899, t. 27, p. 289-290, *II Sent.*, d. 16, C, a. 4. : « 1. I ad Corint., XI, 7, dicitur, quod vi rest imago et Gloria Dei, mulier autem Gloria viri est : ergo videtur, quod non distent uno gradu a ratione imaginis. 2. Item, mulier non regit virum, sed regitur ab ipso : cum igitur imagines sit regere, videtur non ita esse ad imaginem mulier ut vir. 3. Item, infra (d. 18) non ponitur ipsa principium totius humanae naturae, sed vir : cum igitur conformitas in ratione principii cum Deo sit de ratione

son commencement, et dont on ne voit pas tout d'abord si elle prend le parti de l'égalité ou non :

> Cette question est facile. Il faut répondre que l'image s'entend en deux sens : à savoir au sujet des puissances intérieures de l'âme, ou bien au sujet de la convenance dans la raison de principe de la nature. En ce qui concerne les puissances intérieures, on peut les envisager encore en deux sens, à savoir la distinction, l'ordre, l'égalité et la consubstantialité des puissances : et sous cet angle, la femme est aussi image que l'homme. D'autre part, la vigueur et la noblesse des puissances en rapport avec l'acte selon la nature du sexe : et sous cet angle, l'homme est plus à l'image que la femme [1].

Contrairement à Bonaventure, Albert considère qu'il y a bien une inégalité entre homme et femme du point de vue des puissances intérieures de l'âme – non pas du point de vue de la configuration des puissances (ordre et distinction), mais du point de vue qualitatif : « vigueur » et « noblesse » des puissances de l'âme sont moindres chez la femme que chez l'homme. On peut en déduire qu'aux yeux d'Albert, mémoire, intelligence et volonté sont qualitativement supérieures chez les hommes. La différence avec Bonaventure est évidente. Cependant, la réponse n'est pas achevée, puisque nous n'avons eu vent que des puissances intérieures et non du deuxième critère d'évaluation évoqué, à savoir « la convenance dans la raison de principe de la nature ». Ce point de vue permet d'aborder non plus l'économie interne des facultés de l'âme, mais l'homme et la femme en tant que principes naturels d'autres êtres humains. Le présupposé est que l'homme et la femme peuvent être considérés comme « images de Dieu » en tant qu'ils sont eux aussi des principes :

> Si l'image est abordée sous l'angle de la raison de principe par rapport à la nature universelle, il faut distinguer quatre modes : (1) seul Adam est à

imaginis (ut infra habebitur), videtur non aequaliter sicut vir esse ad imaginem. Sed contra : 1. Mulier est capax Dei sicut et vir : cum igitur imago insit secundum mentem quae ex capax Dei, videtur mulier esse ad imaginem sicut vir. 2. Item, in Genes. 1, 27, dicitur, quod creavit Deus hominem ad imaginem et similitudinem suam : et subjungitur, Masculum et faeminam creavit eos. Ergo intelligitur de muliere sicut de viro. »

1. Albert le Grand, *Opera omnia*, éd. cit., t. 27, p. 289-290, *II Sent.*, d. 16, C, a. 4. : « Levis est haec quaestio. Dicendum, quod imago attenditur dupliciter : scilicet in interioribus potentiis mentis, vel in convenientia in ratione principii naturae. In interioribus iterum dupliciter, scilicet in distinctione, et ordine, et aequalitate, et consubstantialitate potentiarum : et sic mulier est aeque imago sicut et vir. Vel in vigore et nobilitate potentiarum comparatarum ad actum secundum naturam sexus : et sic vir magis est ad imaginem, quam mulier. »

l'image universellement, effectivement et matériellement ; (2) seuls les hommes (*viri*) sont à l'image effectivement et matériellement ; (3) seule Ève est à l'image matériellement et universellement à l'égard de tous les descendants, mais non effectivement ; (4) toute femme est à l'image matériellement et non pas universellement à l'égard de ses descendants [1].

Pourquoi Albert a-t-il écrit que cette question était « facile », alors que la réponse en est si élaborée, et alors même qu'il ne s'aventure pas dans les contrées du sens spirituel ? Est-ce pour mieux enclore la question dans sa dimension purement littérale et bien marquer l'absence de « mystère » en cette affaire ? Quoi qu'il en soit, on voit apparaître dans la deuxième partie de la réponse les concepts de matière et de forme appliqués respectivement à la femme et à l'homme : si un homme peut être à l'image de Dieu par rapport à ses descendants, c'est parce qu'il est leur principe effectif, alors que la femme n'est qu'un principe matériel. Or le caractère principiel de la matière n'est absolument pas sur le même plan que celui de la forme, de la cause finale ou de la cause motrice.

Il a parfois été souligné que la philosophie naturelle d'Aristote a joué en défaveur de la femme au XIIIe siècle [2]. De fait, cette assimilation de la femme à la matière l'exclut de la causalité qui compte vraiment : du point de vue de la cause agente ou motrice, la femme est passive ; du point de vue de la cause finale, elle est faite pour l'homme, et non l'inverse ; du point de vue de la cause formelle, la femme résulte justement d'un manque de forme… Le deuxième critère d'évaluation ne permet donc guère de mettre en valeur sa manière d'être à l'image, autrement que sur le mode de la déficience.

Cette réponse foncièrement inégalitaire est curieusement suivie de réponses aux deux objections opposées à l'égalité ; Albert considère donc avoir défendu l'égalité de l'image chez l'homme et la femme dans la

1. *Ibid.* : « Si autem attenditur in ratione principii respectu naturae universalis : hoc continginter quatuor modis, scilicet universaliter et effective et materialiter : et sic solus Adam est ad imaginem. Vel effective et materialiter tantum : et sic omnes viri sunt ad imaginem tantum. Vel materialiter et universaliter respectu omnium propagatorum, et non effective : et sic Eva sola est ad imaginem. Vel materialiter et non universaliter respectu propagatorum : et sic omnis mulier est ad imaginem. »

2. Voir par exemple C. Capelle, *La femme selon Thomas d'Aquin*, p. 51 : « Thomas croit trouver dans l'Écriture sainte des preuves de cette hiérarchie Homme-Femme. Mais en réalité, c'est sa philosophie qui interprète l'Écriture, ou plus exactement elle crée le cadre intellectuel dans lequel va venir s'insérer la Parole révélée ; celle-ci sera révélée par celui-là. » Voir également *ibid.*, p. 46-49, sur les sources aristotéliciennes de l'identification entre homme et forme d'une part, et femme et matière d'autre part.

solutio… Pourtant, ces deux réponses ne semblent guère, elles non plus, en faveur de l'égalité d'image. Ainsi, la première objection s'appuyait sur la Première épître aux Corinthiens pour en déduire que l'homme et la femme sont séparés d'« un seul degré », en ce qui concerne le fait d'être à l'image de Dieu. Albert y répond très rapidement : « cela est dit à cause de la sujétion du sexe [féminin] et du point de vue de la vigueur naturelle »[1], et cette vigueur, nous l'avons vu, n'est pas seulement physique. Quant à la deuxième objection, elle s'appuyait sur le fait que ce n'est pas la femme qui commande l'homme mais le contraire, et que la raison d'image implique justement le fait de commander. La femme en semblait donc exclue par nature. Or Albert répond que le commandement dont il est question dans cette objection répond à la facilité féminine à tomber dans le vice du fait de sa faiblesse naturelle[2]. Cela revient à dire que la sujétion de la femme est naturelle et que sa faiblesse naturelle entraîne une plus grande fragilité morale ; aucun autre *regimen* n'est évoqué pour expliquer la nature du commandement exercé sur la femme.

Au terme de cette question « facile », traitée de manière littérale, le lecteur peut légitimement se demander si la position d'Albert est bien celle de l'égalité d'image entre homme et femme, tant cette égalité semble réduite à la portion congrue.

Qu'en est-il chez son célèbre disciple ? Dans son *Commentaire des Sentences*, Thomas d'Aquin a rassemblé la question sur la différence entre homme et ange et la question portant sur la différence entre homme et femme, quant à l'image de Dieu. Le fait de rassembler ces deux questions entraîne la dilution de la question qui nous occupe dans un ensemble plus vaste et semble mettre sur le même plan la différence sexuelle et une différence spécifique et hiérarchique, les anges étant supérieurs aux êtres humains. Dans l'ensemble, il est bien davantage question des anges que des femmes, mais le cas de ces dernières est parfois abordé simultanément. Ainsi, le cinquième argument *pro* évoque la Vierge Marie exaltée au-dessus des anges – ce qui semble sous-entendre pour le moins que l'image de Dieu ne se trouve pas moins chez les êtres humains (hommes ou

1. Albert le Grand, *Opera omnia*, éd. Borgnet, t. 27, p. 289-290, *II Sent.*, d. 16, C, a. 4, resp. ad arg. 1 : « Ad primum ergo dicendum quod hoc dicitur per subjectionem sexus, et vigorem naturalium. »

2. *Ibid.*, resp. ad arg. 2 : « Ad aliud dicendum quod regimen attenditur penes facilitate deflectendi in vitium ex imbecilitate naturalium. »

femmes) que chez les anges[1]. En sens inverse, Thomas invoque toujours la même citation de saint Paul[2].

Dans sa réponse, le Docteur angélique adopte un principe simple : l'image est liée proprement et principalement à la nature intellectuelle. Par conséquent, là où la nature intellectuelle est plus parfaite, l'image sera plus expressive. D'où la déduction suivante :

> Il est nécessaire que chez les anges l'image de Dieu soit plus expressive que dans l'âme, et qu'elle le soit davantage chez les anges supérieurs que chez les anges inférieurs, et qu'elle le soit davantage chez l'homme que chez la femme. Cependant, cette différence [entre homme et femme au sujet de l'image] est moins grande qu'entre l'ange et l'homme, ou même l'ange et l'ange, puisqu'elle ne vient pas d'une différence de nature spécifique[3].

Il va donc de soi, dans le *Commentaire des Sentences* de Thomas d'Aquin, que la nature intellectuelle de la femme est inférieure à celle de l'homme, et que, deuxièmement, même si l'homme et la femme appartiennent à l'unique espèce humaine, Thomas ose tout de même comparer leur différence à celle de l'homme et de l'ange. Finalement, la réponse formulée par le Docteur angélique se révèle encore moins favorable aux femmes que la réponse d'Albert le Grand. Le traitement de l'argument faisant appel à la Vierge Marie le confirme : l'exaltation de la Vierge Marie au-dessus des anges ne permet pas de conclure quoi que ce soit au sujet de la nature humaine, en particulier féminine, puisqu'elle est l'œuvre de la grâce, non de la nature[4]. Ce jugement peut sembler surprenant : la Vierge Marie dans la gloire ne nous apprendrait rien sur la nature humaine, et rien, en particulier, sur la dignité de la nature féminine. Cela semble en

1. Thomas d'Aquin, *Commentum in quatuor libros Sententiarum*, II, d. 16, q. 1, a. 3, arg. 5, éd. Parme, vol. 1, p. 525 : « Praeterea, de beata Virgine dicit Hieronymus (serm. De Assump) quod exaltata est super choros Angelorum ad caelestia regna. Sed hoc non posset esse, si ipsa esset minus ad imaginem Dei quam Angeli. Ergo cum ipsa vere et pure naturam humanam habeat, videtur quod imago non plus in Angelis quam in hominibus inveniatur. »

2. *Ibid.* : « Sed contra [...] videtur quod sit vir magis quam mulier per id quod 1 Co 11, quidam gradus inter virum et mulierem constituitur, dum dicitur vir imago Dei, et mulier imago viri : et ita non in omnibus habentibus imaginem imago aequaliter invenitur. »

3. *Ibid.*, p. 526 : « Proprie enim et principaliter imago intellectualem naturam consequitur; unde oportet quod ubi intellectualis natura perfectius invenitur, etiam ibi sit imago expressior; [...] oportet quod in angelis sit expressior Dei imago quam in anima, et in Angelis superioribus quam in inferioribus, et in viro quam in muliere : quamvis illa diversitas sit minor quam prima, quia non sequitur diversitatem naturae secundum speciem. »

4. *Ibid.* : « Ad quintum dicendum, quod exaltatio beatae Virginis super choros Angelorum non fuit naturae sed gratiae ; et ideo per hoc nihil probatur. »

contradiction avec ce que Thomas dit par ailleurs de l'articulation entre nature et grâce : pourquoi la femme « pleine de grâce » ne serait-elle pas également la femme « pleine de nature » ? Son exaltation au-dessus des anges ne permet-elle pas au moins d'affirmer que la femme intègre possède du moins une nature qui se prête à une telle glorification ?

En revanche, dans la *Somme de théologie*, Thomas adopte une position plus favorable aux femmes[1] et plus proche de celle de Bonaventure; il affirme en effet l'égalité entre homme et femme quant à la nature intellectuelle, avec une citation d'Augustin à l'appui, et l'inégalité quant aux « traits secondaires », parce que « l'homme est le principe et la fin de la femme, comme Dieu est principe et fin de toute la création »[2]. Toutefois

1. Sur la position de Thomas dans le *Commentaire des Sentences* et dans la *Somme théologique*, voir C. Capelle, *Thomas d'Aquin féministe ?*, p. 112-116, où l'évolution de la position de Thomas, d'un texte à l'autre, est remarquée. Cependant, la nature de cette évolution dépasse à mon avis la simple « clarification », puisque Thomas semble avoir laissé de côté l'idée d'une infériorité intellectuelle de la femme. Voir également Horowitz, « The Image of God in Man », qui montre que si l'on veut trouver une position inégalitaire, ce n'est pas dans le Thomas de la *Summa theologica* qu'on la découvrira, mais bien dans une objection à laquelle il répond et qui a été formulée par Pierre Abélard : « A better proof of the denial of God's image in woman is the argument Thomas was rebutting in making his two-level explanation of image. Someone had claimed "God's image is not found in every man [...]" (ST q. 93, a. 4, ad 1). Thomas, in his rebuttal, gave the proper rendition of the last phrase, *Gloria viri*. That the false one-word substitution was important enough to refute is evidenced by its assertion by no less a figure than Peter Abelard (1079-1142) : "Certainly man according to the Apostle, is in the image of God and not woman. Yet just as man is in the image of God so woman is said to be in the image of man" [*Introductio ad theologiam* I, 9, PL 178, col. 991; *Exposition in Hexaemeron*, PL 178, col. 763-764]. Thus we have evidence that during the late eleventh and twelfth centuries, misreadings of Paul were utilized to justify the position that woman is not in the image of God, and that this viewpoint was passed down for posterity by both canon law and theology. However, as is shown by Robert Javelet's thorough study of the image of God in twelfth-century theologians, the bulk of theologians from Anselm of Canterbury to Alain de Lille considered both man and woman as beings created in the image of God. Thus, although the High Middle Ages produced denials that woman was in God's image, that viewpoint was a minority viewpoint even then. » Sur le cas de Pierre Abélard, voir le jugement savoureux de R. Javelet, *Image et ressemblance*, p. 241 : « il appert que l'amant d'Héloïse était moins féministe que la plupart des auteurs spirituels ».

2. Voir *Somme théologique*, Ia pars, q. 93, a. 4, Solution 1, Paris, Cerf, 1984, p. 797 (Léonine V, p. 405, Ad primum) : « Si l'on considère la réalité dans laquelle réside principalement la qualité d'image, à savoir la nature intellectuelle [connaître et aimer], l'image de Dieu se trouve aussi bien chez la femme que chez l'homme. Aussi, c'est après avoir dit : *À l'image de Dieu il le créa* (l'homme) que la Genèse ajoute : *Homme et femme il les créa*; et, commente saint Augustin, il dit au pluriel "pour qu'on ne pense pas que les deux sexes avaient été réunis en un seul individu". Mais pour ce qui est des traits secondaires, l'image de Dieu se

nous demeurons dans un horizon purement littéral : Thomas ne va pas jusqu'à adopter la lecture spirituelle proposée par Augustin[1].

Au moment de refermer ce premier dossier, soulignons que la doctrine la mieux à même de garantir l'égalité entre homme et femme, celle de l'être humain fait à l'image de Dieu, rencontre en réalité des obstacles considérables dans la mentalité des auteurs, dans l'importance croissante du sens littéral au détriment du sens spirituel, mais aussi dans les tensions inhérentes au texte biblique. Et ce n'est pas seulement l'épître de saint Paul qui complique la question de l'image, mais bien la Genèse elle-même, du fait que, selon le deuxième récit de la création, l'homme a été créé le premier et que la femme est tirée de lui.

LA FORMATION DE LA FEMME À PARTIR DE LA CÔTE MASCULINE

Si la question de l'être « à l'image de Dieu » était liée au premier récit de la Création, la question de la formation de la femme s'attache au deuxième récit et reçoit un traitement explicite dans les *Sentences* de Pierre

trouve dans l'homme d'une façon qui ne se vérifie pas dans la femme ; en effet, l'homme est le principe et la fin de la femme, comme Dieu est principe est fin de toute la création. Aussi, une fois que saint Paul eut dit : *L'homme est l'image et la gloire de Dieu tandis que la femme est la gloire de l'homme*, il montra la raison pour laquelle il avait dit cela en ajoutant : *Car ce n'est pas l'homme qui a été tiré de la femme, mais la femme de l'homme, et ce n'est pas l'homme qui a été créé pour la femme, mais la femme pour l'homme* ».

1. Sur la différence entre la thèse défendue par Thomas d'Aquin et la position d'Augustin, R. J. McGowan remarque, dans « Augustine's spiritual equality », p. 264 : « With the translations of Aristotle's work and with a growing concern for being human as a natural condition, though, came a greater concern for the body. The person of Thomas, that great Augustinian, embodies this new concern. So it is that Thomas, true to Augustine, believes woman is an *imago Dei*, but because of his great emphasis on the body in being human, allows that woman is not the image man is. For Thomas, that woman is the *infirmior sexus* makes a spiritual difference ; for Augustine, it did not. And I say, Augustine should not be assimiled for his doctrine of woman, but understood for how little his notions of woman as *infirmious sexus* and man as *melior sexus* really mean in his philosophical anthropology. » La thèse de Mc Gowan consiste à dire que les contresens sur la position d'Augustin proviennent du fait qu'on n'aperçoit pas suffisamment qu'il se place sur un plan allégorique et non pas métaphysique. On pourra compléter avec l'article de T. J. Van Bavel, « Augustine's view on women », *Augustiniana* 39, 1989, p. 5-53.

Lombard[1]. Qu'Ève ait été tirée de la côte d'Adam signifie-t-il qu'elle lui soit non seulement postérieure, mais également soumise ? Pour répondre, le Maître des *Sentences* s'appuie sur le *De sacramentis* d'Hugues de Saint-Victor[2]; la formation d'Ève signifie qu'elle est la compagne d'Adam (*socia*), et non pas sa maîtresse (*domina*) ni sa servante (*ancilla*). Nous partons donc cette fois d'une source parfaitement égalitaire. Il fallait toutefois expliquer pourquoi Adam a été créé le premier[3]. Deux raisons sont invoquées : « pour que le principe du genre humain soit unique »[4] ; « pour qu'ils s'aiment comme étant un seul homme »[5]. On reconnaît là les thèses augustiniennes développées au livre XII de *La Cité de Dieu*[6]. Aucune infériorité féminine n'est ici invoquée. L'interprétation de la création à partir de la côte va dans le même sens :

> Elle a été formée de son côté afin de montrer qu'elle avait été créée dans une communauté d'amour : afin peut-être qu'elle ne semble pas devoir être placée à sa tête pour dominer l'homme [...] ou à ses pieds pour lui être soumise, si elle avait été faite de ses pieds. Par conséquent, parce qu'elle

1. Magistri Petri Lombardi, *Sententiae in IV libris distinctae*, éd. I. Brady, t. I, Pars II, Grottaferrata, Editiones Collegii S. Bonaventurae Ad Claras Aquas, 1971, p. 416 *sq.* ; trad. fr. M. Ozilou, *Les Sentences. Livre II*, Paris, Cerf, 2013, d. 18, p. 222 *sq.*

2. Pierre Lombard s'inspire en particulier du livre I du *De sacramentis*, chap. VI (PL 176, col. 284).

3. Sur ce point, voir l'éclairage proposé par R. Javelet, *Image et ressemblance*, p. 239-240 : « Le problème qui se pose ici est l'analogue de celui que nous avons trouvé dans la Sainte Trinité : le Père, le Fils et l'Esprit sont également Dieu, mais c'est du Père que part l'efflorescence trinitaire ; de ce fait le Père est dit Dieu préférentiellement ; il apparaît comme le bourgeon où la Trinité est enclose. Comme origine, il est tout, comme personne, il est strictement l'égal des deux autres. Ainsi Adam apparaît d'abord comme réalisant à la fois *homo* et *vir* ; ensuite il y a *vir* et *mulier*. C'est le *vir* comme *homo* qui a priorité sur la femme. »

4. Pierre Lombard, *Sententiae*, d. 18, cap. 1 (103), éd. I. Brady, t. I/II, p. 416 : « ita homo omnibus hominibus principium generationis ».

5. *Ibid.* : « ut dum cognoscerent se ab uno esse omnes, se quasi unum amarent ».

6. Voir Augustin, *La Cité de Dieu* XII, 28, § 1, éd. B. Dombart, A. Kalb, « CCSL 48 », Turnhout, Brepols, 1955, p. 383 ; trad. fr. G. Combès, « Bibliothèque augustinienne 35 », Paris & Bruges, Desclée de Brouwer, 1959, p. 245 : « Contre ce vice de la discorde, pour l'empêcher de naître ou le guérir, une fois né, la nature ne pouvait mieux s'exprimer qu'en rappelant le souvenir du premier père : Dieu a voulu créer seul celui à partir de qui se propagerait une multitude, afin que, grâce à ce rappel, même en leur multitude, soit gardée l'unité des cœurs. Que lui soit donnée une femme tirée de son côté montre bien aussi le prix de l'union de l'homme et de la femme. »

n'était préparée pour l'homme ni comme une maîtresse, ni comme une servante, mais comme une compagne [1].

Pierre Lombard se contente ici de recopier le passage correspondant du *De sacramentis* : être formée à partir de la côte signifie que la femme a été « préparée pour l'homme », certes, mais comme une compagne, comme une associée, « dans une communauté d'amour », et non pour être commandée comme un être inférieur ou comme une servante.

L'examen du mode de formation n'est pas moins instructif et plutôt en faveur d'Ève : contrairement à Adam, elle n'est pas faite directement de boue, mais à partir de la côte multipliée par la puissance divine. Cela souligne que la formation de la première femme, son *aedificatio* comme disait Augustin[2], n'est pas automatique et naturelle à partir d'une raison séminale se développant d'elle-même, mais volontaire : elle fait l'objet d'une volonté divine expresse, comme la formation de l'homme. Autrement dit, la femme fait partie des œuvres non pas naturelles mais « merveilleuses », et sur ce point, Pierre Lombard s'appuie sur Augustin, qui a longuement examiné cette question dans *La Genèse au sens littéral*[3]. La nature était seulement ouverte à cette possibilité – la femme n'est pas un être contre-nature, mais proprement un miracle, comme Adam à sa manière. Il en va de même pour la création de chaque âme, puisque Pierre Lombard rappelle à la fin du chapitre que si l'union des parents est à l'origine du corps de l'enfant, Dieu a caché en lui-même le dessein de chacun (celui de la femme comme celui de l'âme de chaque enfant conçu)[4].

1. Pierre Lombard, *Les Sentences, Livre II*, d. 18, cap. 2 (104), trad. Ozilou, p. 223 ; texte latin, éd. I. Brady, t. I/II, p. 416-417 : « Cum autem his de causis facta sit mulier de viro, non de qualibet parte corporis viri, sed de latere eius formata est, ut ostenderetur quia in consortium creabatur dilectionis : ne forte si fuisset de capite facta, viro ad dominationem videretur praeferenda ; aut si de pedibus, ad servitutem subicienda. Quia igitur viro nec domina nec ancilla parabatur, sed socia, nec de capite nec de pedibus, sed de latere fuerat producenda, ut iuxta se ponendam cognosceret, quam de suo latere sumptam didicisset. »

2. *La Genèse au sens littéral*, IX, 15, 26 (trad. fr. P. Agaësse & A. Solignac, « Bibliothèque Augustinienne, 49 », Paris, Desclée de Brouwer, 1972, p. 128-129) : « Voyons maintenant comment fut formée ou, comme le dit encore l'Écriture en un sens mystérieux, comment fut bâtie la femme (*aedificatio dicta est*). »

3. *La Genèse au sens littéral*, IX, 17-18 (trad. Agaësse & Solignac, p. 137-145).

4. Pierre Lombard, *Les Sentences*, *livre II*, chapitre 106, trad. M. Ozilou, p. 224-227 : « Le corps de la femme a été fait de la seule substance de sa côte, multipliée en elle-même par la puissance divine, sans aucune addition du dehors : tout à fait à la manière de ce miracle grâce auquel, au moyen de cinq pains multipliés par la bénédiction céleste de Jésus, cinq mille hommes ont été rassasiés. » M. Ozilou indique que ce passage est emprunté à la *Somme des*

Philippe le Chancelier et Guillaume d'Auxerre ne traitant pas ces différents points, nous pouvons passer directement à l'école franciscaine. Dans la *Glossa*, Alexandre de Halès demande pourquoi Dieu n'a pas créé l'homme et la femme en même temps, mais l'homme d'abord et la femme ensuite. Il invoque trois arguments :

> De même que Dieu est le principe de toutes choses, du fait de la création, de même l'homme (*homo*) est le principe de tous les hommes par génération. En cela l'humilité de l'homme (*homo*) a été exaltée tandis que l'orgueil du diable a été rabaissé. Enfin, pour qu'il y ait un plus grand amour entre les hommes. D'où I Corinthiens 11, 3 et I Pierre [3, 1] : « Femmes, soyez soumises à votre mari » [1].

L'association du grand amour et de la soumission peut étonner. Cependant, quelques lignes plus loin, la nature de cette soumission est quelque peu éclaircie ; au sujet de Ep 5, 22 et de 1 Co 11, 3 : « il faut dire qu'elles sont soumises aux hommes d'une soumission de révérence, et non d'une soumission de servitude » [2]. Cette distinction entre deux types de soumission ou de service vient de *La Genèse au sens littéral*, livre XI, chapitre 37, où Augustin distingue la servitude de dilection et la servitude de condition [3]. Rien n'est dit, en revanche, de la côte d'Adam ; Alexandre

Sentences III, 3 (PL 171, col. 1119-1121) ainsi qu'au *De sacramentis*, I, VI, 36 (PL 176, col. 284). Les chap. 107, 108 et 109 sont également intéressants.

1. Alexandre de Halès, *Glossa super sententiarum* II, d. 18, n. 1, éd. PP. Collegii S. Bonaventurae, 1951, p. 157 : « Hoc autem est quoniam, sicut Deus est principium omnium per creationem, sic homo est principium omnium hominum per generationem. Secunda ratio est quod in hoc exaltatur humilitas hominis et deprimitur superbia diaboli. Tertia ratio est quod, per hoc quod omnes ex uno descendebant, notatur maior dilectio hominum ad invicem : unde ex viro formatur mulier et non e converso. Unde I Cor. 11, 3 : Caput mulieris est vir ; I Petri : Mulieres, subiectae estote viris vestris. »

2. *Ibid.*, n. 3, p. 158 : « Dicendum quod subiectae sunt viris subiectione reverentiae, sed non subiectione servitutis. »

3. Augustin, *La Genèse au sens littéral*, XI, XXXVII, 50, trad. Agaësse & Solignac, p. 313-315 : « Il ne faut pas croire en effet que, même avant le péché, la femme ait été créée telle qu'elle ne fût pas soumise à son mari et n'eût pas à se tourner vers lui en le servant. Mais on peut légitimement penser que la servitude à laquelle il est fait ici allusion [Gn 3, 16] est une servitude de condition plutôt que de dilection, afin que cette servitude selon laquelle, par la suite, des hommes devinrent esclaves des hommes, apparût elle aussi comme une conséquence du péché. L'Apôtre dit en effet : *Mettez-vous au service les uns des autres par la charité* (Ga 5, 13) ; mais il ne dirait jamais : Dominez les uns sur les autres. Les époux peuvent donc se rendre de mutuels services par charité ; mais l'Apôtre ne permet pas à la femme de dominer sur l'homme (1 Tm 2, 12). Car c'est plutôt à l'homme que la sentence divine réserve ce rôle et ce n'est point la nature, mais la faute de la femme, qui lui a mérité d'avoir en son mari

précise seulement, à la suite de l'évêque d'Hippone[1] et de Pierre Lombard, qu'il y a trois œuvres admirables et miraculeuses : l'homme tiré du limon, la femme de la côte, le Christ de la Vierge[2]. Il reprend également dans sa solution la thèse augustinienne développée dans la *Genèse au sens littéral* et reprise par Pierre Lombard : Dieu est l'auteur de la femme par le ministère des anges[3].

Il faut attendre un autre ouvrage pour que le thème de la côte soit développé par les frères mineurs. La *Summa halensis* expose ainsi quatre raisons pour lesquelles la femme devait être faite à partir de la côte d'Adam[4] et insiste fortement sur la parité de l'homme et de la femme. La première raison est physique et correspond à la préservation de l'intégrité adamique : lui prendre une côte, partie cachée, ne revenait pas à le mutiler ni à le déformer[5]. Les autres arguments invoqués, en revanche, sont empruntés au sens mystique. Ainsi, d'après le deuxième argument, ce mode de formation préfigurait que la femme était faite pour être unie à l'homme, union qui signifie à son tour la conjonction du Christ avec

un maître. Si pourtant cet ordre n'était pas maintenu, la nature se dépraverait davantage et la faute s'accroîtrait. » La soumission de la femme (sans autre précision) est toutefois insérée dans une hiérarchie cosmique décrite au livre VIII, XXIII, 44, trad. cit., p. 77 : « Ainsi, la providence de Dieu régissant et administrant l'universalité des créatures, les natures comme les volontés – les natures, pour qu'elles soient ; les volontés, pour que les bonnes ne soient pas sans mérites ni les mauvaises sans châtiment – s'est d'abord soumis tout à elle-même, ensuite elle a soumis la créature corporelle à la créature spirituelle, l'irrationnelle à la raisonnable, la terrestre à la céleste, la féminine à la masculine, la moins puissante à la plus puissante, la plus pauvre à la plus riche. »

1. Augustin, *Homélies sur l'évangile de saint Jean*, tr. 9, n. 10, trad. fr. M.-F. Berrouard, « BA 71 », Paris, Desclée, [1]1969, p. 529-531.

2. *Glossa super Sententiarum* II, d. 18, num. 6, éd. cit., p. 160 : « Patet ergo quod, cum non sit accepta natura propagandi hominem nisi per virum et mulierem, tres alii sunt exitus mirabiles, scilicet hominis de limo, mulieris de latere, Christi de Virgine. »

3. Augustin, *La Genèse au sens littéral*, IX, XV, 26 (trad. Agaësse & A. Solignac, p. 129 ; *De Genesi ad litteram*, éd. J. Zycha, « CSEL 28/1 », Wien, Bibliopola Academiae Litterarum Caesareae, 1894, p. 286) ainsi que XVI, 30 (trad. cit., p. 135 ; éd. cit., p. 290).

4. *Summa Halensis* (= *Summa fratris Alexandri*), II, partie 1, num. 464, éd. Quaracchi, t. 2, 1928, p. 617.

5. *Ibid.* : « Prima ratio sive congruentia patet sic : Si aliquod membrum debuit detrahi ad formandum mulierem, illud potissime fuit idoneum in cuius subtractione mutilatio non praeberet deformitatem nec ablatio damnificationem ; hoc autem fuit costa inter omnia membra organica : detractio enim costae nullam attulit deformitatem, quia costa fuit de membris occultis. Nec aliquod attulit damnum. » Pour illustrer cet argument, l'auteur cite ensuite le chap. IX du *De anima* de Cassiodore.

l'Église, et la formation de l'Église à partir du Christ[1]. Pour nourrir cette lecture allégorique, les rédacteurs de la *Summa* n'avaient qu'à se pencher sur les épîtres de Paul et les commentaires des Pères.

La troisième raison invoquée est plus originale et forme un tout avec le quatrième argument, qui en est la source; il s'agit de l'*officium paritatis*, c'est-à-dire de l'œuvre de parité dans la procréation des enfants :

> Comme cet office, celui de la génération, est un office de parité et d'égalité, la femme, qui fut formée pour accomplir cet office jusqu'au bout, devait être formée à partir d'un lieu de parité, à savoir à partir du côté ou de la côte, c'est-à-dire à partir de ce lieu qui tient le milieu, dans le corps, entre le plus haut et le plus bas. Au sujet de la parité du mâle et de la femelle dans cette œuvre, il y a 1 Co 7, 4 : *De même ce n'est pas le mari qui dispose de son corps, c'est sa femme*. La Glose commente ici : « en cela l'homme et la femme sont égaux ». Et au même endroit, *Que le mari remplisse ses devoirs envers sa femme, et que la femme fasse de même envers son mari* (verset 3); la Glose commente : « il dit qu'ils sont soumis l'un à l'autre dans cette cause, de sorte que leur volonté soit une dans la loi de nature », c'est-à-dire dans la procréation des enfants ou dans l'union de l'œuvre charnelle, qui doit avoir lieu selon la loi de nature[2].

Cette fois, les mots « égalité » (*aequalitatis*) et « parité » (*paritatis*) sont bel et bien employés. La source principale de cette idée de parité dans l'office de procréation est bien l'épître de Paul et elle est relayée par la Glose, qui commente ces versets pauliniens souvent délaissés (1 Co 7, 3-4). Cette notion de parité est d'autant plus intéressante qu'elle est associée ici à une soumission mutuelle dans la procréation (qu'il ne faut sans doute pas

1. *Summa Halensis* (= *Summa fratris Alexandri*), II, partie 1, num. 464, éd. Quaracchi, t. 2, 1928, p. 617 : « Alia fuit congruentia praefigurationis sive significationis. Modus enim formandi mulierem fuit ordinatus ad instructionem nostram. Nam sicut debuerat mulier fieri, ut sua coniunctione cum viro significaret coniunctionem Christi cum Ecclesia, sic et formari, ut sua formatio significaretur formatio Ecclesiae de Christo ». Et le rédacteur de citer en suite Ep 5, 31-32 et Rm 5, 14.

2. *Ibid.* : « Tertia ratio fuit officium paritatis in procreatione prolis : officium autem illud medium tenet inter illos qui vacant huiusmodi operi. Quia ergo hoc officium, scilicet generationis, est officium paritatis et aequalitatis, mulier, quae formata fuit ad hoc officium exequendum, de loco paritatis debuit formari, scilicet de latere sive de costa, hoc est de loco qui medium tenet inter supremum in corpore et infimum. De paritate maris et feminae in hoc opere habetur 1 Co 7, 4 : *Similiter et vir potestatem sui corporis non habet, sed mulier*; ibi Glossa : *In hoc pares sunt vir et mulier*. Et in eodem : *Similiter et uxor viro*; ibi Glossa : *Invicem sibi subici in hac causa dicit, ut una sit eorum voluntas in lege naturae*, id est in prolis procreatione sive commixtione in opere carnis, quod fieri debet secundum legem naturae. »

réduire à l'acte sexuel) qui contrevient directement au rôle secondaire généralement attribué à la femme dans la génération des enfants[1]. En effet, celle-ci est d'ordinaire considérée comme la terre à ensemencer, voire comme une matière passive[2]. Le contraste avec la soumission mutuelle et la volonté commune est saisissant. Mais la Glose n'est pas la source directe du mot « parité », pas plus que saint Paul, pas plus que Hugues de Saint-Victor, cité dans le dernier argument. C'est la première page du *De bono coniungali* qui constitue la source la plus déterminante sur ce point :

> La quatrième raison est la conjonction ou union de dilection. D'où ce que dit Hugues [*De sacramentis* I, 6, 35] et on trouve la même chose dans le deuxième livre des *Sentences* du Maître : « Elle a été faite à partir du côté de l'homme pour montrer qu'elle était créée dans une communauté de dilection ». Au sujet de ces deux choses, l'office de parité et la communauté d'amour, on peut comprendre ce que dit Augustin au début de son livre sur le bien conjugal[3].

Suit une longue citation du *De bono coniungali*, où l'évêque d'Hippone explique que la première société humaine est l'union de l'homme avec son épouse, puisque Dieu ne les a pas faits comme des singuliers, mais l'un à partir de l'autre. Or ce beau développement s'achève par une réflexion sur la signification de la côte : ceux qui sont joints par leur côté sont ceux qui

1. Sur la physique aristotélicienne de la génération en particulier, voir la mise au point de C. Capelle, *Thomas d'Aquin féministe ?*, p. 46-50.

2. Cette idée n'est pas propre à Aristote mais commune à beaucoup de penseurs antiques et médiévaux, même lorsqu'ils adhèrent à l'idée qu'existe une semence féminine. Voir par exemple Augustin, *La Genèse au sens littéral*, IX, III, 5 (trad. cit., « Bibliothèque augustinienne, 49 », p. 97), ainsi que IX, IX, 15 (trad. cit., p. 110-111) : « pour quelle autre raison Dieu a-t-il doté l'homme d'une aide de sexe féminin semblable à lui, sinon pour que la nature de la femme, comme une terre fertile, le secondât dans l'ensemencement du genre humain ? ».

3. *Summa Halensis* (= *Summa fratris Alexandri*), II, 1, num. 464, éd. Quaracchi, t. 2, 1928, p. 617 : « Quarta autem ratio est coniunctio sive unio dilectionis. Unde Hugo, et idem habetur a Magistro, *II Sententiarum*: Facta est de latere viri, ut ostenderetur quia in consortium creabatur dilectionis. De utroque, scilicet officio paritatis et consortio dilectionis, potest intelligi illud quod dicit Augustinus, libro *De bono coniugali*, in principio. » Il est clair que chez les auteurs qui attachent une importance particulière à Hugues de Saint-Victor et aux Cisterciens, le discours sur la femme est généralement plus favorable. L'importance du XIIe siècle dans ce domaine a été abondamment soulignée, notamment par R. Fassetta, « La mystique christocentrique et nuptiale de saint Bernard dans les sermons sur le Cantique », *Collectanea Cisterciensia* 75, 2013, p. 139-154, et par F. Griffiths, *The Garden of Delights : Reform and Renaissance for Women in the Twelfth Century*, Philadelphia, University of Pennsylvania Press, 2007.

marchent côte à côte, *pariter*, et qui regardent ensemble dans la même direction[1].

Le problème initial rejaillit avec d'autant plus d'acuité : comment concilier cette parité avec la soumission féminine mentionnée dans 1 Co 11, 3 et dans Ep 5, 23 ? Le symbole de la côte est en effet ambigu pour Ève : l'égale d'Adam, son associée (*socia*), est aussi celle qui est « tirée de lui ». La solution de la *Glossa* d'Alexandre, elle-même tirée d'Augustin, est alors reprise : il y a une soumission de révérence, de libéralité ou de dilection, qui est de tout temps – et qui semble réciproque, si l'on en juge par les précisions apportées par Augustin :

> L'Apôtre dit en effet : *Mettez-vous au service les uns des autres par la charité* (Ga 5, 13) ; mais il ne dirait jamais : Dominez les uns sur les autres. Les époux peuvent donc se rendre de mutuels services par charité[2].

D'autre part, il y a une soumission de servitude, de contradiction ou de violence[3], qui caractérise l'état de nature déchue.

1. Voir Augustin, *Le bien conjugal*, I, 1 (trad. fr. G. Combès, « Bibliothèque Augustinienne, 2 », Paris, Desclée, 1948, p. 25) : « La première alliance scellée par la nature dans la société humaine est donc l'union de l'homme et de la femme. Dieu ne les a pas créés séparément, ni unis l'un à l'autre comme des étrangers, mais il a tiré la femme de l'homme, marquant même la force de leur union par la côte qu'il a extraite de l'un pour former l'autre. Car c'est unis côte à côte qu'ils marchent de pair, les yeux fixés sur le même but (*lateribus enim sibi iunguntur qui pariter ambulant et pariter quo ambulant intuentur*). » À titre de comparaison, voir *La Genèse au sens littéral*, IX, v, 9 (trad. cit., « Bibliothèque augustiienne, 49 », p. 101), où Augustin envisage cette parité avec plus de difficulté : « Si ce n'est pas pour engendrer des enfants que la femme fut donnée à l'homme en qualité d'aide, en quoi dès lors pouvait-elle être pour lui une aide ? Est-ce pour travailler avec lui la terre ? Mais il n'y avait pas encore de travail qui réclamât le secours d'autrui, et, si besoin en était, l'aide d'un autre homme eût été préférable. On peut en dire autant du bienfait d'une autre présence, si par hasard la solitude lui pesait. Pour vivre et s'entretenir ensemble, combien le compagnonnage de deux amis est-il préférable à celui d'un homme et d'une femme ! »

2. Augustin, *La Genèse au sens littéral*, XI, 37, 50 (trad. cit., « Bibliothèque Augustinienne, 49 », p. 315). Cet extrait est cité par les rédacteurs de la *Summa Halensis* dans la note suivante.

3. Voir *Summa Halensis* (= *Summa fratris Alexandri*), II, 1, num. 521, éd. Quaracchi, t. 2, 1928, p. 778, « Utrum Adam dominabatur hominibus » : « Je réponds qu'on parle de domination au sens commun ou extensif, et en ce sens on peut parler d'une domination de préséance ou de dignité excellente, qui est digne de vénération et de service, soit en raison de l'origine, soit en raison de l'ancienneté, soit en raison de la science ou de la vertu, et selon cette manière de parler les plus grands sont appelés 'maîtres' (*domini*) par les plus petits. D'autre part, on parle de domination en un sens propre et plus précis, et ainsi on appelle domination l'autorité de présidence, bien plus de possession, de sorte qu'on dit du maître qu'il domine une chose de la même manière que le possesseur sa possession. À ces deux sens de la domination

À cela on peut répondre que la femme s'est vu notifier une *double soumission, à savoir de révérence* – et cela à l'état d'innocence et dans l'état de faute; et cela fut dit implicitement dans la formation de la femme à partir de l'homme : en effet, bien que la femme soit créée comme si elle était en quelque façon égale à l'homme, cependant c'est entre les mains de l'homme que réside l'autorité du commandement (*regiminis*) par rapport à la femme, de même qu'il revient à l'homme de commander (*regere*) les parties de son corps; et cela est dit implicitement dans une glose mystique d'Augustin sur la Genèse 2, 18 : *La femme a été faite comme une aide pour l'homme*; la glose de ce passage est tirée du deuxième livre contre les Manichéens, et il est dit au même endroit : « Adam appela sa femme comme une inférieure, et il dit : *Maintenant voici l'os de mes os* etc. » – *et d'autre part, la soumission de servitude*, et cela vaut pour l'état de faute, et est signifié par Gn 3, 16 : *Tu seras soumise au pouvoir de ton mari.* Au sujet de cette soumission, Ep 5, 22 : *Que les femmes soient soumises à leurs maris comme au Seigneur.* La Glose dit ici : « Dans leur simplicité, par laquelle elles sont soumises au Seigneur, comme Sara était soumise à l'homme qu'elle appelait seigneur, Abraham. », I Pierre 3, 6. Mais cette soumission ou servitude doit être comprise, à ce qu'il me semble, au sujet de la soumission d'obéissance. En ce qui concerne les domaines dans lesquels l'épouse est tenue d'être soumise à son mari et de lui obéir, il y a matière à discussion, et elle doit au moins être soumise, je pense, dans les choses qui regardent le bien du mariage. Mais dans la formation de la femme tirée de la partie de l'homme qui se situe au milieu du corps, il est signifié qu'elle a une parité avec l'homme, comme en ce qui concerne les choses qui ont été dites. C'est pourquoi ces deux sortes de soumission sont bien compossibles : que la femme ait été créée pour qu'elle se soumette à lui en certaines choses – et cela est signifié par le fait qu'elle a été tirée d'une partie de lui et

correspondent deux sens du service, à savoir [premièrement] le service de révérence et de liberté (et en ce sens on appelle au sens large serviteur celui qui manifeste honneur et ministère vis-à-vis d'un plus grand que soi par libéralité et par amour), et aussi [deuxièmement] un service dû, et de nécessité : et je parle [ici] d'une nécessité de condition, servile. Il semble que ce soit ce double sens qu'Augustin distingue dans le livre XI de la *Genèse au sens littéral*, en commentant le verset Gn 3, 16 : *tu seras sous le pouvoir de ton mari et lui dominera sur toi* : "que signifie cela : Et tu te tourneras vers ton mari, et il dominera sur toi ? Il faut voir dans quelle mesure cela peut être compris au sens propre. Il ne faut pas croire, en effet, qu'avant le péché aussi la femme a été faite de telle manière qu'elle ne serait pas dominée par son mari et qu'elle ne se tournerait pas vers lui pour le servir. Mais on peut comprendre avec justesse la servitude ainsi signifiée, qui est plutôt une servitude de contradiction et de condition plutôt que de dilection, de sorte qu'une telle servitude, par laquelle des hommes commencèrent ensuite à être esclaves d'autres hommes, fût considérée comme issue de la peine du péché". C'est de ces deux sens du service dont parle ici Augustin, à savoir de libéralité et d'amour, et d'autre part de contradiction et de violence » (notre traduction).

surtout par le fait qu'il s'agit d'une partie inférieure, et non de la plus haute – et pour lui être égale en certaines choses, et cela est signifié par le fait qu'elle fut formée d'une partie qui se trouve en son milieu, c'est-à-dire à partir de la côte [1].

Dans cette partie de sa *solutio*, le rédacteur tente d'articuler ses déclarations paritaires avec 1 Co 11, 3 et Ep 5, 23. D'où son recours aux deux types de soumission, qui lui permet d'atténuer la soumission dont il est question dans l'état adamique: puisqu'Ève est une *socia*, et non une servante, sa soumission à Adam ne saurait être une servitude au sens où nous l'entendons spontanément, et qui est l'expression d'une condition de violence. Il ne peut s'agir, comme il est précisé dans l'autre passage de la *Summa* [2], que d'une soumission « de libéralité et d'amour », gratuite, et non pas contrainte. Il semble toutefois que le rédacteur ait du mal à envisager la

1. *Summa Halensis* (= *Summa fratris Alexandri*), II, 1, num. 464, éd. Quaracchi, t. 2, 1928, p. 618 : « Ad hoc potest dici quod mulier fuit indicta duplici subiectioni, scilicet reverentiae – et hoc quantum ad statum innocentiae et quantum ad statum culpae; et hoc insinuatum fuit in formatione mulieris de parte viri : licet enim mulier condita esset ut aliquo modo par esset viro, tamen penes virum residebat auctoritas regiminis respectu mulieris, sicut viri est regere partes corporis sui ; et hoc insinuatur in Glossa quadam Augustini mystica super illud Gen. 2, 18 : *Facta est mulier in adiutorium viri;* quae Glossa sumitur II libro *Contra Manicheum*, et in eadem dicitur : 'Vocavit Adam uxorem suam tamquam potior inferiorem : et dixit : Hoc nunc os ex ossibus meis' etc. – et subiectioni servitutis, et hoc quantum ad statum culpae, et hoc significatum est Gen. 3, 16, ubi dicitur : *Sub viri potestate eris*. De hac subiectione, ad Eph. 5, 22 : *Mulieres viris suis subditae sint sicut Domino* ; Glossa ibi : « In ea simplicitate, qua Domino subditae sunt, sicut Sara subdita erat viro, quae dominum vocabat Abraham », I Petri 3, 6. Haec autem subiectio sive servitus debet intelligi, ut mihi videtur, de subiectione obedientiae. In quibus autem tenetur uxor subdita esse viro sive obedire, habet quaestionem et ad minus, ut aestimo, in iis quae ad bonum spectant matrimonii. In formatione autem mulieris de parte viri quae situm habet in medio corporis, insinuatur illam habere aliquam paritatem cum viro, ut quantum ad ea quae dicta sunt. Unde haec bene compossibilia sunt : mulierem conditam fuisse ut subesset illi quantum ad aliqua – et hoc significatum est ex hoc quod ex parte aliqua illius formata est et maxime ex hoc quod ex parte inferiori, non suprema – et ut esset par quantum ad aliqua, et hoc significatum est per hoc quod fuit formata ex parte quae locum sive situm habet in medio illius, scilicet de costa » (notre traduction).

Thomas d'Aquin reprend cette distinction dans la *Somme théologique*, Ia pars, q. 96, a. 4, mais n'évoque pas la soumission mutuelle qui a pour nom charité : il y a une domination naturelle de l'homme sur l'homme libre, à distinguer de la domination de servitude ; la domination de l'homme sur la femme, indépendamment du péché, entre dans le cadre de la domination naturelle : il faut que quelqu'un dirige les autres hommes vers leur bien propre, ou vers le bien commun, et la supériorité d'un homme sur un autre repose en général sur ses plus grandes connaissances ou sa plus grande justice.

2. Voir *Summa Halensis* (= *Summa fratris Alexandri*), II, 1, num. 521, éd. Quaracchi, t. 2, 1928, p. 778, déjà cité *supra* n. 3, p. 104.

soumission de révérence comme une soumission *mutuelle* de l'homme et de la femme, alors que le texte paulinien cité par saint Augustin permet d'aller en ce sens. Néanmoins cette interprétation égalitaire ne contredit pas, semble-t-il, la position du rédacteur, puisqu'il évoque quasiment dans les mêmes termes la manière dont l'homme doit se conduire envers la femme, dans le contexte d'une autre question :

> Pourquoi le corps de la femme devait-il être formé comme une aide pour l'homme ? [...] La raison en est littérale, morale, allégorique et anagogique. [...] La raison morale en est : pour qu'en cela l'homme soit instruit quant à l'usage de l'humilité et à l'exercice de la charité, c'est-à-dire pour que lorsque l'homme voit qu'il a besoin de l'autre sexe, il s'humilie ; et afin que lorsqu'il se rend compte que l'autre sexe a besoin de son aide, *il se dépense lui-même de façon libérale et charitable*[1].

On trouve un écho très net, dans ce passage, d'Ep 5, 25 où saint Paul exhorte les hommes à aimer leur femme comme le Christ a aimé l'Église et s'est livré pour elle. Cependant, le mot « service » n'est pas utilisé par le rédacteur au sujet d'Adam. Pour quelle raison ? Quelle est la raison de la soumission de révérence qu'Ève doit à Adam, avant même le péché ? Dans la question sur la domination de l'homme sur d'autres hommes, le rédacteur explique que la soumission de révérence, libérale et charitable, provient d'une dignité plus grande, qui appelle la vénération et le service de l'autre, soit « en raison de l'origine, soit en raison de l'ancienneté, soit en raison de la science ou de la vertu »[2]. Que la femme soit naturellement et librement au service de l'homme (sans parler d'une servitude due et nécessaire, qui prive de liberté), cela suggère qu'elle n'a pas une dignité aussi grande que celle de l'homme : est-ce à cause de son origine ? Elle est certes tirée de l'homme, mais elle est faite par Dieu. Est-ce à cause de son manque d'ancienneté, puisqu'elle a été faite dans un second temps ? Mais cela ne vaut que pour Ève... Est-ce à cause d'une science moindre ou d'une vertu

1. *Summa Halensis* (= *Summa fratris Alexandri*), II, 1, num. 463, éd. Quaracchi, t. 2, 1928, p. 610, 612-613 : « Utrum corpus mulieris formari debuerit in viri adiutorium [...] Huius autem ratio fuit litteralis, moralis, allegorica et anagogica [...] Ratio vero moralis fuit ut in hoc erudiretur homo quantum ad usum humilitatis et exercitium caritatis, videlicet ut dum vir videret se alieni sexus indigere, se ipsum humiliaret ; dum etiam attenderet alium sexum suo auxilio indigere, se ipsum illi liberaliter impenderet et caritative. »

2. Voir *ibid.*, num. 521, p. 778, cité *supra*, n. 3, p. 104 : « on peut parler d'une domination de préséance ou de dignité excellente, qui est digne de vénération et de service, soit en raison de l'origine, soit en raison de l'ancienneté, soit en raison de la science ou de la vertu, et selon cette manière de parler les plus grands sont appelés "maîtres" (*domini*) par les plus petits. »

moindre ? L'auteur ne le précise pas, d'autant que la question porte sur la domination de l'homme sur d'autres êtres humains en général, et non de l'homme sur la femme en particulier[1].

Formé à cette école, Bonaventure a profité de cette riche réflexion et consacré un beau développement à la formation d'Ève à partir de la côte d'Adam dans son propre *Commentaire des Sentences* :

> L'homme et la femme, selon la propriété et la nature de leurs sexes, sont faits pour être conjoints, et pour qu'ainsi l'un trouve son repos en l'autre et pour que l'un trouve un appui en l'autre. Donc, puisque la femme est conjointe à l'homme d'un lien fort et unique, et inversement, un sexe est produit à partir de l'autre. Or comme cette conjonction donne à l'homme le repos, la femme est produite à partir de l'homme endormi. Inversement, puisque l'homme donne à la femme la force et le soutien, voilà d'où vient que la femme est dite être faite à partir de l'os du côté. Et parce qu'en toutes choses il y a une certaine égalité (*quaedam aequalitas*) de mutuelle société, pour cette raison la femme n'est pas formée à partir de n'importe quel os, mais à partir d'une côte et du côté de l'homme. Il est donc évident que ce mode de formation répond aux propriétés de cette conjonction mutuelle qui existe réellement entre l'homme et la femme[2].

1. Une étude détaillée des questions sur la dignité, sur la force et sur l'intégrité du corps d'Ève serait instructive à ce sujet, mais une première lecture permet d'en constater le caractère décevant concernant la question de l'égalité. Ainsi lit-on dans la question portant sur la force du corps d'Ève (*ibid.*, num. 467, éd. cit., p. 628) que « l'âme unie à un corps de femme est plus faible que celle qui est unie à un corps d'homme : l'âme est en effet plus forte et a une meilleure vigueur dans un corps meilleur », entendons par là un corps masculin. Il n'est donc pas surprenant que l'examen de la dignité du corps d'Ève aboutisse à une conclusion elle aussi décevante pour la considération du corps féminin. Cinq raisons sont invoquées pour montrer que le corps masculin a plus de dignité : 1) la nature humaine est assumée dans le Fils de Dieu selon la substance corporelle, donc selon sa masculinité ; 2) dans la production du genre humain, l'homme est le principe agent ; 3) le corps de l'homme est plus vigoureux et plus robuste que celui de la femme ; 4) le sexe masculin est plus noble que le sexe féminin ; 5) du point de vue de la signification spirituelle également, puisque l'homme représente Dieu ou le Christ, et la femme, l'âme ou l'Église. Comme on le voit, certains arguments relèvent de la pétition de principe et trahissent une conception peu évangélique de la dignité humaine, identifiée à la vigueur et à la robustesse !

2. Bonaventure, *II Sent.*, d. 18, a. 1, q. 1, resp., éd. Quaracchi, t. II, p. 432-433 : « Vir enim et mulier secundum suorum sexuum proprietatem et naturam sic facti sunt, ut invicem coniungerentur, et ex hoc unus in altero quietaretur et unus ab altero sustentaretur. Quia igitur forti vinculo et singulari mulier coniungitur viro et e converso, ideo unus sexus productus est de altero. Quia vero illa coniunctio dat viro quietationem, ideo producta est de viro dormiente. Rursus, quia vir dat mulieri fortitudinem et sustentationem, hinc est, quod mulier dicitur esse facta de osse. Et quia in omnibus his est quaedam aequalitas mutua societatis, ideo formata est

Ce texte du Docteur séraphique est intéressant en ce qu'il dessine nettement les contours d'un service mutuel esquissé par les rédacteurs de la *Summa Halensis*. Le besoin que l'homme et la femme ont l'un de l'autre était associé à une humiliation pour l'homme, qui ne se suffit pas à lui-même, au moins dans l'œuvre de la procréation; mais le constat du besoin correspondant chez la femme devait susciter en l'homme le désir de se porter à son secours de manière libérale et charitable. Dans l'extrait de Bonaventure, cette intuition toute franciscaine d'une pauvreté réciproque est développée de façon plus positive à partir d'un thème patristique. En effet, le Frère mineur évoque non seulement la signification de la côte, mais également le *sommeil* d'Adam[1] ainsi que *l'os* qu'est la côte. D'une part la femme est source de « repos » pour l'homme (signification du sommeil d'Adam); d'autre part, l'homme est l'appui de sa femme (signification de l'os). Il est remarquable que dans le second cas se produise une sorte de transfert des propriétés, puisqu'il est dit que l'homme « donne à la femme force et soutien ». On peut donc en conclure que l'être produit à partir de la côte d'Adam est fort et solide[2], étant donné la consistance de son origine… Mais il importe surtout à Bonaventure de montrer la réciprocité du lien et la complémentarité des sexes: la parité signifiée par la côte vient ainsi prendre le relai du service mutuel signifié par le sommeil adamique et par l'os.

Suit une triple exégèse spirituelle sur le sommeil d'Adam : la formation d'Ève rappelle que la créature vient du Créateur qui trouve dans son ultime créature son repos et sa joie. En outre, Adam et Ève représentent respectivement le Christ et l'Église, puisque les sacrements sont sortis du cœur du

mulier de osse non quocumque, sed de costa et eius latere. Et sic patet, quomodo modus formationis respondet proprietatibus illius mutuae coniunctionis, quae esr inter virum et mulierem secundum rem. »

1. Voir Tertullien, *De anima* XI, 4 et 45, 3, repris par Augustin, *La Genèse au sens littéral*, IX, XIX, 36 (trad. cit., « Bibliothèque Augustinienne, 49 », p. 145).

2. On rejoindrait par là une remarque de Basile de Césarée, *Homélies sur l'origine de l'homme*, I, 18 (276 AB) (trad. fr. A. Smets & M. Van Esbroeck, « Sources Chrétiennes, 160 », Paris, Cerf, 1970, p. 213-215) : « Il n'y a aucun recours pour qui veut invoquer l'excuse de la faiblesse du corps. Pourquoi d'ailleurs celui-ci serait-il simplement délicat? Mais par compassion, il est endurant dans les privations et résistant dans les veilles. La nature de l'homme est-elle jamais capable de rivaliser avec celle de la femme, qui passe sa vie dans les privations? Est-il capable, lui, l'homme, d'imiter l'endurance des femmes dans les jeûnes, leur ardeur à la prière, l'abondance de leurs larmes, leur diligence aux bonnes œuvres ? » Sur l'égalitarisme des cappadociens par rapport aux Pères d'Antioche, voir H. Legrand, « Les femmes sont-elles à l'image de Dieu de la même manière que les hommes ? Sondages dans les énoncés de quelques pères grecs », *Nouvelle revue théologique* 128, 2006/2, p. 214-239.

Christ mort sur la Croix. Enfin, Bonaventure reprend la correspondance augustinienne entre Adam et la raison supérieure d'une part, Ève et la raison inférieure d'autre part, ce qui le met en contradiction avec le transfert de force évoqué plus haut : « de même que l'homme est plus fort et la femme plus faible, de même la portion supérieure et la portion inférieure ». L'esprit quittant la contemplation des réalités supérieures s'affaiblit, tend « à la mollesse de la femme » et s'endort.

Mais toutes ces belles considérations sur la conjonction mutuelle et plutôt égalitaire entre l'homme et la femme, malgré le symbolisme qui découle de la force et de la faiblesse, n'empêche pas Bonaventure quelques pages plus loin d'affirmer que le diable a fait preuve d'astuce en tentant d'abord Ève parce que la femme est « de moindre sagesse », donc « plus facile à séduire », de « constance plus faible », donc « plus facile à pervertir », et « se montre importune de manière plus insistante »[1] (*importunioris adhaerentiae*). Le diable savait qu'elle n'aurait de cesse, une fois le fruit goûté, de le faire goûter à Adam. En soi, cette « adhérence » n'est pas une mauvaise chose. En effet, dans *La Triple voie*, Bonaventure utilise ce terme pour évoquer l'ultime degré par lequel on parvient à la douceur de la charité :

> Les degrés pour venir à la douceur de la charité par le soutien de l'Esprit Saint sont les sept suivants, savoir une vigilance soutenue, une confiance réconfortante, une concupiscence enflammante, un ravissement élevant, une complaisance reposante, une joie délectante et un attachement étroit (*adhaerentia conglutinans*); en eux, tu dois avancer selon cet ordre, si tu veux atteindre à la perfection de la charité et à l'amour de l'Esprit Saint. [...] Septièmement, que l'attachement te colle à cause de la force de l'amour de l'Époux de sorte que tu puisses dire [Ps 72, 28] : *Pour moi en effet il est bon d'adhérer à Dieu*; et aussi [Rm 8, 35] : *Qui nous séparera de la charité du Christ ?* Il y a en effet un ordre dans ces degrés et il n'y a pas d'arrêt avant le dernier, et on ne parvient pas à celui-ci sinon par les degrés intermédiaires placés chacun entre deux autres. Et dans le premier, la considération est vigoureuse, mais dans les autres, l'affection domine[2].

1. Bonaventure, *II Sent.*, d. 21, a. 1, q. 3, resp. (éd. Quaracchi II, p. 497) : « Diabolus enim attendebat, mulierem esse minoris sapientiae et debilioris constantiae et importunioris adhaerentiae ».

2. *Id.*, *De triplici via*, III, § 4, n. 6 (trad. A. Ménard inédite) (Quaracchi VIII, 14-15) : « Gradus veniendi ad dulcorem caritatis per susceptionem Spiritus sancti sunt isti septem, scilicet vigilantia sollicitans, confidentia confortans, concupiscentia inflammans, excedentia elevans, complacentia quietans, laetitia delectans, adhaerentia conglutinans ; in quibus hoc

Cet attachement, ou plutôt cette « adhérence », comme dit le latin, est qualifiée de « plus importune » dans le cas d'Ève : est-ce à dire que la femme est naturellement désordonnée dans l'expression de ses affections ? Nous rejoignons le préjugé qui court dans beaucoup de textes : la femme est un être moins raisonnable que l'homme. S'il est bon que l'affection finisse par dominer dans la relation du fidèle à Dieu, l'affection féminine semble d'emblée dévalorisée dans le cas d'Ève.

Qu'en est-il du côté des dominicains ? Albert aborde la question de la côte en pur physicien, sans prêter attention à ce que ce symbole indique sur la distinction des sexes. Il n'y a guère qu'un passage, dans la *Summa de creaturae*, où Albert rapporte docilement mais peut-être avec ennui ce que disent « les saints » au sujet de la côte [1].

En revanche, la réflexion de Thomas d'Aquin à ce sujet est plus abondante. Dans son *Commentaire des Sentences*, le Docteur angélique s'interroge sur la convenance de la formation d'Ève à partir de la côte. Après avoir formulé cinq arguments empruntés à la physique et opposés à ce mode de formation, Thomas invoque deux arguments en sens contraire :

> En sens contraire, il y a ce que dit Boèce (au livre III de la Consolation, prose 10) : *Il est nécessaire que l'imparfait tire son origine du parfait*. Or la femme est un homme imparfait ou manqué, comme le dit le Philosophe au sujet des animaux (livre II de la Génération des animaux, chapitre 3). Donc il convenait que le corps de la femme fût tiré du corps de l'homme.
> En outre, le premier principe et la fin coïncident ; c'est pourquoi nous posons une fin et un principe identiques de toutes choses. Or la femme a été faite à cause de l'homme, car on lit dans la Genèse 2 qu'elle a été faite comme une aide pour l'homme. Donc il convenait que l'homme soit également le principe de la femme [2].

ordine progredi debes, qui vis ad perfectionem caritatis pertingere et ad amorem Spiritus sancti. [...] Septimo, ut adhaerentia te conglutinet propter amoris Sponsi fortitudinem adeo, ut possis dicere [Ps. 72, 28] : *Mihi autem adhaerere Deo bonum est*; et illud [Rom. 8, 35] : *Quis nos separabit a caritate Christ ?* In his enim gradibus ordo est, nec status est ante ultimum, nec ad illum pervenitur nisi per gradus intermedios et mutuo intra se positos. Et in primo viget consideratio, in ceteris vero sequentibus dominatur affectio. »

1. Albert le Grand, *Summa de creaturis*, dans *Opera omnia* 37, Secunda pars, p. 627 : « Ad id quod quaeritur, quare potius sit sumpta mulier de costa viri, quam de pede, vel capite ? Respondent Sancti, quod propter aequalitatem juris in matrimonio et aequalitatem meriti sumpta est de media parte hominis. Et si sumpta esset de capite, crederetur esse domina et nobilior. Si vero de pede, crederetur esse vilior et ancilla. »

2. Thomas d'Aquin, *Commentum in quatuor libros Sententiarum*, II, d. 18, q. 1, a. 1, *Sed contra* (éd. Parme VI, vol. 1, p. 542) : « Sed contra est quod dicit Boetius (in lib. 3 de Consol.,

La thèse de l'imperfection féminine, voire de la masculinité manquée, arrime l'interprétation de Thomas à une position foncièrement inégalitaire que ne vient pas corriger la réponse. En effet, dans celle-ci, au lieu de s'interroger sur le sens symbolique de la côte, Thomas critique vertement les « fables » des Juifs, ainsi que la thèse, défendue par Hugues de Saint-Victor et par Pierre Lombard, de la multiplication de la côte sans addition de matière extérieure. Sa réflexion ne quitte pas le terrain de la physique : nous restons bien dans la lignée d'Albert le Grand.

Cela dit, il arrive qu'Aristote aide à orienter la réflexion favorablement, en l'occurrence à aller au-delà du rôle d'auxiliaire à la génération qu'Augustin peinait pour sa part à dépasser, en tout cas dans *La Genèse au sens littéral*[1], même si le raisonnement aboutit une fois de plus à souligner l'état de minorité naturelle de la femme, sans que soient distinguées une servitude de révérence et une servitude de contrainte. Il en va ainsi de la réponse à la première objection, dans le même article :

> Comme le dit le Philosophe dans le premier livre des *Économiques*, chapitre 3, le mâle et la femelle chez les êtres humains sont unis non seulement pour la génération des enfants, comme les autres animaux, mais aussi pour la communication des œuvres de la vie commune, de sorte qu'ils se suffisent l'un l'autre pour accomplir leur œuvre propre ; c'est pourquoi l'œuvre des hommes et des femmes apparaît différente. Donc, puisque dans la communication de la vie et le gouvernement de la maison, l'homme est le chef de la femme, le mâle, chez les êtres humains, a davantage la raison de principe par rapport à la femelle, que chez les autres animaux. Et à cause de

pros. 10) : *Necesse est quod imperfectum a perfecto sumat originem*. Sed mulier est vir imperfectus sive occasionatus, ut 16 de animalibus (lib. 2 de Gen animal. Cap. 3) Philosophus dicit. Ergo congruum fuit ut de corpore viri corpus mulieris sumeretur. Praeterea, primum principium et finis in idem reducuntur ; unde idem ponimus universitatis finem et principium. Sed mulier propter virum facta est, quia in adjutorium viri facta legitur Genes. 2. Ergo congruum fuit ut etiam vir mulieris esset principium ».

1. Dans *Le bien du mariage*, en effet, il en va autrement (« Bibliothèque Augustinienne, 2 », p. 31) : « Il est juste, toutefois, de nous demander pourquoi le mariage est un bien. Il en est un, selon moi, non seulement à cause de la procréation des enfants, mais en raison de la société naturelle qu'il établit entre les deux sexes. On ne pourrait, sans cela, appeler mariage l'union de personnes âgées, surtout si elles ont perdu leurs enfants ou n'en ont jamais engendrés. Les époux ont beau vieillir ensemble dans un mariage heureux et voir s'éteindre les feux ardents de l'âge, l'amour fleurit toujours dans leur cœur […] l'union intime de leurs âmes est d'autant plus sincère qu'elle est plus éprouvée, et d'autant plus tranquille que la chasteté y persévère plus sereine. »

> cela il convient mieux à la femme qu'à l'homme, chez les êtres humains, d'être prise en charge par l'homme que chez les autres animaux [1].

Dans ces quelques lignes, il ne reste rien de la thèse hugonienne affirmant que la femme n'est ni la maîtresse, ni la servante de l'homme, mais son associée. Sous l'influence conjointe d'Aristote et de la valorisation du sens littéral, Thomas fait finalement pencher la balance du côté de la servitude, alors que l'expression « ils se suffisent l'un l'autre » aurait pu nous conduire vers le service mutuel évoqué par la tradition franciscaine.

Mais comme dans le dossier précédent, la *Somme théologique* est l'occasion pour Thomas d'Aquin de corriger la thèse défendue dans le *Commentaire des Sentences*. Si les objections reprennent celles qui s'y trouvaient développées, l'argument proposé en sens contraire n'est ni celui de Boèce, ni celui d'Aristote, mais le verset de Gn 2, 2 : « De la côte qu'il avait tirée de l'homme, Dieu façonna une femme. » La réponse est courte et reprend l'essentiel de la position traditionnelle présentée par Pierre Lombard :

> Il était convenable que la femme fût formée de la côte de l'homme. Premièrement, pour signifier qu'entre l'homme et la femme il doit y avoir une union de société. Car ni la femme ne devait « dominer sur l'homme », et c'est pourquoi elle n'a pas été formée de la tête. Ni ne devait-elle être méprisée par l'homme, et c'est pourquoi elle n'a pas été formée des pieds. Deuxièmement, cela convenait pour le symbolisme sacramentel, car c'est du côté du Christ endormi sur la croix qu'ont jailli les mystères, le sang et l'eau, par lesquels l'Église a été instituée [2].

1. Thomas d'Aquin, *Commentum in quatuor libros Sententiarum*, II, d. 18, q. 1, a. 1, *Ad primum* (éd. Parme VI, vol. 1, p. 542) : « Ad primum ergo dicendum, quod ut dicit Philos. In 1 Oeconom. (cap. 3), mas et femina in hominibus conjunguntur non solum propter prolis generationem, sicut in aliis animalibus [pour lesquels les femelles ne sont pas tirées des mâles], sed etiam propter communicationem operum in vita communi, ut sic sibi sufficiant ad invicem propria opera conferentes ; unde apparet diversa esse opera viri et mulieris. Quia ergo in communicatione vitae et regimine domus, vir caput est mulieris, ideo mas in hominibus magis habet rationem principii respectu feminae, quam in aliis animalibus ; et propter hoc magis decuit feminam hominis ex viro sumi quam in aliis animalibus. »

2. Thomas d'Aquin, *Somme théologique* I, Paris, Cerf, 1984, p. 791, éd. léonine 5, p. 398 : « Conveniens fuit mulierem formari de costa viri. Primo quidem, ad significandum quod inter virum et mulierem debet esse socialis coniunctio. Neque enim mulier debet dominari in virum : et ideo non est formata de capite. Neque debet a viro despici, tanquam serviliter subiecta : et ideo non est formata de pedibus. Secundo, propter sacramentum : quia de latere Christi dormientis in cruce fluxerunt sacramenta, idest sanguis et aqua, quibus est Ecclesia instituta. »

Thomas n'ajoute certes aucun élément qui manifeste quelque intérêt approfondi pour la question, mais il restitue fidèlement à la fois la lecture hugonienne et l'interprétation sacramentelle d'origine paulinienne. Comme le dossier de l'image de Dieu, celui de la formation d'Ève à partir de la côte suscite donc des interprétations plutôt égalitaires chez les frères mineurs, beaucoup moins chez les dominicains, à la fois du fait de leur moindre intérêt pour les interprétations allégoriques et du fait de l'importance qu'ils accordent à la philosophie naturelle d'Aristote. Outre la question du rôle « matériel » de la femme dans la génération et de l'imperfection de son sexe, le recours des auteurs à la philosophie naturelle d'Aristote semble les rendre enclins à négliger la différence entre Ève avant le péché et la situation de la femme à partir du péché originel, au détriment de l'état d'innocence. Il en résulte une vision assez défavorable de la femme, immédiatement perçue à travers l'état de minorité intellectuelle, morale, sociale et physique qui est souvent le sien au XIIIe siècle.

Ainsi, avant même l'examen des questions liées au péché originel, Ève suscite beaucoup de perplexité chez les premiers auteurs scolastiques, et cela pour plusieurs raisons. D'abord, il faut reconnaître que les sources bibliques ne sont pas toujours faciles à concilier (les deux récits de la Genèse entre eux, et les épîtres de saint Paul) et que, sur ce point, l'importance croissante accordée au sens littéral conduit certains auteurs à négliger les apports symboliques de la tradition, souvent favorables à l'égalité entre Adam et Ève. Ensuite, il est clair que la physique aristotélicienne contrebalance les bons effets de la réflexion très riche du XIIe siècle sur le mariage et le lien amoureux en général, et divulgue une considération indifférenciée de la nature féminine entre son état avant le péché et son état après le péché : elle est par nature un homme manqué et une mineure, et les textes bibliques sont interprétés en ce sens lorsque la pensée aristotélicienne constitue l'autorité philosophique privilégiée. Il semble donc difficile de concilier la nature féminine immuable (et inférieure) de la pensée aristotélicienne, solidaire de la thèse d'un monde éternel, avec la nature féminine mise en histoire par la tradition biblique, dans laquelle il y eut une Ève avant l'Ève pécheresse, et dans laquelle, surtout, il est une « nouvelle Ève », la Vierge Marie, précédée par de nombreuses figures féminines d'une grande importance dans l'histoire du salut. Si la tradition franciscaine a nourri des réflexions plus paritaires au sujet de l'homme et de la femme, cette vision plus historique de la nature féminine, relativisant la soumission de servitude comme un moment destiné à être dépassé, n'y est peut-être pas pour rien, ainsi que la relation si belle et si chevaleresque à bien des égards entre François d'Assise et Claire d'Assise[1].

Enfin, la culture médiévale latine du XIIIe siècle, dans laquelle la femme se trouve dans une situation juridique moins favorable que l'homme, ne s'accorde guère avec l'égalité baptismale : les théologiens ont du mal à expliquer quelle nature justifie une telle égalité de traitement dans la grâce. Ils y croient, ils l'affirment, ils perçoivent même, pour la plupart, la beauté de la *societas* entre l'homme et la femme, mais sans toujours être en mesure d'articuler ces affirmations avec leur culture et leur mentalité. À la lumière de cette brève récapitulation, la petite phrase d'Albert le Grand, *Levis est haec quaestio*, sonne encore plus faux, puisque les textes examinés témoignent au contraire d'un embarras plus ou moins profond.

Mais par-delà leur intérêt historique, que faire de ces sources scolastiques ? Ces textes écrits par des hommes manifestent deux difficultés qui nous concernent aujourd'hui encore. En premier lieu, il leur est difficile de reconnaître la valeur positive de la féminité. C'est l'altérité de l'être féminin qui est mal jugée : son corps moins robuste passe pour moins noble et moins digne ; son âme passe pour moins sage et moins constante. Les théologiens cités prennent donc leur corps et leur psychologie pour la référence de ce qu'est un être humain réussi. Or sommes-nous vraiment sortis de ces écueils ? Savons-nous davantage que les théologiens scolastiques penser l'altérité sexuelle de manière réellement positive ? Le paradigme de la virilité sert toujours et encore de référence à la plupart des discours féministes, et rares sont les positions sur la distinction entre homme et femme qui honore à la fois leur égalité fondamentale et la mystérieuse distance qui nourrit sans fin leur face-à-face – ou leur côte-à-côte, comme le suggère saint Augustin. Or, sur ce point, les théologiens du XIIIe siècle, en particulier franciscains, peuvent nous inspirer, puisqu'ils

1. Sur ce point, pour une vision toutefois nuancée, voir J. Dalarun, *François d'Assise : un passage. Femmes et féminité dans les écrits et les légendes franciscaines*, Arles, Actes sud, 1997, ainsi que *id.*, « *Dieu changea de sexe, pour ainsi dire* ». *La Religion faite femme, XIe-XVe siècle*, Paris, Fayard, 2008, p. 155-208 ; F. Delmas-Goyon, *François d'Assise au fil des sources*, Paris, Éditions franciscaines, 2012 ; R. Armstrong, ofmcap., « Clare of Assisi, the Poor Ladies and Their Ecclesial Mission in the First Life of Thomas of Celano », *Laurentianum* 32, 1991, p. 104-145. Pour un éclairage spirituel sur la question, voir F. Accrocca, *La Conversion de Claire d'Assise*, trad. fr. A. Ménard, Paris, Éditions franciscaines, 2016, ainsi que C. A. Acquadro, *Claire d'Assise et son itinéraire de vie*, trad. fr. A. Ménard, Paris, Éditions franciscaines, 2016. Je remercie vivement les frères André Ménard et Luc Mathieu, ainsi que Pierre Moracchini et François Delmas-Goyon, de m'avoir guidée vers ces riches références.

ont relevé le défi de penser une égalité, non pas abstraite et arithmétique, mais concrète et différenciée, en particulier dans deux directions particulièrement intéressantes, qu'ils ont esquissées, poussés par les sources bibliques : celle d'une coappartenance charnelle de l'homme et de la femme, et celle du service mutuel. Pour des générations tentées par la séparation des corps, même dans la génération, et par l'assimilation du service gratuit à une aliénation, il y a là de quoi méditer.

En second lieu, au-delà de la différence sexuelle, et si l'on suit l'hypothèse selon laquelle la femme exprime justement la condition de créature, on peut se demander si les réticences exprimées à l'égard du sexe féminin ne sont pas intimement liées au refus général d'être une créature, c'est-à-dire au refus de ne pas venir en premier mais en second lieu, de ne pas être le plus grand, mais le plus petit, de ne pas être le plus fort, mais le plus faible. L'association suggérée par les auteurs médiévaux entre l'âme humaine, la femme et l'Église conduit en effet à penser que le mépris affiché pour le sexe féminin pourrait aller de pair avec la difficulté à accepter ce statut de créature devant Dieu, ainsi que le renversement des valeurs que cela implique : s'il est vraiment bon d'être une créature face à un tel Créateur, s'il est bon d'être par un Autre et pour un Autre, cela ne signifie-t-il pas qu'Ève n'a pas besoin, pour s'assurer de sa dignité, d'être la plus grande et la plus forte ?

MULIER IN GENERE LES JURISTES ET LA FEMME AU MOYEN ÂGE

LAURENT MAYALI

Les biographies des premiers professeurs de droit du *studium* bolonais comportent de nombreuses zones d'ombre. Placentin dont l'histoire n'a retenu que le surnom hérité de sa ville d'origine, compte sans doute au nombre des plus mystérieux. Son départ inexpliqué de Bologne et sa présence attestée à deux reprises à Montpellier, entre 1163 et 1165, puis à partir de 1180 jusqu'à sa mort dans cette ville, ont soulevé de nombreuses questions[1]. L'une des hypothèses fut avancée très tôt par Roffredus de Bénévent, un professeur de droit civil de la génération suivante. Sans doute heureux de distraire ses auditeurs aux dépens d'un ancien collègue, Roffredus raconte que Placentin aurait dû fuir précipitamment Bologne pour éviter la bastonnade que lui réservait, un de ses confrères, Henri de Bayla, qu'il aurait gravement offensé. Les milieux académiques ne sont pas imperméables aux conflits de personnes et d'opinions mais sont rarement le lieu privilégié d'une telle violence. L'insulte devait être suffisamment grave pour provoquer une telle réaction. Placentin, révèle Roffredus, aurait déclaré devant ses élèves qu'Henri était originaire d'une

1. A. Gouron, « Comment dater la venue de Placentin à Montpellier ? », dans R. Averkorn *et al.* (éd.), *Études d'histoire du droit médiéval en souvenir de Josette Metman*, « Mémoires et travaux des pays bourguignons, comtois et romands, 45 », Dijon, Éd. Universitaires de Dijon, 1988, réimp. dans A. Gouron, *Droit et coutumes en France aux XIIe et XIIIe siècles*, Aldershot, Ashgate, 1993, XII, p. 187-194.

région ou s'appliquait le senatus consulte Velléien[1]. Pour mesurer la gravité de l'offense il faut savoir que le senatus consulte Velléien avait été adopté par le sénat romain en 46 avant Jésus Christ. Il interdisait à la femme mariée d'intercéder en faveur d'autrui et en particulier de son époux. Il imposait une limite à sa capacité contractuelle tout en protégeant ses biens contre les créditeurs d'un mari dispendieux[2]. L'histoire rapportée par Roffredus ne nous dit pas comment cette allusion constituait une grave insulte mais elle attire notre attention sur le statut juridique de la femme mariée, dont l'époux, Henri de Bayla, en cette seconde moitié du XIIe siècle, était sans doute accusé de vouloir dissiper les biens.

Adopté sous la République, ce senatus consulte avait déjà fait l'objet de nombreux commentaires par les jurisconsultes dont l'histoire nous a transmis les œuvres et perpétué le nom. Les opinions des plus célèbres d'entre eux furent recueillies au début du VIe siècle dans l'immense compilation juridique promulguée par Justinien dans l'empire romain d'Orient. Découverte en Occident vers la fin du onzième siècle, cette compilation, connue sous le nom de *Corpus Iuris Civilis*, sera la base de tout enseignement du droit civil à Bologne d'abord puis dans toutes les écoles de droit au Moyen Âge. Écrivant au début du IIIe siècle, Ulpien observait que la raison première de cette législation était « d'aider les femmes qui sont souvent séduites et dupées dans ce genre d'affaires en raison de la faiblesse de leur sexe »[3]. Il ajoutait que c'était la faiblesse des femmes qui devait être protégée et non pas leur habileté à profiter de cette protection dans d'autres types de transactions[4]. C'est pourquoi, écrivait-il, le sénat de la république souhaitait protéger la femme qui avait contracté une obligation en raison des engagements pris par son mari mais cette protection ne s'étendait pas à la femme qui aurait simplement fait une libéralité en faveur de son époux car « on sait bien qu'il est plus fréquent pour une femme de se trouver contrainte par une obligation que d'être en mesure de faire un don ». Vers la même époque, le jurisconsulte Paul, qui occupa comme Ulpien les hautes

1. E. Cortese, *Il diritto nella storia medievale*, vol. II, *Il basso medioevo*, Roma, Il Cigno Galileo Galilei-edizioni di arte e scienza, 1995, p. 139.

2. D. Medicus, *Zur Geschichte des Senatus Consultum velleianum*, Köln, Bölhau, 1957, 143 p. et H. Vogt, *Studien zum senatus consultum Velleianum*, Bonn, Röhrscheid, 1952, 88 p.

3. Dig. 16.1. 2.3 : « Infirmitas enim feminarum, non calliditas auxilium demeruit ».

4. R.-M. Rampelberg, « L'*imbecillitas sexus* sous la République romaine. Quelle capacité pour la femme ? La réponse du théatre », dans B. d'Alteroche, F. Demoulin-Auzary, O. Descamps & F. Roumy (éd.), *Mélanges en l'honneur d'Anne Lefebvre-Teillard*, Paris, LGDG, 2009, p. 851-866.

fonctions impériales de Préfet du Prétoire, observait que ce senatus consulte ne s'appliquait pas non plus dans les cas qui pourraient être qualifié de nos jours comme une forme de blanchiment d'argent, où une femme aurait reçu de l'argent afin de le reverser ensuite à un tiers autrement, précisait-il, « personne ne s'engagerait dans un contrat avec des femmes car on ne pourrait jamais savoir vraiment ce qu'elles décideraient de faire »[1]. Il est certes hasardeux de présumer les intentions d'Ulpien ou de Paul quand ils soulignaient la distinction entre l'obligation contractuelle imposée à la femme mariée et sa liberté de faire un don à autrui. La perspective strictement juridique qui caractérise leurs opinions suggère cependant que par ces remarques ils ne faisaient que tirer les conséquences de la capacité juridique limitée de la fille ou de l'épouse qui ne pouvait que rarement disposer de ses biens. En revanche, le destin médiéval de ces textes illustre une technique très répandue chez leurs exégètes, celle de la citation hors contexte par l'utilisation d'une technique « qui consiste » observe Pierre Legendre « à inventer la vérité moyennant l'utilisation du faux »[2]. Il était dès lors entendu qu'Ulpien et Paul ne pouvaient que faire allusion à l'avarice de la nature féminine.

L'exégèse médiévale du senatus consulte Velléien illustre la fiction de l'osmose culturelle entre diverses idées reçues et les règles du droit romain. Drapées dans l'autorité du texte écrit, les normes juridiques de la Rome républicaine étaient interprétées, en d'autres temps et en d'autres lieux, dans un nouveau discours de vérité qui exposait la nature féminine et les risques qu'elle faisait courir à la stabilité de l'ordre juridique. « Elle est » disait-on de la femme protégée par le senatus consulte « avare par nature » ajoutant pour faire bonne mesure que « le genre féminin est le plus avare » car « il est vraiment difficile d'imaginer qu'une femme puisse donner quelque chose ». Telle est l'opinion professée par Accurse, l'un des plus célèbres professeurs de droit civil du début du XIIIe siècle et l'auteur respecté de la glose ordinaire à l'ensemble du Corpus Iuris Civilis[3]. Il semble que cette opinion fut fort répandue dans le *studium* bolonais où,

1. Dig. 16.1.11 : « Si mulier tamquam in usus suos pecuniam acceperit alii creditura, non est locus senatus consulto : alioquin nemo cum feminis contrahet, quia ignorari potest, quid acturae sint ».

2. P. Legendre, *L'empire de la vérité*, Paris, Fayard, 1983, p. 156-157.

3. Accurse, *Glossa ordinaria*, Dig. 16.1.4 : « donat : "est enim genus mulierum avarissimum in donandum" et Dig. 24.1.33 tenebitur : "mulierum genus avarissimum" ». Sur Accurse et la glose ordinaire voir H. H. Jakobs, *Hugolinus glossen im accursischen Apparat zum Digestum vetus*, Frankfurt am Main, Klosterman, 2017, 460 p.

après Accurse, Odofredo de Denariis, mettait en garde ses étudiants contre l'avarice des femmes en se prévalant du commentaire d'Ulpien car « le genre féminin est le plus avare et il est lent à donner quoi que ce soit ». Il rajoutait dans une de ses leçons sur les donations entre époux [1] que « pour la femme faire une rente annuelle à son mari serait aller contre la nature de son sexe car le genre féminin répugne à faire des dons » [2]. Odofredo citait en partie un autre texte emprunté à l'œuvre d'Ulpien [3] mais en y ajoutant la référence à l'avarice féminine qu'Ulpien avait omise, il en étendait la portée et en déformait le sens. Ce qui pour Ulpien résultait du pouvoir et du rôle de l'homme dans l'ordre patriarcal de la société romaine où le pater-familias avait le devoir de prendre soin de son épouse et non l'inverse, devenait chez Odofredo et ses collègues une autre preuve de l'avarice des femmes. Glosant le même texte, Accurse traitait avec encore plus d'ironie cette hypothèse en observant qu'une donation faite par la femme au mari tiendrait quasiment du miracle [4]. L'interprétation accursienne de ce texte sera vivement critiquée au siècle suivant par Bartole de Sassoferrato, le plus célèbre juriste de la première moitié du XIVe siècle. Bien qu'il ne conteste pas le jugement porté sur l'avarice du genre féminin, Bartole choisit de lui substituer une série d'arguments plus juridiques pour exposer dans le détail les diverses conséquences de cette loi [5].

La mention de l'avarice comme qualité distinctive de la femme devient un lieu commun sous la plume de tous les exégètes médiévaux du senatus consulte Vélléien. Sa portée est étendue à l'interprétation d'autres règles romaines qui régissent diverses formes de transactions dans lesquelles une femme est l'une des parties. De plus, faisait on valoir, la mise en garde de

1. Sur les donations entre époux au Moyen Âge, N. Laurent-Bonne, *Aux origines de la liberté de disposer entre époux*, Paris, LGDJ, 2014, 276 p.

2. Odofredus de Denariis, *Lectura super Digesto veteri*, Lyon, 1552, réimp. Bologna, Forni, 1968, Dig. 16.1.4, fol. 73rb : « nam serum et avarissimum est genus mulierum in donando » et aussi fol. 189rb « quod est contra naturam sexus quod uxor viro praestet annuum cum serum et tardum sit genus mulierum ad donandum ». À la fin du Moyen Âge, Paul de Castro (mort en 1436) reproduit les mêmes préjugés, dans *In secundam partem digesti veteris commentaria*, Venise, 1593, Dig. 16.1.2.3, fol. 106 vb : « Semper allegatur quod avarissimum est genus mulierum et non sunt faciles ad donandum immo tenaces plus quam masculi ».

3. Dig. 24.1.33 : « quod maritus uxori pendit et quod uxor marito praestat, immo incongruens est et contra sexus naturam ».

4. Accurse, *Glose ordinaire*, Dig. 24.1.33 : « mulier vero rarissime donat et ideo cum id facit pro magno reputatur et quasi miraculose cum solennitate celebratur donatio ».

5. Bartole de Sassoferrato, *In primam Infortiati partem commentaria*, Venise, 1612, Dig. 24.1.33, fol. 21vb : « Id est divinare et mihi displicet ».

Paul sur les risques encourus par le co-contractant était bien la preuve que les femmes sont inconstantes et changeantes. Sur tous ces points, aucun désaccord doctrinal ne venait suggérer de représentation plus favorable de la nature féminine. Ajoutons que cette unanimité n'excluait pas la surenchère. Dans cet esprit, il serait difficile de faire plus qu'Alberico da Rosate, praticien du droit et magistrat bergamasque au service des Visconti pour lesquels il mena plusieurs ambassades dans la première moitié du XIVe siècle. Auteur d'un commentaire encyclopédique non seulement sur l'ensemble du *Corpus iuris civilis* mais aussi sur le droit coutumier des villes italiennes, Alberico met en garde à plusieurs occasions ses lecteurs contre les femmes intempérantes, excessives, inconstantes, excessivement cruelles et « qui font toujours le mal par une infinité de vices » [1].

Avare, faible, frivole, cruelle, instable, portée à l'intempérance, tel est le portrait de la nature féminine brossé par les juristes civilistes. Les canonistes ajoutent à ce sombre tableau, les considérations sur sa lubricité et sa mollesse d'esprit qui font peser une menace sur l'ordre sexuel. Par ses actions et ses pulsions dictées par sa nature, la femme transgresse les valeurs d'un système juridique qui associe la vérité et la pureté comme garantie de règles et d'interdits [2]. Le futur cardinal d'Ostie, Henri de Suse, professeur de droit canonique à Paris vers le milieu du XIIIe siècle et auteur d'un commentaire aux décrétales rappelle à son auditoire que l'étymologie du mot « mulier » qui désigne la femme dérive de « mollitio cordis » et s'explique par son inconstance que l'on peut notamment observer dans les variations et les inconsistances de ses témoignages [3]. À cet égard, le jugement sévère des canonistes sur le tragique épisode du viol de Lucrèce est révélateur de cette attitude de suspicion qui pèse lourdement sur la nature féminine [4]. Elle n'épargne pas Lucrèce, l'épouse violentée qui est jugée coupable d'adultère pour avoir trop facilement, disent-ils, cédé à la

1. Albericus de Rosate, *In Secundam ff. Veter. Part. Commentarii*, Venise 1585, fol. 111vb; *In primam Infortiati partem*, fol. 123r : « Femina nulla bona est » ; *In Codicis Commentarii*, id. fol. 161r : « Mulieres sunt nimium crudeles ».

2. P. Legendre, *L'empire de la verité*, p. 2, p. 180 ; et *id.*, *Les enfants du texte. Étude sur la fonction parentale des États*, Paris, Fayard, 1992, p. 244-260.

3. Henri de Suse Hostiensis, *In decretalium librum commentaria*, Venise, 1581, réimp. Torino, Bottega d'Erasmo, 1965, X. 3.33.2 et aussi X. 2.13.10, fol. 50 n. 3 : « mulier iuvenis stimulis carnis commode resisti non potest ».

4. W. P. Müller, « Lucretia and the Medieval Canonists », *Bulletin of Medieval Canon Law* 19, 1989, p. 13-32 (20-25).

violence de Tarquin en choisissant de vivre plutôt que d'affronter la mort[1]. Observons que les tragiques conséquences de cette interprétation du viol comme acte consenti par la victime ont traversé les siècles. Elles influencent encore de nos jours le raisonnement juridique et les décisions judiciaires indulgentes dans l'évaluation de ce crime dans de trop nombreux pays. De manière générale, nous retrouvons sous la plume des canonistes les allusions partagées par les théologiens sur les pulsions sexuelles incontrôlables de la femme, qui est à la fois objet de désirs et source de péché, dont James Brundage a dressé un catalogue exhaustif[2].

Les conséquences juridiques de la nature féminine, de ses excès et de ses faiblesses, s'inscrivent dans une vision de l'ordre juridique comme un modèle universel de gestion des rapports sociaux et de normalisation des comportements humains. Dans cet agencement qui transpose les interactions sociales dans des rapports de droit, la condition juridique de la femme émerge comme le contrepoint du statut de l'homme tant en droit privé, au sein de la structure familiale, que dans le champ institutionnel régit par le droit public[3]. Mais, à la différence des jurisconsultes de l'empire romain préchrétien et byzantin, comme le note E. Cortese[4], leurs émules médiévaux font porter à la femme la responsabilité de sa soumission et de son infériorité que sanctionne le droit. Dans cet esprit, Accurse observe que certaines lois ne sont pas faites parce que les femmes sont bonnes car « il y en peu de bonnes » mais au contraire parce qu'elles sont mauvaises et en plus grand nombre[5]. Les arguments *ad personam* produits d'une interprétation spécieuse de sources juridiques antiques dont l'autorité a valeur de vérité, ne sont pas simplement l'expression d'une

1. Par exemple, l'auteur de l'apparat *Ecce vicit Leo* au *Décret* de Gratien cité par W. P. Müller, « Lucretia », p. 26 n. 40, ms. St. Florian, Bibliothek des Augustiner-Chorherrenstifts, XI. 605, fol. 107vb : « commisit : Dicunt tamen quidam quod Lucretia peccavit in hoc coitu quia potius deberet mortem arripere quam malo consentire, supra e.q. Ita; vel, quasi non fuit ibi coactio absoluta, peccavit, sed tantum conditionaliter sc. consensu, quasi solo consensu posset committi ».

2. J. A. Brundage, *Law, Sex and Christian Society in Medieval Europe*, Chicago, University of Chicago Press, 1987.

3. J. Kirshner, « Women Married Elsewhere : Gender and Citizenship in Medieval Italy », dans *id.*, *Marriage, Dowry and Citizenship in Late Medieval and Renaissance Italy*, Toronto, Toronto UP, 2015, p. 160-188.

4. E. Cortese, « La donna moglie e madre nella famiglia romano-byzantina. Tendenze consuetudinarie tra tardo impero e medioevo », dans *Scritti*, t. III, Roma, Il Cigno, 2013, p. 488-503.

5. Accurse, *Glose ordinaire*, Dig. 1. 3. 4 ex his : « propter bonas feminas non debet fieri lex quia rarae sunt sed propter malas quia multae sunt ».

misogynie récurrente. Ils légitiment aussi la validité de l'ordre juridique qui régit les rapports humains dans la société médiévale. Il s'agit en dénonçant les nombreux défauts du sexe féminin, d'assigner à chacun, les époux, les parents, les enfants comme les gouvernants et les gouvernés, un espace autonome et constant de responsabilités de manière à assurer la stabilité et la prédictibilité des diverses interactions juridiques dans l'espace public comme dans le domaine privé.

Dans cette optique, les représentations de la nature féminine et de la femme *in genere* forment le substrat idéologique des arguments juridiques qui définissent dans le moindre détail les conditions de la fille, de l'épouse, de la mère et de la veuve par l'inventaire de leurs multiples obligations, plus rarement par le répertoire bien plus restreint de leurs droits. Hommes de leur temps, les juristes médiévaux partagent et reproduisent les valeurs et les préjudices de leur milieu. Entre les XIIe et XVe siècles, les civilistes et les canonistes détaillent ces divers états en mêlant indistinctement les principes juridiques tirés du droit romain, les références théologiques transmises par le droit canonique et diverses idées reçues qui sont véhiculées par l'opinion publique sur la nature féminine. Leurs commentaires, consultations juridiques et opinions personnelles sont pour l'essentiel exprimés dans le cadre d'un enseignement dispensé ex cathedra au bénéfice d'une audience uniquement masculine.

Cette représentation juridique est fondée sur des textes qui contribuent par leur autorité intemporelle à consolider la référence identitaire des divers acteurs sociaux; elle est toujours comparative dans son rapport au statut de l'homme, qu'il soit époux, père ou fils. À l'égard de l'épouse, elle se construit pour l'essentiel comme le reflet en négatif de celle du mari dont elle valorise le statut supérieur. Il ne s'agit donc pas d'envisager quels sont les pouvoirs de la femme mais de répertorier leur insuffisance en énumérant les fonctions auxquelles elle ne peut prétendre ainsi que les responsabilités qu'elle ne peut assumer du fait de sa condition. Cette approche restrictive a pour résultat de produire un mélange d'obligations et de droits acquis ou concédés qui fixent une autonomie légalement limitée à laquelle s'ajoute un espace social de non droit où la condition de la femme est soumise au bon vouloir de ceux qui exercent un pouvoir sur son sort. Le modèle normatif construit par la doctrine, repose sur la prémisse largement acceptée d'une inégalité naturelle entre les deux sexes et la conviction que la condition de la femme est presque toujours inférieure à celle de l'homme si ce n'est dans quelques rares moments d'égalité comme dans les rapports conjugaux justifiés par le devoir de procréation mais même dans ces cas, la réciprocité égalitaire qui gouverne le vœu de continence[1], ne s'étend pas à l'abstinence[2].

L'inégalité naturelle entre les deux sexes était confirmée par le droit. L'autorité des sources juridiques romaines était souvent alléguée pour confirmer l'obédience féminine. Les civilistes arguaient d'une remarque de Papinien, jurisconsulte romain de la génération antérieure à Ulpien, pour confirmer une inégalité de fait en inégalité de droit[3]. Papinien avait dressé le constat des inégalités des régimes qui en droit romain distinguaient le statut juridique de l'homme de celui de la femme. Il soulignait les imperfections d'un système juridique inégalitaire au détriment des femmes qui ne bénéficiaient pas d'un statut juridique égal à celui de l'homme. Nos juristes interprétèrent cette distinction comme l'affirmation du principe que la condition de la femme était inférieure à celle de l'homme[4]. Avec cette interprétation, l'infériorité de la condition féminine n'était pas la conséquence des inégalités inhérentes à l'ordre juridique, elle était la raison qui les justifiait[5].

Cette infériorité était par ailleurs confirmée par les nouveaux arguments fournis par les canonistes. Gratien avait forgé son opinon sur l'autorité des textes d'origines diverses qu'il avait rassemblés et harmonisés dans la *Concordia discordantium canonum*, la plus importante

1. Gratien, C. 33 q. 5 dict. Post c. 11, cité par R. Metz, « La femme en droit canonique », dans *La femme* (= *Recueils de la société Jean Bodin pour l'histoire comparative des institutions* 12), 1962, p. 59-113 (p. 89), réimpr. dans *id.*, *La femme et l'enfant dans le droit canonique médiéval*, London, Variorum reprints, 1985, n. IV. Voir aussi le commentaire du décrétiste Simon de Bisignano sur ce passage, *Summa in decretum Simonis Bisaniensis*, éd. P. Aimone-Braida, « Monumenta iuris canonici, A8 », Vatican, 2014, p. 472, § Quod autem : « Istud est expeditum, quod sine uxoris licentia uotum continentie uir non potest Deo promittere quia, teste Apostolo, uir non habet potestatem sui corporis, sed mulier; eadem ratione nec mulier sine consensus mariti. Mulier enim non habet potestatem sui corporis, sed uir, nec uult Deus ut de alieno quis offerat ».

2. Jean Teutonicus, glose ordinaire au *Décret* C. 33 q. 5 dict. Post c. 11, nisi auctor : « Mulier ergo non potest facere votum abstinentiae sine voluntate viri. Sed numquid vir potest abstinere sine uxoris consensus ? Infra in eodem, cum caput, licet ergo coniuges sint pares quantum ad votum continentiae non tamen ad votum abstinentiae et hoc intelligo de quolibet voto in quo non fit uxori preiudicium quo ad carnale debitum, quamvis ex illo voto, oriatur scandalum mulieri, ut in hoc sit differentia inter virum et uxorem ».

3. Dig. 1.5.9 Papinien : « In multis iuris nostri articulis deterior est condicio feminarum quam masculorum ».

4. Par exemple, Jacques Butrigarius, *In primam et secundam digesti veteris partem*, Rome, 1606, Dig. 1.5.9, fol. 16 : « Sexus masculinus prevalet feminine, immo in hoc videtur melior eius conditio ».

5. *Ibid.* : « ibi illa ratio quia mala herba cito crescit ».

compilation de droit ecclésiastique dont les deux versions furent rédigées entre 1139 et 1150. Un premier texte est tiré des *Quaestiones in Heptatheucum* où Augustin affirmait qu'il « est dans l'ordre naturel chez les êtres humains que les femmes servent les hommes car ce n'est que justice que les inférieurs servent les supérieurs ». Gratien en déduit que les femmes sont soumises à leur mari[1]. Gratien corrobore cette assertion en ajoutant que, d'une part, « la femme n'a aucun pouvoir (*potestas*) mais doit se soumettre en tout au pouvoir (*dominium*) de son mari »[2] et que, d'autre part, elle doit suivre en toutes choses le jugement de son mari[3] dont dépendent sa condition juridique et statut social[4]. Sous la plume de Gratien, le choix des termes pour distinguer les positions respectives de la femme et du mari, n'est pas anodin. La *potestas* qui décrit le pouvoir que la femme contraste avec le *dominium* qui définit le pouvoir du mari. Ce concept juridique traduit non seulement la position supérieure du seigneur *dominus* mais aussi la jouissance d'un droit absolu sur les personnes et sur les biens. Gratien conclut cet inventaire par un autre emprunt à Augustin où ce dernier ajoutait que

> il est le plus évident que l'homme est le maître de la femme dans la mesure où elle ne peut faire aucun vœu d'abstinence ni entrer dans les ordres et se donner à Dieu sans la permission (licentia) de son mari[5].

Jean Teutonicus argue de ce passage dans sa glose ordinaire au Décret pour étendre les conséquences de cette soumission domestique de l'épouse au domaine institutionnel en affirmant que de ce fait : « les femmes sont exclues de toutes fonctions (*officium*) viriles »[6]. Jean réitérait ainsi une opinion d'Ulpien selon laquelle à Rome les femmes n'avaient accès à

1. Gratien, *Décret* C. 33. q. 5 c. 12, et R. Metz, « Recherches sur la condition de la femme selon Gratien », *Studia Gratiana* 12, 1967, p. 377-396 (383), réimpr. dans *id.*, *La femme et l'enfant*, n. V. Gratien, *Décret, ibid.*, dictum ante « Mulieres viris suis debent subesse ».

2. Gratien, *Décret*, C. 33 q. 5 Dictum ante c. 17 : « Nulla est mulieris potestas sed in omnibus viri dominio subsit ».

3. *Ibid.*, Dictum ante c. 16 : « Arbitrium viri mulierem sequi oportet in omnibus ».

4. Henri de Suse Hostiensis, *In decretalium librum Commentaria*, *infra* n. 3, p. 119, X.4.7.4, fol. 20 : « Uxores de iure coruscant radiis maritorum non e contra ».

5. Gratien, *Décret*, Dictum post C. 33 q. 5 c. 20.

6. Jean Teutonicus, *Glose ordinaire au Décret* C. 33 q. 5 c. 17 : « virilia enim officia sunt mulieribus adempta ».

aucune fonction privée ou publique[1] mais en donnait la vraie raison en qualifiant ces fonctions de « viriles ».

La prohibition d'exercer des fonctions publiques s'étend au champ judiciaire définit par le pouvoir de juger et de dire le droit. Vers le milieu du XIIIe siècle, Bernard de Parme, l'auteur de la glose ordinaire aux décrétales rassemblées dans le *Liber Extra*, commente une décrétale d'Honorius III (1216-1227)[2] sur l'étendue des pouvoirs de juridiction de l'Abbesse du collège de chanoinesses séculières de Quedlinburg. Le pape indiquait qu'elle pouvait suspendre les bénéfices mais elle n'avait pas le pouvoir d'excommunier les religieuses et les clercs qui lui auraient désobéi. Pour Bernard il est clair que

> une femme ne peut pas avoir le pouvoir de juger (*iurisdictio*) car elle n'est pas faite à l'image de Dieu ; en revanche l'homme est l'image et la gloire de Dieu et la femme doit être soumise à l'homme, comme sa servante car l'homme est le maître de la femme et le contraire n'est pas vrai[3].

Balde de Ubaldis, élève de Bartole et le plus important juriste de la seconde moitié du XIVe siècle, justifie cette prohibition car « l'exercice du pouvoir de commandement (*Imperium*) par la femme serait une action insupportable », confirmant ainsi que l'idée qu'une femme puisse exercer un pouvoir juridiquement réservé aux hommes était socialement et politiquement inacceptable[4]. Cette assertion doit cependant être nuancée, note René Metz[5], au regard des diverses circonstances exceptionnelles dans lesquelles, au sein de l'église, certaines abbesses ont pu exercer au for externe des pouvoirs proches de ceux de l'évêque[6]. Mais le refus de reconnaître aux femmes d'église le pouvoir de prononcer l'excommunication[7] ou d'infliger d'autres sanctions, participe de la même doctrine ecclésiastique qui leur refuse tout pouvoir sacramentel associé au pouvoir d'ordre.

1. Dig. 50.17. 2, Ulpien : « Feminae ab omnibus officiis civilibus vel publicis remotae sunt et ideo nec iudices esse possunt nec magistratum gerere nec postulare nec pro alio intervenire nec procuratores existere ».

2. X. 1.33.12.

3. Bernard de Parme, *Glossa ordinaria au Liber Extra*, 1.33.12.

4. Balde de Ubaldis, *Super trium decretalium libros commentaria,* X.1.33.12.

5. R. Metz, « La femme en droit canonique », p. 97-107.

6. M.-T. Guerra Medici, « For a History of Women's Monastic Institutions. The Abbess : Role, Functions and Administration », *Bulletin of Medieval Canon Law* n. s. 23, 1999, p. 35-64.

7. E. Vodola, *Excommunication in the Middle Ages*, Berkeley, California UP, 1986.

Le pouvoir de juridiction s'impose comme la clé de voûte de l'ordonnancement juridique médiéval. D'une part, il institue le concept de souveraineté comme principe de légalité qui substitue un lien de droit aux liens de pouvoir personnels sur lesquels reposaient la solidarité féodale. Il facilite, d'autre part, le passage d'une justice divine à une justice humaine qui entend prétendre accéder à la vérité par le respect de règles de droit et de procédure. L'autorité de la chose jugée qui est acceptée pour vérité[1] devient à la fois la raison et la conséquence de la science du procès qui s'impose, dès la fin du XIIe siècle[2]. La mise en place de tribunaux ecclésiastiques, engendre la rédaction de multiples de traités de procédure[3]. Leur fonction ne se limite pas à définir les modalités et les étapes du procès. En fixant le rôle et les pouvoirs des diverses parties au procès, les traités de procédure (*ordines judiciari*i) participent aussi de la mise en ordre par le droit de la société chrétienne conformément au plan salvifique divin[4]. Étienne de Tournai, auteur d'une somme au décret de Gratien rédigée vers 1160, avait déjà mis en évidence le lien étroit entre la justice divine et le droit processuel dont il situait l'origine au paradis avec la réponse d'Adam aux questions que lui posait Dieu :

> Certains hommes disent que le droit divin prend son origine avec le commencement du monde. Car quand Adam fut accusé par le Seigneur de lui avoir désobéi, il avança une contre accusation contre sa femme, tout comme une défense dans un procès, il devint plutôt un procureur quand il dit « La femme que tu m'as donnée comme compagnon m'a trompé et j'ai

1. Dig. 50.17.207 : « Res iudicata pro veritate accipitur » ; par exemple, Lanfranco de Oriano, *Practica iudiciaria*, Lyon, 1515, fol. 1r : » Nam ideo acta scribuntur ut veritas habeat locum et falsitas aboleatur cum in iudiciis debeat esse veritati locus ».

2. R. Helmholz, *The Spirit of Classical Canon Law*, Athens (Georgia), Georgia UP, 1996, p. 116-144.

3. L. Fowler-Magerl, *Ordo iudiciorum vel ordo iudiciarius. Repertorien zur Frühzeit der gelehrten Rechte*. Frankfurt a. M., Klosterman, 1984 ; B. C. Brasington, *Order in the Court : Medieval Procedural Treatises in Translation. Medieval Law and Its Practice*, Leiden, Brill, 2016.

4. Comme le signifie Jean d'Andrea, *Quaestiones mercuriales*, Ad regulam 2, Venise, 1485, sans foliotation : « Le but vers lequel tend le droit civil est de préserver la justice pour pouvoir régler les litiges car sa fin principale est de préserver la société civile ; le but vers lequel tend le droit canonique, en revanche, est de régler les litiges pour préserver la justice car sa fin principale est d'ordonner en Dieu et selon les Évangiles pour que l'homme puisse atteindre la gloire ; il ne peut y avoir d'ordre en Dieu si la justice n'est pas préservée, car c'est par elle que les actions les plus intimes sont réglées pour être ordonnées en Dieu ».

mangé [le fruit] ». Ainsi la procédure du procès avec ce que nous appelons communément la plaidoirie semble être née au paradis [1].

En imaginant les rapports entre Dieu, Ève et Adam dans le cadre juridique du procès, Etienne et ses successeurs assignent à chacun des participants une fonction distincte qui définit l'existence et la portée de leurs droits [2]. Adam agit en procureur, c'est à dire, selon les canonistes, comme « celui qui administre les affaires d'autrui en vertu d'un mandat » [3]. Ajoutons que cette représentation est justifiée en droit par l'absence de la personne représentée en l'occurrence Ève qui n'est donc fictivement présente dans cette procédure judiciaire que par ce qu'en dit Adam [4]. La justice comme procédure de découverte de la vérité partage une même date de naissance avec le droit naturel, celle fixée par « l'apparition des premières créatures rationnelles » [5]. Elle est le champ d'action privilégié des sujets de droits en délimitant un espace normatif où le statut des acteurs judiciaires est défini soit par leurs fonctions soit par leurs déclarations et leurs actions. En d'autres termes, l'accès à la justice est la manifestation d'un acte de présence autant juridique que sociale dont la femme se voit en grande partie exclue, non pas parce qu'elle est invisible mais parce qu'elle

1. *Die Summa des Stephanus Tornacensis über das Decretum Gratiani*, éd. J.F. von Schulte, Giessen, E. Roth, 1891, réimp. avec un titre incorrect, Aalen, Scientia Verlag, 1965, p. 2 : « Mulier quam dedisti mihi sociam, ipsa me decepit et comedi. Sicque litigandi, vel ut vulgarier dicamus, placitandi forma in ipso paradiso videtur exorta »; Guillaume Durand, *Speculum Judiciale*, Lyon, sumptibus Philippi Tinghi florentini, 1577, Prooemium, fol. 2 n. 24 : « Iudiciorum ordo et placitandi usus exordium dicitur habere in paradiso ».

2. Voir par exemple le traité de procedure *Iudicandi formam* (1170), éd. L. Fowler-Magerl, *Ordo iudiciorum*, p. 273-289 : « Iudicandi formam in utroque iure tam divino quam humano nobis prescriptam eligenti ac scire cupienti primo animadvertendum est, quid sit iudicium quot quasve requirat personas ».

3. *Summa Elegantius in iure divino seu coloniensis*, éd. G. Fransen & S. Kuttner, « Monumenta Iuris Canonici », Vatican, 1978, t. II, p. 130 : « Quid sit procurator : Procurator est qui mandato domini negotium amministrat »; Bernard de Pavie, *Summa decretalium*, éd. E. Laspeyres, Regensburg, Manz, 1860, réimp. Graz, Akademische Druck, 1956, p. 23, de procuratoribus : « Procurator est, qui suscipit alienum negotium ministrandum mandato generali vel speciali ».

4. L. Mayali, « Fiction et pouvoir de représentation en droit canonique médiéval », dans L. Mayali & B. Durand (éd.), *Excerptiones Iuris. Studies in Honor of André Gouron*, Berkeley, Robbins Collection, 2000, p. 421-437.

5. Jean Teutonicus, *Glose ordinaire au Décret*, D. 1 c. 1, v. humanum : « Tractaturus divus Gratianus de iure canonico. Primo incipit a simplicioribus secundum naturam scilicet a iure naturali quod antiquitus et dignius est. Cepit enim ab ipsa rationali creatura ».

est réduite au silence par une procédure dont la fonction principale est de signifier l'accès à la parole dans un langage sanctionné par le droit.

Rien d'étonnant dès lors à ce que le principal exposé de la condition juridique de la femme figure dans le traité de procédure romano-canonique le plus important du Moyen Âge. Rédigé par Guillaume Durand, évêque de Mende, aux environs de 1270, ce commentaire encyclopédique du droit processuel intitulé « Miroir judiciaire », *Speculum iudiciale*, connut immédiatement un grand succès comme en attestent les centaines de manuscrits et les nombreuses éditions qui nous sont parvenues [1]. Guillaume n'invente rien dans cette œuvre composite où il reprend et agence les commentaires et les traités de procédure rédigés par ses prédécesseurs. L'éphémère évêque de Mende s'était finalement décidé à rejoindre son évêché six ans après son élection par le chapitre. Il y résidera pendant quatre ans avant de revenir à Rome pour y mourir en 1296 [2]. L'essentiel de sa longue carrière ecclésiastique commencée au sein de la curie pontificale comme auditeur du sacré palais, le précurseur du Tribunal de la Rote, est remplie par l'exercice des fonctions de recteur des territoires pontificaux de la Marche et de la Romagne. Guillaume appartient à cette génération de canonistes, formés par l'*utrumque ius* et imprégnés de l'autorité des décrétales comme source du droit vivant, qui contribuent par leur enseignement ou par leurs fonctions administratives à asseoir le pouvoir pontifical sur des bases juridiquement stables. En revanche, il se distingue de ses confrères par son intérêt pour la liturgie [3] qui le conduit à rédiger un ouvrage didactique destiné à la formation des clercs, le *Rationale divinorum officium*, lui aussi largement diffusé [4]. Ajoutons, enfin, que son commentaire sur les constitutions du deuxième concile de Lyon en 1274, nous révèle un esprit critique attentif aux questions d'ordre institutionnel. Il consacre de longs développements à la procédure suivie dans les élections pontificales et n'hésite pas à se prévaloir de sa double expérience judiciaire et politique à l'appui de ses

1. K. W. Nörr, « À propos du *Speculum Iudiciale* de Guillaume Durand », dans P.-M. Gy (éd.), *Guillaume Durand, évêque de Mende (v. 1230-1296). Actes de la Table Ronde du CNRS, Mende 24-27 mai 1990*, Paris, Éditions du CNRS, 1992, réimpr. dans K. W. Nörr (éd.), *Iudicium est actus trium personarum. Beiträge zur Geschichte des Zivilprozeßrechts in Europa*, Goldbach, Keip, 1993, p. 41-49.

2. J. Avril, « Les instructions et constitutions de Guillaume Durand, évêque de Mende », dans *Guillaume Durand, évêque de Mende*, p. 73-94.

3. T. M. Thibodeau, « Canon Law and Liturgical Exposition in Durand's *Rationale* », *Bulletin of Medieval Canon Law* n. s. 22, 1998, p. 41-52

4. Sur Guillaume Durand liturgiste, voir notamment les contributions de A. Davril, R. Reynolds, C. Rabel & M. Albaric dans *Guillaume Durand, évêque de Mende*, p. 138-205.

opinions[1]. C'est dire que Guillaume, comme il nous le confie dans sa préface, fait œuvre de pragmatisme en se montrant plus attentif aux questions d'ordre pratique auxquelles sont confrontés quotidiennement les professionnels de la justice comme les juges, les avocats et les notaires. Tel est son public et rien d'autre n'est à ajouter, affirme-t-il, car « l'utilité de l'œuvre suffira à assurer sa renommée »[2].

C'est en traitant des divers aspects de la fonction de représentation occupée par le procureur dont Etienne de Tournai avait retracé l'origine jusqu'à Adam, que Guillaume introduit une longue liste de trente-sept exemples de l'infériorité féminine. Il clôt son exposé par deux autres listes plus courtes où il recense onze cas dans lesquels la condition de la femme est supérieure à celle de l'homme et treize cas dans lesquels leurs conditions sont similaires. Depuis l'exégèse du texte de Papinien inséré au Digeste, civilistes et canonistes avaient associé le principe d'infériorité à diverses circonstances sans pour autant être tenté d'en faire un relevé systématique. Rares furent ceux qui s'y risquèrent témoignant ainsi du peu d'intérêt porté à la condition féminine dont il suffisait, dans la plupart des cas, de rappeler l'infériorité. Vingt ans avant Guillaume, Henri de Suse que le premier qualifie de *dominus meus*, avait brièvement noté dans ses leçons sur les décrétales quelques exemples de prohibitions pour illustrer cette inégalité par la description partielle de ses conséquences sur l'accès à des fonctions temporelles et spirituelles traditionnellement réservées aux hommes[3].

Sans être exhaustif, l'inventaire dressé par Guillaume se distingue donc des timides ébauches amorcées par ses prédécesseurs. Le choix des exemples retenus nous donne une idée du milieu professionnel auquel était destiné cet ouvrage. Il confirme aussi le lien étroit entre la doctrine juridique et les traditions sociales peu favorables à la femme dont Julius Kirshner a mis en lumière les fins et les moyens dans la pratique notariale et

1. L. E. Boyle, « The Date of the Commentary of William Duranti on the Constitutions of the Second Council of Lyons », *Bulletin of Medieval Canon Law* 4, 1974, 39-48 réimp. dans *Pastoral Care, Clerical Education and Canon Law*, London, Variorum Reprint, 1981, chap. XIII.

2. Guillaume Durand, *Speculum Judiciale*, éd. cit., prooemium, fol. 3ra n. 28-30 : « Quanta autem huius operis utilitas sit… Hoc autem solum audacter affero quod huius solers inspectio quemvis quantumlibet in expertum, peritum iudicem, cautum causidicum et tabularium efficient eruditum ».

3. Henri de Suse Hostiensis, *In decretalium librum commentaria*, X. 1.43.4, cité par J. Brundage, *Sex, Law and Society*, p. 484-485.

les coutumes des villes italiennes[1]. À l'image de l'ensemble de sa compilation confuse et encombrée de textes contradictoires qu'il ne prend pas soin d'harmoniser, la liste dressée par Guillaume nous livre pêle-mêle divers exemples de l'incapacité juridique de la femme en droit public et en droit privé, dans les domaines spirituel et temporel. Il ne manque pas de compléter ce tableau par les considérations plus générales sur la nature féminine. Guillaume n'invente rien mais son pragmatisme le conduit à privilégier deux champs juridiques distincts qui comprennent les compétences en matières judiciaires liées à la résolution des conflits et la capacité juridique dans les affaires patrimoniales.

L'idée générale que Guillaume a de la nature féminine ne s'affranchit pas des préjugés véhiculés par la tradition canonique. La femme est inférieure à l'homme, observe-t-il, par son tempérament sexuel et la faiblesse de sa chair. Par ailleurs, l'homme représente le genre humain par le sens universel reconnu au mot « homme » alors que le mot « femme » n'a qu'un sens limité et ne peut prétendre s'appliquer à tous les « hommes ». C'est sur ces racines inégalitaires indiscutables pour Guillaume et ses lecteurs que viennent se greffer les rameaux d'une incapacité juridique fondamentale.

Dans le domaine judiciaire, la première prohibition comprend la fonction de représentation attribuée au procureur qui pour nos juristes définissait Adam et sa plaidoirie. Suspecte en raison des faiblesses de son propre corps, la femme l'est aussi en raison de ses paroles et de son jugement. Elle ne peut donc ni agir ni parler au nom d'autrui si ce n'est dans de rares exceptions qui ne résultent pas de sa propre nature mais de l'idée que nos juristes se font des devoirs de fille et de mère. En matière civile, elle peut agir au nom de ses parents ou d'autres membres de sa famille biologique quand ces derniers ne sont pas en état de le faire en raison soit de leur âge avancé soit de leur état de santé à condition toutefois qu'aucun autre représentant masculin ne soit disponible. En matière pénale, une mère a aussi le pouvoir d'intervenir au nom de ses enfants si elle administre leur tutelle pour faire appel de leur condamnation et demander leur remise en liberté, sans toutefois que cette responsabilité n'empiète sur le droit paternel d'agir en justice pour le compte de ses enfants qui relève des

1. O. Cavallar & J. Kirshner, « Making and Breaking Betrothal Contracts (*Sponsalia*) in Late Trecento Florence », dans O. Condorelli (éd.), *Panta rei. Studi dedicati a M. Bellomo*, vol. 1, Roma, Il Cigno, 2004, p. 395-452, réimp. dans J. Kirshner, *Marriage, Dowry and Citizenship*, p. 20-54.

fonctions viriles[1]. De même, la fille peut intercéder pour la libération de ses parents et d'autres membres de sa famille biologique. Hors de ce cadre familial, elle ne peut intervenir qu'en défense de ses biens propres.

Les doutes sur la cohérence de son jugement motivent d'autres prohibitions. Nous avons vu dans la glose ordinaire de Jean Teutonicus au Décret de Gratien comme dans celle Bernard de Parme au Liber Extra que son état de soumission interdisait à la femme l'exercice de toute fonction « virile ». Ce qui se traduit d'un point de vue institutionnel par l'interdiction d'exercer tout pouvoir de juger et de dire le droit. L'accès aux fonctions judiciaires lui est donc interdit de même que celles d'arbitre et de médiateur ainsi que toute autre magistrature. De manière générale, les femmes sont inaptes à l'exercice de fonctions publiques. À cette absence de la scène institutionnelle s'ajoutent d'autres incapacités qui traduisent les doutes voire la défiance sur la véracité et l'exactitude de leurs propos, liées comme nous l'avons vu à « son inconstance et à son ignorance ». Cette ignorance des faits s'étend en grande partie à la présomption d'ignorance du droit qu'elle partage, aux yeux des juristes, avec les *rustici* qui composent les rangs d'une paysannerie stigmatisée pour son ignorance[2]. Elle ne peut ni accuser ni dénoncer un membre de la communauté devant les autorités judiciaires. La recevabilité de son témoignage en matière criminelle est limitée aux seuls cas de simonie ou d'hérésie. Enfin, dans la hiérarchie domestique où le devoir de protection est l'un des attributs du pouvoir patriarcal, le mari a le droit de poursuivre en justice les torts et les injures commis à l'encontre de son épouse mais la réciproque n'est pas vraie. Elle ne peut donc prendre la défense de son époux et encore moins l'accuser d'adultère. Enfin, la soumission de l'épouse rejaillit sur la condition de la mère qui ne jouit pas de l'autorité parentale, ne peut agir comme tuteur ou curateur et n'exerce que des droits limités sur les enfants dont le statut social (honores) dépend du père bien que, comme le note Henri de Suse, la mère soit toujours certaine alors que le père est incertain[3]. Son rôle très réduit dans les affaires judiciaires trouve son équivalent en matières patrimoniales et successorales où la capacité juridique de la femme est souvent

1. Jean Teutonicus, *Glose au Décret*, C. 2. Q. 6 c. 30, ab initio : « Mater non potest agere pro filio vel ipsum defendere quia hoc est virile officium ».

2. A. M. Hespanha, « Savants et rustiques. La violence douce de la raison juridique », *Ius Commune* 10, 1983, p. 1-48.

3. Henri de Suse Hostiensis, *In decretalium librum commentaria*, éd. cit., X. 3.26.16 : « Mater semper certa est licet pater incertus sit ».

assimilée à celle des enfants mineurs[1]. La mère jouit de droits limités sur ses enfants. Elle ne peut se prévaloir du pouvoir parental qui est réservé au père. Quand elle n'est pas exclue de la succession par le droit coutumier qui impose le plus souvent un système de primogéniture, elle doit se satisfaire d'une part réduite de la succession.

La fille ne peut guère se prévaloir de plus de liberté que l'épouse. Bien que la doctrine canonique du mariage consensuel lui reconnaisse *de iure* le pouvoir de se marier sans le consentement de ses parents, elle jouit en pratique d'une liberté d'action très limitée. L'église hésite le plus souvent à tirer toutes les conséquences de cette liberté consensuelle même lorsqu'elle est exercée *in facie ecclesiae*[2] devant la menace que font peser les mariages clandestins sur l'autorité paternelle. Au demeurant, Guillaume ne juge pas utile d'aborder les questions matrimoniales soulevées par le régime dotal. L'évolution de la doctrine sur ces questions est à cet égard révélateur. À l'origine le droit romain comprenait plusieurs provisions qui protégeaient le droit de la femme sur sa dot. Propriétaire et administrateur de la dot de sa femme pendant le mariage, le mari ne pouvait en théorie la dissiper ni aliéner les biens immeubles sans le consentement de son épouse qui jouissait d'un recours juridique pour protéger l'intégrité de sa dot. Au décès du mari la dot revenait à la veuve ou à ses héritiers. Mais comme le note M. Bellomo, ces principes furent progressivement altérés par les juristes médiévaux au profit du mari et de ses ayant droits[3]. Plusieurs facteurs sociaux, économiques et politiques recensés par J. Kirshner expliquent cette évolution doctrinale favorable au renforcement des solidarités sociales autour de la famille patriarcale. Pour notre propos, observons que dans la plupart des cas, nos juristes ne renvoient pas expressément aux contingences socio-politiques pour justifier ce revirement doctrinal. Il leur suffit simplement de citer la faiblesse et l'avarice du genre féminin[4]. L'accent mis sur la famille patriarcale produit aussi des

1. Jean Teutonicus, *Glose ordinaire au Décret*, C. 27 q. 1 c. 26, accipiat : « uxores viris, filii parentibus, servi domini subditi sunt unde ab illis coerci et secundum ius debent corrigi » ; Balde de Ubaldis, *Commentaria Omnia*, Venise, 1599, réimp. Goldbach, Keip, 2004, Dig. 29.1.7 : « mulier et minor non possunt propter eorum imbecillitatem et fragilitatem renunciare (à la succession testamentaire) nisi certorientur ».

2. R. Metz, « La femme en droit canonique », p. 109-110.

3. M. Bellomo, *Ricerchi sui rapport patrimoniali tra coniugi : Contributo alla storia della familia medievale*, Milano, Giuffrè, 1961.

4. Francisco de Albergottis d'Arezzo, consultation sur le droit de l'épouse sur sa dot donnée à Florence dans la seconde moitié du XIVe siècle, citée par J. Kirshner, « Material for a Gilded Cage : Non Dotal Assets in Florence 1300-15 », dans D. Kertzer & R. Saller (éd.),

conséquences en droit successoral. La dot est plus souvent considérée comme un avancement d'hoirie qui permet de désintéresser la fille dotée de la succession paternelle. À partir du XIIIe siècle, dans la pratique notariale et avec l'aval de la doctrine, le recours aux contrats de mariage permet de s'assurer du consentement de la future épouse qui se déclare satisfaite de la valeur de sa dot et s'engage à ne pas revenir à la succession de ses parents. L'élaboration de ces stratégies juridiques destinées à protéger la richesse familiale repose sur une vision de la femme, fille ou épouse, comme source de risque pour la sauvegarde du patrimoine et du statut de la famille agnatique. Cette inégalité existe aussi face à la mort non seulement parce que l'épouse ne peut organiser les rites du deuil et des funérailles mais aussi parce qu'elle est présumée mourir avant l'homme. Cette présomption qui se comprend dans le cadre des stratégies successorales confirme aussi une réalité indéniable que soulignent de nombreux commentaires. Elle s'explique une fois encore par sa faiblesse et son devoir de procréation [1] :

> la femme vit moins longtemps que l'homme car elle dépérit et vieillit plus rapidement et comme elle peut donner naissance [aux enfants], il lui est plus facile de procréer et d'être ainsi affaiblie.

Guillaume clôt sa liste par diverses incapacités d'ordre religieux que la tradition canonique avait depuis longtemps affirmées. Nous renvoyons aux travaux de R. Metz pour le recensement exhaustif de ces incapacités. On ne retiendra ici que celles qui sont rappelées par Guillaume. Elles comprennent plusieurs interdictions qui comprennent l'exercice du pouvoir des clés, l'accès aux ordres sacrés, l'administration des sacrements, et la prédication. À ces interdits fondamentaux s'ajoutent deux prescriptions qui réglementent la présence de la femme lors de la célébration des offices auxquels elle doit assister la tête voilée et ne pas approcher l'autel. En matière d'excommunication, en revanche, il n'est pas requis qu'elle se rende auprès du Saint Siège pour obtenir son absolution.

Pour conclure ce sombre tableau par quelques touches de couleur plus claires, Guillaume s'efforce de recenser les circonstances dans lesquelles le droit place la femme dans une condition supérieure à celle de l'homme. Leur nombre plus réduit ne favorise pas une comparaison avantageuse

The Family in Italy from Antiquity to the Present, New-Haven, Yale UP, 1991, p. 184-207, réimp. dans J. Kirshner, *Marriage, Dowry and Citizenship*, n. 28, p. 80 : « Secunda presumptio sumpta ex propria natura mulierum quia genus avarissimum est ».

1. Jean Teutonicus, *Glose ordinaire au Décret*, C. 32. q. 2 c. 1 et gratia : « Unde dicitur lex quia magnum premium est mulieribus concipere et conceptum tueri ».

avec la liste précédente. Il s'agit pour l'essentiel d'exceptions et de protections reconnues par le droit pénal en matière d'emprisonnement et de peine capitale. Elles découlent de circonstances créées par la gravidité de la condamnée. La femme enceinte ne peut être soumise à la torture et on recommande de respecter un délai d'au moins quarante jours après l'accouchement avant de l'y soumettre [1]. De même si elle a été condamnée à la peine capitale, son exécution sera différée après l'accouchement. Dans ces cas il est cependant permis de considérer avec circonspection si la raison première de cette bienveillance dictée par les circonstances n'est pas de protéger la femme enceinte mais plutôt de s'assurer de la santé de l'enfant à naître. En matière civile, notons que la femme échappe à la prison pour dettes et jouit de meilleures conditions face à ses créanciers. Observons que le souci de trouver d'autres exemples conduit Guillaume à faire une entorse à son pragmatisme quand il renvoie au droit romain de l'esclave et de l'affranchie où les enfants sont censés suivre la condition de leur mère. Enfin, les cas de la dernière liste dans lesquels le droit sanctionne l'égalité femme-homme, comprennent en partie des circonstances singulières régies par le droit successoral quand, par exemple, la sœur est appelée à égalité de ses frères dans la succession testamentaire. Au sein du couple, nous avions déjà mentionné l'égalité dans la continence. Guillaume y ajoute l'égalité dans la prière et le droit à une sépulture commune. En droit pénal, on ne sait trop, en revanche, pourquoi il juge utile de relever que la différence de sexe n'a aucune conséquence sur la situation de la fugitive qui une fois capturée doit être ramenée, comme le fugitif, à son lieu de départ.

Ainsi à l'instar de leurs contemporains, les juristes, canonistes et civilistes, ne peuvent imaginer la femme en dehors des catégories qui définissent sa place au sein de la structure familiale. À partir du XIIe siècle, l'influence culturelle de la science juridique a notamment pour effet de repenser la personne comme un sujet de droit défini par ses actes juridiques. Dans cette perspective, la logique binaire du raisonnement adopté et diffusé par la scolastique juridique produit une comparaison asymétrique qui évalue le statut des individus en fonction de l'existence ou de l'absence de droits plutôt que de l'exercice de droits différents ou comparables. Cette comparaison conduit nos juristes à penser le rapport femme-homme moins en termes de différence qu'en termes de soumission en

1. Pour un autre exemple, Balde de Ubaldis, *Commentaria omnia*, Cod. 2.4. 13, fol. 125 n. 9 : « mulier gravida non potest torqueri nec occidi ».

imaginant une inégalité de fait qui acquiert force de vérité par sa transformation en inégalité de droit. Par ailleurs, l'autonomisation du droit par rapport à la religion, voire l'absorption de la religion dans le droit[1], a pour effet de substituer le critère de l'irresponsabilité à celui de la culpabilité comme justification des multiples incapacités juridiques féminines. Dans ce modèle juridique médiéval, aux droits de l'homme, père, mari et fils qui font référence correspondent les non-droits de la femme, fille, épouse et mère.

1. Voir la célèbre déclaration d'Accurse dans la glose ordinaire sur la définition romaine de la science juridique comme connaissance des choses humaines et divines, Dig. 1.1.10: notitia: « Sed numquid secundum hoc oportet quod quicumque vult iurisprudens vel iurisconsultus esse, debeat theologiam legere? Respondeo non, nam omnia in corpore iuris inveniuntur ».

LA RAISON DÉFAILLANTE DES FEMMES AU MIROIR DE LA PENSÉE THÉOLOGICO-POLITIQUE DE GILLES DE ROME : DOMINATION, DÉNI D'ÉDUCATION, CONFINEMENT, SILENCE

JULIE BRUMBERG-CHAUMONT

La pensée de Gilles de Rome (1243-47/1315) est particulièrement défavorable à la femme. On l'observe d'abord dans les théories politiques, éthiques et éducatives développées au sein du *De regimine principum*[1], ouvrage composé autour de 1279-1280, et dédié au futur Philippe le Bel. Elle justifie en nature un régime de domination au sein de la maisonnée et de la société. Les défauts de la femme conduisent le théologien à préconiser pour les maris un gouvernement destiné à corriger les vices systémiques des femmes, esclaves de leurs passions et victimes de leurs déficiences rationnelles. La même préconisation s'applique également, sinon davantage, au gouvernement des filles, pour lesquelles aucune instruction n'est prévue. Celles-ci sont comme leurs mères, mais en pire, puisqu'elles cumulent les déficiences de la féminité et de la jeunesse.

1. Les études récentes de ce texte citent souvent l'édition de 1607 : *Aegidii Columnar Romani ... De Regimine principum lib. III*, Romae, apud Batholomeum Zannetum, 1607; nous nous sommes appuyée sur l'édition suivante : *Aegidius Columna, De regimine principum* [désormais *De regimine*], Romae, per Stephanum Planck de Patavia, 1482, téléchargeable sur le site de Gallica. Pour plus de commodité, nous nous référons au texte par le numéro du livre, en chiffres romains, suivi du numéro de la partie, en chiffres romains, et du numéro du chapitre, en chiffres arabes. Une partie des analyses proposées ici reprennent certaines idées déjà exposées dans J. Brumberg-Chaumont, « Rationalité, Féminité, Taciturnité », dans L. Cesalli *et al.* (éd.), *Ad placitum. Pour Irène Rosier-Catach*, t. 1, Roma, Aracne Editrice, 2021, p. 141-149.

La misogynie aristotélicienne qui imprègne l'œuvre politico-éducative du maître augustinien est radicalisée par sa systématicité et son omniprésence, au regard de ses occurrences assez réduites chez le Stagirite. Elle n'est guère compensée par sa doctrine de la femme dans l'état d'innocence. On peut l'observer dans l'*Ordinatio* du commentaire au livre II des *Sentences*[1]. Il s'agit d'une œuvre de maturité, finalisée probablement en 1309, lorsque Gilles de Rome cherchait un nouveau protecteur auprès du roi de Naples Robert d'Anjou. Le maître lui dédie son commentaire, et le roi lui commande une copie du *De Regimine principum*[2].

Les deux ouvrages sont assez largement corrélés, avec une lecture partiellement « politique » de la *Genèse*, en termes de pouvoirs « régalien », envers la progéniture, « politique », envers la femme et « despotique », envers les « esclaves », les *servi*, une terminologie qui fait référence à la théorie aristotélicienne d'esclave naturel, mais recouvre aussi la notion de « serf », de « serviteur », ou de « dépendant ». Ce type de lecture politique ne s'observe pas chez ses prédécesseurs pour les œuvres situées après la circulation de la *Politique*, même lorsqu'elles citent l'ouvrage d'Aristote, comme par exemple la *Somme de théologie* de Thomas d'Aquin.

La femme apparaît dans la discussion sur la *Genèse* au titre de première femme créée et comme fille pré-lapsaire hypothétiquement générée au jardin d'Éden[3] : ces deux conditions de la femme se situent normalement en amont de la domination de l'homme sur la femme, présentée par la Bible comme une conséquence du péché originel[4]. L'auteur avance cependant l'idée d'une « domination au sens large » de la femme. Parce que la chair ne peut encore désobéir à la raison dans le statut d'innocence, on observe une insistance constante dans la théorie égidienne sur l'usage défectueux de la raison chez la femme, ainsi que chez les enfants et chez les hommes générés pré-lapsaires inférieurs, équivalents innocents des esclaves et des dominés naturels dans l'état post-lapsaire. Par contraste avec les multiples revirements politiques qui ont émaillé sa carrière, Gilles de Rome semble

1. *Aegidius Romanus. In secundum Sententiarum questiones* [désormais *In secundum Sententiarum*], Venezia, apud Franciscum Zilettum, 1581. L'*Ordinatio* du commentaire sur le premier livre des *Sentences* est bien antérieure, de même que la *Reportatio* retrouvée à l'état fragmentaire par Concetta Luna.

2. Voir C. F. Griggs, « Life, Works and Legacy », dans C. F. Briggs & P. S. Eardley (éd.), *A Companion to Giles of Rome*, Leiden-Boston, Brill, 2016, p. 23.

3. Pour une présentation générale du thème des enfants d'Éden, voir L. Reynolds, « The Infants of Eden : Scholastic Theologians on Early Childhood and Cognitive Development », *Medieval Studies* 68, 2006, p. 89-132.

4. *Gen* 3, 16.

être resté fidèle au jugement globalement négatif porté sur la femme. Ce jugement est seulement atténué *a minima* dans l'*Ordinatio*, en réponse aux exigences de l'exégèse traditionnelle, notamment celle provenant d'Hugues de Saint Victor à propos de la création de la femme à partir de la côte d'Adam, comme cela a été montré dans ce volume par Dominique Poirel. On peut s'en rendre compte aussi en comparant les positions du maître augustinien à celles de ses prédécesseurs au XIIIᵉ siècle, étudiés dans ce volume par Laure Solignac.

Nous proposons, dans deux parties successives, un parcours dédié à l'anthropologie de la femme selon ses trois états : comme première femme première créée, comme femme générée dans l'état d'innocence et comme femme générée post-lapsaire. Nous commençons par l'étude du dernier cas dans le cadre du *De regimine principum*. Nous proposons une analyse du lien entre rationalité inférieure et domination naturelle, lien qui explique l'absence d'une éducation pour la femme et de la fille, ainsi que du lien entre domination des passions et gouvernement coercitif, fondé sur la répression de la concupiscence, le confinement et l'incitation au silence. La question de l'infériorité rationnelle de la femme pré-lapsaire s'étudie dans l'*Ordinatio* du commentaire au livre II des *Sentences*, à propos de cinq points : la création de la femme, comme de l'homme, à l'image de Dieu (distinction XVI), la création de la femme à partir de la côte d'Adam (distinction XVIII), la cause de la génération de filles en nombre égal aux garçons au jardin d'Éden (distinction XX), le péché originel perpétré par Ève[1] et sa gravité plus grande que celui d'Adam (distinction XXII), l'existence d'une domination dans l'état d'innocence (distinction XCIV). S'y ajoutent quelques indices susceptibles d'être recueillis, en creux, à propos de la condition cognitive d'Ève, en lien avec l'occultation de son rôle d'éducatrice dans la distinction XXIII, lors de l'analyse de la connaissance adamique. Ces éléments ne sont pas abordés dans l'ordre des *Sentences*.

1. Par commodité, même si la première femme ne reçoit ce nom qu'après le péché originel, nous appellerons ici la femme créée « Ève ».

LA DOMINATION DE LA FEMME ET SA RÉÉDUCATION DANS LE *DE REGIMINE PRINCIPUM*

Le *De regimine principum* (1279/1280) est considéré comme un “miroir au prince” en dépit de caractéristiques assez spécifiques. Il a connu une fortune considérable, avec plus de 350 manuscrits pour le texte latin, et des versions vernaculaires dans plusieurs langues européennes, elles-mêmes connues dans plusieurs versions, dès 1282 pour la traduction française[1]. L'ouvrage a été composé durant les années où Gilles de Rome, déjà bachelier formé, mais pas encore maître en théologie, avait été écarté de l'enseignement à Paris et menait une carrière politique très active au sein de son Ordre et au-delà, avant son retour à Paris en 1285.

L'ouvrage de Gilles de Rome témoigne d'une volonté de réorganiser la matière de la philosophie politique, un projet que le caractère historique et peu systématique du texte de la *Politique* d'Aristote, redécouvert progressivement à partir de la fin des années 1260, ne permettait pas de combler. Le traité offre une réécriture systématisée du contenu de l'*Éthique* et de la *Politique*, pour lesquelles le maître n'a pas laissé de commentaires connus, et de la *Rhétorique*, dont Gilles de Rome en 1272/73 avait écrit le premier commentaire en latin. La référence à ces trois ouvrages, ainsi qu'au reste du corpus aristotélicien, forme la trame du traité. Ils sont présents pratiquement à chaque page.

La doctrine de Gilles de Rome à propos de la femme est inspirée d'une lecture conjointe du *De animalibus* XVI[2], où la femme est un « homme manqué » (*mas occasionatus*) et un monstre régulier de la nature[3], et de la *Politique* I, 13, où la femme possède un « jugement délibératif invalide »[4],

1. Voir C. F. Briggs, Giles of Rome's *De regimine principum, Reading and Writing Politics at Courts and Universities, c. 1275-c. 1525*, Cambridge, CUP, 1999 (Introduction); N.-L. Perret, *Les traductions française du De regimine principum. Parcours matériel, culturel et intellectuel d'un discours sur l'éducation*, Leiden, Brill, 2011; F. Papi, *Il libro del governamento dei re e dei principi*, Pisa, Edizioni ETS, 2016.

2. Aristote, *De Generatione animalium. Michael Scot's Arabic-Latin Translation, Books XV-XIX : Generation of Animals*, éd. A. van Oppenraaij, Leiden, Brill, 1992, p. 76.

3. *Id., La Génération des animaux*, II, 737a25-30.

4. « Consiliativum ignobile », *Politica, Aristoteles Latinus* XIX/1, éd. P. Michaud-Quantin, Bruges/Paris, Desclée de Brouwer, 1961, p. 22. Il s'agit ici de la *translatio imperfecta*, éditée dans ce volume et attribuée à Guillaume de Moerbeke. Cette version sera révisée par Guillaume de Moerbeke lui-même, dans une version où apparaît l'adjectif « invalidum » à la pace de « ignobile » (voir p. XIII) : c'est la version que les maîtres médiévaux ont lue et que nous voyons citer partout.

ce qui justifie sa domination et la nature exacte des vertus de dominée qu'il lui revient de développer. Le maître s'inspire également des descriptions de la *Rhétorique* II, 1389a3 *sq.*, à propos des jeunes hommes, seuls destinataires du discours rhétorique, pour sa description des caractères de la femme, dans ses passions et dans ses vices, qui sont à la fois exacerbés et plus rudimentaires que ceux des jeunes gens. Le théologien semble assez peu sensible à la question de l'amour entre époux, abordée dans l'*Éthique* VIII, 162a17-33, ou aux propos de la *Rhétorique* I, 1361a6-12, sur les vertus des jeunes filles, sans les négliger toutefois, puisque celles-ci ont certains traits positifs de jeunes hommes, en modèle réduit.

Le premier chapitre rappelle que si le traité semble s'adresser au prince, du fait de son titre, il s'adresse à tout le peuple. Ce point explique, en raison du fait que peu d'hommes jouissent d'un esprit affûté (*acumen intellectus*), le caractère grossier et imagé de l'argumentation politique suivie dans le traité, c'est-à-dire d'une argumentation rhétorique[1]. Le traité enseigne au prince et aux dominants à commander, mais aussi au peuple à obéir[2].

Plus loin, à la fin du livre II, comme l'a souligné Charles F. Briggs en introduction à son étude[3], Gilles anticipe même les futures versions en langues vernaculaires de son ouvrage et propose de le choisir comme lecture commensale. Cette lecture s'adresserait à tous les dominés, dont la caractéristique est la possession d'un parler vernaculaire (*vulgare ydioma*), en l'absence de connaissance du latin[4]. C'est là que les femmes, qui ne peuvent parler qu'en vulgaire, et non penser en latin, s'édifieront à une éthique de subalterne.

La question de la domination est explorée selon la division tripartite du *De regimine principum*, qui reprend la division de la philosophie morale : gouvernement de soi dans le livre I, (« monostique » : éthique), gouvernement de la maisonnée dans le livre II (économique), gouvernement de la cité et du royaume dans le livre III (politique). Cette division est présentée dès le début[5] comme un ordre naturel qui va du moins parfait au plus parfait.

L'ouvrage s'ouvre sur la proposition de déterminer et de découvrir, pour le prince qui veut perpétuer son pouvoir, le gouvernement naturel (*regimen naturalis*) qui lui convient, et sur l'affirmation, suivant la

1. *De regimine*, I, I, 1.
2. *Ibid.*
3. *Ibid.*, II, III, 20 ; C. F. Briggs, *Giles of Rome's De regimine*, p. 1.
4. *De regimine*, II, III, 20.
5. *Ibid.*, I, I, 2.

Politique, qu'il est naturel pour celui qui est déficient du point de vue intellectuel, mais fort physiquement, d'être esclave, et pour celui qui jouit d'un esprit industrieux et d'une prudence rectrice de dominer (*naturaliter dominatur*).

La centralité de la question de l'usage de la raison dans le *De regimine principum* s'éclaire par la façon dont Gilles de Rome dessine la situation de l'homme au regard de l'animal. Il la décrit de façon négative, comme une non-détermination à sa fin propre, au contraire des animaux irrationnels : même les femmes ne savent pas accoucher toutes seules. Cette non-détermination va de pair avec la définition de l'être humain comme un être guidé par le discours, un discours qui est présenté avant tout comme le vecteur d'un enseignement (*doctrina et significatio/sermo*)[1], fondé sur l'exercice de la raison, plutôt que pour ses fonctions communicationnelles ou affectives. Étant donné les degrés divers en lesquels l'exercice de la raison peut s'accomplir, par opposition à l'absence d'inégalité entre les âmes infusées en chacun par Dieu, cette approche implique à son tour une inégalité dans la rationalité des comportements. Les inégalités rationnelles représentent la justification de la naturalité de la domination des plus doués intellectuellement sur les moins doués intellectuellement, au sein d'une vie communautaire fondée en nature (famille, quartier, cité, royaume).

L'insistance sur la naturalité de la vie sociale et sur le fondement rationnel de la domination naturelle vient évidemment d'Aristote, mais Gilles lui donne une systématicité et un niveau de conceptualisation qui va bien au-delà de l'original grec. Il propose notamment deux sens de « naturel », à savoir ce qui est lié aux nécessités de la vie et ce qui est généré en vue de la fin et de la perfection de l'homme. Il s'agit, par incrémentation, de la famille, du quartier, de la cité et du royaume[2]. La dimension logico-rationnelle des notions de prudence et de conseil, ou de délibération (qui est une sorte de syllogisme selon Aristote) est mise en relief, au détriment de la femme et de son « conseil invalide ».

1. *De regimine* II, I, 1 : « Alia animalia sufficienter inclinantur ad opera sibi debita ex instinctu nature absque instructione aliqua precedente [...] Mulier autem cum parit nescit qualiter se debeat habere in partu nisi per obstetrices sit sufficienter inducta. Quia ergo homo non sufficienter ex instinctu nature inclinatur ad opera sibi debita natura dedit ei loquelam sive sermonem ut per sermonem homines se invincem doceant et unus ab alio suscipiat disciplinam, et hoc fieri non potest nisi simul cum aliis communicamus [...] Sequitur hominem magis naturaliter esse animal sociale quam animalia cetera ». Il s'agit du quatrième argument en faveur de la naturalité de la vie communautaire.

2. *Ibid.*, III, I, 4.

Le gouvernement des femmes est abordé dans le second livre du traité, dédié au régime de la maisonnée. Il relève en théorie de l'économie, mais s'appuie en réalité sur la *Politique* d'Aristote. Conformément au chapitre 13 du premier livre de la *Politique*, Gilles de Rome y distingue le cas des épouses, qui relèvent du régime conjugal, c'est-à-dire d'un rapport politique, le cas des fils, qui relèvent d'un régime régalien, et le cas des biens et des esclaves, qui relèvent d'un régime servile de domination[1], tyrannique. La domination du maître sur ses dépendants, en particulier les esclaves naturels (autrement appelés « barbares ») est justifiée par la préséance du premier en termes de « prudence et d'intellect », et par l'absence d'« un usage de la raison » chez ces dominés. Les autres esclaves et dépendants, qui sont les instruments utilisés par le maître dans l'art libéral de gouverner, sont les esclaves par institution (les vaincus), les mercenaires et les dépendants soumis par amour du maître, que celui-ci doit traiter comme des fils.

Usage de la raison, prudence et domination naturelle de l'adulte masculin supérieurement rationnel

Le cas de la domination de la femme fondée en nature sur un défaut de rationalité n'est qu'un élément du système de domination naturalisée mis en place dans le traité de Gilles de Rome. La structure des distinctions proposées dans le traité nous ramène constamment à la primauté de la possession de la raison, ce qui nous distingue des bêtes et des êtres inanimés, et de la primauté dans l'usage de la raison, qui permet de hiérarchiser les êtres humains entre eux et de naturaliser cette hiérarchie.

Bien que l'essentiel du traitement de la femme se trouve dans le second livre, un bref survol du premier livre du *De regimine principum* est utile pour comprendre, en creux, toutes les déficiences de la femme, elles-mêmes fondées sur une absence de prudence, la vertu moralo-intellectuelle politique cardinale. La félicité politique suprême consiste en effet dans l'action prudente (commandée par la charité), tandis que la prudence est la vertu correspondant à la perfection de l'intellect au regard des « choses à faire » (*agibilia*)[2]. Cela se comprend par distinction avec les vertus

1. « Regimen dominativus », *De regimine* II, II, 3.

2. La conduite rationnelle n'est pas le fin mot de la politique. Le gouvernement éthique de soi-même par le prince est théologico-dirigé, puisque régner sur soi par la raison et l'intellect permet de se conformer (*conformis*) au premier principe et à jouir de Dieu, tandis qu'une vie selon l'appétit nous rend difformes (*difformis*) au regard du premier principe (*ibid.,* I, I, 3).

intellectuelles, occupées par les choses à connaître, et avec les vertus morales, la justice, vertu de la volonté, la constance, vertu de la puissance irascible et la tempérance, vertu de la puissance concupiscible. La possession de la prudence apparaît comme la condition de la domination naturelle.

La raison est en réalité impliquée dans la possession de toutes les vertus, qu'elles soient intellectuelles, ce qui est évident, mais aussi morales. Les vertus morales ne concernent pas les puissances naturelles et sensibles de l'âme, et elles ne concernent la puissance appétitive sensible que dans la mesure où celle-ci est naturellement capable de suivre la raison et de contrôler les passions. Les vertus participent toutes de l'intellect, soit « par essence », dans le cas des vertus intellectuelles, soit « par participation », comme dans le cas des vertus morales, c'est à dire par obéissance à la raison[1]. La raison constitue le cœur de la prudence, vertu politique par excellence : la prudence est définie comme une « raison droite » concernant les choses à faire[2]. La prudence, ainsi que les autres vertus auxiliaires qui lui sont associées, sont également des vertus morales, du fait qu'elles n'appartiennent qu'à l'homme bon, et non aux hommes mauvais même s'ils sont savants[3].

La possession de cette vertu moralo-intellectuelle qu'est la prudence, ainsi que la possession et l'usage de la puissance dont celle-ci découle, l'intellect, sont constamment mis au fondement de la domination du prince, et des adultes masculins dominants, de façon plus générale. La prudence est au cœur de la vie morale, car elle est « directive » au regard des autres vertus morales, elle arme des moyens efficaces d'action, et elle est la perfection de l'intellect pratique[4]. Elle reçoit une première définition

En outre, la félicité politique et la félicité contemplative, dont il sera question dans le chapitre suivant, ne peuvent être atteintes par la raison naturelle seule (*ex puris naturalibus*), comme le pensent les philosophes : elle ne peut l'être, comme le pensent les théologiens, qu'avec l'aide de la grâce de Dieu. La vie contemplative elle-même n'est pas seulement spéculative, mais consiste dans l'amour de Dieu.

1. *De regimine* I, I, 2.

2. « Recta ratio agibilium », *ibid.*, I, I, 4.

3. *Ibid.*, I, II, 2.

4. *Ibid.*, I, II, 6 « Prudentia est directiva virtutum moralium : nam morales virtutes de se inclinant in fine sibi convenientem [= « bonum rationis » *De regimine* I, II, 3] … Sed non sufficit inclinare in fine […] nisi sciamus quommodo possumus prosequi talem finem, quod fit prudentia […] Accipit autem prudentia fines a virtutibus moralibus, et per ea que sunt ad finem recte dirigit in fines illos, quare prudentia ut comparatur ad virtutes morales … est perfectio intellectus sive quod est bona qualitas mentis directiva in finem moralium ».

synthétique qui met en valeur le rôle crucial de la raison : « la prudence est une vertu morale qui rectifie la raison, qui est dans la raison et qui perfectionne la raison »[1].

Parmi les vertus préparatoires et ancillaires (*ancillantes*) à la prudence, on trouve des dispositions de type rationnel, qui sont deux des vertus intellectuelles de l'*Éthique* : le bon conseil (*bene consilium= eubulia*), qui est la vertu correspondant à la découverte (*inventio*) des prémisses, et le bon jugement (*bene iudicare de consiliaris= sinesis*), qui s'occupe du jugement (*iudicium*) de ce qui a été découvert[2].

La prudence s'appuie sur le raisonnement de ces vertus intellectuelles, décrites selon la division de la logique en *inventio* et *iudicium*, mais elle leur donne une force prescriptive, c'est-à-dire une force de déclenchement de l'action, que ces vertus intellectuelles ne possèdent pas par elles-mêmes. Sur la base d'une fin sur laquelle elle ne délibère pas, l'action propre de la prudence consiste dans le déclenchement (*precipere*) de l'action selon les moyens qui ont été découverts (*invenire*) et jugés (*iudicare*) par les vertus intellectuelles auxiliaires[3]. La prudence se caractérise également par une visée du particulier, mais en application d'une règle générale[4]. Tous ces aspects sont synthétisés dans la définition complète de la prudence. Celle-ci est définie comme :

> Une vertu, directive envers les vertus morales, préceptive envers les vertus intellectuelles au regard de ce qui a été découvert et jugé, qui s'occupe des

1. *De regimine* I, II, 3 : « Prudentia est virtus moralis quae rectificat rationes et est in ratione et est rationis perfectiva ».

2. *Ibid.*, I, II, 5.

3. *Ibid.* : « Secundo potest comparari prudentia ad virtutes intellectuales respectu quarum est preceptiva … Si circa agibilia bene negociari volumus tria habere debemus : primo debemus diversas vias invenire, secundo inventis debemus iudicare, tertio debemus precipere ut fiant opere secundum inventa et iudicata […] In intellectu ergo nostro esse debent tres virtutes ; una per quam inveniamus et bene consiliemur quam philosophus VII Ethicorum appellat eubulia, idest bene consiliativa. Alia vero per quam bene iudicemus de inventis quam philosophus appellat sinesim idest bene iudicativam. Tertia per quam precipiamus ut fiant opera secundum inventa et iudicata, et hanc dicimus esse prudentia. Prudentia ergo respectu virtutis inventive et iudicative dicitur esse preceptiva quia quod ille inveniunt et iudicant ista precipit ut fiat ».

4. *Ibid.* : « Tertio prudentia comparari potest ad materiam : cum enim prudentia est circa agibilia, et agibilia sunt singularia ; opportet prudentiam esse circa particularia applicando universales regulas ».

particuliers contingents selon des maximes universelles, en présupposant la rectitude de la volonté[1].

L'explication de la façon dont le prince doit être intelligent et rationnel, s'il veut diriger comme un homme s'adressant à des hommes, en tant que ceux-ci sont des êtres discursifs (au contraire des intelligences séparées), insiste sur la structure syllogistique et analytique de son raisonnement. L'homme, en étant « intelligent », connaîtra « les principes et les prémisses » (*principia et premissas* = les moyens de l'action) et, en étant « rationnel », raisonnera et sélectionnera parmi ces prémisses celles qui permettent d'obtenir la conclusion désirée (*conclusiones intentas* = l'action bonne)[2].

Le prince doit posséder la prudence, s'il veut fonder en nature, c'est-à-dire en raison, sa domination, possession qui est elle-même fondée sur une supériorité intellectuelle et rationnelle (*viget intellectu et prudentia*). À l'inverse, l'usage nul ou défectueux de la raison et, ainsi, le défaut de prudence chez de larges catégories de la société humaine, est au fondement naturel de leur domination. Les individus qui y appartiennent sont plus ou moins incapables de se diriger eux-mêmes et les autres (*se et alios in debitum finem dirigere*)[3]. La femme occupe une place intermédiaire entre les esclaves et les enfants. Cette domination naturelle politique est non seulement confirmée par la « philosophie » (c'est-à-dire la *Politique*), mais aussi par les formes naturelles de domination : de l'homme sur les bêtes, du masculin sur le féminin, du vieux sur le jeune. La femme doit être assujettie à l'homme du fait qu'elle possède « un jugement invalide », ce qui explique son peu de prudence[4].

1. *De regimine* I, II, 5 : « Prudentia est virtutum moralium directiva, virtus intellectualis preceptiva secundum inventa et iudicata, secundum universales maximas particularia contingentia et agibilia concernens, presupponens rectitudinem voluntatis ».

2. *Ibid.*, I, II, 8 : « Homo enim intelligit ratiocinando et discurrendo : accipit enim aliqua principia et aliquas premissas ex quibus elicit intentas conclusiones et hoc in speculando tam in speculabilibus quam in agibilibus. Nam sicut fiunt rationes ut demonstretur quid sit verus cognoscendum, sic fiunt rationes ut persuadetur quid sit bonus prosequendum. Ratione igitur huiusmodi cognoscendi qui est inditus hominibus, volens alios dirigere oportet quod sit intelligens cognoscendo principia et premissas et rationalis ratiocinando et elicendo ex illis premissis conclusiones intentas ».

3. *Ibid.*, I, II, 7.

4. *Ibid.*, I, II, 8 : « Sine ipsa non potest naturaliter dominari [...] Ex hoc est aliquis naturaliter servus quia defecit intellectus et nescit seipsum regere; ex hoc autem naturaliter est dominus qui viget intellectus et prudentia et novit se et alios in debitum finem dirigere. Hanc autem veritatem non solum approbant philosophica dicta [= *Politique*], sed etiam confirmant

Une échelle rationnelle de l'humanité est mise en place avec, au plus bas les « esclaves naturels », identifiés aux « barbares », qui n'ont aucun usage de la raison, puis les femmes, qui ont un usage déficient permanent de la raison, les enfants qui ont un usage imparfait de la raison, mais avec cette différence par rapport aux femmes et aux autres catégories que cet usage est perfectible. Enfin, viennent les adultes masculins, citoyens libres ordinaires, qui jouissent d'une raison inférieure à celle du prince, mais sont cependant naturellement dominants à l'égard de toutes les catégories précédentes.

Outre une faiblesse de la raison dont les causes sont physiologiques, et donc systémiques, les enfants et les femmes voient leur rationalité entravée par la domination des passions. Gilles de Rome assimile ainsi les « intempérants » à des êtres « bestiaux et serviles », et il en fait un vice typiquement « puéril ». Cette condition est poussée au point, dans le cas des enfants, d'une conduite entière de leur comportement par les passions, avec un usage nul de la raison, ce qui justifie l'intervention d'un « pédagogue » qui les régulera par la raison[1]. Dans le cas des jeunes gens, la passion l'emporte sur la raison[2]. Les femmes seront décrites comme des jeunes gens, en pire, et bloqués à ce stade, et les filles comme des femmes, en pire, du fait d'une conduite plus passionnelle et d'une maturation accélérée, qui ne permet pas le développement plein de la rationalité.

singula regimina naturalia : videmus enim naturaliter homines dominari bestiis, viros feminis, senis pueris. Videmus enim naturaliter homines dominari bestiis quia hominum genus viget prudentia. Bestie enim prudentia et arte parvum participant ; sic etiam viri dominantur feminis quia, ut declaratur primo Politicorum, femina habent consilium invalidum. Communiter enim femine deficiunt a virorum prudentia; quod si reperiantur mulieres alique prudentiores viri, hoc est ut raro et in paucioribus ut plurimum. Ergo femina viro naturaliter debet esse subiecta eo quod naturaliter deficiat a viro prudentia. Hoc etiam modo iuvenes naturaliter decet antiquoiribus esse subiectis quia inexperti agibilium non sic abundant prudentia ». La possibilité théologique de l'existence de certaines femmes supérieures à certains hommes est détaillée dans le commentaire aux *Sentences*, comme on le verra à la fin de la quatrième section de la deuxième partie de cette contribution.

1. *De regimine* I, II, 16 : « Intemperati sunt serviles et bestiales. Bestia enim quia deficit intellectu naturale est quid servile [...] Intemperentia est vitium maxime puerile. Pueri enim usum rationis non habent ; non vivunt ratione sed passione [...] sicut puer debet regi per pedagogum, sic vis concupiscibilis est regenda et regulanda per rationem ».

2. *Ibid.*, I, IV, 2 : « Iuvenes quia sunt inexperti et non vigent intellectu et prudentia magis reguntur passione quam ratione ».

Les régimes de domination dans la maisonnée et l'absence de participation de la femme à la prudence

Le livre II du *De regimine principum* revient sur ces éléments en les précisant. Il recouvre, au sein de la maisonnée, le rapport « politique » entre l'époux et l'épouse, objet de la première partie, et le rapport « régalien » du père à ses enfants (*filii*), objet de la deuxième partie. On comprendra au fil de la lecture du traité que les *filii* sont les fils, lorsque les filles (*filiae*) se verront traitées à part. Ces deux éléments se distinguent, comme on l'a vu, du rapport « despotique », de « domination » du maître aux « esclaves » (*servi*)[1] : ils sont les objets, entre autres, de la troisième partie du deuxième livre. Cette hiérarchie tripartite est ramenée à des degrés dans l'usage déficient de la raison :

> Femina quidem habet consilium invalidum; puer autem habet sed imperfectum; servus vero omnino habet nihil consiliativum[2].

Le gouvernement de la maisonnée a pour centre de gravité le rapport entre le mari et la femme car l'homme est un animal « conjugal » avant d'être politique[3]. Bien qu'il soit considéré comme un signe de barbarie de traiter les femmes en esclaves[4], selon l'enseignement d'Aristote, le rapport des maris aux femmes a certains points communs avec la relation du maître à l'esclave, appelé « minister rationale »[5], mais seulement par opposition aux animaux et possessions matérielles. Ainsi, les rapports à la femme et à l'esclave sont « nécessaires à la génération de la maisonnée », tandis que le rapport aux enfants est « nécessaire à la perfection de la maisonnée ». De même, il existe un rapport de principat (*principare*) à l'égard de la femme comme de l'esclave, même si la première doit se soumettre (*obsequens*) et le second servir (*ministrans*), tandis que ce rapport est de « commandement » (*imperans*) aux enfants, qui, en retour, doivent obéir (*obtemperans*)[6]. L'esclave est également assimilé à une espèce de sous-femme du point de vue de son usage de la raison, afin de justifier sa domination naturelle[7] :

1. *De regimine* II, I, 6; II, I, 14.
2. Voir aussi la phrase précédente : « Numquam est naturaliter servus nisi sit inscius et ab usu rationus deficiat » (*ibid.*, II, III, 19).
3. *Ibid.*, II, I, 7 : « Magis est coniugale animal quam politicum ».
4. *Ibid.*, II, I, 15.
5. *Ibid.*, II, I, 5.
6. *Ibid.*, II, I, 5-6.
7. *Ibid.*, II, III, 13 : « Naturale est ignorantes subici prudentibus ».

> Videmus enim virum, eo quod sit ratione prestantior, naturaliter dominari femine de qua dicitur primo Politicorum quod habet consilium invalidum : cum ergo videamus aliquos homines respectu aliorum plus deficere a rationis usu quam femine a viros, sequitur eos naturaliter esse subiectos [1].

C'est toujours le « jugement invalide » des femmes qui, plus loin, au livre III, justifiera qu'elles ne puissent participer à la guerre [2]. Cette carence rationnelle est expliquée de façon naturaliste par la possession d'un corps féminin débilité, caractérisé par une mauvaise forme de mollesse, associée à la mollesse des riches « efféminés » (*muliebres*) [3], et distinguée de la mollesse favorable aux qualités intellectuelles selon le *De anima* d'Aristote [4], soit une forme « noble » de mollesse, la mollesse des intellectuels [5]. Elle constitue le fondement de toutes les autres déficiences et défauts féminins : une participation infime aux vertus intellectuelles et à la prudence, la propension à l'intempérance, en particulier aux pensées illicites, la divagation, la tendance à l'indiscrétion, aux querelles et au bavardage, vices linguistiques qui sont les seuls à être propres à la femme.

Nous avons déjà vu Gilles de Rome insister sur la structure logico-syllogistique de la délibération, une idée qui était déjà présente chez Aristote. La délibération est assimilée par le philosophe à une opération syllogistique qui part de la fin recherchée, analogue pratique de la conclusion, sur le plan théorétique, en direction des moyens de l'action, analogue pratique des prémisses théorétiques [6]. La définition logique du « bon conseil » et du « bon jugement », fondées sur les deux parties traditionnelles de la logique, *inventio* et *iudicium* chez Gilles de Rome renforce cette notion, et peut être référée à l'idée que la délibération est une « sorte de syllogisme » [7], une définition utilisée par Aristote pour écarter les bêtes de la possession de la réminiscence, du fait de sa composante délibérative. La même absence de délibération permet dans le *De regimine principum*, inspiré de la *Politique*, de justifier la domination des esclaves, des femmes et des enfants. La modalité analytique de la rationalité humaine, des conclusions aux prémisses, qui vaut pour les deux types d'activités de la

1. *De regimine* II, III, 13.
2. *Ibid.*, III, I, 12 : « Mulieres ergo quia habent consilium invalidum et ab usu rationis deficiunt ».
3. *Ibid.*, I, IV, 6.
4. *Ibid.*, II, I, 5.
5. *Ibid.*, I, IV, 5.
6. Aristote, *Éthique à Nicomaque* III, 1112b20-25.
7. *De memoria* 453a9-14.

partie rationnelle de l'âme – en vue des réalités à connaître (*speculabilia*), et pour les choses à faire (*agibilia*) – est présentée, ainsi que nous l'avons vu dans la section précédente, comme un mode de connaissance ancré dans la nature de l'homme (*inditus hominibus*)[1]. Mais il faut entendre ici : propre à l'être humain masculin adulte libre.

Ce trait discriminant logico-anthropologique se combine avec la façon dont est décrit le fonctionnement discursif de l'homme, qui doit être idéalement conduit en latin, idiome artificiel (*idioma litterale*) doté, seul, d'une dimension apophantique permettant une conceptualisation et une expression distincte et correcte de la nature des choses et de la valeur morale. Mais l'apprentissage du latin, langue rationnelle et philosophique[2], est refusé aux femmes, comme à l'enfant masculin avant sept ans, faute d'un usage de la raison.

Le gouvernement des femmes et des filles : contrôle des pulsions, déni d'éducation, enfermement, silence

Le point crucial dans le gouvernement des femmes est l'assimilation des mœurs de la femme à celles d'un enfant permanent :

> Est femina quasi masculus occasionatus et quasi vir incompletus. Sic etiam et pueri non sic ratione vigent ut adulti : nam puer est quasi homo incompletus quantum respectu perfectionis et quantum ad rationis usum : femina et puer quodammodo rationem eandem habent : sequitur mores femine esse quodammodo pueriles[3].

C'est cette assimilation qui explique que le premier livre, où le traitement des mœurs avait été effectivement distingué en fonction de

1. *De regimine* I, II, 8.

2. Pour Gilles de Rome, le latin est l'« idiome littéraire » et l'« idiome philosophique », qui a été inventé par les philosophes, car aucun des « idiomes vulgaires » ou « idiomes des laïcs » (« idiomatibus vulgaribus » ; « in idiomatibus vulgaribus »), n'était assez parfait et complet pour exprimer la nature des choses, les mœurs des hommes et la course des astres. C'est pour le latin que la grammaire a été inventée : « Grammatica … inventa est ne erretur in lingua et ne peccetur in sermone. Addiscimus enim per grammaticam ydioma latinum quod est ydioma philosophorum. […] Philosophi, cum nullum idyoma esse completum et perfectum per quod perfecte exprimere naturas rerum, et mores hominum et cursus astrorum, et alia de quibus disputare volebant, invenerunt sibi quasi proprius idyoma quod dicitur latinum vel idyoma litterale, quod constituerunt adeo latum et copiosum ut per ipsum possent omnes suos conceptos sufficienter exprimere » (*De regimine* II, II, 8).

3. *Ibid.*, II, I, 18.

différents statuts[1], n'a pas fait de place spécifique à la considération des mœurs des femmes[2]. Il suffit pour Gilles de Rome de se référer aux mœurs des jeunes[3] et de compléter.

La moralité des femmes est un modèle réduit de la moralité des jeunes gens : le nombre des traits moraux des femmes est inférieur à celui des jeunes gens, qui en comptait six louables et six répréhensibles. Comme les jeunes hommes, les femmes ont, comme mœurs louables, le fait d'être modestes et miséricordieuses : il s'agit des deux derniers des six caractères moraux louables chez les jeunes gens. À titre de mœurs répréhensibles, elles possèdent les deux premiers des traits caractéristiques des jeunes : l'intempérance et l'instabilité[4]. Seul le troisième trait, linguistique, n'est pas mentionné dans le premier livre, consacré aux hommes : il s'agit de la propension des femmes à être bavardes et querelleuses[5], deux éléments auxquels s'ajoute un autre défaut de langue, l'incapacité à garder un secret[6].

Les déficiences du contrôle de la raison expliquent les vices des femmes et le fait qu'elles s'y adonnent avec moins de réserve que les hommes[7].

Il est donc impératif de contrôler les épouses : à Sparte, selon Aristote (*Politique* II, 9), l'absence de contrôle exercé sur les femmes fragilise l'ordre socio-naturel, la lascivité des femmes entraînant la corruption de toute la cité[8]. En conséquence, le gouvernement de l'époux consiste dans la rectification de ces défauts : rectification de l'intempérance au profit de

1. Voir *ibid.* I, IV.

2. Gilles de Rome explique de cette façon son traitement des mœurs dans la quatrième partie du premier livre, où aucun chapitre particulier n'est consacré aux mœurs des femmes : « Non curauimus speciale capitulum facere de moribus mulierum » (*ibid.*, II, I, 18).

3. Traités en *De regimine* I, IV, 1 et 2.

4. *Ibid.*, II, I, 18.

5. *Ibid.*

6. *Ibid.*, II, I, 24.

7. *Ibid.*, II, I, 18 : « Quia in eis ratio defecit non sic habent ut retrabantur a concupiscibilibus sicut vir qui est ratione prestantior [...] Videmus autem feminas plus perseverare in litigando et garriendo quam viri eo quod magis deficiant a ratione ipsis ». Ici la comparaison avec les hommes ne doit pas faire comprendre que les hommes auraient comme traits caractéristiques aussi la querelle et le bavardage. Il doit s'agir des cas où des individus masculins démontrent ponctuellement ce défaut ; le raisonnement s'applique probablement à la moindre persévérance dans le vice des hommes pour d'autres vices.

8. *Ibid.*, II, I, 21 et II, II, 20.

la tempérance, rectification du bavardage et de la chicanerie au profit de la taciturnité, et rectification de l'instabilité au profit du confinement[1].

C'est aussi la même absence d'un usage plein de la raison qui explique la place quasi-inexistante donnée à l'éducation des filles. S'y ajoute la considération de leur maturation accélérée par rapport aux jeunes garçons, un développement accéléré caractéristique des bêtes, qui empêche le développement intellectuel et rend inutile l'apprentissage. C'est ainsi que l'éducation des filles par le père s'assimile largement au gouvernement de l'épouse par le mari et n'est pas présenté comme le pendant de l'éducation des fils. Elle est abordée seulement pour des raisons externes, car des filles naissent aussi de l'union des époux. Elle ne couvre que les trois derniers chapitres de la deuxième partie du deuxième livre, consacrée entièrement à l'éducation des fils. Ce traitement très rapide fait contraste avec le traitement du gouvernement des épouses, qui occupe tout la première partie du deuxième livre du *De Regimine principum*. Gilles de Rome y fournit les éléments qu'il convient d'ajouter, dans le cas précis des filles, à ce qui a déjà été dit du gouvernement des épouses. Ils sont tous négatifs, comme pour les femmes, et ne font que renforcer les piliers du gouvernement des femmes. Les nécessités de la coercition se font simplement sentir de façon plus impérieuse pour les filles que pour les femmes, du fait que les premières sont encore plus défectueuses que les secondes. L'existence d'un usage défectueux de la raison revient constamment et de façon explicite au sein de chacun des trois chapitres, au fondement de chacune de ces nécessités coercitives. La répression de la concupiscence y est omniprésente.

Le développement sur l'éducation des fils suit l'évolution des âges de la vie, de la naissance à sept ans, de sept ans à quatorze ans et de quatorze ans à vingt-et-un, vingt-cinq, ou vingt-sept ans. Le but de l'éducation masculine est de devenir son propre maître[2], ce qui ne peut être atteint par la femme, éternelle mineure. Au contraire, l'éducation des filles est traitée en un seul bloc. L'explication en est biologico-développementale : les filles atteignent la maturité biologique plus vite que les garçons[3] et sont des adultes inachevées au regard des adultes masculins. Ainsi la femme (*femina*) a un usage de la raison plus déficient que celui de l'homme, la jeune fille (*puella*) un usage plus déficient que celui de la femme[4], raison

1. *De regimine* II, I, 19.
2. *Ibid.*, II, II, 17.
3. *Ibid.*, II, I, 23.
4. *Ibid.*, II, II, 21.

pour laquelle elle cumule les défauts des femmes et des jeunes, en particulier l'intempérance.

L'ensemble des objectifs de l'éducation des garçons est adapté à un être qui, d'abord, ne possède aucun usage de la raison, mais sait déjà parler (en vernaculaire) avant sept ans, puis qui connaît les très modestes prémices d'un perfectionnement de cet usage, à partir de sept ans. Ces débuts permettent un premier apprentissage intellectuel, dédié aux lettres et à la grammaire (le latin), à la logique et au chant, à partir de sept ans[1], et même à une initiation à l'ensemble des arts libéraux dès l'enfance, pour modeler sa prononciation de l'« idiome littéraire » (le latin)[2]. L'apprentissage des arts libéraux et des autres disciplines intervient après quatorze ans. Il n'est question d'aucun de ces apprentissages pour les filles[3]. De façon générale, les filles ne reçoivent pas une éducation au langage, destinée à une pratique régulée de celui-ci par les arts du langage, car cet apprentissage ne peut concerner que le latin, langue philosophique et rationnelle, qu'elles n'apprendront pas. Les filles et les femmes sont seulement invitées à limiter leur bavardage en vernaculaire.

LES CARENCES RATIONNELLES DE LA FEMME DANS L'ÉTAT D'INNOCENCE

Nous venons de voir que le gouvernement essentiellement négatif, coercitif, reçu par la femme s'explique par les carences de celle-ci dans l'usage de la raison, soit directement, du fait que ces carences la rendent inapte à l'apprentissage de la langue philosophique, le latin, et, par là à tous les autres apprentissages, soit, indirectement, parce qu'elles la vouent à une existence sous la conduite des passions, dominée par certains vices caractéristiques.

Cette dernière condition ne peut s'appliquer à la femme dans l'état d'innocence. Quelle que soit l'infériorité de sa raison, l'état d'innocence

1. *Ibid.*, II, II, 15, 16 et 17.

2. *Ibid.*, II, II, 7.

3. De façon marginale, l'accès de certaines filles aux dispositions exceptionnelles, à une éducation et à des occupations lettrées est évoqué, pour bien insister sur la nécessité de s'assurer que ce privilège ne conduise pas à l'oisiveté, mais consiste en une lecture assidue et continuelle des livres pieux (*ibid.*, II, II, 20). On peut comparer cette position avec le projet de *studia* pour filles du contemporain de Gilles de Rome, Pierre Dubois (voir trad. fr. P. Bermon *infra* p. 243-247).

implique que la chair obéit encore à l'âme et les passions à la raison. Les théories développées par Gilles de Rome à propos de la première femme créée et des femmes qui auraient pu être générées au jardin d'Éden permettent ainsi de comprendre les carences rationnelles de la femme à l'état pur, si l'on ose dire, indépendamment des vices induits par la domination des passions dans l'état lapsaire.

Malgré la différence touchant l'empire des passions, l'anthropologie pré-lapsaire de la femme reste en partie homogène à son statut post-lapsaire. L'ensemble du commentaire aux *Sentences* s'attache constamment à démontrer le principat (*principatus, praelatio*) de l'homme sur la femme, autrement appelée « domination au sens large », et à insister sur les insuffisances physiques et mentales de la femme pré-lapsaire, créées ou générées, insuffisances qui, toutefois, ne vont pas jusqu'à une forme d'ignorance qui rendrait la faute d'Ève excusable.

De nombreux éléments fondamentaux du *De regimine principum*, qui y construisent le concept de domination naturelle, se rejouent sur un plan théologique. Ils reçoivent, d'une certaine façon, une signification plus fondationnelle, puisqu'ancrée dans la nature de la femme, indépendamment de sa déchéance. L'infériorité des filles édéniques générées provient, exactement comme pour les filles lapsaires, des faiblesses systémiques du corps permettant la survenue d'un sexe féminin, des faiblesses qui les rendent naturellement inaptes à l'intellection. À la différence de la génération peccamineuse des filles, pour laquelle on peut compter aussi sur les défauts de la semence et de la matrice, les variations corporelles sont déterminées par des facteurs uniquement extérieurs, imaginatifs, climatiques ou astrologiques, selon un type explication qui vaut aussi pour les inégalités de complexion des individus masculins entre eux, à l'origine des inégalités rationnelles et d'une domination au sens large au jardin d'Éden. On y apprend que la femme, contrairement au cas des autres animaux, n'a aucune part dans la génération des filles. Quant à l'infériorité rationnelle d'Ève, elle ne peut s'expliquer par les accidents du corps : elle est bien principielle, âme et corps. Cela explique qu'elle ne soit pas à l'image de Dieu au même titre qu'Adam, qu'elle ait été choisie par le diable pour sa tentation, et que son péché soit plus grave que celui d'Adam.

Le commentaire à la distinction XCIV établit l'existence d'une domination au sens large, fondée sur les défaillances de la raison, dans l'état d'innocence. Le commentaire à la distinction XX nous apprend en outre que les femmes, les enfants, comme, du reste, les hommes les moins doués, n'auront au jardin d'Éden ni les imperfections liées au péché, ni les imperfections naturelles liées à la corruption, mais seulement les imperfections liées à la génération, c'est-à-dire les imperfections liées aux nécessités d'un développement graduel, y compris chez les enfants d'Éden, imperfections majorées dans le cas des filles. Gilles de Rome y reconnaît, pour des raisons essentiellement négatives, un fondement à l'existence d'un nombre égal de filles et de garçons au jardin d'Éden, au-delà des seules nécessités de la génération. Le commentaire sur la distinction XVI, à propos de la création de l'homme et de la femme à l'image de Dieu, établit l'infériorité de la femme touchant non seulement son corps, mais aussi son âme, indépendamment de toute imperfection du corps. Le commentaire sur la distinction XXI (et sur la distinction XXII), à propos du péché d'Ève, navigue entre une insistance sur la connaissance dont jouissait la femme, afin de rendre son péché inexcusable, et son infériorité rationnelle, qui explique que le diable s'en soit pris directement à elle, plutôt qu'à Adam et qui rend son péché plus grave que celui de l'homme. Le commentaire sur la distinction XXIII permet de comprendre, en creux, comment le silence sur le rôle éducatif d'Ève, au contraire d'Adam, explique pourquoi aucune connaissance naturelle parfaite ni aucune révélation spéciale ne lui ont été accordées.

Inégalité et domination au jardin d'Éden

Comme l'a noté Roberto Lambertini[1], le commentaire à la distinction XLIV[2], dédiée à la question du pouvoir de péché et à l'obéissance, contient un troisième article de la première question dédié à l'existence ou non d'un principat (*principatus*) ou primauté (*praelatio*) dans l'état d'innocence[3]. La réponse affirmative, qui est adoptée par Gilles de Rome, semble contrevenir à l'idée d'une égalité entre les hommes et à l'idée que c'est le péché qui a introduit la domination, inexistante dans l'état d'innocence, à part à l'égard des êtres « irrationnels » (les bêtes). Gilles de Rome commence par diviser les parties du principat en principat despotique ou servile, qu'il rapproche d'un quatrième principat, le principat tyrannique, le principat du prince, fondé sur la supériorité de celui-ci de point de vue de son arbitre (*secundum arbitrum*), le principat régalien et le principat politique, fondé sur un contrat[4]. Il affirme ensuite qu'on retrouve ces formes de principat dans une même maisonnée

1. R. Lambertini, « Political Thought », *A Companion to Giles of Rome*, p. 272.
2. *In secundum Sententiarum*, p. 679 *sq*.
3. *Ibid.*, p. 682A *sq*.
4. *Ibid.*, p. 682B.

(esclaves et bêtes, progéniture, épouse), et qu'on peut les « adapter » à l'état d'innocence[1]. Le principat politique de l'homme sur l'épouse existait déjà puisque l'homme l'emportait sur la femme mais pas de n'importe quelle façon, seulement selon les conditions requises par leur union (de même pour le principat régalien sur les enfants, davantage fondé sur l'« amour » que la relation à la femme). Quant au principat despotique, il n'existait pas entre les hommes, mais seulement envers les bêtes. Il n'y a pas de « domination au sens strict »[2], puisque celle-ci concerne les esclaves, et qu'il n'en existe pas dans l'état d'innocence. En revanche une « domination au sens large » peut s'appliquer à n'importe quelle prééminence (*praesse*)[3]. La cause du principat est l'intellect ou la raison (*intellectus vel ratio*)[4], car « l'intellect est ce à cause de quoi la guidance et le gouvernement (*regimen*) des autres nous reviennent »[5]. C'est parce que l'homme jouit davantage de la raison (*plus viget ratione*), qu'il l'emporte sur ses enfants, sa femme, et sur les bêtes. Cette supériorité rationnelle, cette perspicacité (*perspicacitas*) est possible dans l'état d'innocence soit par une révélation, dans le cas du songe d'Adam, soit par la nature d'une complexion plus adaptée à l'intellection (*magis aptam ad intelligendum*), comme dans le cas des maris à l'égard des femmes, du fait de la complexion molle de ces dernières[6]. La même explication s'applique à l'existence de différences entre les individus masculins (*inter mares*) au jardin d'Éden : il existe des hommes qui possèdent une primauté sur les autres hommes du fait qu'ils jouissent d'une intelligence plus grande en vertu d'une complexion apte à l'intellection. Gilles de Rome précise cependant que la différence d'un individu masculin adulte à un autre aurait été sans doute moins grande que celle qu'on observe de nos jours, car les conditions de nutrition et digestion sont plus égales dans l'état d'innocence et, ainsi, la qualité du sperme

1. *In secundum Sententiarum*, p. 685A (*sic*) au lieu de p. 683A.

2. *Ibid.*, p. 685B.

3. *Ibid.*

4. *Ibid.*

5. Gilles de Rome précise ici qu'il faut distinguer entre ce qui est la cause de l'action et ce qui réalise l'action dans le cas d'un composé animé par une âme où se distinguent intellect et volonté : c'est la volonté qui commande (*principatur/ dominium/dominari*), tandis que l'intellect ne peut être que « conseiller (*consiliarius*), comme un serviteur qui porte la lanterne devant son maître » (*ibid.*, p. 685B-686A).

6. Il s'agit de la « mauvaise mollesse » celle qui est due au flegme, à distinguer de la « bonne mollesse » de l'intellectuel, comme on l'a déjà vu dans le *De regimine : In secundum Sententiarum*, Dist. XCIV, q. 2, a. 2, p. 689. On peut imaginer que c'est aussi le cas pour le père au regard du fils.

aussi ; mais la diversité de l'influence des astres demeure, même dans l'état d'innocence[1]. On retrouve là le dixième facteur de différence sexuelle dans la génération, selon la liste établie par Gilles de Rome dans le *De formatione humani corporis in utero*, composé entre 1285 et 1295[2].

Il conclut en précisant que la façon dont le principat s'exerce ne peut concerner que la direction de ceux qui sont soumis (*subditos dirigere*) et leur enseignement (*doctrina*), du fait de la supériorité intellectuelle de celui qui l'exerce, mais pas les autres cas, valables ici-bas, à savoir la défense et la punition. À propos de la supériorité intellectuelle, le commentaire offre une précision révélatrice : la supériorité intellectuelle vient de la révélation que seul Adam, et non Ève, a reçue dans sa torpeur[3] ; ou encore de la complexion naturelle, mais là encore, Ève est perdante. La réponse aux objections confirme, contre l'argument de l'égalité, qu'il y a bien une supériorité (*eminentior*) des uns sur les autres, mais seulement relative à la gouvernance et à l'enseignement, et qu'il y a bien « une certaine domination » (*aliquod dominium*) au jardin d'Éden, du moment qu'il s'agit d'une « domination au sens large » (*dominium large*)[4]. Il résulte de cette question que les analyses délivrées dans le *De regimine principum* sur la domination naturelle ont une validité partielle dans l'état d'innocence, y compris pour Ève, c'est-à-dire indépendamment des accidents de la génération, fût-elle innocente.

La création de la femme à partir de la côte d'Adam : une atténuation en trompe-l'œil

La fin du commentaire de Gilles de Rome sur la distinction XVIII des *Sentences*, consacrée à la création de la femme à partir de l'homme (*ex viro*) et du lieu de cette création[5], paraît développer une position plus modérée. Cette concession nous semble en trompe-œil. Le thème hugonien de la femme compagne (*socia*), et non maîtresse (*domina*) ou servante

1. *In secundum Sententiarum*, p. 585B.

2. « Influentia celi », *De formatione humani corporis in utero*, *Aegidii Romani Opera Omnia* II/ 13, éd. R. Martonella Vico, Firenze, Edizioni del Galluzzo, 2008, p. 185. Les neuf autres facteurs concernent, en dehors des vents, la variabilité dans la semence masculine et la matrice féminine. Ces variations sont dues notamment à des facteurs extérieurs, comme la nourriture, un type d'explication qui ne peut valoir au jardin d'Éden.

3. *In secundum Sententiarum*, p. 686A : « Quia Adam fuit in sopore et non Eva ».

4. *Ibid.*, p. 686A-B.

5. *Ibid.*, p. 57B.

(*serva*) de l'homme, étudié dans le présent volume par Dominique Poirel, a été bien repris dans la présentation initiale du texte du Lombard par le commentateur[1], de même que la question de la création de l'âme des femmes. Mais ce dernier point n'est pas du tout retenu dans la suite du commentaire, tandis que la question des rapports entre l'homme et la femme ne fait l'objet d'aucune question, ni d'aucun article spécifique. Ils ne sont abordés que dans un doute sur la lettre du texte, après plus de quarante pages consacrées à d'autres sujets. Le commentateur consacre toute la seconde question aux raisons séminales[2], où la création d'Ève est abordée à la marge. Il se penche d'abord sur le paradis et le corps d'Adam, dans la première question, avec de longs développements sur le climat, la géographie et les arbres du jardin d'Éden, le lieu de création d'Adam, et la composition du corps d'Adam[3]. L'article 3 de la première question est bien consacré à la création d'Ève à partir de la côte d'Adam[4], mais elle adopte un point de vue purement physico-physiologique. La première création simultanée de l'homme et de la femme à l'image de Dieu ne peut venir à la rescousse, car Gilles de Rome établit fermement que le récit de la première création de la femme et de l'homme, n'était qu'une anticipation du véritable récit, celui de la création de la femme à partir de la côte d'Adam, du fait que le récit biblique ne respecte pas toujours la chronologie[5].

Ce n'est qu'à la toute fin du commentaire sur la distinction XVIII, quand le commentateur examine une série de doutes sur la lettre du texte du Lombard, que la question des rapports égalitaires (ou non) entre l'homme et la femme est abordée[6]. Le commentateur n'enrichit pas sa réflexion de multiples distinctions philosophiques et théologiques, ni des longues explications auxquelles celui que ses détracteurs ont appelé le « doctor verbosus »[7] nous avait accoutumés sur d'autres sujets, comme on l'observe lorsque l'argumentation se fera en sens contraire, en faveur d'une emprise de l'homme sur la femme. La solution apparaît au terme d'une discussion très rapide, qui occupe moins d'une colonne de l'édition ancienne[8], à comparer avec les quatre-vingts colonnes de l'ensemble de la distinction.

1. *In secundum Sententiarum*, p. 57B.
2. *Ibid.*, p. 73A-96B.
3. *Ibid.*, p. 59B-64A.
4. *Ibid.*, p. 68B.
5. *Ibid.*, Dist. XVIII, q. 1, a. 3, p. 72B.
6. *Ibid.*, *Dubitatio litteralis* 6, p. 99A.
7. Voir C. F. Briggs, « Life, works and Legacy », p. 25.
8. *In secundum Sententiarum*, p. 99A.

Après avoir répété plus haut sa position sur le caractère anachronique du récit de la première création de la femme[1], il reprend la théorie hugonienne qui affirme que la côte, plutôt que les pieds ou la tête, a été choisie pour signifier que la femme n'est ni maîtresse ni servante, mais compagne, contre ceux qui opposaient la notion que la femme serait soumise à la puissance de l'homme. Le texte se contente d'affirmer que le fait que la femme soit soumise à la puissance de l'homme (*sub potestate viri*) est une conséquence du péché originel, et que la femme créée à partir de la côte signifie qu'elle est une compagne et une aide pour l'homme, sous l'autorité d'Augustin (*Gn.litt.* 9). Il fait bien le lien entre le fait d'être « sortie de la côte » et de « s'obliger chacun mutuellement » (*ambi sibi invicem debebant*), « presque à part égale » (*quasi secundum paria*). Mais le maître donne un biais « politique » à la doctrine, puisqu'il insiste sur le fait que ce partenariat obéit à certaines règles et à certains contrats (*secundum certas leges et secundum quasdam conditiones ad paria*; *certas leges et certa pacta*), conformément à la nature « politique » du rapport conjugal selon Aristote.

Gilles de Rome rappelle en effet la différence, à l'intérieur de la maisonnée, entre le pouvoir politique (envers la femme), régalien (envers les enfants) et tyrannique (envers les esclaves), mais sans préciser alors que ce dernier ne s'appliquait aux autres hommes qu'après le péché originel, comme il le fait ailleurs. Cette négligence s'explique par le fait que le propos est centré ici sur les femmes et que, pour Gilles de Rome, le pouvoir politique s'applique bien aux femmes dans les deux états, pré- et post-lapsaire. Le maître augustinien réussit même à faire que le contraste de la femme comme associée et aide de l'homme dans l'état d'innocence et *in via* tourne au désavantage de la femme pré-lapsaire, en s'appuyant sur Aristote, qui dit que la femme est une aide à l'homme pour d'autres raisons que la génération, notamment pour le travail domestique : faute d'un tel besoin, cela ne s'applique pas au premier couple. Cet argument lui permet de réduire le fait pour Ève d'être une « aide » au fait pour elle d'être surtout un auxiliaire pour la procréation, sous l'autorité d'Augustin (*Gn. Litt.* 9). S'il s'était seulement agi de trouver un bon compagnon, ce serait « un autre homme » et non une femme, que Dieu aurait créé de la côte d'Adam[2].

1 *Ibid.*, *Dubitatio litteralis* 1, p. 97A.

2. Toutes les citations de ce paragraphe se trouvent en *In secundum Sententiarum,* p. 99A (*dubitation litteralis* 6).

Un autre passage, à propos de la distinction XX, étudiée à la suite, semble également exprimer un point de vue plus modéré. Il s'agit de l'admission d'une justification principielle et morale, et pas seulement en vue de la génération, pour l'existence d'autant de femmes que d'hommes au jardin d'Éden. Cette thèse ne semble en réalité pas être le fruit d'une volonté de valoriser la place de la femme. C'est plutôt la parade que Gilles de Rome a trouvée, après qu'il a réalisé que la thèse de la génération de davantage de femmes que d'hommes serait la plus plausible, si le seul point de vue de la génération était pris en compte – une difficulté qui n'apparaissait pas dans les précédents commentaires.

Nous revenons dans la dernière section sur un autre élément d'atténuation en trompe-l'œil avec l'analyse de la distinction XXIII : il s'agit de l'évocation des « premiers parents » et non du seul Adam, et de la raison éducative pour laquelle le mariage est indissoluble, lorsque la condition cognitive de l'homme dans l'état d'innocence est abordée.

Des filles au jardin d'Éden

Dans le commentaire sur la distinction XX[1], la première question porte sur la génération d'enfants au jardin d'Éden. Cette génération naturelle se fait par coït sans concupiscence, sans péché, sans douleur et sans séquelle physique pour la femme[2], sur la base de l'obéissance des organes sexuels à la raison. Dans les rapports sexuels, le commandement divin (*impetus divinis*), les instincts naturels et l'énoncé de la raison (*dictamen rationis*) s'imposent fortement (*multum viguissent*) chez les premiers parents (*primis parentibus*)[3], à moins que ce ne soit à Adam seul[4] et, métonymiquement, à Ève. Les hommes dans l'état d'innocence « suivaient davantage la raison » que dans l'état présent[5]; la délectation était davantage celle de « l'homme intérieur », « selon l'esprit et la raison », au regard de la délectation des sens. Les enfants d'Éden portent les imperfections liées aux nécessités d'un développement graduel[6], qui s'imposent également au jardin d'Éden, et ils ne jouissent pas au départ de l'usage de la raison, c'est-à-dire de l'intellect possible infusé en eux, du fait des faiblesses des sens

1. *In secundum Sententiarum*, p. 144A *sq.*
2. *Ibid.*, q. 1, a. 4, p. 154-155.
3. *Ibid.*, a. 2, p. 152A.
4. *Ibid.*, p. 152B.
5. *Ibid.*, p. 154A.
6. *Ibid.*, q. 2, a. 2 p. 160B.

internes, elles-mêmes dues à un organe, le cerveau, beaucoup trop humide dans les premières années de la vie[1]. Au sujet spécifique de la génération des filles, l'article 1 de la première question confirme les propos du commentaire à la question XVIII que nous verrons plus loin, à savoir le fait que la femme est de moins bonne compagnie et moins utile que l'homme pour l'homme. Ainsi, s'il n'y avait eu les nécessités de la génération naturelle, Dieu aurait plutôt tiré un homme qu'une femme de la côte d'Adam : pour l'aider dans le travail, si contre-factuellement il y avait eu du travail dans le jardin d'Éden, et aussi pour le réconfort et pour les joies d'une sociabilité qui est plus appréciable chez un homme que chez une femme pour un homme, qui ne peut être pleinement heureux sans un compagnon (*socius*)[2].

Comme nous l'avons anticipé à la fin de la précédente section, la question de savoir s'il n'y avait que des hommes dans l'état d'innocence[3] donne lieu à un certain rééquilibrage de la part de Gilles de Rome, dont la signification ne doit cependant pas être exagérée. La justification de l'existence d'un nombre égal d'hommes et de femmes repose sur différents arguments. Il y a la considération de la création initiale d'un homme et d'une femme qui lui serve d'aide, la considération de la justice originelle, qui cherche le bien de l'espèce et s'oppose à un traitement injuste de la femme et de l'homme. S'y ajoutent l'argument du bien de la nature, compris comme l'amour naturel d'un homme et d'une femme (sachant que la polyandrie et la polygamie sont contre nature), l'argument de la génération et l'argument du bien moral. De ce dernier point de vue, on note que s'il y avait plus d'hommes que de femmes, certains seraient voués à la stérilité et il y aurait moins d'enfants (la polyandrie n'est pas envisagée); et s'il y avait plus de femmes que d'hommes, certaines seraient vouées à la stérilité et il y aurait moins d'enfants, ou bien un homme devrait avoir plusieurs partenaires. Enfin, le dernier argument est la domination de la raison dans l'état d'innocence, raison qui veut le bien universel de l'espèce[4].

Les arguments contre l'existence de la génération de femmes sont tirés des propos sexistes d'Aristote, à savoir la définition de la femme comme un « homme manqué » (*mas occasionatus*), puisqu'il ne peut y avoir d'échec dans le jardin d'Éden[5]. Pour y répondre, Gilles de Rome se trouve en

1. *Ibid.*, q. 2, a. 3, p. 161 *sq*. Voir aussi p. 167B.
2. *Ibid.*, q. 1, a. 1, p. 146B.
3. *Ibid.*, q. 2, a. 1, p. 157 B *sq*.
4. *Ibid.*, p. 157A-B.
5. *Ibid.*, p. 157B-158A.

position de relativiser la portée des propos du Philosophe, qu'il reprendra constamment ailleurs. Il ne les fait valoir qu'au niveau des individus masculins qui l'emportent sur les individus féminins, en s'appuyant sur l'Apôtre (la femme est faite pour l'homme et non l'homme pour la femme), tandis que le bien de toute l'espèce, le bien universel, fait qu'il est nécessaire que les femmes et les hommes soient égaux en nombre [1].

La réponse à l'objection qui consiste à faire de la génération de filles le résultat d'un défaut de la semence nous ramène à l'analyse, déjà citée, de l'existence d'inégalités naturelles corporelles, et donc intellectuelles, parmi les hommes dans l'état d'innocence (distinction XLIV). Cette fois, Gilles de Rome n'évoque pas l'influence des astres, mais les autres causes, déjà étudiées dans le *De formatione humani corporis*. Il évoque en particulier l'imagination, qui n'est pas mentionnée dans le *De formatione humani corporis*, mais qui apparaissait dans la tradition théologique antérieure, notamment chez Bonaventure et dans la *Summa fratris Alexandri* [2], ainsi que la diversité des vents, qui constituait le neuvième facteur de génération des filles dans le *De formatione humani corporis* [3]. Le vent aquilon (du Nord, froid) privilégie la génération d'individus masculins, le vent austral (du Sud), celle d'individus féminins [4]. Le maître précise, à l'intention de ceux qui ne sont pas convaincus par le rôle de l'imagination, qu'on ne pourra en revanche pas « douter de la justice originelle et de la raison », selon lesquelles il devait y avoir une génération égale en nombre pour les deux sexes [5]. Cette réponse indique à la fois que la génération de filles peut se produire naturellement, mais sans présupposer un défaut dans la semence, et qu'elle est nécessaire d'après la justice originelle et la raison. Cela pourrait indiquer que l'égalité numérique des sexes, bien qu'atteinte par des biais naturels, y compris en usant volontairement de l'imagination de la part d'Adam, est garantie par la justice divine et la raison.

1. *In secundum Sententiarum*, p. 158A.

2. M. Van der Lugt, « Pourquoi a-t-il créé la femme ? Différence sexuelle et théologie médiévale », dans J.-C. Schmitt (éd.), *La création de la femme*, Paris, Gallimard, 2001, p. 110 : Adam a dû restreindre la force de son sperme en usant de son imagination pour générer des filles, *ead.*, « Sex Difference in Medieval Theology and Canon Law. A Tribute to Joan Cadden », *Medieval Feminist Forum* 46/1, 2010, p. 109.

3. *De formatione humani corporis in utero*, éd. cit., p. 185.

4. *In secundum Sententiarum*, 158B.

5. *Ibid.*

Il n'est pas question de défauts du côté de la mère. On peut imaginer que ce silence s'explique par le fait qu'aucune résistance de la matière (menstrues) à la forme et à l'âme (sperme) ne peut être envisagée dans l'état d'innocence. Mais c'est surtout parce que tout rôle actif a été dénié à la femme dans la génération, contrairement aux femelles des autres animaux. L'article 2 de la première question[1], sur la génération par coït au jardin d'Éden, nous a en effet appris que la femelle humaine ne jouait qu'un rôle de matrice au jardin d'Éden, toute l'opération résidant dans la semence de l'homme, contrairement au cas des animaux, où Gilles de Rome accepte la contribution de la femelle à l'introduction de l'âme du mâle dans le corps organisé par les menstrues de la femelle[2]. Ce point avait été expliqué le *De formatione humani corporis in utero*, où Gilles de Rome avait reconnu un rôle physiologique adjuvant à la semence femelle, sans toutefois admettre, à l'instar de Galien, qu'elle soit au principe de la génération d'une progéniture femelle[3]. Dans le cas de l'homme, la semence masculine seule « organise et dispose le corps fait à partir des menstrues et Dieu infuse l'âme dans un corps organisé et disposé »[4].

Gilles de Rome évoque à trois reprises dans cette question l'idée qu'on pourrait trouver, du point de vue du bien de l'espèce, des arguments contraires, à savoir des arguments en faveur de l'existence de plus de femmes que d'hommes[5]. Il semble que ce soit cet argument surtout qui pousse le maître à reconnaître l'existence d'un autre argument, qui dépasse nettement la seule nécessité de la génération naturelle en faveur d'un nombre égal d'hommes et de femmes au jardin d'Éden : l'argument moral. L'argument de la création originelle est en effet fragile car il pourrait revenir à l'argument de la génération naturelle, puisque c'est la seule justification solide que Gilles de Rome a accepté pour la création d'une femme, et non d'un homme, de la côte d'Adam. L'argument de l'injustice envers la femme ou l'homme, qui consisterait à privilégier l'un ou l'autre en nombre, présuppose, en ce qui concerne l'injustice envers la femme, le sujet du premier argument, à savoir la création de la première femme.

1. *Ibid.*, p. 148A *sq.*

2. *Ibid.*, q. 1. a. 2., p. 149B-150A.

3. *De formatione humani corporis in utero*, éd. cit., p. 184-184. L'introduction de l'éditrice ne prend pas en compte le commentaire aux *Sentences*, c'est-à-dire le cas de la génération humaine innocente.

4. *In secundum Sententiarum*, p. 150A.

5. *Ibid.*, p. 156b-157A, dans les arguments contre ; p. 157A, au sein de l'argument sur la justice originelle ; p. 158B, dans les réponses aux objections.

En outre, certains arguments semblent en grande partie pouvoir être réduits à l'argument de la génération naturelle et du bien de la nature, dès lors qu'ils touchent au « bien de l'espèce », comme une partie des arguments sur la justice divine, ou comme les arguments du bien moral, du fait de l'importance de la considération du nombre d'enfants générés. De fait, la réponse à l'objection qui consiste à démontrer la nécessité d'un plus grand nombre de femmes que d'hommes pour la génération insiste sur l'existence d'un argument véritablement distinct de la question de la génération, à savoir l'argument du bien moral qui s'oppose à la polygamie. Gilles de Rome reconnaît que, du seul point de vue du « bien de la nature », il serait assez inévitable de poser l'existence de davantage de femmes que d'hommes au jardin d'Éden[1].

La femme n'est pas absolument à l'image de Dieu

L'article 2 de la deuxième question sur la distinction XVI des *Sentences* s'interroge sur le fait de savoir si l'homme est davantage à l'image de Dieu que la femme[2], et la réponse est positive. Gilles de Rome se réfère d'entrée à la *Politique* pour fonder la domination sur la raison (*causa dominandi sumitur ex ratione*)[3], une raison qui s'exerce davantage chez l'homme (*magis viget*), avec une échelle qui descend des hommes, aux esclaves et aux bêtes (absence de jugement, absence de gouvernement de soi), en passant par les femmes (jugement invalide), avec cette différence par rapport au *De regimine principum*, qu'il y rajoute les anges au-dessus de l'homme. On y trouve les explications physiologiques déjà observées, en termes de « bonne » mollesse, due à une complexion raffinée (*bona mollities caris ex raritate complexionis*) pour les hommes doués intellectuellement, qui manquent généralement de force (*debiles viribus*) et de mauvaise mollesse pour les femmes due à une « mauvaise complexion », à un excès de flegme (*ex abundantia fleumatis*), et à une chaire dure (*duri carne*) pour les esclaves naturels, forts physiquement.

Le maître augustinien s'en prévaut pour affirmer que l'image de Dieu est sur un mode plus excellent (*excellentiori modo*) dans l'homme que dans la femme[4]. Bien qu'il n'y ait pas de différence entre les sexes du point de vue des âmes créées, il y a bien une différence comme image de Dieu au

1. *In secundum Sententiarum*, p. 158B.
2. *Ibid.*, p. 19A *sq*.
3. *Ibid.*, p. 19B.
4. *Ibid.*, p. 19A.

regard du corps, différence du corps qui se répercute nécessairement sur une différence dans l'usage de la raison, de sorte que l'homme est davantage image de Dieu que la femme « au regard de l'acte d'intellection » (*quantum ad actum intelligendi*). Mais il l'est aussi sous d'autres aspects (*ad alia*), du point de vue de la raison elle-même (*quantum ad rationem*), car l'homme existe à partir de Dieu, tandis que la femme existe à partir de l'homme (*ex viro*)[1]. Cette différence n'est donc pas seulement liée aux accidents du corps, qui fait que l'usage de l'âme rationnelle peut-être empêché, mais elle existe, relativement à la rationalité de l'âme, sur le principe.

C'est le cas aussi pour l'argument qui consiste à dire que l'homme est davantage à l'image de Dieu car le corps de la femme a été créée à l'image du corps de l'homme et l'homme entièrement à l'image de Dieu, quoiqu'il n'y ait pas de différence dans l'âme, puisque toutes deux – à savoir l'âme de l'homme et celle de la femme – ont été créées à l'image de Dieu[2]. Gilles précise que la femme a été forcément créée comme une aide dans les opérations corporelles, car il est clair qu'elle ne peut assister l'homme d'un point de vue intellectuel[3], étant donné qu'elle lui est inférieure du point de vue des actes intellectuels, comme on l'a vu, ou quant à l'« usage de la raison »[4]. Il reconnaît cependant, suivant Thomas d'Aquin dans son commentaire aux *Sentences*[5], que le dénivelé entre l'homme et la femme ne peut être comparé à celui qui existe entre les anges et l'homme. Ce dernier est fondé en nature sur la différence des intellects, tandis que le premier relève des différences régulières de la nature, lesquelles ne s'appliquent que « la plupart du temps » (*ut in pluribus*) et non en vertu d'une nécessité absolue. C'est la raison pour laquelle il arrive que certaines femmes soient supérieures à certains hommes dans leur usage de la raison[6].

1. *Ibid.*, p. 20A-B. Laure Solignac a montré dans sa contribution au présent volume que cette déficience rationnelle n'est pas évoquée par d'autres auteurs antérieurs, tel Bonaventure, qui rejette en outre l'idée d'une différence principielle entre la femme et l'homme comme image de Dieu.

2. *Ibid.*, p. 20B.

3. *Ibid.*, p. 19A.

4. *Ibid.*, p. 21A.

5. Voir la contribution de Laure Solignac *supra* p. 81-116.

6. « Magis ratione viget », *In secundum Sententiarum*, p. 20A.

Le péché d'Ève, entre connaissance pécheresse et déficience rationnelle

Les étapes du mécanisme psychologique qui conduisent Ève au péché sont détaillées par Gilles de Rome dans le commentaire à la distinction XXII. Elles sont complexes et ne nous concernent ici que pour la première étape de ce mécanisme. Il y a d'abord une déficience de jugement face à la tentation du serpent, mais qui ne conduit qu'à un jugement « universel et confus » (*universaliter et confuse*) ne provoquant pas une croyance instantanée (*non statim credidit*)[1]. Puis vient la faute initiale de la volonté (*elatio*; *superbia*), qui détourne la raison supérieure de Dieu, fait pleinement croire (*credulitas*)[2] aux promesses trompeuses (parce qu'impossibles) du serpent (immortalité naturelle, être semblable à Dieu selon la puissance et l'action, connaître instantanément et naturellement le bien et le mal), la sépare de Dieu et constitue ainsi un péché mortel, puis ouvre la porte aux autres péchés[3].

Le commentaire sur la distinction XXI[4], confirme le rôle primordial de l'infériorité rationnelle d'Ève dans le choix du diable de la tenter, elle[5], et non Adam. Il montre aussi le rôle de la rationalité d'Ève, fût-elle inférieure, dans sa chute, qui ne la rend que plus grande. Adam est en effet supérieur par sa raison, par sa volonté du bien (laquelle découle de la première), ainsi que par la force de son amitié qui explique qu'il est plus influençable par sa femme, que sa femme ne l'est par lui[6]. Ève, même si elle est non-générée, a des défauts qui proviennent de sa constitution (*ex suis principiis*), tandis que, selon les mêmes principes constitutifs, l'homme masculin (*vir*) a une complexion qui le rend supérieur du point de vue de sa raison, disposé davantage à « servir les opérations de l'âme et de la raison », et à « fuir ce qui est nocif »[7]. Il existe en effet des « défauts naturels dans l'état d'innocence », qui viennent de la constitution (*ex principio*, à la création pour Ève, à la génération pour les filles édéniques générées), et non du terme (c'est-à-dire de la corruption, inexistante au jardin d'Éden). C'est aussi la raison pour laquelle le serpent a attendu le moment où Ève était

1. *In secundum Sententiarum*, p. 202B.
2. *Ibid.*, p. 203A.
3. Voir *ibid.*, Dist. XXII, q. 1, a. 1, et dub. 1, p. 201A-204A.
4. *Ibid.*, q. 1, *dubitatio lateralis* 2, p. 188A *sq.*
5. *Ibid.*, p. 188B.
6. Voir aussi *ibid.*, p. 186A, p. 189B, 191B. La preuve en est : l'homme est plus amoureux de la femme que l'inverse, *ibid.*, p. 188B.
7. *Ibid.*, p. 188B.

seule, afin qu'elle ne soit pas aidée par l'homme[1]. Le quatrième doute montre qu'Ève ne peut être excusée par un oubli (*oblivio*), une ignorance du précepte divin : c'est d'ailleurs pour s'en assurer que le serpent a commencé par rappeler ce dernier dans son dialogue avec elle[2].

Le même doute rappelle qu'Ève n'est pas affligée par la domination des passions, puisque la raison domine tout dans l'état d'innocence, ce qui fait qu'elle ne peut commettre l'erreur qui consisterait à concevoir comme désirable en particulier ce qui est jugé mauvais en général[3]. C'est la raison pour laquelle le serpent s'est adressée à sa raison, pour la tromper, et lui a fait croire que l'interdiction de Dieu n'était pas à « comprendre à la lettre » (*ad litteram intelligendum*), en la convainquant qu'elle n'allait pas vraiment mourir[4]. L'erreur herméneutique d'Ève consiste donc en un renoncement erroné à une interprétation littérale de l'interdiction divine.

Le résumé du contenu de la distinction XXII rapporte l'idée du Lombard selon laquelle Adam n'a pas cru le serpent, contrairement à Ève, et qu'il n'a pas véritablement voulu être l'égal de Dieu, non pas parce qu'il ne l'a pas voulu, mais parce qu'il savait que c'était impossible – contrairement à Ève[5]. Cette approche insiste sur les déficiences philosophico-théologiques d'Ève, qui viennent s'ajouter à son erreur herméneutique.

Cependant, Gilles de Rome refuse une telle explication dans l'article 2 de la deuxième question (p. 205A-207A), qui établit que le péché d'Adam fut, comme celui d'Ève, la superbe. Sa volonté a voulu de façon désordonnée et perverse ce qui est rationnellement impossible, c'est-à-dire l'immortalité naturelle du corps (sans la grâce) et la connaissance naturelle immédiate (sans la grâce et sans passer par les étapes de l'acquisition naturelle des connaissances). Il n'a pas voulu être semblable à Dieu sur la base de la connaissance de Dieu, ce qui est inatteignable par l'homme, même masculin, en dehors de la vision béatifique. Gilles insiste constamment sur la faute des « premiers parents ».

La solution à l'article 3, qui porte sur la question de savoir si Ève a péché plus gravement[6], donne d'abord la même explication au déclenchement de la faute dans les deux cas : la croyance dans les paroles du

1. *Ibid.*, p. 197B.
2. *Ibid.*, p. 189B.
3. *Ibid.*, p. 190A.
4. *Ibid.* Le même point revient p. 198B : Ève ne doute pas de la vérité de la parole de Dieu, mais s'interroge sur la façon dont il faut l'interpréter, littéralement ou autrement.
5. *Ibid.*, Dist XXII, q. 1, p. 200A.
6. *In secundum Sententiarum*, p. 209B *sq.*

serpent a d'abord été universelle et confuse, comme on l'a vu plus haut, car ils ont d'abord cru à ses promesses sans savoir comment cela était « possible » et si c'était « droit ou pervers »[1]. Cependant, la croyance pleine provoquée par la superbe, partagée par le couple, est « plus forte » chez la femme que chez l'homme. Les péchés qui s'en suivent immédiatement, la cupidité et la curiosité sont « sans frein » (*sine freno*) chez la femme et la perpétration de l'acte même est d'abord le fait de la femme. Il en résulte que la femme a davantage péché que l'homme, tandis qu'une circonstance aggravante pour l'homme, soulignée par le Lombard, qui consiste à insister sur le fait qu'il était le chef de la femme, n'est pas jugée par Gilles comme aggravante en soi, mais seulement d'un certain point de vue (« secundum quid »)[2].

Toute la fin de l'article[3] s'explique sur ce point et renverse la perspective sur la supériorité rationnelle de l'homme : loin d'aggraver son péché, elle lui a permis de commettre chaque étape de la chute, qu'il partage avec Ève (en quoi Gilles de Rome ne s'accorde pas avec le Lombard), différemment, ou bien avec moins d'intensité et plus de frein que sa compagne.

Les deux premiers points, à propos de la tromperie et de la croyance et à propos du passage à l'acte, montrent qu'Adam a été conduit au péché différemment d'Ève. Il a bien été trompé par le serpent, mais pas comme Ève : il a peut-être cru qu'il s'agissait d'un péché véniel et non mortel comme le dit Augustin dans la *Cité de Dieu*; il a cru que l'interdit divin « n'était pas à comprendre comme il sonnait », ce qui nous ramène à l'erreur d'interprétation non-littérale d'Ève, mais désignée ici avec une formulation différente, et il a été induit en erreur par le fait qu'il a vu Ève manger la pomme sans mourir. Il n'a pas été séduit complètement par les paroles du serpent, mais seulement dans une certaine mesure, au point de vouloir expérimenter et éprouver la vérité de ses propos par lui-même en mangeant le fruit. Quant à l'impulsion de l'acte du péché, elle lui est venue, non de lui-même, mais de la femme, en tant qu'elle l'a persuadé (en lui tendant la pomme) et dans la mesure où elle lui inspirait de l'amour, ainsi que du diable, qui a suscité ses pensées mauvaises[4].

1. *In secundum Sententiarum*, p. 210 A.
2. *Ibid.*
3. *Ibid.*, p. 210B-211A.
4. *Ibid.*, p. 211A.

Le troisième point de différence du péché d'Adam, c'est-dire l'existence de réticences (*retractiva*)[1] au péché, totalement inexistantes chez Ève, est la clef pour comprendre comment la supériorité rationnelle d'Adam, au lieu d'aggraver son péché, l'atténue par rapport à Ève, et, *a contrario*, comment c'est l'infériorité rationnelle, et, par là, morale, d'Ève qui rend son péché plus grave. Adam est passé à l'acte, mais il ne l'a pas fait avec la même intensité (*non tam intense*) ni avec le même enthousiasme (*cum tanto animo*) qu'Ève :

> Celui qui est supérieur en raison ne se permet pas de tomber dans le péché sans frein à la manière de celui qui ne l'est pas [...] Celui qui réfléchit à sa pénitence et à la miséricorde divine ne pèche pas de façon effrénée comme celui [en l'occurrence, celle] qui ne réfléchit pas[2].

La réponse aux objections établit ensuite que c'est cette analyse qui explique pourquoi l'argument ne vaut pas, selon lequel Adam a péché plus gravement parce qu'il était le chef d'Ève[3]. La supériorité de sa raison ne l'a pas rendu plus coupable, parce qu'il avait davantage de moyens intellectuels qu'Ève à sa disposition pour éviter le péché et qu'il était, d'une certaine façon responsable d'Ève, mais moins coupable, car moins effréné dans le péché.

La deuxième question est consacrée à la question de savoir si les premiers parents ont péché par ignorance, thèse qui est refusée[4]. Ce point suit du fait qu'il a été établi que la croyance erronée pleine et entière dans les paroles du serpent devait être précédée de la superbe de la volonté, et non inversement. Ils n'ont pas péché par ignorance, *per ignorantiam*, mais avec ignorance, *ignorantes*, c'est-à-dire sans avoir une connaissance pleine de toutes les conséquences de leurs actes[5]. Gilles de Rome reconnaît que la nescience, l'ignorance et l'erreur, toutes englobées dans l'infidélité[6], ont bien suivi la superbe, quoique, encore une fois, la croyance dans la vérité des dires du serpent ait été plus grande chez Ève que chez Adam[7].

1. *Ibid.*
2. *Ibid.*
3. *Ibid.*
4. *Ibid.*, p. 211B *sq.*
5. *Ibid.*, p. 211B.
6. *Ibid.*, p. 212A.
7. *Ibid.*, p. 212B.

La condition cognitive d'Ève et le « péché originel exégétique » à propos de la science adamique.

Un des fondements de l'insistance sur l'infériorité rationnelle de la femme, commune aux deux écrits ici étudiés, est la dénégation du rôle d'éducatrice pour la femme. Celle-ci est clairement apparue dans l'étude du *De regimine principum*. Elle trouve probablement ses fondements dans la question de la condition cognitive de la première femme, telle qu'on peut la lire en creux dans les discussions sur la science adamique.

La distinction XXIII[1] aborde le problème de la connaissance des « premiers parents » ou d'« Adam », c'est-à-dire principalement la connaissance de Dieu et des créatures, dans le commentaire de Gilles de Rome. L'évocation des « premiers parents » à côté de celle d'Adam pourrait nous faire penser que « Adam » vaut ici, comme c'est parfois le cas, pour l'« homme » en un sens masculin générique, c'est-à-dire pour le premier être humain, valant pour les deux sexes. Une autre indication en ce sens concerne l'usage de l'expression « premiers parents » en association avec la mention de l'enseignement (*disciplina*) des enfants comme étant une des causes de l'indissolubilité du mariage. Ces deux éléments pourraient nous faire penser que la science parfaite naturellement infusée à la création, au sujet des choses naturellement connaissables[2], ainsi que la connaissance par révélation et par inspiration des choses qui sont au-dessus de la raison, à savoir Dieu et ses secrets[3], sont accordées à l'être humain, masculin et féminin, notamment afin que les deux parents transmettent des connaissances à leurs enfants générés. Ceux-ci doivent acquérir l'essentiel du savoir par l'enseignement et par l'expérience, à partir des premiers principes de la connaissance inscrits dans leur intellect, en même temps qu'une certaine prudence, dans leur intellect, et que la justice, dans leur volonté[4]. Leur intellect n'est pas entièrement nu, comme l'est le nôtre *in via*, une véritable *tabula rasa*. Le passage sur l'enseignement concerne les arguments en faveur de la connaissance parfaite des « premiers parents », « du point de vue des enfants et des descendants d'Adam » (*ex parte filiorum et posterorum Adae*) :

1. *In secundum Sententiarum*, p. 223B.

2. Même si Adam peut progresser dans les sciences du point de vue de l'expérience et de l'habitus, voir *ibid.*, q. 2, a. 3, p. 237AB.

3. *Ibid.*, p. 236AB.

4. *Ibid.*, *Dubitatio litteralis* 3, p. 240B-241A.

Nam ipse Adam fuit factus tamquam principium omnium aliorum hominum : et quia a parentibus non solum recipimus esse, sed etiam disciplinam : propter quod una causa quare matrimonium debet esse indissolubile potest esse disciplina quam debent parentes filiis. Nam quia filii toto tempore eorum indigent disciplina, quam debent coniunges simul convivere, ut toto illo tempore possint filiis suis disciplinam tribuere. Adam ergo formatus ut Pater et per consequens ut Doctor omnium posterorum, debuit plenus scientia et etiam perfectus scientificus esse productus [1].

La distinction entre la connaissance infusée naturellement à la création à propos des choses naturelles suit la doctrine de Thomas d'Aquin, qui lie cette doctrine à la question de la transmission des connaissances par Adam comme « instructeur ». Elle concerne la science d'Adam seul, à l'exclusion d'Ève, exactement comme c'est le cas à la fin du texte à peine cité. Contrairement à Albert le Grand, qui voit dans la connaissance des créatures une grâce qui s'additionne à la création d'Adam [2], Thomas défend dans les *Questions disputées sur la vérité*, l'idée que cette connaissance est naturellement attachée à la création même d'Adam, dans la mesure où celui-ci a été créé comme « instructeur de l'humanité » et comme « source de l'enseignement » [3], et pas seulement comme père de toute l'humanité. Dans l'article 4, Thomas affirme qu'Adam possède naturellement, selon une « connaissance naturelle » « dérivée de la raison naturelle », et non miraculeusement, la connaissance complète des choses, immédiatement (*mox*) et de façon achevée, pas seulement inchoative. Il la possède naturellement en référence à sa nature humaine particulière, qui inclut celle d'être l'« instructeur » de tous les hommes, sans avoir lui-même été généré ou instruit : les enfants reçoivent du père « la discipline par instruction ». Adam possède ces connaissances sans les avoir acquises, par une explicitation immédiate de tous les premiers principes de connaissance. L'article 7 précise dans l'ensemble que le raisonnement ne vaut pas pour les enfants d'Adam, dont la nature n'est pas celle d'être le principe absolu du genre humain, mais d'exister à partir de ce principe, de sorte qu'il n'est pas nécessaire de leur attribuer une connaissance achevée.

1. *In secundum Sententiarum*, Dist XXIII, q. 2, art. 3, p. 237A.

2. *Alberti Magni ... Commentarii in secundum Sententiarum*, *Opera Omnia* XXVII/1, éd. A. Borgnet, Dist. XXIII, a. 1, p. 391.

3. *Questions disputées sur la vérité* 18, respectivement a. 4 et a. 7, ad. 6.

Gilles de Rome reprend cette doctrine, mais y ajoute la mention de l'enseignement des « premiers parents », en plus d'Adam, et l'idée de l'importance du caractère indissoluble du lien du mariage pour assurer à leur progéniture une éducation provenant des parents tout au long de l'enfance. Ces éléments pourraient laisser penser qu'Ève aussi a transmis la connaissance et qu'elle la possédait donc. Il n'en est probablement rien, comme la fin de l'extrait cité permet de s'en rendre compte, de sorte que la seule explication plausible à l'insistance sur le rôle des deux parents au sein du mariage pourrait être la volonté de s'assurer de la présence stable et de longue durée du père auprès des enfants.

Quelques éléments viennent renforcer cette interprétation. Il existe un fondement biblique à l'assurance qu'il y avait bien une science des créatures chez Adam : c'est que pour pouvoir nommer les choses, il faut en connaître la nature (métaphysique, physique, et par déduction, mathématique). Cet épisode, qui garantit une connaissance adamique, vient avant la création d'Ève. En outre, la connaissance naturelle d'Ève n'est pas même évoquée dans notre passage, mais l'infériorité rationnelle d'Ève a été largement illustrée précédemment, dans les commentaires aux distinctions XXI et XXII, et plus loin, avec le commentaire à la distinction XCIV, comme nous l'avons vu. Il a été établi que la première femme est inférieure à l'homme du point de vue de sa capacité de connaissance naturelle, du fait de ses défauts principiels (*ex principiis*). En ce qui concerne la connaissance révélée des mystères divins, il a été clairement affirmé précédemment qu'Ève n'avait pas bénéficié de la révélation reçue par Adam durant la torpeur où il a été plongé, précisément à la création d'Ève. Enfin, la fin de l'extrait cité désigne Adam seul comme « Docteur », ce qui tend à renforcer la cléricalisation de la fonction éducative du père et rendre peu plausible le rôle éducatif d'Ève.

Cette approche restrictive d'Adam et de l'« homme » entre en résonance avec la façon dont on a pu observer qu'un terme générique sur le principe, *filii*, ne concernait en réalité que la progéniture masculine, comme on le découvre à la mention finale des filles, *filiae*, dans les derniers chapitres de la deuxième partie du livre II du *De regimine principum*. Il est à craindre, de la même façon, que la progéniture féminine d'Adam ne soit pas incluse parmi les « enfants et descendants », destinataires de l'enseignement en vue duquel Adam seul été créé comme « un scientifique parfait » (*perfectus scientificus*). On observe ainsi un usage de termes latins masculins pluriels génériques et épicènes (*filii*, *posteriores*) – comme « enfant », épicène en français – où s'expose l'exclusion du féminin.

L'approche de la femme chez Gilles de Rome est clairement unidimensionnelle, dans le *De regimine principum* comme dans le commentaire aux *Sentences*. Dans l'ouvrage politico-éducatif, la question ne se pose pas de savoir si la maîtresse de maison, la mère et l'épouse seraient la même personne, comme elle se pose pour l'époux (*vir*), le maître (*dominus*) et le père (*pater*). La distinction est finalement refusée, puisque c'est bien la même « personne » qui est l'époux de l'épouse, le maître de l'esclave, le père du fils, avec des relations différentes dans chaque cas[1]. La femme n'a qu'une seule relation, c'est-à-dire un rapport de dominée à l'homme. Les rapports mère-enfants sont pratiquement inexistants, en particulier sur le plan éducatif. Quant au commentaire théologique, il montre un traitement bien différencié de l'homme et de la femme, pour laquelle l'écart entre l'état d'innocence et l'état lapsaire n'est pas si grand qu'il ne l'est pour l'homme, mais dans un sens négatif, c'est-à-dire dans le sens d'une plus grande proximité de la femme pré-lapsaire à la femme lapsaire. Adam est un homme créé, doté de la connaissance naturelle et surnaturelle de toutes les réalités (ou presque), qui nomme les autres créatures et qui est l'enseignant du genre humain. Les hommes générés pré-lapsaires doivent acquérir la connaissance, mais sont assurés des moyens d'y parvenir, tandis que ni leur intellect, ni leur volonté ne sont totalement vides de prudence et de justice. Les hommes *in via* possèdent un intellect – une *tabula rasa* absolue – et un corps dégradés par le péché originel, au point d'avoir besoin de la béquille de la logique dans chacune de leurs opérations intellectuelles, et de jouir d'un accès limité à la connaissance métaphysique ultime par la raison naturelle[2]. Au contraire, pour la femme, la différence dans l'acquisition et l'exercice de la connaissance et de la raison semble être à peine de degrés entre ces trois états. La première femme créée apparaît intellectuellement comparable à sa descendance féminine, pour laquelle s'ajoutent seulement les aléas de la génération, systématiquement en défaveur de la possession d'un corps propice à l'intellectualité, tandis que les femmes lapsaires ne font qu'ajouter la domination de la sensualité et des passions à un état rationnel déjà inférieur, empiré, si cela est possible, par le péché originel. C'est cette double infériorité rationnelle qui justifie le gouvernement coercitif et le déni d'éducation imposés aux filles et aux femmes dans le *De regimine principum*.

1. *De regimine* II, I, 5 et 6.

2. Voir J. Brumberg-Chaumont, « *"Logica hominis in via"* : anthropologie, philosophie et pratiques de la logique chez Gilles de Rome », *Quaestio* 20, 2020, p. 227-252.

Ève ne se voit attribuer aucune compétence cognitive particulière du fait que ce n'est pas comme éducatrice de ses enfants qu'elle a été créée, mais comme génitrice et comme associée, quoique de qualité médiocre, d'Adam. Les deux ouvrages partagent un même silence sur la relation entre la mère et ses enfants, et, plus spécifiquement, un déni commun des fonctions éducatives de la femme.

Partout, à la maison, au sein de la société, et au jardin d'Éden, la femme est présentée presqu'uniquement comme génitrice à l'égard de ses enfants, et jamais comme récipiendaire et dispensatrice d'un savoir et d'un enseignement. Cette vision réductrice est en contradiction évidente avec la réalité des pratiques éducatives médiévales, non seulement dans la sphère publique, où la place des femmes n'est pas négligeable, mais surtout dans la sphère privée, où l'éducation maternelle et féminine est très importante, comme le montre Pascale Bermon dans le présent volume. Ce déni pourrait représenter un des ressorts les plus puissants de toutes les autres réductions. Il se voit fondé dans une sorte de « péché originel exégétique », qui consista à attribuer à Adam seul le rôle d'enseignant de l'humanité.

LES FEMMES DANS LES MILIEUX ÉDUCATIFS AU MOYEN ÂGE (XIIIe-XIVe SIÈCLE)

PASCALE BERMON

Y avait-il des femmes dans les milieux universitaires aux XIIIe-XIVe siècles ? Si oui, où étaient-elles ? Qui étaient-elles ? Dans quelles fonctions ou quels rôles œuvraient-elles ?

Cette question porte sur le travail public des femmes, c'est-à-dire, comme le précisait David Herlihy dans son ouvrage fondateur, *Opera muliebria*, un travail recouvrant l'exercice d'une fonction qui s'étend au-delà des besoins personnels ou familiaux d'une femme et qui est « rétribué avec de l'argent ou par un gain de réputation » [1].

Le centre géographique de mon enquête sera Paris, qui a peu fait l'objet de telles enquêtes, car elle était avant tout vue comme le siège de facultés cléricales, donc exclusivement masculines [2]. Un biais historiographique

1. D. Herlihy, *Opera Muliebria : Women and Work in Medieval Europe*, Philadelphia, Temple UP, 1990, p. XII-XIII.

2. Voir cependant déjà C. Jourdain, « Mémoire sur l'éducation des femmes au Moyen Âge », *Mémoires de l'Institut national de France* 28/1, 1874, p. 79-133, en ligne ; C. Joly, *Traité historique des écoles épiscopales et ecclésiastiques*, Paris, François Muguet, 1678, chap. 23, p. 486-494 (controverse, au XVIIe siècle, concernant le droit des « Écrivains » à enseigner aux filles à écrire dans les écoles tenues par des maîtresses d'école et sur la juridiction respective de l'évêque et du chantre de l'Église de Paris; noter aussi, p. 432 : « Messieurs de la Faculté des Arts n'ignorent pas qu'il y a eu quantité de filles très savantes »); Herlihy, *Opera Muliebria*, chap. 6 : « Paris, 1292-1313 », p. 127-153; R. H. Rouse & M. A. Rouse, *Manuscripts and Their Makers. Commercial Book Producers in Medieval Paris 1200-1500*, Turnhout, Brepols, 2000, t. II, p. 11-142 (biographie de trente-deux femmes liées à la production de manuscrits et au commerce du livre). J'avais abordé cette question dans

largement répandu avait en outre conduit à ne pas considérer la participation des femmes comme significative, à la gommer [1].

Pourtant, impressionné par la variété des emplois exercés par les femmes au Moyen Âge, David Herlihy avait pour sa part conclu que l'exclusion des femmes de la sphère publique date du XVe siècle et qu'en particulier Paris au XIIIe siècle offrait l'exemple d'une société remarquablement ouverte [2]. Herlihy reconnaissait cependant que le confinement des femmes à la maison (« domestication ») à l'époque moderne avait été favorisé, entre autres, par la constitution de monopoles masculins, dont l'université est un exemple flagrant.

mon livre P. Bermon, *La fondation de l'université de Paris*, Paris, Les Belles Lettres, 2017, p. 249-252. Depuis, W. J. Courtenay a publié un livre important, dont le chap. V s'intitule « Une présence cachée. Les femmes et l'université de Paris » : W. J. Courtenay, *Ritual for the Dead. Religion and Community in the Medieval University of Paris*, « The Conway Lectures in Medieval Studies 2016 », Notre Dame, University of Notre Dame Press, 2019, chap. V, « A Hidden Presence. Women and the University of Paris », p. 81-100. *Cf.* aussi les chap. III (« Candles for Our Lady », p. 37-51) et VI (« The Growth of Marian Devotion », p. 101-130), sur la dévotion mariale des universitaires. Cet ouvrage développe une idée de la dévotion universitaire déjà présente chez J. Verger, « Les saints patrons à l'université de Paris au Moyen Âge », dans P. Castelli & R. Greci (éd.), *Santi patroni e Università in Europa*, « Studi. Centro interuniversitario per la storia delle università italiane, 21 », Bologna, CLUEB, 2013, p. 1-9, qui explique, p. 8, que « relativement peu tournée vers le culte des saints, l'Université de Paris a en revanche, dès l'origine, attaché une grande importance à la commémoration de ses propres défunts dont les noms parsèment les obituaires et dont les plaques tombales se voyaient dans les églises parisiennes ». Courtenay, dans l'un de ses paragraphes les plus remarquables, « Medieval Colleges and Islamic Madrasas » (*Ritual for the dead*, p. 75-80), plaide pour une reprise de la comparaison entre les collèges médiévaux et les madrasas islamiques proposée par G. Makdisi dans plusieurs articles des années 1974-1981 (cf. *The Rise of Colleges : Institutions of Learning in Islam and the West*, Edinburgh, Edinburgh University Press, 1981), affirmant que « les deux développements ont suivi des chemins similaires, en ce qui concerne leur vie religieuse et les motivations de leurs fondateurs » (*Ritual for the dead*, p. 79). Or les fondateurs pouvaient être aussi des fondatrices.

1. La nature précise de ce biais est exprimée par É. Victor, animatrice à partir de 1964 de l'émission « Les femmes aussi » (« Éliane Victor à propos de l'émission *Les femmes aussi* », interview de Michèle Fitoussi, *La belle télévision : quarante ans de télévision,* 22 août 1990, https://www.ina.fr/video/I05325657) : « non, ce n'était pas du mépris, cela n'existait pas, cela n'existait pas, ce n'était pas un danger; petit à petit, la Direction s'est intéressée; ça agaçait, ça agaçait ». Que des historiens hommes aient pu au XIXe siècle, comme l'expliquent L. Moulinier et M.-P. Halary dans le présent volume, réattribuer faussement à des hommes des œuvres écrites par des femmes au Moyen Âge, montre l'efficacité de ce processus d'« invisibilisation » des femmes et de minimisation de leur contribution.

2. Herlihy, *Opera Muliebria*, p. 153.

Les questions que je pose sont donc les suivantes : l'université parisienne, fondée au début du XIIIe siècle, comme un monopole masculin, a-t-elle œuvré à l'exclusion des femmes de la sphère publique et à la disparition quasi-complète jusqu'à une époque récente de la prise en compte de leur participation par les historiens, eux-mêmes formés en son sein ? Ne peut-on aussi trouver dans l'histoire des origines de l'université des signes d'une ouverture réelle de certains des fondateurs à la signification de la participation des femmes ? Si oui, lesquels ? Peut-on de plus établir des liaisons, même en pointillés, entre l'établissement de l'institution universitaire à partir de 1200 et l'apparition deux siècles après, de figures de femmes humanistes, dont Christine de Pisan (1364-1430) est l'une des plus connues ? Si oui, comment ?

La réponse à ces questions mériterait une enquête approfondie qui n'entre pas dans le format de la présente contribution. Je me contente du rappel de faits bien connus et de quelques indications supplémentaires.

L'UNIVERSITÉ, UN MONDE EXCLUSIVEMENT MASCULIN, NE LAISSANT DE PLACE QU'À DES PROSTITUÉES ?

Il est bien connu que l'université, fondée vers 1200 à Paris, est un système masculin, qui instaure un *curriculum* non mixte, réservé aux hommes, aux clercs, en principe non mariés (même si quelques-uns étaient mariés, comme nous le verrons). C'est ce cursus qui a donné lieu au schéma historiographique du *clericus litteratus*, qui consiste à faire de la culture le monopole des clercs, donc des hommes [1]. Une vue courante est qu'un tel système ne laisserait de place aux femmes qu'en tant que prostituées. Un chapitre connu de l'*Histoire occidentale* de Jacques de Vitry, dans lequel l'évêque d'Acre décrit, dénonce et déplore la promiscuité entre les clercs et les courtisanes à Paris au début du XIIIe siècle, étaye largement cette vision des choses : « dans une même maison, on trouvait des écoles à l'étage supérieur, en bas des prostituées » [2]. On pourrait nuancer en prenant

1. Néanmoins le paradigme du *clericus litteratus*, réservant le monopole des lettres aux hommes au Moyen Âge, a été remis en cause depuis quelques dizaines d'années dans l'historiographie. Voir, par exemple, le panorama dressé par S. Duval, « La littéracie des femmes à la fin du Moyen Âge. Questions sur l'histoire de la culture, de la lecture et de l'écriture à travers des travaux récents », *Médiévales* 75/2, 2018, p. 227-248.

2. Jacques de Vitry, *Histoire occidentale*, chap. VII (« L'état de la ville de Paris »), trad. fr. G. Duchet-Suchaux, « Sagesses chrétiennes », Paris, Cerf, 1997, p. 85.

compte de la remarque de Claude Gauvard selon qui, au Moyen Âge, du moins à certaines époques et en certains endroits, le clerc fréquentant une *meretrix* pouvait être puni de mort, la dénonciation des voisins jouant à plein[1].

Professeur à Trinity College, Dublin, Ruth Mazo Karras, dans son ouvrage dont je traduis le titre, *De petits garçons à hommes : la formation de la masculinité dans l'Europe à la fin du Moyen Âge*, publié en 2003, consacre une partie à la formation de l'adolescent mâle à l'université, qu'elle fait contraster notamment avec la formation du chevalier[2]. Pour elle, la masculinité médiévale, quel que soit son cadre, se caractérise par le sentiment dominant de devoir se prouver soi-même supérieur aux autres hommes. Contrairement aux chevaliers, les universitaires ne s'identifiaient pas dans une opposition à la femme, mais à la bête, l'éducation agissant, pensait-on, comme transformation faisant passer l'étudiant d'un état animal au statut d'homme rationnel. Pour Ruth Mazo Karras,

1. C. Gauvard, compte rendu de l'ouvrage de J. Rossiaud, *La prostitution médiévale*, préf. G. Duby, Paris, Flammarion, 1988, dans *Annales. Économies, Sociétés, Civilisations* 45/5, 1990, p. 1239-1241, note, p. 1240, que « l'intégration des prostituées » ne s'est pas opérée de « façon lisse ». « Régulièrement l'État du XIVe siècle [...] fustige les prostituées qui font partie des boucs émissaires. [...] Ainsi l'image du mauvais sujet que véhiculent les archives judiciaires royales joue de la fréquentation de la *meretrix*, surtout s'il agit d'un clerc, ce qui sert à condamner le coupable à la peine de mort. La décision est moins autoritaire qu'il y paraît; la renommée a tôt fait de s'emparer de ces stéréotypes pour livrer à la vindicte publique celui ou celle que des voisins mal intentionnés désirent perdre ». L'ouvrage de J. Rossiaud porte sur le XVe siècle rhodanien (1440-1490, de la Bourgogne à la Provence), décrit un système à trois lieux, le *prostibulum*, les étuves et les chambres, insiste sur le rôle social des prostituées, le caractère naturel de la fréquentation des bordels par les célibataires, l'interdiction de principe aux hommes mariés et aux clercs, tout en notant, p. 53-54, que les ecclésiastiques forment à Dijon 20 % de la clientèle des étuves et bordelages privés. Trois ans auparavant, L. Otis, *Prostitution in Medieval Society. The History of an Urban Institution in Languedoc*, Chicago, University of Chicago Press, 1985, avait soutenu que, de tolérée aux XIIe et XIIIe siècles, la prostitution avait été institutionnalisée aux XIVe et XVe siècles, avant d'être réprimée au XVIe siècle. Les travaux de N. Bériou sur la figure de Marie-Madeleine montrent que sa caractéristique de prostituée repentie a surtout été présentée au Moyen Âge à des auditoires masculins, car cet aspect de sa vie était perçu comme peu édifiant s'il était souligné devant des auditoires de femmes (N. Bériou, « La Madeleine dans les sermons parisiens du XIIIe siècle », *Mélanges de l'École française de Rome. Moyen-Âge* 104/1, 1992, p. 269-340).

2. R. Mazo Karras, *From Boys to Men : Formations of Masculinity in Late Medieval Europe*, Philadelphie, University of Pennsylvania Press, 2003; *ead.*, « Sharing Wine, Women, and Song : Masculine Identity Formation in the Medieval European Universities », dans J. J. Cohen, B. Wheeler (éd.), *Becoming Male in the Middle Ages*, New York, Garland Publishing, 1997, p. 187-202.

l'université, intentionnellement ou non, a donc encouragé une représentation idéologique des femmes comme de simples objets sexuels. J'ajouterai pour aller dans son sens que certains clercs semblent n'avoir pas éprouvé de gêne particulière à abuser de femmes de basse condition, si l'on suit l'analyse glaçante du *De amore* d'André le Chapelain que donnent Claude Thomasset et Danielle Jacquart dans *Sexualité et savoir médical au Moyen Âge* [1].

W. J. Courtenay dans un ouvrage récent, propose pour sa part une interprétation nuancée de l'exclusion des femmes de l'université. Il explique que l'université n'a pas consisté à ôter aux femmes les occasions d'éducation qui pouvaient exister précédemment, « à la manière des Talibans » ; mais plutôt à

> ne pas donner aux femmes l'accès aux nouvelles opportunités d'éducation qui se mettaient en place. Les carrières ecclésiastiques et administratives auxquelles ouvraient les études étaient toutes réservées aux hommes, si bien qu'au début, la question d'ouvrir aux femmes le nouveau système éducatif n'est pas même venue à l'esprit des hommes qui le mettaient en place [2].

MAÎTRESSES (*MAGISTRAE*) ?

Cette entrée en matière rend la première question que je pose tout à fait incongrue. Les femmes pouvaient-elles être docteurs (*doctrices*), maîtres ou maîtresses (*magistrae*) ?

Pas de grades pour les femmes à l'université : le cas de la médecine

À première vue, non, évidemment, étant donné ce qui vient d'être dit. Le *Décret* de Gratien (XIIe siècle) est d'ailleurs formel : *mulierem constat… nec docere potest nec testis esse* [3] ; la femme ne peut ni enseigner, ni témoigner dans un procès (notons au passage que Portia, déguisée en Balthazar, « jeune docteur de la Loi », dans le *Marchand de Venise* de Shakespeare [1596-1597], transgresse toutes ces interdictions à la fois).

1. D. Jacquart & C. Thomasset, *Sexualité et savoir médical au Moyen Âge*, Paris, P.U.F., 1985, p. 135 *sq.*; André le Chapelain, *Traité de l'amour courtois*, trad. fr. C. Buridant, Paris, Klincksieck, 1974.

2. Courtenay, *Ritual for the Dead*, p. 82.

3. Gratien, *Decretum*, c. 33, q. 5, c. 17; éd. E. Friedberg, Leipzig, 1879, t. I, col. 1255.

Le cas de la prise de contrôle de l'université sur la pratique de la médecine est emblématique de la situation. L'université interdisait de pratiquer la médecine sans grade, mais les femmes n'avaient pas le droit de s'inscrire à la Faculté des Arts, réquisit nécessaire pour candidater à la Faculté de médecine. Ceci finit par écarter beaucoup de gens, dont les femmes, de la pratique médicale [1].

Quelques femmes enseignant, surtout à Bologne

Pourtant, on connaît des exemples de femmes enseignant au Moyen Âge, dans des cadres extra-universitaires et avant même l'âge universitaire : l'abbesse enseignait à ses moniales (pensons à Héloïse [2] ou à Hildegarde de Bingen [3]) et les trois filles du rabbin Rashi († 1105) sont dites avoir participé à l'entreprise familiale de science et d'enseignement. Telle, plus tard, la moniale vénitienne Elisabetta Tomasini qui, à la fin du XIVe siècle, était surnommée *la teologa* par Jean Dominici, tandis que ses consœurs la considéraient comme *uno doctor* [4].

À l'université de Bologne, est rapporté le cas de Novella, fille du canoniste Jean d'Andrea, qui le remplaçait lorsqu'il ne pouvait pas faire cours. Née en 1312, elle mourut jeune, avant 1346, semble-t-il [5]. Christine de

1. Courtenay, *Ritual for the Dead*, p. 84-85, avec un renvoi au procès de Jacoba Felicie accusée en 1322 à Paris de pratiquer illégalement la médecine (éd. H. Denifle & É. Châtelain, *Chartularium Universitatis Parisiensis* [désormais *CUP*], Paris, Delalain, t. II, Sectio Prior, 1891, p. 255-267, n. 811-816) ; Herlihy, *Opera Muliebria*, p. 104 *sq.*; D. Jacquart, *Le milieu médical en France du XIIe au XVe siècle*, Genève-Paris, Droz, 1981.

2. Entre 1373 et 1387, Jehan le Fèvre de Ressons, *Les Lamentations de Matheolus et le Livre de leesce*, éd. A.-G. Van Hamel, « Bibliothèque de l'École des hautes études, 95-96 », t. 2, Paris, É. Bouillon, 1895, p. 36, v. 1132-1136, dresse un portrait d'Héloïse « philosophesse », prouvant que sa figure inspirait les premiers humanistes : « Feüst Heloïs, l'abeesse/ Du Paraclit, qui tan fu sage/ Du droit de coustume et d'usage;/ Et si estoit philosofesse,/ Combien que elle fust professe ».

3. Voir la contribution de L. Moulinier *infra* p. 249-271.

4. S. Duval, « Usages du livre et de l'écrit chez les moniales dominicaines observantes, Italie, première moitié du XVe siècle », dans N. Bériou, M. Morard & D. Nebbiai (éd.), *Entre stabilité et itinérance. Livres et culture et des ordres mendiants XIIIe-XVe siècle*, Turnhout, Brepols, 2014, p. 215-228, plus part. p. 218.

5. D. Tappy, « Des femmes enseignant le droit à Bologne au Moyen Âge? Retour sur les récits concernant la fille de Jean d'André et d'autres prétendues juristes médiévales », dans M. Cavina (éd.), *L'insegnamento del diritto (secoli XII-XX) / L'enseignement du droit (XIIe-XXe siècle)*, « Studi e ricerche sull'università », Bologna, Il Mulino, 2019, p. 89-109. Je remercie J. Verger de m'avoir signalé cet article et D. Tappy de m'en avoir envoyé copie à ma demande. Voir aussi M. T. Guerra Medici, « Di padre in figlia. Novella di Giovanni

Pizan raconte qu'elle enseignait derrière un rideau, pour que sa beauté ne troublât pas ses auditeurs [1]. Pour Judith R. Baskin, le thème de la femme enseignant derrière un rideau, attesté aussi dans le monde juif, pourrait être un *topos* circulant dans l'espace méditerranéen à la fin du Moyen Âge [2]. Jean Le Fèvre de Ressons, procureur au Parlement de Paris, né vers 1320, raconte dans le *Livre de Leesce* [Liesse] composé entre 1373 et 1387, que Novella entreprit dans une leçon publique de prouver que les femmes sont égales aux hommes, en avançant soixante-dix raisons si convaincantes que les hommes ne trouvaient rien à y redire [3]. L'image choisie pour être en première de couverture de ce volume représente d'ailleurs une femme, peinte à Bologne sur un *Décret* de Gratien, dans les milieux canonistes, mais bien avant la période de Jean d'Andrea, au troisième quart du XIIe siècle : cette femme a une attitude qui évoque celle d'un enseignant, comme le montre le mouvement de ses mains. Cette image serait chronologiquement plus proche de la fille du canoniste François Accurse (1181/6-

d'Andrea e Cristina di Tommaso da Pizzano (Christine de Pisan) nella scuola di Bologna », *Rivista internazionale di diritto comune* 27, 2016, p. 329-344.

1. Christine de Pizan, *La Cité des Dames* [1986], Livre II, chap. XXXVI, trad. fr. moderne T. Moreau & É. Hicks, « Moyen Âge », Paris, Stock, 2000, p. 179.

2. J. R. Baskin, « Some Parallels in the Education of Medieval Jewish and Christian Women », *Jewish History* 5, 1991, p. 46. Par ailleurs, D. Tappy, dans un mail du 6 décembre 2019, a bien voulu me donner les informations suivantes : « L'histoire d'une femme enseignant cachée à des jeunes gens est racontée notamment d'une savante juive et pourrait être un topos méditerranéen. Il s'agit de la fille d'un chef de la synagogue de Bagdad au XIIe siècle, dont le nom est latinisé en Samuel Ben Ali. L'anecdote à son sujet est racontée par un voyageur juif originaire de Ratisbonne, du XIIe siècle également, dont le nom occidentalisé est Rabbi Petachia, et qui a laissé un récit de voyage dans diverses régions des Balkans et du Proche Orient, en hébreu, traduit (d'abord en latin) et imprimé depuis le XVIe siècle ». D'après une traduction anglaise de 1856 disponible sur internet, ce voyageur écrit : « Rabbi Samuel… has no sons but only one daughter. She is expert in the Scripture and Talmud. She gives instructions in Scripture to young men, through a window. She herself is within the building, whilst the disciples are below outside, and do not see her ».

3. Jehan le Fèvre de Ressons, *Les Lamentations*, éd. A.-G. Van Hamel, t. 2, 1895, p. 36, v. 1140-1154 : « La fille maistre Jehan Andrieu/ Qui lisoit les lois et les drois/ Se leva matin une fois/ Pour monstrer par vraye science/ Devant tous en plaine audience/ Que femme est a l'omme pareille/ Et proposa mainte merveille/ Pour l'onneur des femmes garder/ Et pour leur blasme retarder/ Tout le jour dura sa lecture/ Jusques bien près de nuit obscure/ Des raisons mist plus de soissante/ Voire, ce croy, plus de septante/ Et si bien y continua/ Qu'homme ne l'en redargua ». *Cf.* A. Blamires, *The Case for Women in Medieval Culture*, Oxford, OUP, 1998, chap. VII, « Profeminine Role Models », p. 171 *sq.* Jean le Fèvre est le traducteur du *De vetula* attribué à Ovide (Richard de Fournival) : Jean le Fèvre, *La vieille*, éd. M.-M. Huchet, « Publications de la Société des anciens textes français, 112 », Paris-Abbeville, Société des anciens textes français-Paillard, 2018.

1259/63), dont Alberic de Rosate (ca 1290-1354) dit qu'il avait « entendu dire [qu'elle] enseignait le droit à Bologne » et que la tradition postérieure prénomme Dotta [1]. David Herlihy mentionne quant à lui « l'histoire non vérifiable d'une Vitisia ou Betesia Gozzodini qui enseignait le droit à Bologne, en 1236, notamment les *Institutes* de Justinien, chez elle » [2].

Même si l'exemple de Novella a été exploité rapidement dans des contextes féministes, Courtenay note toutefois que les quelques exemples où une fille se substituait ou succédait à son père concerne plus le contrôle par la famille d'une position qu'une question d'égalité des chances [3]. Et ces cas ne mentionnent pas l'obtention d'un grade universitaire, juste l'action d'enseigner [4].

Les maîtresses des petites écoles à Paris

À Paris, la présence de femmes maîtres, de maîtresses, est quant à elle bien attestée dans les *petites écoles*. Charles Jourdain leur consacre plusieurs pages dans son mémoire publié en 1874 [5]. Le terme de *petites écoles* est apparu au XVe siècle, pour désigner les écoles primaires. Au XIIIe siècle, on parlait des *parvi magistri*, *parvae magistrae*, qui officiaient dans les écoles de grammaire. W. J. Courtenay mentionne plusieurs femmes maîtresses ou propriétaires d'écoles à Paris au XIIIe siècle : Dame Annette d'Arke dans la rue du Fouarre (*taxatio domorum* de 1286), Dame Jahanna la Frisonne, rue des Cordeliers (*taxatio domorum* de 1288), propriétaires et peut-être maîtresses de leurs écoles; "Tyfainne, mestresse de l'escole" dans la "rue où l'en cuit les Oës" (actuelle rue aux Ours) (*taille* de 1292); Rose, qui enseignait dans une école de grammaire dans la paroisse de la Madeleine, sur l'Île de la Cité en 1297 et en 1298 [6].

1. Cité par Tappy, *Des femmes enseignant le droit*, n. 15, p. 94.

2. Herlihy, *Opera Muliebria*, p. 114-117.

3. Courtenay, *Ritual for the Dead*, p. 81 et n. 2, p. 173.

4. On connaît un cas de doctorat en philosophie obtenue à Padoue (à l'université des arts et de médecine) par Elena Lucrezia Cornaro Piscopia, mais seulement en 1678 (*cf.* P. F. Grendler, *The Universities of the Italian Renaissance*, Baltimore-London, The John Hopkins UP, 2002, p. 181-182). Je remercie Jacques Verger de m'avoir communiqué cette information.

5. Jourdain, *Mémoire*, p. 127-132.

6. Courtenay, *Ritual for the Dead*, p. 83.

Les maîtres et maîtresses prêtaient serment au chantre de Notre-Dame de respecter les règles et statuts de leur profession, qui ont été publiés et datés de 1357 (environ), dans le *Cartulaire de l'université de Paris* [1]. D'après les éditeurs du *Cartulaire*, en 1380, 41 maîtres et 21 maîtresses d'école, laïques et religieuses, étaient recensés pour Paris et sa banlieue [2]. Obligation était faite aux maîtres et aux maîtresses d'assister aux obsèques de leurs collègues, ce qui créait l'occasion de réunions régulières de la profession tout entière, hommes et femmes [3]. Le statut demande aux maîtres et aux maîtresses de n'enseigner les *libros grammatice*, les livres de la grammaire, « que s'ils sont bons grammairiens et capables » [4]. Le noyau de l'enseignement était l'apprentissage du *Notre Père* et du *Symbole de la foi*, d'après un document daté de 1354 [5].

Vers le milieu du XIVe siècle, l'université avait autorité sur les écoles de grammaire de la Rive Gauche du Quartier Latin au point de les forcer à cesser le travail quand elle se mit en grève. Un maître écrit en 1354 :

> le recteur et les maîtres au nom de l'université ordonnèrent la cessation des leçons non seulement dans les quatre facultés principales mais aussi en grammaire, si bien qu'ils firent cesser d'apprendre les petits enfants qui apprenaient le *Notre Père* et le *Symbole de la foi*, et cesser d'enseigner les maîtres et les pauvres femmes et religieuses (*pauperculas mulieres et religiosas*) qui enseignaient à ces mêmes enfants [6].

Le terme de *paupercula* pourrait paraître condescendant, si l'on ne se souvenait que Pierre Lombard lui-même l'emploie dans le célèbre incipit de ses *Sentences*, comparant à l'œuvre de la « pauvre veuve » de l'évangile

1. *CUP* III, p. 51-52, n. 1237 (Statut de 1357).
2. Voir *CUP* III, p. 24, n. 1220 cité *infra* n. 6, p. 183. Courtenay, *Ritual for the Dead*, p. 84, propose un *ratio* d'une femme pour sept hommes au XIIIe siècle.
3. *CUP* III, p. 51-52, n. 1237 (Statut de 1357), § 22 : « Omnes magistri et magistre debent esse in exequiis magistrorum seu magistrarum ».
4. *Ibid.* § 24 : « Nullus doceat libros grammatice, nisi sit bonus grammaticus et sufficiens ».
5. Voir note suivante. Voir aussi les précisions données par Jourdain, *Mémoire*, p. 109.
6. Notre traduction ; *CUP* III, p. 24, n. 1220 : « Et primo dico quod prefati rector et magistri [...] sub Universitatis nomine, nescitur quo spiritu ducti, cessaciones lectionum in prefato studio indixerunt, et non solum in quatuor facultatibus principalibus, ymo etiam in grammatica, et in tantum quod puerulos *Pater Noster* et *Symbolum fidei* discentes, a discendo, et magistros et pauperculas mulieres et religiosas ipsos puerulos docentes, a docendo cessare fecerunt, et temeritate propria compulerunt » ; cit. par Courtenay, *Ritual for the Dead*, p. 84. La note du *CUP* indique qu'il ne s'agit que des écoles de grammaire de la Rive gauche du Quartier Latin, où était implantée l'université.

rien moins que son propre travail [1]. Des générations de théologiens se sont identifiés à la *paupercula* à la suite de Pierre Lombard. Le texte de 1354 que nous citons prouve que cette désignation pouvait aussi s'appliquer à de réelles maîtresses d'école.

D'après Courtenay, ces écoles n'étaient pas mixtes. Celles qui accueillaient à Paris des filles étaient régies par des maîtresses, celles qui accueillaient des garçons l'étaient par des maîtres [2]. Pourtant, la réalité semble avoir été plus complexe; il semble que ces écoles pouvaient avoir un certain taux de mixité à l'origine grâce à un système de dispenses du chantre, supprimées par la suite en raison de leur vétusté [3]. Froissart décrit le fonctionnement d'une école mixte vers 1370 [4]. Humbert de Romans dans un sermon composé vers 1260 pour les élèves des écoles de grammaire recommande aux garçons de rester vierges, sans interdire explicitement la mixité, peut-être parce que celle-ci est de fait exclue [5]. Thomas de

1. Pierre Lombard, *Sententiae in IV libris distinctae*, éd. I. C. Brady, « Spicilegium Bonaventurianum, 4-5 », Grottaferrata Romae, Ed. Collegii S. Bonaventurae ad Claras Aquas, 1971-1981, t. I/2, p. 3 : « Cupientes aliquid de penuria ac tenuitate nostra cum paupercula in gazophylacium Domini mittere [...] ».,

2. Courtenay, *Ritual for the Dead*, p. 84; voir aussi Jourdain, *Mémoire*, p. 129, qui interprète le statut cité dans la note suivante comme une interdiction de la mixité dans les écoles, pratiquée continûment depuis le Moyen Âge jusqu'à l'époque moderne. L. Thorndike, « Elementary and Secondary Education in the Middle Ages », *Speculum* 15, 1940, p. 400-408, mentionne, p. 407, lui aussi des petites écoles de filles à Paris.

3. *CUP* III, p. 51-52, n. 1237 : la disposition 23 dit qu'« une femme ne peut avoir que des élèves filles », mais il existe une suite, « supprimée en raison de sa vétusté » (« finis omnino vetustate deletus ») selon les éditeurs du *CUP* : « une femme ne peut avoir que des élèves filles, à moins d'une dispense du chantre; et un maître ne peut avoir que des élèves garçons » (23. « Nulla mulier habeat nisi filias », [en note] « absque dispensatione cantoris, nec magister nisi pueros masculos »). La disposition 17 explique que « nul maître ni maîtresse ne doit dépasser les limites de ses droits, ni en nombre d'élèves, ni en ce qui concerne le sexe des élèves, ni non plus quant à la qualité des livres ou manuels scolaires » (17. « Quilibet magister aut magistra stabit in limitibus gratie sue, ita quod non excedet in numero aut sexu puerorum, seu etiam in qualitate librorum »).

4. N. Gorochov, « Jean Froissart raconte sa jeunesse : *L'Espinette amoureuse* (v. 1370) », dans P. Gilli (éd.), *Former, enseigner, éduquer dans l'Occident médiéval (1100-1450)*, Paris, Sedes, 1999, t. 2, p. 14-17 : « Et quand on me mit à l'école, Où les ignorants sont instruits, Il y avait des pucelettes Qui alors étaient jeunettes, Et moi, qui étais puceau, Je leur donnais des boucles, Ou une pomme ou une poire [...]. Et souvent devant les filles, nous nous battions avec nos coiffes » (p. 15-16). Je remercie J. Verger de m'avoir signalé cette référence.

5. Humbert de Romans, *De eruditione predicatorum*, Liber II, *De modo prompte cudendi sermones, Sermo LXII*, dans M. De La Bigne (éd.), *Bibliotheca maxima veterum patrum*, t. XXV, Lyon, Apud Anissonios, 1677 p. 487, trad. fr. P. Bermon, *La Fondation*, p. 278 et

Cantimpré, à la fin des années 1250, évoque « la rapidité des progrès dans la lecture d'une petite paysanne, si bien que les autres enfants, de familles aisées, qui fréquentaient l'école, en furent émerveillées » [1]. Henri de Gand († 1293) admet l'éducation des garçons par des femmes, même si pour lui, les femmes doivent enseigner avant tout à d'autres femmes et aux jeunes filles [2].

W. J. Courtenay affirme après Charles Jourdain qu'on ne sait pas où les maîtres et maîtresses parisiens étaient formés [3]. Robert de Sorbon, dans son traité intitulé *De conscientia*, écrit vers 1260, a un intéressant témoignage sur les écoles de grammaire. Il nous apprend que ces maîtres « ont été les auditeurs des meilleurs maîtres de la ville » (*audierunt a melioribus magistris de villa*) [4]. On pourrait comprendre cela comme voulant dire que les maîtres d'école – et donc aussi les maîtresses d'école ? – étaient auditeurs/auditrices des meilleurs maîtres de l'université.

Les écoles de grammaire en Toscane

À titre comparatif, Robert Black a étudié la situation des écoles de grammaire en Toscane à la même époque. Dans *Studio e scuola in Arezzo*, il décrit un monde de maîtres de grammaire, où les femmes n'apparaissent que dans les contrats de mariage [5]. Dans ses travaux sur Florence, il montre qu'il y avait 69 % de lettrés à Florence, dont des femmes. C'était une éducation de masse (*mass literacy*), qui reposait sur un système éducatif très

p. 306 (exemple de saint Bernard enfant préservant sa virginité). Les étudiants de grammaire sont ici des garçons.

1. Thomas de Cantimpré, *Bonum de apibus*, l. I, c. 23 (*ut cit.* Jourdain, *Mémoire*, p. 131-132).

2. Henri de Gand, *Summa Questionum*, art. 11, q. 2, *Utrum mulier possit esse doctor seu doctrix*, Paris, Josse Bade Ascensius, 1520, ff. 77v-78r, à propos de Salomon et de sa mère, explique qu'il s'agissait d'un cas de « doctrina privata qua mater erudivit filium tanquam minorem; quod licuit quia talibus etiam licet conversari cum feminis nec turpe est eis neque ad libidinem earum sermonibus provocantur ». Pour Henri, « in privato eis permittitur docere ea quae licet eas discere et hoc maxime mulieres alias et puellulas, viros autem non ».

3. Courtenay, *Ritual for the Dead*, p. 84.

4. Robert de Sorbon, *De conscientia*, trad. Bermon, *La Fondation*, p. 430 (d'après l'éd. F. Chambon, Paris, Picard, 1903).

5. R. Black, *Studio e scuola in Arezzo durante il Medioevo e il Rinascimento. I documenti d'archivio fino al 1530*, Rome, Herder, 1996, par exemple, doc. 177, du 19 mai 1333, p. 323 : mariage entre Jeanne, fille de Petrus Sartor olim Boni, et Ser Blasium, fils de Maffeus. L'affaire se conclut entre les pères, en présence de plusieurs maîtres (in margine : « Sponsalia inter Magistrum Caroncium et Petrum sartorem » [*sic*]).

développé. Black montre qu'il y avait des femmes maîtresses d'école (*doctrices*) en Toscane au début du XIVe siècle, mais que les communes n'employaient pas de femmes dans leurs écoles publiques [1].

Pour les maîtresses d'écoles, la situation paraît donc avoir été différente à l'université de Paris et en Toscane. Si les communes toscanes n'employaient pas de femmes dans leurs écoles, le Chantre, le Chancelier de Notre-Dame, voire l'université elle-même employaient à Paris officiellement et sous serment des *parvae magistrae in grammatica* dans des écoles de filles.

Les femmes et l'instruction publique : « régime de genre » et code de communication paulinien

La question de la prédication féminine, débattue par plusieurs maîtres parisiens au XIIIe siècle, se rattache à celle de l'enseignement féminin, même si l'horizon du débat est plus large et renvoie aussi à la lutte contre les hérésies, car les Vaudois, les Cathares puis les Lollards revendiquaient une possibilité pour les femmes de prêcher en public [2].

1. R. Black, *Education and Society in Florentine Tuscany : Teachers, Pupils and Schools, C. 1250-1500*, t. 1, Leyden, Brill, 2007, p. 123 : le *curriculum* le plus ancien à Florence remonte à 1304, il mentionne « Domina Clementia doctrix puerorum ». Décrivant l'évolution du système toscan dans le chapitre II de son ouvrage, Robert Black explique qu'au XIIIe siècle se produit le déclin de l'éducation ecclésiastique et la montée des écoles laïques, les professeurs laïcs remplaçant les ecclésiastiques, pour la première éducation, celle des enfants. Après 1300, l'éducation devient un « business ». Des couvents en Toscane font venir des professeurs laïcs. Le XIVe siècle voit aussi la montée en puissance des écoles financées par les communes, les écoles civiques, publiques, et la fin des écoles privées. Les Florentins prisaient particulièrement l'éducation de base (écrire et lire) et l'éducation commerciale (abaque). La grammaire (latin) était peu recherchée jusque vers 1470, moment où les humanistes réussirent à s'implanter et où le latin reprit de l'importance par rapport au vernaculaire.

2. Voir Herlihy, *Opera Muliebria*, p. 120-123; A. Brennon, « The Voice of Good Women : An Essay on the Pastoral and Sacerdotal Role of Women in the Cathar Church », dans *Women Preachers and Prophets through Two Millenia of Christianity*, Berkeley, Los Angeles-London, University of California Press, 1998, p. 114-133; Bériou, « La Madeleine dans les sermons parisiens », écrit, p. 301, à propos « de la validité d'un enseignement public des Écritures par les femmes » : « Les Vaudois étaient pour, les Papes sont devenus de plus en plus contre […], les théologiens y ont vu un privilège donné à certaines femmes à un moment de pénurie ».

Je ne m'étendrai pas sur des textes qui ont été fort bien étudiés par d'autres [1]. Le problème tourne autour de l'interdiction de la parole en public des femmes par saint Paul dans deux passages :

> 1 Cor 14, 34-35 : Que les femmes parmi vous se taisent dans les Églises, parce qu'il ne leur est pas permis d'y parler; mais elles doivent être soumises, selon que la loi l'ordonne. Si elles veulent s'instruire de quelque chose, qu'elles le demandent à leurs maris, lorsqu'elles seront dans leurs maisons : car il est honteux aux femmes de parler dans l'Église.
>
> 1 Tim 2, 12 : Je ne permets point aux femmes d'enseigner, ni de prendre autorité sur leurs maris; mais je leur ordonne de demeurer dans le silence.

Les premières objections à ces passages apparaissent au début du XIIIᵉ siècle, dans les commentaires de Jean de La Rochelle, de Guerric de Saint-Quentin puis d'Eustache d'Arras [2]. Ils soulignent que l'interdiction

1. A. Blamires, « Women and Preaching in Medieval Orthodoxy, Heresy and Saints Lives », *Viator* 26, 1995, p. 135-152; N. Bériou, « The Right of Women to Give Religious Instruction in the Thirteenth Century », dans B. M. Kienzle & P. J. Walker (éd.), *Women Preachers and Prophets through Two Millennia of Christianity*, Berkeley, University of California Press, 1998, p. 134-145; S. Delmas, *Un franciscain à Paris au milieu du XIIIᵉ siècle. Le maître en théologie Eustache d'Arras,* Paris, Cerf, 2010, p. 233-241 (« Les femmes et leur place dans les débats publics », je remercie Sophie Delmas de m'avoir envoyé ces pages). Voir aussi S. Rees Jones, « Public and Private Space and Gender in Medieval Europe », dans J. M. Bennett & R. Mazo Karras (éd.), *Women and Gender in Medieval Europe*, Oxford, OUP, 2013, p. 246-261 (analyse de la distribution genrée de l'espace, d'après Gilles de Rome, *De regimine principum*, ca. 1280).

2. Delmas, *Un franciscain*, p. 233-241. « Pour Eustache, sans mission d'un prélat, les femmes peuvent avoir reçu mission de prêcher de l'Esprit-Saint de qui elles reçoivent l'*auctoritas* ». Eustache d'Arras, *Quodlibet* II, 6, éd. S. Delmas, *Eustache d'Arras* (*o. F. M.*) *dans les débats universitaires de la seconde moitié du XIIIᵉ siècle,* thèse de doctorat, Histoire, Université de Lyon 2, 2006, t. 2, p. 26 : « Auctoritatem habuerunt a Spiritu Sancto, ipsis instigante et specialiter mittente, sicut apparuit per officium. Ubi enim fides periclitabatur, igitur a Spiritu Sancto sunt misse ». Sur le refus de la discipline ecclésiastique d'octroyer une *auctoritas* aux femmes, voir aussi *ibid.*, p. 25 : « Quidam enim dicunt quod ad hoc quod aliquis per predicationem mereatur aureolam, oportet quod habeat auctoritatem. Mulieri autem non competit ista auctoritas in ecclesia, et ideo si predicat, non habet aureolam, quia non est officium mulieris, sicut videtur dicere Apostolus, unde I ad Corinthios XIV super illud Mulieres etc., dicit quod contra ecclesiasticam disciplinam est quod mulieres predicent vel loquentur in ecclesia, quia, sicut dicit glossa, I ad Timotheum II, super illud : Mulieri docere non permitto, si mulier loquitur, magis irritat ad luxuriam et irritatur. Et ideo ipsis non committitur auctoritas, neque ergo officium. Qui ergo sic dicunt, respondent ad primum argumentum quod glossa illa dicit verum quantum ad vite meritum, non autem quantum ad officium ecclesiasticum, cuiusmodi est officium predicationis, propter causam predictam et propter multa pericula et mala que inde possent contingere. [...] Ad tertium dicendum quod non est simile, quia nec virginitas

faite aux femmes de parler dans les églises pose problème dans la mesure où certaines d'entre elles, mentionnées dans la Bible, ont prophétisé et enseigné en public.

Nous nous concentrerons ici sur un corpus de textes datant du dernier tiers du XIIIe siècle, composé de :

- THOMAS D'AQUIN, Super I Cor 14, 34-35, reportatio vulgata, cap. 14, lectio 7.
- THOMAS D'AQUIN, *Summa theologie*, IIa-IIae, q. 177, a. 2; en IIIa, q. 55, a. 1 ;
- THOMAS D'AQUIN, *Super I Tim.*, cap. 2.
- THOMAS D'AQUIN, *Catena in Iohannem*, cap. 20, l. 2.
- HENRI DE GAND, *Summa Questionum*, art. 11.

Thomas d'Aquin accepte dans son commentaire à 1 Cor 14, 34-35, (Rome, 1265-1268), que les femmes, qui ne sont pas exclues de la révélation, procèdent à des annonces privées, mais non qu'elles prêchent en public [1]. Selon lui, les femmes ne peuvent pas enseigner publiquement (*doctrina publica*), mais seulement en privé (*doctrina privata*). Déborah a instruit le peuple par l'esprit de prophétie et « la grâce de Esprit saint ne fait pas de distinction entre homme et femme », mais « elle ne prêchait pas publiquement, elle rendait des avis sous l'impulsion de l'Esprit saint » [2]. Ailleurs, il donne une longue liste de prophétesses, notant que « les

nec martirium important officium nec auctoritatem in alios vel super alios. Unde bene competit mulieri et aureola pro ipsis, non sic autem predicatio ».

1. Thomas d'Aquin, *Super I Cor. 14, 34-35* [reportatio vulgata], cap. 14, lectio 7 (www.corpusthomisticum.org). Je cite désormais Thomas d'Aquin dans le texte disponible en ligne à l'adresse www.corpusthomisticum.org. Vers 1271-1272, Thomas d'Aquin, en *Summa theologie*, IIa-IIae, q. 177, a. 2 ad. 3, écrit : « mulieres, si gratiam sapientiae aut scientiae habeant, possunt eam administrare secundum privatam doctrinam, non autem secundum publicam »; puis en *Summa theologie,* IIIa, q. 55, a. 1, se prononce contre les prises de parole en public des femmes. Les femmes savantes peuvent enseigner en privé, non publiquement. Voir le commentaire récent de ces textes par E. Schlotheuber, J. Hamburger, M. Fassler & S. Marti, *Liturgical Life and Latin Learning at Paradies bei Soest, 1300-1425. Inscription and Illumination in the Choir Books of a North German Dominican Convent*, Münster, Aschendorff, 2016, t. 1, p. 52-54.

2. Thomas d'Aquin, *Super I Tim.*, cap. 2 : « Sed contra, Prov. ult. : *Erudivit eum mater sua*, et cetera. Respondeo. Dicendum est quod doctrina alia est publica, et haec non competit mulieri, et ideo dicit, *in Ecclesia*, alia est privata, et hac mater erudit filium. Sed contra Iud. V Debbora erudivit populum Israel. Respondeo. Illa eruditio est per spiritum prophetiae, et

femmes ne sont pas exclues de la révélation, mais qu'au contraire beaucoup de choses leur sont révélées, comme aux hommes » [1]. Hommes et femmes diffèrent par l'usage qu'ils font du don de prophétie. La « manifestation de la révélation », que Thomas appelle aussi « annonce », se fait en effet selon deux modes, l'un public, la prédication (*praedicatio*), dont les femmes sont exclues, et l'autre privé, qui est proprement l'annonce (*annunciatio*), à laquelle participent les femmes. Thomas d'Aquin explique ainsi au sujet de Marie-Madeleine :

> En ceci que cette femme a *annoncé* aux disciples la résurrection du Christ, tous, surtout ceux à qui a été confié l'office de *prêcher*, sont avertis, pour que si quelque chose lui fut révélé, à elle, d'en-haut, eux l'offrent avec ardeur à leurs prochains [2].

Public signifie qui est représentatif « de tout le peuple » ; privé, signifie qui n'est représentatif que « d'une seule personne » [3]. Autrement dit, si les hommes peuvent représenter les femmes, l'inverse n'est pas vrai : les femmes ne peuvent pas représenter les hommes, ni parler pour eux. Pour Thomas, enseigner (*docere*) suppose une *praelatio* et une *praesidentia* qui ne conviennent pas aux femmes, qui sont inférieures, car « manquant de la raison dont a besoin celui qui préside » [4]. Il s'agit donc de savoir qui gouverne (*regimen*) et Thomas d'Aquin paraît donc bien ici définir un « régime de genre » [5].

gratia spiritus sancti non discernit inter virum et mulierem; non tamen publice praedicabat, sed instinctu spiritus sancti consilia dabat ».

1. Thomas d'Aquin, *Super I Cor.* [reportatio vulgata], cap. 14, lectio 7 : cité *infra*, n. 1, p. 194.

2. *Cf.* Thomas d'Aquin, *Catena in Iohannem*, cap. 20, l. 2 : « In eo autem quod haec mulier discipulis Christum resurrexisse nuntiavit, omnes monentur, maxime quibus est commissum praedicandi officium, ut si quid ei caelitus revelatum fuit, studiose proximis propinent ».

3. *Cf.* Thomas d'Aquin, *Hic est liber*, pars 2 co. : « privata unius personae [...]; et publica quae est totius populi ».

4. Sur le thème éculé des femmes qui manqueraient de raison (« deficiunt ratione »), chez Thomas d'Aquin, voir J. F. Hartel, « *Femina ut imago Dei*. The integral feminism of st. Thomas Aquinas », *Gregorianum* 77/3, 1996, p. 527-547, qui souligne l'influence de l'aristotélisme sur la conception de la femme. La femme est, comme l'homme, un type sous-spécifique de l'espère humaine (« subspecific type », p. 543).

5. *Cf.* D. Lett, « Les régimes de genre dans les sociétés occidentales de l'Antiquité au XVIIe siècle », *Annales. Histoire, Sciences Sociales* 67/3, 2012, p. 563-572, p. 565-566 : « Un régime de genre peut être défini comme un agencement particulier et unique des rapports de sexe dans un contexte historique, documentaire et relationnel spécifique. Plusieurs régimes peuvent coexister dans une même période historique. Dépendants d'une série d'opérations de contextualisation, ils sont instables, sujets à variation lorsque l'historien change de

Les moines et les femmes

Les termes de *praelatio* et de *praesidentia* doivent être précisés. Au XIIe siècle, le terme de prélat désigne « le prêtre de paroisse, y compris le curé de campagne » [1]. Thomas d'Aquin distingue entre prélats supérieurs et inférieurs [2]. Or seuls les prélats ont pouvoir de prêcher *ex officio*. Les moines et les Mendiants ne reçoivent l'autorisation (*auctoritas*) de prêcher qu'*ex commissione* [3], par délégation d'un prélat. L'exercice de la prédication relève, plus précisément que du sacrement de l'ordre (*ordo*), de ce que Thomas appelle la juridiction ordinaire (*iurisdictio ordinaria*) [4].

documentation, déplace son regard vers d'autres acteurs ou dès que les relations entre les acteurs observés se modifient ».

1. J. Longère, « Le pouvoir de prêcher et le contenu de la prédication dans l'Occident chrétien », dans G. Makdisi *et al.* (éd.), *Prédication et propagande au Moyen Âge. Islam, Byzance, Occident,* Paris, P.U.F., 1983, p. 165-177, plus part. p. 171, citant notamment n. 33 et 34, p. 176, Alain de Lille, *Ars praedicandi,* c. 38, *PL* 210, col. 192 D et Pierre le Chantre, *Verbum abbreviatum* 56, *PL* 205, col. 172 A.

2. Thomas d'Aquin, *Summa theologiae*, II[a]-II[ae], q. 188 a. 4 ad 2 : « religiones instituuntur ad praedicandum et confessiones audiendum, non quidem propria auctoritate, sed auctoritate praelatorum superiorum et inferiorum, ad quos ex officio pertinet ».

3. Thomas d'Aquin, *Summa theologiae,* II[a]-II[ae], q. 187 a. 1 co. : « ea quae sunt ordinis, committi non possunt nisi ei qui ordinem habet, sicut diacono non potest committi quod celebret Missam, nisi fiat sacerdos. Ea vero quae sunt iurisdictionis, committi possunt eis qui non habent ordinariam iurisdictionem, sicut prolatio sententiae committitur ab episcopo simplici sacerdoti. Et hoc modo dicitur non licere monachis et aliis religiosis praedicare, docere, et alia huiusmodi facere, quia status religionis non dat eis potestatem haec faciendi. Possunt tamen ista facere si ordinem accipiant vel ordinariam iurisdictionem, aut etiam si eis committantur ea quae sunt iurisdictionis ».

4. Longère, « Le pouvoir de prêcher », p. 172 : « Pour les clercs séculiers et les chanoines réguliers, les moines sont morts au monde; ils n'ont pas pour mission d'enseigner, mais de faire pénitence [...]. Les moines répliquent qu'ayant reçu l'ordination sacerdotale, ils possèdent les mêmes pouvoirs que les autres prêtres. La solution viendra de la distinction qu'opère Gratien (*Décret* C. 16, q.1), vers 1140, entre ordination sacramentelle et institution canonique. La première confère à tous un pouvoir (*potestas*) sacerdotal qui rend apte aux devoirs de la charge : ministère de la Parole et des sacrements. La seconde est nécessaire à l'exercice de la *cura animarum*. En fait, dès l'ordination, on donne aux séculiers charge d'âme et avec elle l'*exsecutio potestatis*; les moines reçoivent l'ordination et, en certains cas seulement, la *cura animarum*; ainsi la différenciation apparaît plus nettement entre le niveau sacramentel qui communique la *potestas* et le niveau juridictionnel dont relève l'*exsecutio potestatis*. Au XIIIe siècle, Guillaume de Saint-Amour et Thomas vont s'affronter sur le sujet. Thomas d'Aquin rattache la prédication à une réalité d'ordre juridictionnel : *officium praedicationis* et *officium praelationis* vont de pair (S. th. II[a]-II[ae], q. 187, a. 4, ad. 2; q. 188, a. 4, ad 2). Les religieux ne prêchent pas *ex officio* comme les prélats, évêques ou prêtres qui ont charge d'âme (S. th., II[a]-II[ae], q. 184, a. 6); ils reçoivent l'*exsecutio operis*, non l'*officium*

Quelques années plus tard, dans l'article 11 de sa *Summa*, Henri de Gand († 1293) examine le droit d'enseigner ou d'être docteurs, successivement, des êtres humains en général, des femmes, des jeunes (de moins de trente-cinq ans), des religieux, des pécheurs, des premiers docteurs (qui étaient de simples apôtres non instruits) et des docteurs ultérieurs. Le traitement qu'il réserve aux moines ou religieux l'amène à faire la comparaison avec les femmes [1]. Il distingue trois régimes : de fait, de droit et par grâce spéciale.

1. De fait, tout un chacun peut enseigner ce qu'il sait.

2. Par grâce spéciale, des femmes ont exercé une prophétie publique et une prédication publique dans l'Ancien Testament (pour faire honte aux hommes qui s'étaient efféminés), comme elles ont pu aussi régner publiquement sur des hommes (*publica regimina super viros gerere*) et elles ont aussi pu exercer une prédication publique dans le Nouveau Testament (car on manquait d'ouvriers pour la moisson). Il est intéressant de constater que les premiers temps apostoliques où les femmes étaient si actives coïncident pour Henri de Gand avec la période où les docteurs de l'Église (*primi doctores*) étaient de simples artisans et des pécheurs ignorants (*idiote*) n'ayant reçu aucune instruction [2].

praedicationis et prêchent *ex commissione*. En effet, pape et évêques peuvent "commettre" leur charge pastorale, en particulier celle relative à la prédication; les Mendiants sont aptes à la recevoir. Le titre qu'ont les Mendiants pour prêcher est donc différent de celui de l'évêque ou du curé: ces derniers agissent *ex officio*, les premiers comme délégués ». Renvoie à Y.-M. Congar, « Aspects ecclésiologiques de la querelle entre Mendiants et Séculiers dans la seconde moitié du XIIIe siècle et le début du XIVe siècle », *Archives d'Histoire Doctrinale et Littéraire du Moyen Âge* 36, 1961, p. 35-151.

1. Henri de Gand, *Summa Questionum*, art. 11, q. 2, *Utrum mulier possit esse doctor seu doctrix*, éd. Paris, 1520, ff. 77v-78r et art. 11, q. 4, *An status religionis repugnet statui doctoris*, f. 79rv. La question relative aux femmes a souvent été étudiée. *Cf.* Courtenay, *Ritual for the Dead*, p. 86-87 ; Blamires, *The Case for Women*, p. 139-142 ; J. Beumer, « Die Stellung Heinrichs von Gent zum theologischen Studium der Frau », *Scholastik* 32, 1957, p. 81-85 ; F. A. Ball, *Henry of Ghent and Theological Education for Women*, MA Thesis, University of Wisconsin-Madison, 1974 (sign. par Courtenay, *Ritual for the Dead*, p. 86-87).

2. Henri de Gand, *Summa Questionum*, art. 11, q. 6, *Utrum primi doctores simplices et idiote esse debebant*, éd. cit., ff. 81r-82r.

3. De droit, on distingue trois cas :
   a) seuls les prélats ont le droit d'exercer l'office de docteur et de prêcher au peuple en public *ex officio* ;
   b) de leur état, tous les autres, dont les femmes et les moines, quand ils ont une science saine, ou sont clercs et lettrés, peuvent en privé transmettre leur science *ex beneficio*, par une sorte de privilège ;
   c) les moines clercs et lettrés peuvent néanmoins :
      i) prêcher en public *ex officio* si un prélat leur en délègue l'autorité ou, s'ils deviennent eux-mêmes prélats, par autorité ordinaire. Les moines lettrés n'ont pas besoin, semble-t-il, d'une quelconque délégation pour avoir le droit de
      ii) donner des leçons publiques, notamment sur l'Écriture sainte, exerçant ainsi *ex officio* une autorité magistrale.

Dans ces articles, Henri de Gand ne rattache pas explicitement le droit de prêcher en public au sacrement de l'ordre. On garde le sentiment qu'un moine non prêtre peut prêcher en public si l'autorité ou l'autorisation lui en est faite par un prélat (qui, lui, est prêtre). Henri distingue en outre deux façons d'enseigner en public : *praedicare* et *legere*. La première nécessite une délégation de la part d'un prélat, la seconde non [1].

Un prélat pourrait-il déléguer ou commettre son pouvoir de prêcher à une femme, comme il peut le faire (semble-t-il) à des religieux non prêtres ? Quant au pouvoir d'enseigner *ex officio auctoritatis magistralis,* qui est ouvert aux religieux non prêtres, semble-t-il sans besoin de délégation de la part d'un prélat, pourrait-il être aussi ouvert en principe aux femmes instruites, « clergesses et lettrées » (pour féminiser l'expression *clericus et literatus* utilisée par Henri de Gand au sujet des moines) ?

Les raisons qui excluent les femmes, selon Henri de Gand, de la prédication en public n'ont pas à voir avec le sacrement de l'ordre, ni non plus directement avec la question de leur formation initiale, comme le montre le tableau ci-dessous. Ce qui est en cause, c'est que les femmes n'ont pas la constance, l'efficacité, l'autorité et la vivacité requises pour s'adresser au peuple en public, pour faire œuvre d'instruction publique (*instructio publica*) [2]. La question de l'autorité est ici clairement posée en

1. Sur ces sujets, voir aussi Thomas d'Aquin, *Summa theologiae*, II^{a}-II^{ae}, q. 188, a. 4.

2. Cette occurrence du syntagme « instruction publique » pourrait être l'une des premières, sinon la première : ni Thomas d'Aquin ni les auteurs recensés dans la Base de Données *Library of Latin Texts*, Turnhout, Brepols, ne l'emploient. D'après Henri de Gand,

termes de force physique, de domination et de pouvoir : il s'agit de savoir qui commande à qui et saint Paul permet de décider que les hommes commandent aux femmes et qu'il convient donc d'ôter à ces dernières « même l'autorité qui s'attache à l'enseignement » public. La Genèse vient en renfort, qui explique que l'homme domine sur la femme (*dominabitur*). Un autre motif d'exclusion, plus indirect, tient au droit à la formation : les femmes, dit Henri, peuvent enseigner « ce qu'il leur est permis d'apprendre ». Restreindre leur accès à une formation ou le leur refuser a pour conséquence de leur retirer un droit d'enseigner.

	Enseignement en public: pourquoi la femme en est écartée	Enseignement en privé: le style féminin d'après Henri de Gand
Constance	Est facilement séduite loin de la vérité (péché originel)	Que peut-elle enseigner? Ce qu'elle a le droit d'apprendre (« ea quae licet eas discere »)
Efficacité	Fragilité de son sexe; cela ne suffit pas pour discourir et se démener en public (à une époque où les micros n'existent pas); il vaut mieux qu'elle soit dans le silence.	*silence*
Autorité	Elle n'a pas la liberté de faire ce qu'elle veut, elle est soumise à l'homme, comme la Genèse l'explique: *ipse dominabitur tui.* Henri lie ici, en suivant Paul, interdiction d'enseigner et interdiction de dominer sur	À qui? surtout aux autres femmes et aux jeunes filles de préférence pas aux hommes sauf exception aux jeunes garçons, surtout à

Summa Questionum, art. 11, q. 2, *Utrum mulier possit esse doctor seu doctrix*, éd. cit., ff. 77v-78r, historiquement les femmes ont d'abord eu accès à l'instruction publique, comprise comme le droit d'enseigner par prophétie le peuple, puis cet accès leur fut enlevé : « Dicendum quod prophetia data est mulieribus non ad publicam instructionem sed privatam [...]; viris autem data est ad publicam instructionem [...]; et ideo ut dictum est postquam prophetiam apostolis omnibus concessit, specialiter mulieribus publicam doctrinam abstulit, non viris ».

	l'homme. C'est pourquoi Paul a refusé à la femme « même l'autorité d'enseigner ». Il ne convient pas qu'elle préside, qu'elle commande, qu'elle domine.	leurs fils mineurs Une femme ornée d'une grâce spéciale peut enseigner à des hommes, comme le fit la Vierge Marie, qui a enseigné les Apôtres en silence.
Vivacité	Sa voix provoque au péché, incite à la luxure, irrite, enflamme les désirs, au lieu d'utiliser la vivacité du langage pour appeler à la mortification des désirs.	*Public féminin de préférence*

Thomas d'Aquin a des préjugés du même ordre. Il rapporte l'objection de quelques-uns, selon qui les femmes pourraient au moins poser des questions à l'église : *de dubiis quaerere, disputare*. Or pour Thomas, cette participation toute scolastique des femmes à la discussion ou à la dispute irait contre la décence (*verecundia*), raison qui explique également pourquoi on exclut les femmes de l'office d'avocat[1]. Dans la *Somme*

1. Thomas d'Aquin, *Super I Cor.* [reportatio vulgata], cap. 14 (nous citons ici largement ce texte auquel nous nous référons plusieurs fois) : « Dicit ergo : volo ut viri hoc modo utantur dono prophetiae, sed mulieres, in Ecclesia, nolo loqui ; sed taceant in Ecclesiis, I Tim. II, 12 : mulierem docere in Ecclesia non permitto. Et rationem huius assignat Chrysostomus, dicens, quod semel est locuta mulier et totum mundum subvertit. Sed contra hoc videtur quia de multis mulieribus legitur quod prophetarunt, sicut de Samaritana, Io. IV, 39, et de Anna uxore Phanuel, Lc. II, 36, et de Debora, Iud. IV, 4, et de Holdama propheta, de uxore Sellum, IV Reg. XXII, 14, et de filiabus Philippi, Act. c. XXI, 9. Supra etiam dicitur omnis mulier orans vel prophetans, et cetera. Responsio. Dicendum quod in prophetia sunt duo, scilicet revelatio et manifestatio revelationis, sed a revelatione non excluduntur mulieres sed multa revelantur eis sicut et viris. Sed annuntiatio est duplex. Una publica, et ab hac excluduntur ; alia est privata, et haec permittitur eis, quia non est praedicatio, sed Annuntiatio. Huius autem rationem assignat, dicens non enim permittitur eis loqui, scilicet ab Ecclesiae auctoritate, sed hoc est officium earum, ut sint subditae viris. Unde cum docere dicat praelationem et praesidentiam, non decet eas quae subditae sunt. Ratio autem quare subditae sunt et non praesunt est quia deficiunt ratione, quae est maxime necessaria praesidenti. Et ideo dicit philosophus, in politica sua, quod corruptio regiminis est quando regimen pervenit ad mulieres. Consequenter cum dicit si quid volunt, etc., quia possent aliqui dicere quod ad minus de dubiis possunt quaerere in Ecclesia, ideo apostolus hoc excludit, et circa hoc duo facit. Primo enim removet obiectionem, secundo rationem assignat, ibi turpe est, et cetera. Dicit ergo : dico quod

Théologique IIIa, q. 55, art. 1, ad 3m, Thomas d'Aquin reconnaît néanmoins que « le droit et même le devoir doctrinal (privé) de la femme s'étend jusqu'où s'étend l'influence sociale de la femme » (enfants, serviteurs, maisonnée)[1]. Si l'on rapproche ceci des statuts de l'université, qui connaissent dès 1215 la notion de leçons privées : Robert de Courson distinguant entre les leçons privées données officiellement (*privatas lectiones legere publice*) – leçons extraordinaires des bacheliers – et les leçons solennelles (*lectiones sollempnes dare*) qui, comme les sermons universitaires, ne doivent être données que par des personnes éprouvées[2], on s'aperçoit que les bacheliers ont le droit de donner leurs leçons privées publiquement, ce qui est refusé aux femmes.

Dans les textes cités, l'enseignement public ou *praedicatio* est compris comme un enseignement au peuple (*ad populum*), avec une connotation de leadership (*praesidentia*) politique ou quasi-politique (*regimen*). Pour les moines, Henri de Gand évoque en plus un enseignement public *ex officio* non délégué, ayant pour objet la *lectio* de l'Écriture sainte. L'un et l'autre enseignement public est *de iure* refusé aux femmes, même sur délégation, pour des raisons explicitement sexistes[3], alors que d'une part leur est

mulieres taceant in Ecclesia, sed si aliqua, de quibus dubitant, addiscere volunt, interrogent viros suos domi. I Tim. II, 11 : mulier in silentio discat cum omni, et cetera. Huius autem ratio est quia turpe est, non solum indecens : in mulieribus enim commendatur verecundia. Eccli. XXVI, 19 : gratia super gratiam, et cetera. Si ergo in publico quaereret et disputaret, signum esset inverecundiae, et hoc est ei turpe. Et inde est etiam quod in iure interdicitur mulieribus officium advocandi ». C. Capelle, *Thomas d'Aquin féministe ?*, « Bibliothèque thomiste », Paris, Vrin, 1982, p. 141, note que « la femme ne doit pas enseigner car elle ne doit pas dominer ». Dans le texte cité, Thomas d'Aquin associe *praedicatio* et la notion aristotélicienne de *regimen* et non pas *docere* et *dominatio*. Il en va autrement du *Super I Tim.*, cap. 2 l. 3, cité *infra*, n. 3, p. 228.

1. Capelle, *Thomas d'Aquin*, p. 134. Thomas d'Aquin, *Summa theologiae*, III^{a} q. 55 a. 1 ad 3 : « Ad tertium dicendum quod mulieri non permittitur publice docere in Ecclesia, permittitur autem ei privatim domestica aliquos admonitione instruere. Et ideo, sicut Ambrosius dicit, super Luc., ad eos femina mittitur qui domestici sunt, non autem mittitur ad hoc quod resurrectionis testimonium ferat ad populum. Ideo autem primo mulieribus apparuit, ut mulier, quae primo initium mortis ad hominem detulit, primo etiam initia resurgentis Christi in gloria nuntiaret. Unde Cyrillus dicit, femina, quae quondam fuit mortis ministra, venerandum resurrectionis mysterium prima percepit et nuntiat ».

2. *Cf.* Bermon, *La Fondation*, p. 138.

3. Henri de Gand, *Summa Questionum*, art. 11, q. 2, *Utrum mulier possit esse doctor seu doctrix*, éd. cit., ff. 77v-78r, explique comme nous l'avons rappelé que les quatre qualités requises du docteur font défaut aux femmes, notamment l'« exequendi efficacia », « [quia] sexus fragilitatem patitur qui non sufficit in publico discurrere et laborare » et la « docentis

reconnue *de facto* et *ex gratia speciali* la participation à la révélation, au don de prophétie, à l'annonce et à l'instruction (en privé dans le cadre domestique), enfin à la gloire; et que d'autre part l'on ne nie pas qu'aux temps anciens des femmes eurent parfois accès à la prophétie publique, au gouvernement politique et à la prédication publique. Le plus étonnant peut-être est que ces refus ne soient pas fondés sur des considérations ayant trait au sacrement de l'ordre. On peut ici parler d'une appropriation masculine de l'annonce *publique* de l'évangile. L'adjectif a son importance, car ces mêmes hommes reconnaissent pleinement le règne des femmes et des religieux dans l'annonce *privée* de ce même évangile. Il semble pour finir que ce « modèle théologique » de l'instruction *publique*, inspiré de saint Paul et de la Genèse, ait déteint sur les autres facultés : médecine, droit, philosophie.

Du moins la question citée d'Henri de Gand garde-t-elle la mémoire d'autres « régimes de genre » : prophétesses publiques de l'Ancien Testament, reines, prédicatrices publiques aux premiers temps de l'Église. Il écrit en conservant à l'arrière-plan une anthropologie riche et la conscience que le régime de droit qu'il décrit ne recouvre pas tous les faits, ni toutes les situations historiques.

Docere in silentio *(Henri de Gand) : importance de la communication non verbale*

Les femmes peuvent donc enseigner, mais elles doivent le faire en privé. D. Herlihy écrit que les interdictions pauliniennes sont moins contraignantes et absolues qu'il y paraît :

> les femmes ne pouvaient pas enseigner une doctrine formelle à des hommes adultes dans une église, mais elles pouvaient enseigner dans d'autres cadres : à la maison, dans de petits rassemblements en dehors de l'église, et même sur les places publiques. Elles pouvaient enseigner les enfants, d'autres femmes, et, en privé, des hommes adultes. Et elles pouvaient instruire par l'exemple aussi bien que par les paroles [1].

Pour cet auteur, « toute femme médiévale pouvait fonctionner comme un conseiller spirituel ou comme un sage » [2].

auctoritas [...] propter sexus conditionem qui non habet exequendi libertatem quia sub alterius debet esse potestate ».

1. Herlihy, *Opera Muliebria*, p. 118.
2. *Ibid.*

Plus étonnant, Henri de Gand admire celles qui sont capables « d'enseigner en silence » :

> à moins qu'il ne s'agisse d'une femme douée d'une grâce spéciale, comme le fut la bienheureuse Vierge qui enseigna les Apôtres en silence comme le dit en effet Augustin, dans un sermon sur la nativité de la Vierge. Parlant de la relation d'enseignement qu'elle avait avec les apôtres, il dit : « Eux-mêmes par la révélation de l'Esprit connurent toute vérité ; cependant elle-même comprenait incomparablement plus manifestement et plus éminemment la profondeur de la vérité même par la révélation du même Esprit ». Et ceci fit que beaucoup de choses étaient révélés à eux par elle, qui avait appris en elle non seulement par science mais par l'effet même, par l'expérience même, la vérité des mystères du Christ Seigneur en personne[1].

Je n'ai pas réussi à identifier la citation attribuée à Augustin qui, remarquons-le, ne parle pas, si l'on peut dire, explicitement du silence. Quelqu'un peut-il donc enseigner sans ouvrir la bouche ? Deux solutions s'offrent ici : le « maître intérieur » augustinien, qui enseigne à chacun la vérité en la lui inspirant à l'intérieur sans proférer de paroles à l'extérieur[2] ; l'exemple, par quoi autrui enseigne par son attitude et par son action, ce que l'on appelle aujourd'hui la communication non-verbale et dont on souligne à l'envi la prépondérance sur la communication verbale, avançant parfois des proportions respectives de 7 % (verbal) et 93 % (non-verbal). Dans le cas d'espèce, les deux modèles sont présents : les Apôtres connurent par révélation de l'Esprit toute vérité, la Vierge aussi (discours intérieur de la pensée, sans paroles proférées, c'est un silence habité de paroles intérieures). Néanmoins, la Vierge a pu faire comprendre aux Apôtres plus de choses encore par son attitude, car son savoir était d'expérience, plus encore que de science. La communication non-verbale de la Vierge aux

1. Henri de Gand, *Summa Questionum*, art. 11, q. 2, *Utrum mulier possit esse doctor seu doctrix*, éd. cit., ff. 77v-78r : « et hoc nisi sit mulier speciali gratia praedita ut fuit virgo beata que Apostolos in silentio docuit, ut enim dicit Augustinus in sermone quodam de virginis nativitate, loquens de apostolorum et eius disciplina dicit : " Ipsi per revelationem Spiritus edocti fuerunt omnem veritatem, incomparabiliter tamen manifestius ac eminentius ipsa per eundem Spiritum ipsius veritatis intelligebat profunditatem", et per hoc multa eis per eam revelabantur quae in se non solum scientia sed ipso effecto ipso experimento didicerat de mysteriis eiusdem domini Christi ».

2. Ce thème est développé par Augustin dans son dialogue intitulé *De Magistro*.

Apôtres leur permet ici d'approfondir leur intuition personnelle, à eux comme à elle formulée en pensée dans leur langage intérieur par l'Esprit[1].

On peut rapprocher cela de la piété mariale des maîtres de l'université de Paris, récemment étudiée par W. J. Courtenay[2]. Comme l'a montré Courtenay, l'analyse des sceaux de maîtres individuels de l'université de Paris fait apparaître qu'au tournant des XIIIe et XIVe siècles, le maître, qui se faisait représenter aux XIIe-XIIIe siècles seul avec un livre (exemple de Pierre de Poitiers), se fait désormais représenter aux pieds de la Vierge, en prière : cette Vierge est plus mère qu'enseignante. Ainsi, une représentation de Robert Holcot, effectuée à Paris en 1347, de son vivant, dans le manuscrit OXFORD, Bodleian lib., Laud. Misc. 562 (a. 1347), f. 1r, le montre priant la Vierge dans l'initiale ornant l'incipit de son commentaire à la *Sagesse* : le frère prêcheur à genoux s'adresse à l'enfant Jésus, que la Vierge lui présente du bras gauche tout en ouvrant son bras droit en direction du lecteur de l'ouvrage ; tout comme l'auteur est inspiré par Jésus en Notre-Dame, trône de la Sagesse, le lecteur est invité par Notre-Dame à entrer dans le fruit de cette inspiration ; la Vierge crée donc le lien entre l'auteur et son public, à l'instar du Maître intérieur. Jacques Verger a souligné, pour sa part, « la curieuse formule de salutation par laquelle s'ouvrent certains actes de l'université : [...] in filio gloriose Virginis »[3].

1. On comparera l'attitude idéale de la femme enseignant selon Henri de Gand, avec ce que décrit S. Duval, « La littéracie des femmes », p. 244-245 : « L'avènement de l'université, lieu de savoir exclusivement masculin et clérical, [...] la mise en valeur d'un savoir analytique masculin [ont] renvoyé peu à peu, par contraste (la diffusion des idées aristotéliciennes aidant), le "savoir féminin" à la sphère émotionnelle et corporelle. Cet état de fait n'empêcha pas les femmes de continuer à développer une culture religieuse originale et même assez largement reconnue. Cependant, les discours religieux féminins, qui bénéficiaient d'une large audience, étaient désormais assimilés à une science infuse d'origine divine dont les femmes n'auraient été que des réceptacles passifs. C'est ainsi que l'on présenta, à la fin du XIVe siècle, les *Révélations* de Brigitte de Suède ou le *Dialogue* de Catherine de Sienne. Cette symétrie entre un savoir rationnel et analytique masculin et un savoir 'infus' et émotionnel féminin, qui correspond à une grille de lecture cléricale des textes religieux féminins, n'autorisa pas l'accès des femmes au statut d'autorités (*auctoritates*) du savoir occidental. Elle entraîna toutefois, ou plutôt elle favorisa, l'éclosion à la fin du Moyen Âge d'un grand nombre de prophétesses et de femmes inspirées, dont les écrits pouvaient connaître une très grande diffusion (Brigitte de Suède). On relit aujourd'hui ces textes pour y découvrir combien ils sont bien souvent influencés par le savoir universitaire, tout en étant porteurs d'une vision théologique originale ».

2. Courtenay, *Ritual for the Dead*, en part. le chap. VI, « The Growth of Marian Devotion », p. 101-130.

3. Verger, « Les saints patrons », p. 9 : « On la rapprocherait volontiers, comme cela a d'ailleurs déjà été suggéré, du goût de l'université de Paris, milieu exclusivement masculin et

Robert Holcot, *In Sapientiam*, Incipit, Bodleian Library MS. Laud Misc. 562, fol. 001r. Photo © Bodleian Libraries, University of Oxford / CC-BY-NC 4.0

La maîtresse des béguines Agnès d'Orchies

On ne peut parler de *magistra* à Paris vers 1270 sans citer la maîtresse des béguines, Agnès d'Orchies, dont les exhortations ont été, par extraits, prises en notes par le sociétaire de Sorbonne Raoul de Châteauroux dans ses *Distinctiones* pendant l'année 1272-1273, dans le manuscrit Paris,

clérical, pour les allégories et les métaphores féminines. Elle s'inscrirait assez bien dans le réseau des références imaginaires d'une institution qui se pensait elle-même à la fois comme *mater studiorum* et *filia primogenita regis Franciæ* ».

BnF, lat. lat. 16482[1]. Les *Distinctiones* étant des collections d'autorités à l'usage des prédicateurs, cela signifie, selon Tanya Stabler Miller, que la maîtresse des béguines y est considérée comme une autorité[2]. Elle remarque en outre que 25 % des sermons pris en note par Raoul ont été prêchés à la chapelle du béguinage, proportion bien plus élevée qu'aucune autre église parisienne. Raoul s'y rend chaque semaine, sauf aux grandes fêtes, et pendant les mois d'été le béguinage est quasiment le seul endroit où il note des sermons.

La chapelle du béguinage exerçait donc une attraction spéciale sur les clercs, qui s'y rendent tous pour prêcher, qu'ils soient clercs séculiers, Franciscains, ou Dominicains. Ceci « suggère que les universitaires étaient impliqués dans l'instruction des béguines »[3]. Tanya Stabler Miller mentionne d'autres exemples de coopération entre les sociétaires de la Sorbonne et le béguinage, à commencer par Robert de Sorbon lui-même[4], en passant par le cahier d'Étienne d'Abbeville (m. ca 1288), à la louange des béguines, ajouté par Pierre de Limoges à son manuscrit personnel, Paris, BnF, lat. 15972, ff. 174r-177v et qui inclut le texte en picard des merveilleuses et paradoxales *Propriétés des béguinages*[5].

Agnès d'Orchies n'était certes pas *magistra* au sens où elle aurait acquis un titre universitaire, mais Tanya Miller a démontré l'identification

1. Identifiée par N. Bériou, « La prédication au béguinage de Paris pendant l'année liturgique 1272-1273 », *Recherches augustiniennes* 13, 1978, p. 105-229; *ead.*, *L'Avènement des maîtres de la Parole*, « Collection des Études Augustiniennes. Série Moyen Âge et Temps Modernes, 31 », Paris, Institut d'Études Augustiniennes, 1998, t. 1, p. 220 et p. 239; t. 2, « Annexe 12 », p. 714-734 : dans le manuscrit Paris, BnF, lat. lat. 16482, les extraits suivants des *Distinctiones* de Raoul de Châteauroux sont attribués ou attribuables à la maîtresse des béguines : f. 3va Amor-2 (citation); 15ra Confessio-1 (extrait de sermon); 16vb Summopere cavenda est ypocrisis in confessione (extrait de sermon); 42ra Exemplum de fide christianitatis; 250vb Templum-2 (extrait de sermon); 265vb, Tribulatio-2 (extrait de sermon).

2. T. S. Miller, *The Beguines of Medieval Paris*, Philadelphie, University of Pennsylvania Press, 2014, p. 97.

3. *Ibid.*, p. 96-98.

4. *Ibid.*, p. 81 *sq.*

5. Étienne d'Abbeville (?), *Les XXXII Propriétés des béguinages*, éd. P. Meyer, « Les propriétés des béguinages », *Bulletin de la Société des anciens textes français* 38, 1912, p. 98-99, en ligne : « Vechi les XXXII proprietés des beguinages. Bouche orant, cul plourant, ceur desirant, petit aler, bas regarder, en haut penser, droite entencion, douche paciense, ceur croissant, entendement cherubinal, sentement ceraphinal, aler en seant, parler en taisant, plourer en riant, estre fors en fleivant, riche en apourtant, sage en taisant, pensees coulees, paroles enmelees, œuvres ordenees, foi enluminee, esperanche eslevee, amour embrasee, angelique entendement, courtoisie espirituel, devins sentemens, dormir en vellant, vellier en dormant, morir en vivant, vivre en morant, juner en maignant, maignier en junant ».

non feinte de nombreux universitaires, en particulier de Robert de Sorbon lui-même, aux béguines ainsi que leur intérêt pour la science des béguines[1]. Ce dialogue entre un maître de Paris et une béguine en est l'illustration :

> Il fu uns maistres a Paris, si apiella un sien compaignon et li dist que il li amenast une beghine, et cils l'en amena une. Et li maistres li dist : « Quels gens iestes vous et que faites vous ? » « Maistres », fait elle, « nous faisons che que li fols ne scet ne ne poet faire ; car li fols poet vivre en pain et en yauwe et aler descaus et en laignes et viestir haire. Et se ne le scés, si l'apreng a faire ». « Et que faites vous dont ? » che li a dit li maistres. « Nous sçavons Dieu amer, confesser, nous warder, Dieu cognoistre, les. VII. sacremens, nos proimes amer et desevrer les visces des virtus, avoir humilité sans orgoel, amour sans haÿne, pascienche en tribulation, clere cognissanche de Dieu et de sainte eglise, et apparillies de tout souffrir pour Diu : tout chou est beghinages ». Quant li maistres l'oÿ, si dist : « Dont savés vous plus de divinité que tout li maistres de Paris »[2].

Le cas de Marguerite Porète

L'un des exemples parisiens les plus connus de femme auteur est celui de Marguerite Porète, théologienne, morte sur le bûcher, auteur du *Mirouer des âmes anéanties*, livre doctrinal et théologique en langue vulgaire de la fin du XIIIe siècle[3]. Les premiers maîtres qui s'exprimèrent sur cet ouvrage le considéraient comme « un livre fait par l'Esprit Saint » (Jean de Quiévrain) ; comme un livre écrit « par un esprit fort et fervent » (*ab uno spiritu ita forti et fervido...*) (Godefroid de Fontaines)[4]. L'emploi du terme *spiritus* pour parler d'un auteur féminin est cohérent avec le rôle de l'Esprit saint, dans la question de la prédication féminine, que nous avons vu chez Eustache d'Arras, Thomas d'Aquin ou Henri de Gand. On a ensuite reproché deux choses à Marguerite : de s'être tue devant l'Inquisition (refus de prêter serment) ; d'avoir continué à faire la promotion de son propre livre après que celui-ci ait été brûlé *publiquement* (elle a continué à

1. Miller, *The Beguines*, p. 120-125 : « The Masters and the *Magistra* ».
2. Berlin, Staatsbibliothek, MS Gall., oct. 28, éd. A. Hilka, « Altfranzösische Mystik und Beginentum », *Zeitschrift für romanische Philologie* 47, 1927, p. 121-170, ici p. 123. Je remercie Marie-Pascale Halary de m'avoir signalé cet extrait.
3. Voir la contribution de M.-P. Halary au présent volume.
4. P. Verdeyen, « Le procès d'inquisition contre Marguerite Porète et Gyuard de Cressonessart (1309-1310) », *Revue d'Histoire Ecclésiastique* 81, 1986, p. 47-94, ici p. 87.

en faire usage *verbo et scripto*, ce qu'elle a reconnu explicitement)[1] : un usage du silence et de la parole qui n'était pas conforme au code de conduite, au *code de communication* (d'origine paulinienne), qui s'imposait aux femmes. Sean L. Field a expliqué comment l'inquisiteur, Guillaume de Paris OP, œuvrant comme bras droit du roi Philippe le Bel, ayant déplu au Pape Clément V quand il s'en était pris aux Templiers, avait conduit le procès de Marguerite pour redorer son blason : manipulant deux groupes, des canonistes à qui il ne parlait pas du livre mais de la seule désobéissance de Marguerite, et des théologiens à qui il soumettait seulement des propositions tirées du livre, traduites en latin, sans leur parler de l'auteure[2]. Il s'ensuit que ce n'est pas vraiment l'auteure qui a été

1. Verdeyen, « Le procès d'inquisition », p. 81-82 (Sentence de l'inquisiteur, nous soulignons) : « citari te fecimus, ut compareas in iudicio coram nobis, [...] *ut coram nobis iuramentum prestares de plena, pura et integra veritate dicenda de te et de aliis* super hiis que ad nobis commissum inquisitionis officium pertinere noscuntur; *que facere contempsisti, licet a nobis fueris pluries super hoc et locis pluribus requisita, in hiis effecta contumax et rebellis. Pro quibus, contumaciis et rebellionibus evidentibus et notoriis hoc exigentibus*, de multorum peritorum consilio, in te, *sic rebellem et contumacem*, sententiam maioris excommunicationis tulimus [...] in tue salutis dispendium sustinuisti animo pertinaci, licet tibi pluries obtulerimus nos tibi absolucionis beneficium impensuros secundum formam ecclesie, *si hoc humiliter postulares, quod usque nunc petere contempsisti nec iurare nec respondere nobis super premissis hactenus voluisti*. Propter que secundum sanctiones canonicas pro convicta et confessa ac pro lapsa in heresim seu pro heretica te habemus et habere debemus. Porro dum tu, Margareta, *in istis rebellionibus obstinata maneres*, ducti conscientia, volentes officii nobis commissi debitum exercere, inquisivimus contra te [...]. Ex quibus inquisitione et processu nobis constitit evidenter quondam *composuisse te librum pestiferum contentivum heresum et errorum*, ob quam causam fuit dictus liber per bone memorie Guidonem, olim Cameracensem episcopum, condempnatus et de mandato ipsius in Valencenis in tua combustus presentia *publice et patenter*. A quo episcopo tibi fuit sub pena excommunicationis *expresse inhibitum ne de cetero talem librum componeres vel haberes aut eo vel consimiliutereris*, addens [...] dictus episcopus [...] quod, si de cetero libro utereris predicto vel si ea que continebantur in eo, *verbo vel scripto de cetero attemptares*, te condempnabat tamquam hereticam et relinquebat iustitiandam iustitie seculari. Post vero *ista omnia dictum librum contra dictam prohibitionem pluries usa es, sicut ex tuis patet recognitionibus, factis non solum coram inquisitore Lotharingie, sed et coram reverendo patre et domino Johanne* (*corrigendum : Philippo*), *tunc Cameracensi episcopo, nunc archiepiscopo Senonensi. Dictum etiam librum post condempnationem et combustionem predictas sicut bonum et licitum communicasti* reverendo patri domino Johanni, Cathalaunensi episcopo, et quibusdam personis aliis, prout ex plurium fidedignorum iuratorum et super hiis coram nobis evidentibus testimoniis nobis liquet ».

2. S. L. Field, « William of Paris's inquisitions against Marguerite Porete and her Book », dans *id.*, R. Lerner & S. Piron (éd.), *Marguerite Porete et le Miroir des simples âmes. Perspectives historiques, philosophiques et littéraires*, Paris, Vrin, 2013, p. 233-247;

condamnée comme hérétique par les théologiens, ni le livre par les canonistes : le procès est un montage de Guillaume de Paris dont il est malaisé de tirer des conclusions sur le sort des auteurs féminins à l'université de Paris. William Courtenay a eu raison de souligner que la fréquente condamnation à l'université de Paris de propositions jugées erronées, malsonnantes voire hérétiques, n'entraînait jamais la condamnation, pire encore, l'envoi sur le bûcher de leur auteur (à l'exception de la tragédie des Amauriciens, au tout début du XIIIe siècle)[1]. On perçoit surtout dans la sentence d'inquisition un groupe d'évêques, « prélats supérieurs », détenteurs *ex officio* d'une « autorité ordinaire » pour prêcher et instruire « en public », comme diraient Thomas d'Aquin et Henri de Gand, ayant, pour d'obscures raisons politiques et carriéristes, à cœur de faire taire une femme quand elle parle, écrit et communique, et de la faire parler quand elle se tait.

ÉTUDIANTES ?

Les femmes pouvaient-elles être étudiantes à l'université ?

Curiose sunt ad sciendum mulieres (*Henri de Gand*)

En principe oui, mais en public, non[2].

Henri de Gand dans une autre de ses questions, elle aussi souvent citée et étudiée, demande si une femme peut devenir auditrice du cours public d'Écriture sainte[3]. Henri répond d'abord par l'affirmative. Pour lui, tout être humain, homme ou femme, doit être « auditeur » de la science qui conduit au salut.

J.-R. Valette, « Marguerite Porete et la confrontation des discours », *Cahiers de recherches médiévales et humanistes* 23, 2012, *Les Femmes, les Lettres et le savoir au Moyen Âge*, p. 273-289.

1. W. Courtenay, « Marguerite's Judges. The University of Paris in 1310 », dans *Marguerite Porete et le Miroir*, p. 215-231, ici p. 224. Sur les Amauriciens, voir les textes traduits dans Bermon, *La Fondation*, p. 73-98.

2. Dans la collecte financière pour la communauté universitaire parisienne de 1329-1330 est mentionnée une femme, Marote la Goge, rue de la Harpe (*CUP* II, n. 670a). Mais Courtenay, *Ritual for the Dead*, p. 86, doute qu'elle ait été inscrite comme étudiante sous un maître de l'université. Il pense qu'il s'agit plutôt d'une prostituée ou d'une maîtresse d'école.

3. Henri de Gand, *Summa quaestionum*, art. 12, q. 1, *Utrum mulier possit esse auditor sacrae scripturae*, éd. cit., f. 84rv. *Cf.* Courtenay, *Ritual for the Dead*, p. 87.

Mais il y a deux sortes d'instruction, selon Augustin, *De Trinitate*, XIV, 1, 3 : savoir que croire et que faire, d'une part; savoir en persuader les autres et en réfuter les contradicteurs, de l'autre[1].

Or ce second mode d'instruction, selon Henri, suppose que l'on sache persuader les autres publiquement. L'adverbe « publiquement » ne figure pas dans le texte d'Augustin. Il permet à Henri de Gand d'exclure les femmes de ce deuxième mode d'instruction. En effet, dit-il, passant sans crier gare du droit d'être auditeur au droit d'être enseignant, il n'est pas permis aux femmes d'enseigner publiquement. La conception du statut d'auditeur sous-jacente à ce propos d'Henri est médiévale : un auditeur ne se contente pas d'écouter passivement, il participe à des disputes, prend la parole, réfute. Il s'exerce à l'oral, il enseigne déjà. La faiblesse du génie féminin (*propter debilitatem ingenii muliebris*) explique qu'on interdise aux femmes d'accéder à la perfection d'une telle science. Pour Henri, « si une femme se dépensait à scruter les secrets de cette science, elle aurait tôt fait de décrocher en se trompant plutôt que de réussir »[2].

Il faut néanmoins que chacun, homme ou femme, soit auditeur de la science sacrée, pour savoir que croire et que faire pour son salut. Henri de Gand effectue aussitôt encore ici une distinction, entre ceux qui sont auditeurs pour savoir les choses nécessaires au salut selon leur état de vie (*secundum statum*); et ceux qui le sont pour apprendre aussi des choses qui ne relèvent pas de leur état. Ce deuxième mode n'est pas non plus pour les femmes, qui ne doivent pas être instruites de choses qui sont sans rapport avec leur condition.

Henri critique ceux de ses contemporains qui donnent aux femmes accès à des contenus qui sont au-delà de leur condition :

> Un docteur avisé ne doit proposer de cette science à une femme que ce qu'il lui faut savoir et qui lui est utile, et rien de plus, même si elle veut en apprendre plus, car les femmes sont curieuses d'acquérir le savoir des

1. Augustinus, *De Trinitate* XIV 1.3, *PL* 42, col. 1037 : « Aliud est enim scire tantummodo quid homo credere debeat propter adipiscendam vitam beatam, quae non nisi aeterna est : aliud autem, scire quemadmodum hoc ipsum et piis opituletur, et contra impios defendatur, quam proprio appellare vocabulo scientiam videtur Apostolus ».

2. Henricus de Gandavo, *Summa quaestionum*, art. 12, q. 1, *Utrum mulier possit esse auditor sacrae scripturae*, éd. cit., f. 84r : "immo profundando se in scrutando occulta huius scientie potius errando deficeret quam perficeret". Henri ajoute, f. 84v, qu'une femme « n'est pas ainsi disposée que, par la connaissance des choses qui appartiennent à cette science, elle puisse réussir comme le peut un homme » (« non est ita disposita ut per notitiam eorum quae sunt huius scientie perficiatur sicut vir »).

choses qu'il ne leur convient pas de savoir. [Ici, une citation de la Glose intimant l'ordre aux femmes d'apprendre sans poser de questions]. C'est pourquoi ceux qui instruisent les femmes au-delà de ce qu'il est convenable et utile qu'elles sachent de cette science agissent très légèrement, surtout parce qu'ils leurs dévoilent les choses cachées des Écritures et leur traduisent en langue vulgaire les livres sacrés pour qu'elles les lisent [1].

On trouve ici une attestation supplémentaire de l'activité de certains clercs qui initiaient des femmes aux profondeurs de l'Écriture et à la méthodologie du projet scolastique d'union de la foi et de la raison, et qui leur traduisaient la Bible en français [2].

En revanche, poursuit Henri, être auditrices de cette science pour ce qui concerne leur salut et qui convient à leur état est permis aux femmes et leur est même conseillé, comme à tout être humain. Mais attention ! Elles ne peuvent pas être auditrices de *lectiones*, seulement de *praedicationes* [3]. Dans les *lectiones*, en effet, tout le texte (*series*) de l'Écriture sainte est exposé. Dans la prédication, on ne propose de l'Écriture sainte que ce qui est utile. Dans les *lectiones*, sont proposées et exposées des choses difficiles et secrètes (*ardua et secreta*) relevant de cette science qu'il ne convient pas que les femmes entendent. De plus, il n'est pas permis à une femme d'apprendre en public de cette manière (*non licet mulierem hoc modo in publico discere*). Mais les femmes peuvent apprendre d'une autre manière : par la prédication tant publique que privée (*in praedicatione tam publica quam privata*), parce que dans la prédication on ne doit pas proposer des choses qui vont plus loin que celles qui sont nécessaires au salut humain commun. Et si une femme veut apprendre quelque chose de

1. *Ibid.*, f. 84r : « Vnde doctor discretus debet mulieri proponere ex hac scientia solummodo quod ei opus est scire et expediens et non ulteriora etiam si ea discere velit quia curiose sunt ad sciendum mulieres quae eis scire non expedit. Hoc etiam Glosa eis prohibet super illud 1 Tim. 2 Mulier in silentio discat. Nihil (inquit) interrogans, discat quod ignorat. Quod ignorat dico, scilicet ignorantia periculosa ad salutem de qua dicit Apostolus : Ignorans ignorabitur. Vnde multum fatue agunt qui mulieres ultra id quod decet et expedit eas scire ex hac scientia instruunt et maxime quod eis occulta scripture pandunt et in vulgari sermone sacros libros eis transferunt ad legendum ».

2. Ceci concorde avec le témoignage de Guibert de Tournai, rédigé en 1274, pour dénoncer les traductions de la Bible en vernaculaire à destination des femmes, qui sera cité plus bas.

3. *Cf.* N. Bériou, « Un mode singulier d'éducation. La prédication aux derniers siècles du Moyen Âge », *Communications* 72, 2002 ; F. Flahault & J.-M. Schaeffer (éd.), *L'idéal éducatif*, p. 113-127.

plus, elle ne doit pas interroger en public le prédicateur, mais à la maison son mari, ou quelqu'un d'autre qui en ceci doit jouer le rôle du mari[1].

La réponse d'Henri à la question qu'il pose – une femme peut-elle être auditrice ? – est donc positive, mais assortie de restrictions : exclusion des femmes des leçons publiques, admission des femmes à l'audition de la prédication publique et privée.

Henri de Gand exclut aussi les jeunes, les pécheurs, le peuple (*turba hominum popularis*, f. 88r; *homo popularis*, f. 89r), les philosophes ne voulant entendre que ce qui ne dépasse pas leur raison, les athées, ceux qui reçoivent le texte sacré sans bienveillance et avec rébellion, de l'accès aux leçons publiques d'Écriture sainte, où il s'agit de scruter les profondeurs du texte sacré. Il suffit au peuple de la superficie de la lettre pour connaître ce qui est nécessaire au salut, dit-il. Il explique que seul est bien disposé à entendre les leçons publiques de cette science celui « qui est disposé à ce que le croyable lui devienne intelligible »[2]. Les femmes n'ont donc pas part au projet scolastique consistant à allier la raison et la foi. Pourtant, ni elles ni les jeunes « ne sont indignes de cette science, mais seulement insuffisants et inappropriés (*insufficientes et inidonei*) »[3]. Les femmes, comme beaucoup d'autres, se voient donc soustraire l'accès à cette science, sans aucun péché de leur part[4]. Il leur suffit comme au peuple de parcourir les Écritures *grosso modo* (88r). Seuls ne peuvent s'abstenir sans péché de cette science ceux qui sont doués et se destinent à instruire les autres, à exercer le *regimen populi*, le *pastorale ministerium* (88r). Ceux-là doivent écouter les leçons, les réciter, poser des questions, participer aux conférences ou aux discussions (*collationes*), dire et annoncer la parole. Ces leçons sont répétées dans les églises (*lectiones in ecclesia recitentur*, 88v) et Henri se lamente contre certains auditeurs qui se cachent dans les coins les plus reculés des édifices pour s'y adonner à des tractations temporelles plutôt que d'écouter les leçons publiques, leur rappelant que c'est une

1. Henri de Gand, *Summa quaestionum*, art. 12, q. 1, *Utrum mulier possit esse auditor sacrae scripturae*, éd. cit., f. 84r : « vel quemcumque alium qui debet in hoc esse ei loco viri ». Sur la méfiance des prédicateurs à l'égard des maris, voir plus bas.

2. *Ibid.*, art. 12, q. 4, *Utrum volens inhaerere naturali rationi possit esse auditor sacrae scripturae*, éd. cit., f. 86r : « ille est conveniens auditor huius scientiae qui dispositus est ut credibile fiat ei intelligibile ».

3. *Ibid.*, f. 86v : « mulier enim et iuvenis non repelluntur ab auditu huius scientiae quia indigni sed quia insufficientes solum et inidonei ».

4. *Ibid.*, art. 12, q. 5, *Utrum non instructus in scientiis secularibus possit esse auditor sacrae scripturae*, f. 86v : « illi ergo quibus substractio auditus huius scientiae non est vitiosa nec excludit a fine humanae vitae non tenentur audire hanc scientiam ».

erreur de croire que cette pratique de commenter l'Écriture sainte soit réservée aux moines (88v). Comme on le voit, c'est de pratiques pédagogiques actives, prenant place dans les églises, que sont exclues les femmes, quand on leur refuse le droit d'être auditrices de leçons publiques : on leur interdit de réciter à l'église, interroger, discuter, prêcher.

Quant à l'objet de ces enseignements, par leçons ou par prédications, Henri distingue encore les choses que peu de gens peuvent comprendre, comme sont les mystères obscurs et cachés de la science sacrée (89r) ; et les choses qui édifient la foi et les mœurs et qui sont nécessaires au salut. Les leçons publiques seules enseignent les premières. La simple écoute d'une prédication renseigne sur les secondes (89r). Les femmes sont donc dans un statut d'humilité et comme telles peuvent même servir de modèle aux théologiens (89r) qui doivent rester petits (*parvuli*, 87v). La science de l'Écriture sainte a en effet deux modes : la prédication, qui procède à l'aide d'un langage simple (*simplex dictum, simplex sermo, simplex expositio*), la leçon publique qui explique le texte sacré en profondeur (*expositio profunda*). Or selon le premier mode, qui nourrit publiquement de la surface du texte les *parvulos*, l'Écriture ne contient rien qui ne puisse être proposé aux simples fidèles soit dans la prédication, soit même dans une leçon[1]. Remarquons au passage que sauf à penser que le texte de l'édition est corrompu, Henri paraît se contredire ici et reconnaître qu'il existe des *lectiones* d'Écriture sainte qui sont destinées au peuple. Au contraire, poursuit Henri, l'explication des profondeurs de l'Écriture est réservée à quelques-uns, sans qu'il s'y trouve cependant rien qui doive être caché au simple fidèle ni ne puisse lui être transmis sous la forme d'un *simplex dictum*[2]. L'idée est qu'il n'y a rien de caché dans l'Écriture qui soit utile au salut et que les simples ne puissent apprendre par des paroles simples. Il n'y a pas de doctrine secrète, ésotérique, qui serait réservée aux seuls savants ayant accès aux leçons publiques. Que font alors ces savants ? Ils apprennent par des techniques pédagogiques actives et combatives à scruter les mystères profonds, à allier raison et foi, à savoir défendre le contenu biblique et à réfuter les objections contre lui. Tout cela, les femmes n'ont pas le droit de l'écouter ni de l'apprendre, mais elles ne sont pas les

1. *Ibid.*, art. 12, q. 8, *Utrum quilibet fidelis ad audiendum eam est admittendus*, f. 90r : « hoc ergo modo proponendi nihil est in sacra scriptura ad cuius audientiam tam in predicatione quam in lectione omnes fideles indifferenter non sunt admittendi ».

2. *Ibid.*, f. 90r : « non oportet ut ad audientiam multorum dictorum sacrae scripturae quo ad profundas eorum expositiones admittatur : nihil tamen est in ea cuius simplex dictum cuique tam sit simplex fidelis occultari oportet ».

seules : ni les jeunes, ni le peuple, ni les pécheurs, ni les athées ne bénéficient de ce droit, pour des raisons à chaque fois différentes.

Vir doctor mulieris (*Thomas d'Aquin*)

Tous les textes qui viennent d'être cités organisent un monopole de la parole en public et du savoir au profit exclusif de certains hommes. Pourtant en pratique les choses étaient plus complexes. Si les femmes n'avaient pas le droit d'enseigner en public, de prêcher, comme c'était en même temps un devoir pour les docteurs d'enseigner en public par la prédication le peuple dont elles faisaient partie, dès le moment où les théologiens leur ont ôté le leadership public, ils se sont eux-mêmes obligés, peut-être sans s'en rendre compte, à les instruire. Certains se sont contentés de leur transmettre la surface de l'Écriture et des contenus adaptés à leur condition, comme le préconise Henri de Gand. D'autres, comme en témoigne aussi Henri de Gand, ont voulu leur partager leur savoir et leur expertise de niveau universitaire, notamment en traduisant la Bible à leur intention.

Thomas d'Aquin nous apprend lui-même qu'on donne aux femmes des *doctores*. Il écrit, dans une question sur l'ange gardien :

> on donne un gardien à quelqu'un soit à cause de sa faiblesse, pour qu'il soit aidé et défendu, soit à cause de son ignorance, pour qu'il soit instruit, comme on donne aux femmes et aux enfants des docteurs et des pédagogues [1].

Les pédagogues sont pour les enfants, les docteurs pour les femmes. Et ailleurs, dans le *De decem preceptis*, il explique à propos de l'autorité (*auctoritas*) de l'homme :

> l'homme (*vir*) est la tête de la femme : de là vient que les femmes ne doivent pas parler à l'Église, mais interroger les hommes à la maison, comme il est dit en I Cor 14 [34-35]. L'homme est donc le docteur de la femme ; et c'est pourquoi Dieu a donné son commandement à un homme (Moïse) [2].

1. Thomas d'Aquin, *Super Sententias*, lib. 2 d. 11 q. 1 a. 1 arg. 4 : « custos ponitur alicui aut propter imbecillitatem, ut scilicet juvetur et defendatur, aut propter ignorantiam, ut instruatur ; sicut mulieribus et pueris doctores et paedagogi dantur ».

2. Thomas d'Aquin, *De decem preceptis*, a. 8 : « vir est caput mulieris : unde mulieres non debent loqui in ecclesia, sed domi viros interrogare, ut dicitur I Cor. XIV. Est ergo vir doctor mulieris ; et ideo Deus praeceptum dedit viro ».

Thomas d'Aquin formule ici un projet masculin d'éducation des femmes. Une éducation par des *doctores*, peut signifier aussi bien les réponses des maris à leurs femmes à la maison que les leçons ou prédications privées de bacheliers ou de maîtres dédiés, ou encore désigner l'activité de prédication publique des maîtres de l'université. Il doit s'agir des solutions 2 et 3, car il est notoire que les prédicateurs n'avaient pas confiance dans les maris. « Les femmes mariées, de l'avis de plusieurs prédicateurs, doivent communiquer à leurs enfants et à leurs maris, ce qu'elles entendent à l'église », écrit Nicole Bériou[1]. Quand Thomas écrit *vir doctor mulieris*, il pense plutôt qu'il est de la mission du clerc formé (et non du mari) d'enseigner la femme. En effet, il poursuit :

> Or le prêtre pèche plus que le laïc et l'évêque plus que le prêtre s'ils n'observent pas leurs devoirs, car enseigner les autres leur revient. Semblablement, si l'homme commet un adultère, il brise la fidélité en n'observant pas ses devoirs conjugaux[2].

Thomas introduit le prêtre et l'évêque aux côtés du laïc, pour leur attribuer, plus qu'à ce dernier, la charge d'enseigner. Et il introduit une analogie entre l'infidélité conjugale, pour le laïc, et le fait de négliger d'enseigner, pour le prêtre et l'évêque. L'enseignement est donc présenté ici comme un devoir, analogue au devoir de fidélité conjugal. Que les femmes en soient naturellement destinataires et partenaires ne pose donc pas de difficulté, c'est même le point qui est souligné ici. Il est donc possible de lire ce texte en deux sens contradictoires : il contient une interdiction faite aux femmes d'enseigner en public (*loqui in ecclesia*) ; mais en même temps il contient une obligation expresse et contraignante, faite aux hommes, surtout aux prêtres et aux évêques, d'enseigner aux autres, dont les femmes, c'est-à-dire qu'il les rend responsables d'un programme d'éducation des femmes, dont se dédouaner serait – toutes choses étant égales par ailleurs – l'analogue d'une infidélité conjugale[3]. Thomas

1. Bériou, « La Madeleine dans les sermons », n. 134, p. 309.

2. Thomas d'Aquin, *De decem praeceptis*, a. 8, poursuit : « Magis autem peccat sacerdos quam laicus, et episcopus quam sacerdos, si non servant quae debent, quia docere alios ad ipsos pertinet. A simili, si vir moechatur, frangit fidem non servando ea quae debet ».

3. Schlotheuber, Hamburger, Fassler & Marti, *Liturgical Life*, t. 1, p. 55 *sq.*, évoquent une spécificité de la politique de l'ordre dominicain envers les femmes, notamment à travers les décisions d'Humbert de Romans, maître général de l'ordre de 1254 à 1263, qui incite les parents à instruire les filles qu'ils destinent au cloître. Jourdain, *Mémoire*, p. 124, cite Vincent de Beauvais, qui engage les familles nobles à donner de l'instruction à leurs filles. Sur Humbert de Romans et les femmes, voir J. Longère, « La femme dans la théologie pastorale »,

d'Aquin atteste donc, parmi d'autres, que les maîtres médiévaux se souciaient de l'éducation des femmes comme d'une de leurs missions.

Car les femmes représentaient un auditoire pour les clercs formés à l'université. La mission des maîtres était de disputer, lire, prêcher, selon une hiérarchie déjà présente dans le programme tracé par Pierre le Chantre († 1197) et perceptible dans le statut de Robert de Courson de 1215 [1].

Or les femmes faisaient partie de l'auditoire des prédicateurs. Dans une ville universitaire, un maître ou un bachelier pouvait commenter ou disputer avec ses collègues avant d'aller dans la foulée prêcher à des auditoires de femmes. Les femmes recevaient donc par eux, la doctrine de l'université en quelque sorte, adaptée à la circonstance du prêche, à l'auditoire et formulée en langue vernaculaire. Mais le prêche lui-même était un acte scolastique, la finalité même de la formation des maîtres.

W. J. Courtenay affirme ainsi :

> Si l'on considère l'importance du souci pastoral comme partie de l'instruction des étudiants en théologie, alors les femmes dans les béguinages et dans les paroisses recevaient en langue vernaculaire certains fruits du programme théologique de l'université [2].

Peut-être même en recevaient-elles le meilleur, si les clercs plaçaient plus haut la prédication que le reste de leurs activités.

Si cette hypothèse est justifiée, au XIIIe siècle se mettrait donc en place dans les villes un schéma nouveau, qui vient concurrencer celui de l'éducation monastique des femmes par les femmes, un schéma plus mixte, où les hommes se font un devoir d'instruire les femmes et où les femmes, éducatrices de la sphère privée, coopèrent de plusieurs manières aux progrès de l'instruction publique permis par l'université tout en devenant destinataires, dans les auditoires des prédicateurs, d'une partie des avancées de ce même savoir, délivrée en langue vernaculaire. L'insistance d'Henri de Gand à limiter au strict nécessaire l'instruction des femmes témoignerait aussi que de telles choses avaient bien lieu.

Cahiers de Fanjeaux 23, *La femme dans la vie religieuse du Languedoc* (*XIII*^{e}-*XIV*^{e} *siècle*), 1988, p. 127-152 (p. 137-147, en part. p. 140) : dans le *De eruditione praedicatorum*, Humbert explique que Dominique lui-même a voulu des sœurs, pour concurrencer les hérétiques qui dans l'Albigeois « instruisaient les jeunes filles nobles mais pauvres, ce qui leur assurait autant de recrues ».

1. Robert de Courson, *Statut pour l'université de Paris* (*1215*), trad. dans Bermon, *La fondation*, p. 117 et p. 138.

2. Courtenay, *Ritual for the Dead*, p. 88.

Les théologiens et leurs auditoires féminins

Le cas de Marguerite Porète évoqué ci-dessus illustre tragiquement la porosité de la culture universitaire aux auditoires divers, dont les auditoires féminins. De façon moins dramatique, plusieurs maîtres célèbres ont pourtant souhaité faire de leurs auditoires féminins les destinataires d'un véritable enseignement théologique en langue vulgaire et il semble que des femmes aient été réceptives. Nous avons déjà parlé des béguines. Guibert de Tournai, dans un mémoire préparé pour le Concile de Lyon en 1274, leur reprochait de parler en langue vernaculaire des saintes Écritures et de les faire traduire en français (*Biblia gallicata*), signe de leur zèle pour les études exégétiques. Il dénonçait la pénétration de la Bible des femmes dans l'espace public :

> Il y a parmi nous des femmes que l'on appelle Béguines, et certaines d'entre elles excellent dans les subtilités et prennent plaisir aux nouveautés. Elles ont fait traduire les mystères des Écritures et les ont fait mettre en Français dans un langage commun, alors que ces mystères sont à peine praticables à ceux qui se sont exercés dans l'Écriture sainte. Elles les commentent (*legunt*) de façon commune, irrévérencieuse, audacieuse, dans leurs rassemblements, dans leurs ateliers, sur les places. J'ai vu, j'ai lu et j'ai eu une Bible française, dont l'exemplaire est déposé publiquement à Paris par les stationnaires pour copie écrite. Les hérésies et les erreurs, les leçons douteuses et les traductions maladroites qui sont contenues dans de tels exemplaires, la petitesse de mon parchemin ne les contient pas, bien plus, la prolixité elle-même en vient à peine à bout, et la capacité des oreilles, souillée, a peine à l'entendre avec sobriété. [...] Si cette maladie se renforce, surgiront autant de scandales que d'auditeurs, il y aura autant de blasphèmes que de places publiques. Pour que donc, une fois les sources obturées, cette invention de la vanité s'apaise plus facilement, nous suggérons que les exemplaires soient détruits, que les traducteurs/trices soient mis(es) à l'écart et que les faussetés qui auront été trouvées soient brûlées[1].

1. Notre traduction ; Guibert de Tournai, *Collectio de scandalis ecclesiae*, éd. dans *Archivum franciscanum historicum* 24, 1931, p. 61-62 : « Sunt apud nos mulieres, quae Beghinae vocantur, et quaedam earum subtilitatibus vigent et novitatibus gaudent. Habent interpretata scripturarum mysteria et in communi idiomate gallicata, quae tamen in sacra Scriptura exercitatis vix sunt pervia. Legunt ea communiter, irreverenter, audacter, in conventiculis, in ergastulis, in plateis. Vidi ego, legi et habui bibliam gallicatam, cuius exemplar Parisiis publice ponitur a stationariis ad scribendum. Haereses et errores, dubietates et inconcinnas interpretationes, quae continentur in talibus, chartae non capit exiguitas, immo

Kurt Flasch a montré comment Maître Eckhart voulait faire partager autant que possible à tous, laïcs et femmes compris, l'intelligence de sujets « subtils » qu'il exposait dans ses sermons de langue allemande[1]. Le *Convivio* de Dante comporte un éloge de la philosophie dédié à ceux qui n'ont pas eu part au privilège de se nourrir du « pain des anges » : Dante y inclut explicitement les femmes[2]. Dans le Prologue de son célèbre ouvrage *De causa Dei*, Thomas Bradwardine écrit :

> La théorie de toute la Logique, Physique, Astronomie, Éthique et Métaphysique ou science divine comprend des mystères tout à fait scellés. Là aussi, le problème est très disputé par toutes les nations, langues, grades, sexes et personnes, lui que ni l'idiot ni la vieille femme ne s'abstient d'exposer bruyamment au grand air[3].

vix prolixitas, et aurium capacitas inspurcata cum sobrietate vix audit. Si morbus invaluerit, tot surgent scandala quot auditores, tot blasphemiae quot plateae [...] Ut igitur, fontibus obturatis, quo facilius conquiescat huius adinventio vanitatis, exemplaria deleantur, interpretes arceantur, quae falsa inventa fuerint comburantur». Voir P.-M. Bogaert, « Paris 1274. Un point de repère pour dater la "Bible (française) du XIIIe siècle " », dans G. Cremascoli & F. Santi (éd.), *La Bibbia del XIII secolo. Storia del testo, storia dell'esegesi. Convegno della Società Internazionale per lo Studio del Medioevo Latino (Sismel). Firenze, 1-2 giugno 2001*, Firenze, Sismel-Ed. del Galluzzo, 2004, p. 35-45. Voir aussi A. Valerio, « La Bibbia al centro. La *renovatio ecclesiae* e l'emergere della soggettività femminile (sec. XII-XV) », dans K. E. Børresen & A. Valerio (éd.), *Donne e Bibbia nel Medioevo, secoli XII-XV tra ricezione e interpretazione*, Trapani, Il pozzo di Giacobbe, 2011, p. 15-43.

1. K. Flasch, *Introduction à la philosophie médiévale,* « Vestigia. Pensée antique et médiévale, 37 », Fribourg-Paris, Éditions universitaires de Fribourg-Cerf, 1992, chap. XII, p. 190-207. À l'inverse, G. M. Jantzen, « Eckhart et les femmes », dans É. Zum Brunn (éd.), *Voici Maître Eckhart,* Grenoble, J. Millon, ²1998, p. 407-423, considère qu'en condamnant la spiritualité visionnaire, Eckhart a contribué à marginaliser la spiritualité féminine en Occident. Voir aussi A. de Libera, *Maître Eckhart et la mystique rhénane*, Paris, Cerf, 1999, en part. p. 43-52; *id.*, *Penser au Moyen Âge*, Paris, Seuil, 1991, p. 300-330.

2. R. Imbach, *Dante, la philosophie et les laïcs,* « Vestigia. Pensée antique et médiévale, 21 », Fribourg-Paris, Éditions universitaires de Fribourg-Cerf, 1996, chap. V, « Dante et la philosophie », p. 129 *sq.* : l'exemple de Dante montre de manière privilégiée comment la philosophie se métamorphose lorsqu'on la pratique en milieu laïc. Maître Eckhart était premier provincial (1303-1311) de la nouvelle province de Saxe, à laquelle appartenait le monastère (féminin) du Paradies bei Soest, étudié par Schlotheuber *et al.*, dans *Liturgical Life*.

3. Thomas Bradwardine, *De causa Dei contra Pelagium et de virtute causarum. Auszüge Lateinisch-Deutsch*, trad. all. E. A. Lukács, Göttingen, V & R Unipress, 2013 p. 59-60 : « Haec igitur theoria [Hoc igitur theorema] totius Logicae, Physicas, Astronomiae, Ethicae et Metaphysicas seu diuinae obsignatiora mysteria comprehendit. hic quoque omnium gentium et linguarum, graduum, sexuum, personarum disputatissimum est problema, a cuius

Jean Gerson écrivit des traités en langue vulgaire sur la contemplation, pour mettre les hautes vérités mystiques à la portée du peuple, des hommes et des femmes. Il commence ainsi la *Montagne de contemplation* :

> Aucuns se pourront donner merveille pourquoy, de matiere haulte comme est parler de la vie contemplative, je vueil escripre en francois plus qu'en latin et plus aux femmes que aux hommes, et que ce n'est pas matiere qui appartiegne a gens simples sans lettre [1].

À la lumière de ces exemples, le motif que nous avons trouvé chez Thomas d'Aquin, *vir doctor mulieris*, peut être compris de deux manières opposées. Soit comme un mot d'ordre condescendant, plaçant les hommes au-dessus des femmes. Soit comme un mot d'ordre intimant aux hommes qui ont accès au savoir le devoir de se préoccuper de l'éducation des femmes. Le savoir clérical masculin, au lieu de se replier sur un statut de pouvoir non partagé, devient alors le moteur d'une élévation du niveau d'éducation de toute la société; le lieu d'où se développe et se répand par traduction une culture vernaculaire cueillie au bond par des femmes qui en sont les principales destinataires. Même si certains – le cas tragique de Marguerite Porète l'illustre – se sont servis de ce mot d'ordre pour museler les femmes qui s'exprimaient en public, il y a apparence que beaucoup de théologiens et non des moindres l'ont compris de façon dynamique, comme leur intimant le devoir de partager une partie de leur savoir avec les femmes, afin de le faire parvenir par elles jusque dans la sphère privée.

Admises dans l'auditoire des maîtres ?

Si elles n'avaient pas le droit d'y prendre la parole, les femmes étaient-elles admises silencieusement dans l'auditoire des maîtres ?

Dans son *principium* du commentaire des Clémentines, le canoniste Simon de Borsano (vers le milieu du XIVe s.) pose la question du (non-)

ventilatione clamosa, nec etiam idiota se temperat, neque anus ». Sur la vieille femme, qui en sait plus que tout théologien, voir *infra* p. 233. Ici toutefois, il s'agit d'une vieille femme scientifique, philosophe, universitaire.

1. Il prit soin de ses sœurs comme un véritable *doctor*, veillant à ce qu'elles apprennent à lire et à écrire en français, leur envoyant les livres nécessaires et des conseils fraternels et leur laissant sa part d'héritage. Jean Gerson, *Œuvres complètes*, éd. P. Glorieux, Paris, Desclée, t. 7/1, 1966, p. 158 : *Mes suers tres amees en Jhesuchrist*... Voir aussi le *Livre du Chevalier de La Tour Landry pour l'enseignement de ses filles,* que Geoffroy, seigneur de la Tour Landry, écrivit en 1371 et en 1372 pour l'éducation de ses trois filles, éd. A. de Montaiglon, Paris, Jannet, 1854, cit. par Jourdain, *Mémoire,* p. 121.

droit des juifs et des femmes à recevoir des grades universitaires et/ou à assister aux cours[1]. Concernant les Juifs, il n'y a aucun texte officiel les autorisant à suivre des cours de médecine à Montpellier, mais J. Shatzmiller a trouvé des passages dans des manuscrits médicaux juifs où l'auteur signale avoir suivi les cours d'un maître chrétien connu par ailleurs comme régent à Montpellier[2].

Nous avons des exemples de miniatures représentant des maîtres enseignant (et non prêchant) à l'université avec, dans leur public, parfois, une femme.

« *Colliget florum medicine*, compilatus per magistrum Petrum de Sancto Floro, regentem Parisius in medicina », Paris, Bibliothèque interuniversitaire de la Sorbonne, ms. 133, f. 48. Photo © 2013 Institut de recherche et d'histoire des textes IRHT-CNRS / CC BY-NC 3.

Une sculpture d'Agostino di Giovanni sur la tombe du juriste Cino (d. 1339) dans la cathédrale de Pistoia le montre enseignant, avec dans son public, une femme[3] :

1. Question éditée dans D. Maffei, « Dottori e studenti nel pensiero di Simone da Borsano », *Studia Gratiana* 15, 1972, p. 229-249 (*non vidi*). Je remercie J. Verger de m'avoir signalé cette question.

2. J. Shatzmiller, « Étudiants juifs à la faculté de médecine de Montpellier, dernier quart du XIVe siècle », *Jewish History* 6/1-2, 1992, p. 243-255. Je dois aussi ce point à J. Verger.

3. Herlihy, *Opera Muliebria*, p. 114-117 : « surely it indicates that at some moment in his career, in some forum, he had taught law to women ».

Une leçon médiévale – détail de la tombe de Cino da Pistoia (XIVe siècle)
par Agostino di Giovanni, Duomo, Pistoia
Photo Paolo Romiti / Alamy Banque D'Images

Il ne semble pas absurde de penser que les leçons et disputes pouvaient admettre un auditoire plus varié, voire plus mixte, qu'on ne le croirait à première vue. Peut-être les maîtresses des petites écoles entendaient-elles les « meilleurs maîtres de la ville » (Robert de Sorbon, cité plus haut) lors de leur formation ? Peut-être les béguines restaient-elles pour écouter silencieusement leur prédicateur donner les leçons publiques de son commentaire exégétique (malgré les interdictions d'Henri de Gand) ? Les lieux où se produisaient les maîtres dans leurs actes proprement scolastiques étaient divers : couvents d'études, collèges, écoles, églises. Étaient-ils tous clos ? Interdits aux femmes ? Autorisait-on les femmes à suivre les sermons dans les églises en leur interdisant l'accès à d'autres actes d'enseignement dans ces mêmes églises, ou à d'autres lieux d'enseignement ? Je ne connais pas d'étude sur le filtrage du public des actes universitaires. Dans la mesure où les femmes faisaient partie du public de la prédication des universitaires, on ne voit pas pourquoi certaines n'aurait pas pu également suivre les cours de ces mêmes universitaires ou du moins assister à certains actes particulièrement solennels ou au contraire particulièrement triviaux : le problème n'était pas celui de la mise en présence physique, la mixité ; il n'était pas non plus celui de la transmission d'un enseignement, puisque ces deux éléments-là étaient réalisés dans la prédication. Le problème serait alors que l'on ait refusé explicitement, non seulement les grades, l'entraînement et le curriculum universitaire aux femmes, mais également l'accès (partiel) à la formation universitaire, aux leçons et aux joutes universitaires, comme témoins passifs et silencieux, et non comme auditrices (au sens médiéval du terme, c'est-à-dire comme participantes actives aux disputes, répétitions et conférences).

Si le règlement du collège de Sorbonne, première partie des Statuts primitifs remontant à Robert de Sorbon lui-même (avant 1274), mentionne l'interdiction d'inviter à manger une femme dans sa chambre, on garde le sentiment en lisant ces statuts qu'ils n'interdisent pas absolument l'entrée des lieux aux femmes, mais cela mériterait une enquête plus approfondie dans ces textes réglementaires[1]. W. J. Courtenay note pour sa part qu'il y avait des exceptions à la règle interdisant la visite de femmes dans les collèges[2]. Le tête-à-tête entre un clerc et une femme était toutefois regardé avec méfiance, comme le montre parmi d'autres ce témoignage d'un contemporain de Grégoire de Rimini (1300-1358), en marge d'un chapitre sur « la garde de la chasteté », notant que « le maître refusait de parler sans témoin à la porte du couvent ou à l'église aussi bien avec sa propre sœur qu'avec toutes les autres femmes »[3].

Travestissement

Dans un sermon que j'ai édité l'an dernier, le théologien dominicain anglais Robert Holcot, mort en 1349, cite en exemple, pour stimuler la

1. P. Glorieux, *Aux origines de la Sorbonne*, t. 2, *Le Cartulaire : édition critique, avec introduction, index et plan dépliant hors-texte*, Paris, Vrin, 1965, « Statuts de la Sorbonne », p. 195 : « Nulle mulieres cujuscunque condicionis comedant in cameris. Si oppositum quis fecerit solvat penam taxatam, scilicet vi denarios ». Le statut précise ailleurs, p. 193, qu'il est permis sous certaines conditions de manger dans les chambres, mais que c'est déconseillé ; il vaut mieux *comedere in aula*, pour le bien de la communauté.

2. Courtenay, *Ritual for the Dead*, p. 98-99.

3. Jordan de Quedlinburg, *Liber Vitasfratrum*, II c. 30 (« De cautelis seu remediis pro custodia castitatis »), éd. R. Arbesmann & W. Hümpfner, New York, Cosmopolitan Science and Art Service Co., 1943, p. LXV et n. p. 295 : « hoc etiam idem fecit bonae memoriae frater Gregorius de Arimino sacrae paginae magister, semper cum sororemet et cum omnibus aliis mulieribus, quia neque in porta conventus, neque in ecclesia loqui voluit, ubi socius non adesset ». Il s'agit d'une interpolation due à un réviseur qui devait écrire vers 1379-1385 dans la région de Padoue-Venise-Trévise. Jourdain de Quedlinburg était visiteur de la province de France en 1343, quand Grégoire de Rimini lisait les *Sentences* à Paris ; qu'il ait connu ce dernier ne fait aucun doute. Le témoignage enregistré dans l'interpolation de son texte a lui aussi toutes les chances d'être direct, même s'il est postérieur à la mort de Grégoire.

ferveur de ses *scolares*, l'histoire du philosophe Euclide de Mégare (à ne pas confondre avec le géomètre), qui d'après une anecdote rapportée par Aulu-Gelle, se costumait en femme pour aller écouter Socrate à Athènes à la suite d'un décret interdisant aux habitants de Mégare de pénétrer dans l'enceinte de la cité[1]. En creux, se profile ici l'image d'un habit de femme dans un auditoire universitaire. À l'opposé, un cas de « cross-dressing » est bel et bien attesté à la Faculté des arts de l'université de Cracovie au XVe siècle : une femme habillée en homme, présente parmi les étudiants[2].

Pierre Dubois et l'éducation universitaire des femmes

Charles Jourdain avait attiré l'attention sur le développement que consacre le juriste « utopiste » Pierre Dubois, dans son *De recuperatione Terrae Sanctae*, au début du XIVe siècle, à l'éducation de filles (et de

1. P. Bermon, « Un sermon inaugural attribué à Robert Holcot dans le manuscrit Toulouse 342 », *Archives d'Histoire Doctrinale et Littéraire du Moyen Âge* 85, 2018, p. 203-221 : « Sed si scolares omnes essent ita ferventes ad studium sicut legimus de Euclide, non esset nobis necessarium premissum eis invitatorium decantare. Agellus libro 6 capitulo 10 : Cives Athenienses Megarenses audirent statuere ut decretum quod si quis de Megaris pedibus Athenas intraret capite plectaretur. Tunc Euclides qui Megaris erat ante illud decretum Socratem audierat muliebri ornamento contectus de nocte ut Socratem audiret ibat de Megaris ad Athenas viginti milia passuum et redibat. Istum favorem studii Euclides solebat Taurus Philosophus recitare invenientibus ut eos ad studium admitteret » ; (*notre trad.*) « Mais si tous les étudiants mettaient autant de ferveur à étudier qu'en mettait Euclide, à ce que nous lisons, il ne nous serait pas nécessaire de leur chanter un tel invitatoire au préalable. Aulu Gelle au livre 6 chapitre 10 : "les habitants de Mégare entendirent les citoyens Athéniens décider, dans un décret, que si quelqu'un venu de Mégare entrait à pied dans Athènes, il aurait la tête tranchée. Alors Euclide qui était de Mégare et avait écouté les cours de Socrate avant ce décret, dissimulé sous un habit de femme, parcourait de nuit, pour écouter Socrate, de Mégare à Athènes, vingt-mille pas, et retour". Taurus le Philosophe avait coutume de raconter l'intérêt éprouvé par Euclide pour l'étude à ceux qui venaient le trouver pour qu'il les admît à l'étude ».

2. M. H. Shank, « A Female University Student in Late Medieval Krakow », *Signs* 12/2, 1987, p. 373-380. Courtenay, *Ritual for the Dead*, p. 81. Voir aussi les remarques de Catherine Guyon sur l'habit de Jeanne d'Arc, dans le présent volume. Il faudrait rapprocher ces cas de travestissement de la légende de la papesse Jeanne. A. Paravicini Bagliani, *La papessa Giovanna. I testi della leggenda (1250-1500)*, « Millennio medievale », Florence, Società Internazionale per lo Studio del Medioevo Latino, 2021, a rassemblé une anthologie des textes de la légende de la Papesse Jeanne, depuis la première mention du pape par le dominicain Jean de Mailly (1250-1254) jusqu'en 1500. Il existe cent neuf témoignages littéraires, dont cent un dépendent, directement ou indirectement, des nouvelles sur la Papesse tirées du *Chronicon pontificum et imperatorum* du dominicain Martino Polono. Parmi eux, figure également la biographie que Giovanni Boccaccio a consacrée à la Papesse dans son célèbre *De mulieribus claris*.

garçons), dans des *studia* dédiés. Nous traduisons intégralement l'extrait en appendice, en raison de son intérêt[1]. Cet extrait illustre qu'il n'était pas éloigné des esprits à cette époque d'imaginer prendre en charge l'éducation de filles dans des *studia* de type pré-universitaire et universitaire pour les initier, après un cursus en grammaire latine, en logique, dans une autre langue et en sciences naturelles, à la médecine et à la chirurgie, ainsi qu'à la théologie. Certaines filles seraient même établies à demeure dans ces *studia* pour y servir de répétitrices, de tutrices, voire d'enseignantes. Les *studia* dont il est question seraient implantés, selon Pierre Dubois, dans les prieurés de Templiers ou d'Hospitaliers. Peut-on établir un lien, et de quelle nature, entre ce projet de *studia* féminins chez les Templiers (1305-1307) et l'hostilité que montrèrent les Inquisiteurs de Philippe le Bel de façon liée et simultanée contre les Templiers (en 1307) et contre une femme, Marguerite Porète (en 1310)[2] ?

Le texte de Pierre Dubois montre aussi le rôle théologique ou missionnaire attribué, dans la sphère domestique au sens large, aux femmes mariées : ces femmes, une fois instruites, seraient mariées aux princes et aux prêtres orientaux pour, dans cette fiction, les initier aux rites et aux sacrements de l'Église catholique romaine par l'intermédiaire de leurs chapelains privés ; elles seraient aussi supposées gagner le cœur des femmes orientales en leur rendant des services médicaux. Les mesures ici proposées n'ont pas été mises en pratique, mais elles illustrent le lien qui était fait entre l'éducation des femmes – pourquoi pas dans des *studia* – et

1. Jourdain, *Mémoire,* p. 104-105 ; *cf.* Pierre Dubois, *De recuperatione terre sancte*, éd. J. Bongars dans *Gesta Dei per Francos*, Hanovre, Wechel, 1611, t. 2, p. 333 *sq.* ; A. Diotti, *De Recuperatione Terre Sancte : dalla « Respublica Christiana » ai primi nazionalismi e alla politica antimediterranea*, Firenze, Olschki, 1977, XXXVII § 60-61-XXXVIII, p. 153-155 et LIII § 85-86, p. 168-169 ; trad. angl. W. Brandt, *Pierre Dubois. The Recovery of the Holy Land*, New York, Columbia UP, 1956. Sur l'auteur, voir G. Mollat, « Dubois, Pierre », dans *Dictionnaire d'Histoire et de Géographie Ecclésiastique*, t. 14, Paris, 1960, col. 944-945. Normand, né vers 1250, Pierre Dubois fut étudiant à Paris où il a connu les controverses philosophiques de la fin du XIIIe siècle (il dit avoir assisté à un sermon de Thomas d'Aquin, *De recuperatione,* éd. J. Bongars, t. 2, p. 335 et il aurait aussi été disciple de Siger de Brabant), et sans doute aussi dans le Midi. Il était « avocat des rois de France et d'Angleterre », en 1305/7, dans les années précédant le procès de Marguerite Porète (1309-1310). Il adresse des propositions de réforme en 1300 au roi de France dans une *Summaria brevis et compendiosa doctrina felicis expeditionis et abbreviationis guerrarum et litium regni Francorum* (éd. H. Kämpf, Leipzig-Berlin, B.G. Teubner, 1936), sans succès semble-t-il. Le texte que nous traduisons contient lui aussi une proposition de réforme qui n'a pas été mise en œuvre.

2. Courtenay, « Marguerite's Judges », p. 218 *sq.* donne la liste des théologiens impliqués par l'Inquisiteur Guillaume de Paris dans les deux procès.

leur rôle dans la sphère domestique, c'est-à-dire sociale au sens large. Le texte nous choque en ce qu'il considère ces femmes instruites comme des femmes à marier, de simples pions dans la politique orientale du roi; il nous surprend néanmoins par la modernité de son projet d'éducation féminine. On peut s'étonner de voir Pierre Dubois envoyer des femmes en Orient. Ce serait oublier que les femmes partaient normalement en croisade avec leurs maris. Thomas d'Aquin a par exemple du mal à admettre qu'un homme puisse partir en croisade sans sa femme [1].

PERSONNELS GRAVITANT AUTOUR DE L'UNIVERSITÉ

J'en viens maintenant aux personnels gravitant autour de l'université. La documentation témoigne dans ce domaine d'une importante activité économique des femmes. William Courtenay, à qui nous renvoyons ici [2], dresse une liste des domaines dans lesquels on rencontre des femmes: les propriétaires qui louaient des chambres aux étudiants pouvaient être des femmes; il y avait des tenancières de tavernes, des lavandières, des fabricantes de chandelles et des vendeuses de cire, des femmes demeurées veuves à la tête d'entreprises de charpenterie et maçonnerie et surtout, comme l'ont montré les travaux de Richard et Mary Rouse, des

1. Thomas d'Aquin, *Quodlibet* IV, 7, a. 2 : « Utrum vir possit accipere crucem, si timeatur de incontinencia uxoris non valentis virum sequi ».

2. Courtenay, *Ritual for the Dead*, p. 91-92. *Cf.* Herlihy, *Opera Muliebria*, c. 6 « Paris, 1292-1313 », p. 127-153, analyse les listes de taxation de 1292 et 1313. En 1292, 48 % des hommes chefs de foyers ont une occupation, contre 39 % des femmes chefs de foyer. En 1313, 74 % des hommes, contre 47 % des femmes (à prendre avec des nuances). Nous traduisons : « Il y a huit femmes docteurs et deux *ventrières*, ou sages-femmes, à Paris en 1292. Trois autres femmes avec le titre de *mestresse* [...]. Une juive nommé Sarre ou Sarah, était *mirgesse* (docteur), apparemment réfugiée d'Angleterre. Elle vivait avec son mari, qui n'était pas lui-même docteur [...] Treize femmes barbiers [...], deux marchandes d'épices (pharmaciennes)... ». L'A. mentionne des orfevresses, des cirières, des chandelières, etc., puis conclut, p. 150 : « A domestic mode of production in which women work as part of a family unit and are subject to the authority of its usually male chief is often supposed to be normative in the pre-industrial European world. But it seems not to have characterised industry at Paris during the reign of Philip the Fair. If it had, it would have rendered most working women invisible to the tax assessors ». La liste de taxation de 1328 mentionne 61 000 foyers, ce qui fait de Paris une ville peuplée de 210 000 âmes, à une époque où Londres en comptait 40 000, Gand 60 000, Cologne 57 000 (Herlihy, p. 128-130).

fabricantes de parchemin, des femmes libraires et des enlumineuses[1]. Sans elles, dit William Courtenay, « la productivité de l'université aurait été moindre, et le nombre de manuscrits scolastiques conservés serait bien plus faible »[2].

Conjointes ou parentes

Courtenay met en lumière également le fait qu'il y avait des gens mariés, parmi les laïcs qui tenaient un office à l'université (par exemple les bedeaux), parmi les étudiants et même parmi les maîtres[3]. Il faudrait selon nous faire aussi une place aux familles des clercs. On connaît les lettres des étudiants à leurs familles, publiées naguère par Charles Haskins[4]. Dans ces lettres-types, les étudiants ne s'adressent pas uniquement à leurs pères, mais à leurs parents, voire parfois seulement à leurs mères ou à leurs sœurs. « Prenons le cas d'un étudiant Parisien vivant dans la plus extrême pauvreté, qui envoie une lettre à sa mère pour qu'elle subvienne à ses besoins » ; on propose de commencer avec ce proverbe : « Une mère qui ne soulage pas la misère de son fils a des manières qui sentent la marâtre »[5]. Chez Matthieu de Vendôme, l'étudiant demande : « Envoie-moi vite des serviettes (*mantilia*), des draps de lin, des braies, de tels dons sont dignes d'une mère »[6]. Ou encore : « une sœur avisée et rusée doit enflammer son

1. R. Rouse & M. Rouse, *Manuscripts and their Makers. Commercial Book Producers in Medieval Paris 1200-1500*, London, Harvey Miller, 2000, t. 2, p. 11-142 (biographies de trente-deux femmes liées au commerce du livre à Paris).

2. Courtenay, *Ritual for the Dead*, p. 91-92.

3. *Ibid.*, p. 88-91. Les registres pontificaux gardent trace du nom d'étudiants mariés ou qui renoncèrent à leur statut clérical pour se marier, tout en restant étudiants. Courtenay cite enfin plusieurs cas de maîtres mariés ayant reçu une dispense pour enseigner tout en étant mariés (arts et médecine).

4. C. H. Haskins, « The Life of Medieval Students as Illustrated by Their Letters », *American Historical Review* 3, 1898, p. 203-229, repr. dans *Studies in Medieval Culture*, New York, Clarendon Press, 1965, p. 1-35.

5. Haskins, « The life of medieval students », p. 209, extrait du manuscrit British Library, Add. 18382, f. 59 : « Assumatur ergo tale tema, quod quidam Parisius insistens studiis et nimis pauperrime vivens litteras dirigat matri sue ut in rebus neccessariis sibi provideat. Assumendum est proverbium in hunc modum : Mater moribus redolet novercam que filii non sublevat egestatem. Narr. : Diu est quod Parisius studiis inservivi et nummos meos in usus neccessarios iam expendi. Petitio : Mihi igitur necessaria propinetis et sic egestatem meam expensis minimis munere sublevetis. Ultimum proverbium : Domesticum est enim matri ut filio subveniat indigenti ».

6. *Ibid.*, n. 3, p. 210 : « while in the poetical *dictamina* of Mathieu de Vendôme [...] the student begs : "Delegare mihi mantilia, lintea, bracas/Accelera, matrem talia dona decent" ».

mari, et aussi ses parents, d'amour et d'envie de venir en aide à son frère pauvre». Dans cette lettre-type, la sœur s'arrange pour faire porter à son frère étudiant des secours (cent sous tournois, deux paires de draps et dix aunes de toile fine), mais elle lui dit : « Fais extrêmement attention à ce que mon mari n'en sache jamais rien, car s'il le savait, cela signifierait pour moi mort et destruction » (*si hoc sciret mortua essem penitus et destructa*)[1].

Fondatrices

Une autre catégorie de femmes impliquées dans la vie de l'université est celle des fondatrices de collèges. Jacques Verger a consacré une étude à ce sujet, publiée en 2001[2]. Courtenay leur consacre également plusieurs pages[3]. Si la plupart des collèges étaient fondés par des hommes, certains et non des moindres le furent par des femmes, tels le Collège de Navarre, fondé par Jeanne de Navarre, femme de Philippe le Bel[4] et le Collège de Bourgogne, fondé par la Reine Jeanne de Bourgogne († 1330)[5].

1. *Ibid.*, n. 3, p. 212 : « A tale designed to be addressed to a sister and to bring in response a hundred sous tournois, two pairs of sheets, and ten ells of fine cloth, all sent without her husband's knowledge: "Soror discrepta (i.e. discreta) et callida suum debet maritum et parentes etiam ad amorem sui fratris indigentis et subsidium inflammare. Soror dulcis, tua noscat dilectio quod ego sum in tali studio sanus et lectus (i. e. laetus) per Dei gratiam et bene addisco et facio factum meum. Multas enim paupertates substineo: iaceo quidem in paleis sine linteaminibus et incedo discalciatus et male vestitus sine camisia, et solum de pane non loquor, de quo edigeo non possum reficere ventrem meum. Precor igitur, soror dulcissima, ut diligenter et subtiliter tuum ducas maritum in quantum poteris ut iuvamen aliquod mihi mittat." The sister cannot express her distress over his poverty; she has done what she could and got together ".c. solidos Turonensium et duo paria linteaminum et. x. ulnas de subtili tela, que omnia tibi dirigo per talem hominem presencium portatorem. Cave tamen cum summa diligentia ne hoc possit ad mei mariti noticiam pervenire, nam si hoc sciret mortua essem penitus et destructa. Ipse enim, prout credo firmissime, ad instanciam mei tuam in brevi tibi peccuniam destinabit" ».

2. J. Verger, « Les Reines et le savoir. Reines et princesses fondatrices ou protectrices d'universités ou de collèges au Moyen Âge », dans M. Faure (éd.), *Reines et princesses au Moyen Âge*, « Cahiers du CRISIMA, 5 », Montpellier, Association C.R.I.S.I.M.A.-Université Paul Valery, 2001, t. 1, p. 103-112.

3. Courtenay, *Ritual for the Dead*, p. 92-100.

4. N. Gorochov, *Le collège de Navarre de sa fondation (1305) au début du XVe siècle (1418): histoire de l'institution, de sa vie intellectuelle et de son recrutement*, Paris, H. Champion, 1997, p. 125-182.

5. Courtenay, *Ritual for the Dead*, p. 96.

D'autres femmes ont contribué à la fondation d'autres collèges parisiens, mais « la littérature secondaire les décrit invariablement comme fondés uniquement par des hommes » [1]. La maison des étudiants pauvres de Saint Thomas Martyr (Saint-Thomas du Louvre) fut ainsi fondée par Robert, comte de Dreux en ou avant 1186 et sa femme Agnès. La propriété qui devint le couvent des Jacobins fut donnée initialement au doyen de Saint-Quentin par Simon de Poissy et sa femme Agnès [2]. En fait, « dans la plupart des cas où un laïc fondait un hôpital ou un collège, sa femme était effectivement co-fondatrice, ne serait-ce que parce qu'elle était copropriétaire des lieux donnés » [3]. Dans les transactions qui constituèrent le patrimoine initial du collège de Sorbonne sont mentionnées de nombreuses femmes seules, telle une Agathe (son testament, contesté par son mari et son frère) [4], une Jeanne [5], « Pétronille de Saint Germain » qui vendit en 1263 à Robert de Sorbon un cens de vingt sous parisis à percevoir sur les deux écoles qu'elle possédait au Clos Bruneau ; ainsi que des couples : Étienne le poivrier et sa femme Odeline [6], Guillaume de Leugniis et sa femme Ermemarde [7], Pierre de Poissy et sa femme [8], etc.

William Courtenay fait justement remarquer que

> les fondations de collèges à Paris [...] sont dans bien des cas le résultat de donations venant de nombre de femmes de la bourgeoisie, pas seulement l'action de reines et de femmes aristocrates [...]. Ces femmes bénéficiaient spirituellement dans l'au-delà de la liquidation de ces biens qui créaient des maisons pour les pauvres étudiants, acte de miséricorde charitable aux yeux de Dieu. L'acquisition du mérite en cette vie est individuelle, pas collective ou conjugale. Un don ou une donation conjointe faits par un mari et sa femme accroît le mérite de l'un et de l'autre séparément [9].

1. Courtenay, *Ritual for the Dead*, p. 96.

2. W. J. Courtenay, « The Donation of St. Jacques at Paris to the "Dominicans". Some observations », *Archivum fratrum praedicatorum* 83, 2013, p. 107-123.

3. Courtenay, *Ritual for the Dead*, p. 96.

4. Glorieux, *Aux origines de la Sorbonne*, t. 2, p. 234 et p. 255.

5. *Ibid.*, p. 257.

6. *Ibid.*, p. 65.

7. *Ibid.*, p. 248.

8. *Ibid.*, p. 251.

9. Courtenay, *Ritual for the Dead*, p. 97-98.

Protectrices et mécènes

Certaines femmes, sans être des fondatrices, sont des protectrices de l'université[1]. Il y a des protectrices royales, comme Blanche de Castille, qui peut, il est vrai, être vue en même temps comme une ennemie de l'université. En effet, si son rôle initial a été terrible à Paris pour l'université, dont elle a provoqué l'exil en 1229-1230, en refusant d'activer au profit des clercs le privilège de Philippe Auguste[2], elle a protégé en même temps les débuts de l'ordre des prêcheurs et leur progression dans cette même université. Les témoignages des clercs sur elle sont nombreux et passionnants. Il faudrait notamment citer Eudes de Châteauroux, Matthieu Paris, Jourdain de Saxe, Guillaume d'Auvergne[3].

Des passages du *Contra impugnantes* de Thomas d'Aquin montrent bien l'enjeu du patronage et de la protection des femmes pour les ordres mendiants et les prêcheurs en particulier. Tout tourne autour d'un texte de l'évangile de saint Luc, chapitre 8 [2-3] :

> Il y avait aussi quelques femmes, qui avaient été délivrées des malins esprits, et guéries de leurs maladies : entre lesquelles étaient Marie, surnommée Magdeleine, de laquelle sept démons étaient sortis; Jeanne, femme de Chuza, intendant de la maison d'Hérode; Susanne, et plusieurs autres qui l'assistaient de leurs biens.

Thomas cite une glose qui explique qu'une antique coutume juive, que nul n'incriminait, permettait aux femmes de nourrir et de vêtir les docteurs sur leurs propres deniers (*antiquitus mos erat Iudaeorum, nec ducebant in culpam, ut mulieres sua substantia pascerent et vestirent doctores*). De nos jours, fait-il remarquer, « beaucoup se scandalisent que des religieux veuillent vivre d'aumônes sans travailler de leurs mains »[4]. Thomas

1. *Ibid.*, p. 99, explique, pour sa part, que des femmes ont aussi patronné des étudiants et des universitaires individuels, en les employant à leur service comme secrétaires, chapelains, conseillers juridiques, médecins. Elles les soutenaient en écrivant pour eux des suppliques au pape dans le but de leur obtenir des bénéfices. Ils voyageaient avec ces patronnes comme parties de leur *familia*.

2. Voir Bermon, *La Fondation*, p. 157-162.

3. *Ibid.*, p. 139-232.

4. Thomas d'Aquin, *Contra impugnantes*, pars 2 cap. 6 arg. 12 : « Item. Apostolus ideo stipendia a gentibus non accipiebat, ne scandalum in fide paterentur : unde Luc. 8 [3], super illud, et aliae multae quae ministrabant eis etc. [et Joanna uxor Chusae procuratoris Herodis, et Susanna, et aliaemultae, quae ministrabant ei de facultatibus suis], Glossa : antiquitus mos erat Iudaeorum, nec ducebant in culpam, ut mulieres sua substantia pascerent et vestirent doctores. Sed quia hoc in gentibus poterat facere scandalum, Paulus ab hoc se memorat

d'Aquin défend néanmoins la pratique, dit-il, de « se laisser inviter » par des femmes[1]. Ainsi, le patronage ou l'hospitalité des femmes est perçu comme une coutume juive dont Jésus lui-même bénéficia; elles donnent nourriture et logement aux docteurs; et cela s'appelle techniquement « aumône ». Le terme d'aumône recouvre des réalités que nous appellerions aujourd'hui plutôt mécénat (voire subvention). Et Thomas interprète ce mécénat aussi en termes d'hospitalité. Parmi les quodlibets universitaires, l'une des questions relatives aux femmes les plus traitées est d'ailleurs celle du droit d'une femme de « faire l'aumône » sans le consentement de son mari (ou d'une fille, sans celui de son père). J'en ai recensé huit sur ce thème, dans la base de données *Quodlibase* qui reprend le recensement de Palémon Glorieux[2] :

Adenulphus de Anagni	I, 13	Utrum uxor possit facere eleemosynas sine consensu mariti sui.
Gerardus de Abbatisvilla	X, 6	Utrum possit uxor aliquid dare sine consensu mariti
Godefridus de Fontibus	III, 12	Utrum uxor possit dare eleemosynam invito et contradicente marito.
Iohannes Sapiens	I, 10	Quod filiafamilias sine licentia patris non potest magnas elemosinas facere nec aliquis potest eas recipere
Iohannes Sapiens	I, 9	Quod filiafamilias, servus et uxor non possunt facere elemosynas sed per istos pater
R. Attrabensis	I, 3	Utrum mulier soluta habens multa bona bene acquisita, si contrahat cum usurario non habente nisi bona male acquisita, cuius bona non sufficiunt ad

abstinuisse. Et hoc idem habetur I Cor. IX. Sed nunc etiam multi scandalizantur de hoc quod religiosi sine labore manuum de eleemosynis vivere volunt. Ergo saltem propter scandalum debent ab eleemosynis abstinere ».

1. Thomas d'Aquin, *Contra impugnantes*, pars 2 cap. 6 ad 24 : « Et Christus hospitium quandoque habere non poterat : quandoque etiam invitabatur a multis : et mulieres quae eum sequebantur, de suis facultatibus ei ministrabant, ut dicitur Luc. VIII, 3 ».

2. P. Glorieux, *La littérature quodlibétique de 1260 à 1320*, Le Saulchoir, Kain, 1925, 2 t., repris dans http://quodlibase.ehess.fr/.

		restituendum male acquisita, queritur utrum mulier illa possit facere eleemosynam de consensu mariti sui de bonis que prius habuit
R. Attrabensis	I, 4	Utrum mulier possit facere eleemosynam de bonis communibus sine consensu mariti
Raymundus Rigaldi	V, 19	Utrum uxor possit eleemosinam dare contra voluntatem viri

SAINTES PATRONNES

L'université se plaçait aussi sous la protection de saintes femmes : principalement sainte Catherine d'Alexandrie et surtout la Vierge Marie.

Le sceau de l'université

Le sceau dont l'université était dotée en 1221 représentait deux femmes à l'avers, une femme au revers : à l'avers, la Vierge « couronnée, assise sur un banc, tenant un sceptre fleurdelisé et portant l'Enfant, accostée du soleil et de la lune », et à droite, sainte Catherine d'Alexandrie « tenant un livre et une palme ».

> Au registre médian, deux professeurs assis face à face devant un pupitre lisent. Au registre inférieur, six élèves assis sur le sol lisent aussi [1].

Au revers du sceau figure une image de la philosophie assise sur un trône, sans couronne, qui tient un livre et un sceptre fleurdelisé, avec une inscription : *Secretum Philosophiae*, expression que l'on trouve au pluriel chez Hugues de S. Victor et chez Abélard [2]. Cette représentation de la

1. A. Tuilier, *La Vie universitaire parisienne au XIIIe siècle : Chapelle de la Sorbonne*, Paris, Bibliothèque de la Sorbonne, 1974, p. 42 ; *cf.* R. Gandilhon, *Sigillographie des universités de France*, Paris, Delmas, 1952, p. 83-84.

2. Pierre Abélard, *Historia calamitatum*, éd. J. Monfrin, Paris, Vrin, 1962, p. 73 : « Quem etiam ita negligentem et tepidum lectio tunc habebat, ut jam nichil ex ingenio sed ex usu cuncta proferrem, nec jam nisi recitator pristinorum essem inventorum, et si qua invenire liceret, carmina essent amatoria, non philosophie secreta » ; Hugues de S. Victor, *Didascalicon*, III, 3 (« Quae artes praecipue legendae sint »), *PL* 176, col. 768 : « Hinc trivium et quadrivium nomen accepit, eo quod ii quasi quibusdam viis vivax animus ad secreta sophiae introeat. Nemo tunc temporis nomine magistri dignus videbatur ; qui non harum vii scientiam

Philosophie est structurellement modelée sur des représentations de la Vierge[1].

Sainte Catherine d'Alexandrie

Présente sur le sceau, sainte Catherine d'Alexandrie, sainte lettrée par excellence, était offerte avec saint Nicolas en protection et en modèle aux écolâtres. Si Marie-Madeleine pouvait être un modèle de prédicatrice, Catherine d'Alexandrie était valorisée pour ses capacités dialectiques et philosophiques. Jacques Verger explique que

> l'hagiographie permettait de voir dans cette figure féminine de martyr l'incarnation d'une véritable philosophe chrétienne, triomphant des erreurs du paganisme, ce qui était évidemment de nature à séduire un milieu masculin et intellectuel[2].

Le collège parisien du Val des Écoliers était d'ailleurs dédié à Sainte-Catherine.

profiteri posset ». *Cf.* Thomas d'Aquin, *Super De Trinitate*, pars 3 q. 5 a. 1 ad 3 : « Ad tertium dicendum quod septem liberales artes non sufficienter dividunt philosophiam theoricam, sed ideo, ut dicit Hugo de sancto Victore in III sui Didascalicon, praetermissis quibusdam aliis septem connumerantur, quia his primum erudiebantur, qui philosophiam discere volebant, et ideo distinguuntur in trivium et quadrivium, eo quod his quasi quibusdam viis vivax animus ad secreta philosophiae introeat. Et hoc etiam consonat verbis Philosophi qui dicit in II Metaphysicae quod modus scientiae debet quaeri ante scientias ; et Commentator ibidem dicit quod logicam, quae docet modum omnium scientiarum, debet quis addiscere ante omnes alias scientias, ad quam pertinet trivium ». Guillaume Wheatley (?), *De scholarium disciplina*, cap. 1, éd. Thomas d'Aquin, *Opera omnia*, éd. Parme, t. 24, 1869, p. 150-216, rapproche, p. 161 (www.corpusthomisticum.org), *secretum* et *secretarium* : « Natura enim, ut idem inquit Averrois, ingeneravit nobis virum illum [i. e. Aristotelem] ut per eum secreta philosophiae nobis revelarentur [...]. De quo, videlicet Aristotele, Platonem divinitatis secretarium saepius clamitasse legimus ».

1. Courtenay, *Ritual for the Dead*, p. 118. Le chap. VI, « The Growth of Marian Devotion », p. 101-130, montre la fusion dès le XIIe siècle entre l'iconographie mariale (Marie, trône de la sagesse, *Sedes Sapientiae*) et l'iconographie de la philosophie (inspirée de la figure boécienne). Les deux femmes ont un sceptre fleurdelisé et une couronne. Courtenay explique, p. 119 : « Si on cherche une preuve que les maîtres de l'université de Paris au XIIIe siècle concevaient qu'une femme pût enseigner, il suffit de reconnaître le rôle important que Sophia ou Philosophia représentait pour les universitaires médiévaux masculins, une image remontant à Boèce et qui ressemblait parfois à des images de Marie, *Sedes Sapientiae*, et Reine du Ciel ».

2. Verger, « Les saints patrons », p. 7. Voir S. Negruzzo, « Santa Caterina d'Alessandria e le università d'Occidente », dans le même volume, *Santi patroni e Università*, p. 33-54.

Notre Dame, véritable patronne de l'université ?

Toutefois, pour Jacques Verger, « c'est la Vierge qui était la véritable "patronne" de l'université »[1]. Quasiment tous les sceaux, sauf celui de la faculté de théologie qui représente le Christ ressuscité (et peut-être celui des médecins, qui représente pourtant une femme), portent une image de la Vierge Marie[2]. Elle est dans une position dominante. On peut même penser qu'elle est dans une position d'enseignante. C'est une dame, Notre Dame, *domina*, titre marial qui s'impose au XIIIe siècle. Thomas d'Aquin explique ainsi dans son commentaire à l'*Ave Maria* que

> l'Ange a dit à Marie à l'Annonciation, *Le Seigneur est avec toi, Dominus tecum.* C'est la parole la plus noble qui soit, elle confère à Marie le titre de *domina*, dame, parce qu'elle est la Mère du Seigneur, *mater domini*, ce qui consonne avec l'interprétation syriaque du nom de Marie, rapportée par Bède : en syriaque, *Marie* veut dire *domina*, dame[3].

1. Verger, « Les saints patrons », p. 9. Courtenay, *Ritual for the Dead*, fait une large place à la dévotion mariale des universitaires. Le chap. III, intitulé « Des bougies pour Notre Dame (Candles for Our Lady) », part d'une mention du livre des Procurateurs de la Nation Anglaise, portant obligation de procurer des bougies pour notre Dame (*nostra Domina*), pour expliquer que les nations agissant en confraternités se réunissaient chacune dans son église afin de célébrer des fêtes, dont cinq fêtes mariales (Purification, Annonciation, Assomption, Nativité de Marie et Conception). Il y était fait usage d'une grande quantité de cierges, dans les processions et célébrations (p. 37-51). L'iconographie des statuts du Collège de l'Ave Maria, fondé pour des jeunes garçons de 8 à 16 ans, montre l'emploi des cierges dans les pratiques de dévotion mariale (récitation des Heures de la Sainte Vierge, récitation quotidienne du *Salve Regina*, un étudiant allume un cierge chaque jour pour la Vierge). Au collège de Sorbonne, on se mit à partir de 1307 à réciter tous les samedis une messe mariale *cum nota* et le *Salve Sancta Parens* (*ibid.*, p. 120), qui s'énonce ainsi : *Salut, sainte Mère, qui as mis au monde le Roi qui gouverne le ciel et la terre pour les siècles des siècles. D'heureuses paroles jaillissent de mon cœur; je dédie mes œuvres au Roi.*

2. Courtenay, *Ritual for the Dead*, chap. VI, p. 101-130, reproduit et analyse ces différents sceaux.

3. Thomas d'Aquin, *Super Ave Maria,* a. 1 : « Hoc autem verbum, *dominus tecum,* est nobilius verbum quod sibi dici possit. Merito ergo Angelus reveretur beatam virginem, quia mater domini, et ideo domina est. Unde convenit ei hoc nomen Maria, quod Syra lingua interpretatur domina ». *Cf.* Thomas d'Aquin, *Catena in Lc.*, cap. 1 l. 8 [en ligne] : « Beda. Maria Hebraice stella maris, Syriace vero domina vocatur; et merito : quia et totius mundi dominum, et lucem saeculis meruit generare perennem »; Id., *ibid.,* cap. 1 l. 9 : « Beda super Lucam. Interpretatur autem Maria stella maris Hebraice, domina Syriace, quia et lucem salutis et dominum mundo edidit »; *id.*, *Super Mt.* [*rep. Petri de Andria*], cap. 1 l. 4 : « Maria, proprium nomen. Interpretatur maris stella, vel illuminatrix, et suo sermone domina : unde in Apoc. XII, 1 describitur luna sub pedibus eius ». Dans une formule récurrente, Thomas d'Aquin

Ceci est à mettre en rapport avec le fait que dans les classes dirigeantes, en l'absence de leurs maris, des femmes, des dames (*dominae*) tenaient, en personne et de plein droit, la place du seigneur (*dominus*) [1].

Or il semble exister une relation entre enseigner et dominer. C. Capelle, établit en analysant des textes de Thomas d'Aquin, une telle relation, expliquant que pour lui, « *docere* implique être sur, au-dessus, donc une domination. Or le concept de femme inclut "être sous" [...] du fait de la nature d'homme manqué » [2]. C. Capelle se réfère, outre au *Commentaire de I Corinthiens*, c. 14, lectio 7, à un extrait du *Commentaire de la première épître à Timothée* [3]. Dans ce texte, comme Paul, Thomas affirme que les

explique que la volonté est « maîtresse de ses propres actes » (*domina sui actus*) : (*De veritate*, q. 22 a. 5 ad s.c. 7) « hoc enim est proprium voluntati, in quantum est voluntas, quod sit domina suorum actuum » ; (*Sententia Metaphysicae*, lib. 9 l. 2 n. 2) « Sola autem pars animae rationalis est domina sui actus ». Pour Thomas, l'Église est *domina gentium* : (*In Threnos*, cap. 1 l. 1) « Allegorice civitas, praesens Ecclesia, plena populo, ex diversis gentibus congregata, domina gentium ». É. Carpentier, « L'homme, les hommes et la femme. Étude sur le vocabulaire des biographies royales françaises (XIe-XIIIe siècle) », *Annales. Économies, Sociétés, Civilisations* 41/2, 1986, p. 325-346, note, p. 339, dans le corpus des biographies royales un rapport de 1 à 98 de *domina* à *dominus* (27 *domina* pour 491 *dominus*).

1. A. Livingstone, « Pour une révision du "mâle" Moyen Âge de Georges Duby (États-Unis) », *Clio. Histoire, femmes et sociétés,* en ligne, t. 8, 1998, n. p. Thomas d'Aquin écrit à la duchesse de Brabant en l'appelant « illustre et pieuse Dame » : (*Ad ducissam Brabantiae*, a. 8 ad arg.) « Haec sunt, illustris et religiosa domina, quae vestris quaestionibus ad praesens respondenda occurrunt ». Les « grandes dames » ont des conseillers : (*Super II Tim.*, cap. 3 l. 2) « Magnae dominae habent aliquos consiliarios, unde non possunt seduci ». Judith est une « dame sainte » : (*Super Psalmo* 6, n. 6) « Propterea dicebat illa sancta domina Judith 8 : indulgentiam ejus cum lacrymis postulemus ».

2. C. Capelle, *Thomas d'Aquin*, p. 135, se référant à Thomas d'Aquin, *Super I Cor.*, cap. 14 l. 7, cité plus haut, n. 61. L'expression de « mas occasionatus », « homme manqué », d'origine aristotélicienne, apparaît seulement six fois sous la plume de Thomas d'Aquin (dont deux fois dans des arguments contre). Il convient donc de ne pas surestimer la présence de ce thème dans son œuvre, riche de neuf millions de mots.

3. Thomas d'Aquin, *Super I Tim., cap. 2 l. 3* : « Apostolus [...] hic ordinat [mulieres] quantum ad doctrinam [...] ; quae tria ex una ratione procedunt, scilicet ex defectu rationis in eis, quibus primo indicit silentium, dicens mulier in silentio discat [...]. Secundo ut discant, quia eorum qui deficiunt ratione proprium est addiscere [...]. Circa primum tria ponit eis competere, scilicet taciturnitatem, disciplinam, et subiectionem [...]. Tertio indicit subiectionem, quia naturale est quod anima dominetur corpori, et ratio viribus inferioribus. Et ideo, sicut philosophus docet, quandocumque aliqua duo ad invicem sic se habent, sicut anima ad corpus, et ratio ad sensualitatem, naturale dominium est eius qui abundat ratione, et illud est principans, aliud autem est subditum, quod scilicet deficit ratione. Gen. II : sub viri potestate eris. [...] Et sunt duo, scilicet ut non doceant. [...] Secundo, interdicitur eis dominium in virum. Eccle. XXV, 30 : mulier si primatum habeat, contraria est viro suo. [...] Et hunc ordinem agit hic, quia vir perfectus est in natura humana, mulier vir occasionatus ».

femmes doivent recevoir une instruction (*disciplina*). L'affirmation que les femmes « manquent de raison » (*deficiunt ratione*), pour choquante qu'elle soit, laisse une marge de manœuvre aux femmes pour apprendre (« le propre de ceux qui manquent de raison, c'est d'apprendre »). Les femmes ne sont d'ailleurs pas les seules à « manquer de raison » : même les plus grands théologiens, confrontés au mystère de Dieu, « manquent de raison »[1]. Il n'en demeure pas moins que ce manque éloigne les femmes des fonctions de commandement ou les assure de gouverner mal[2]. Commentant des éléments misogynes du texte paulinien sans les nuancer, Thomas met sur le même plan le refus de les voir enseigner et prêcher publiquement avec l'interdiction qui leur est faite de dominer leur mari, corrélative d'un devoir signifié à ces derniers de dominer leur femme. Le rapport entre ces deux interdictions (enseigner publiquement et dominer leur mari) n'apparaît que par le biais d'une interprétation misogyne de la Genèse : l'enseignement public s'apparente alors à l'exercice d'un pouvoir (*dominium*) « genré ».

Ce lien entre *docere* et *dominare* illustre à quel point la représentation de la Vierge – Notre Dame – enseignant, renverse les rapports de genre. Celle par qui le salut arrive peut à la fois dominer et enseigner, renversant le « régime de genres »[3] instauré depuis la *Genèse* (création et faute).

Certaines représentations, comme le cas de Robert Holcot exposé ci-dessus, soulignent que les hommes auteurs passent par une femme, la Vierge, pour recevoir de son Fils divin l'autorité. *L'auctoritas* masculine reposerait donc sur une structure de communication, se ressourçant au divin *via* une femme pour venir ensuite s'interposer en public entre le divin et les femmes. La proéminence de Notre Dame pourrait être, dans ce système, une manière de garantie ou de reconnaissance faite aux femmes, réduites au silence en public[4].

1. Thomas d'Aquin, *Super Iob, cap. 38* : « Et ex his omnibus datur intelligi quod tua ratio deficit a comprehensione divinorum operum, unde patet quod tu non es idoneus ad disputandum cum Deo ».

2. *Id.*, *Sententia libri Politicorum*, lib. 2 l. 13 n. 7 : » Et dicit, quod mulieres in Lacedaemonia, propter hoc quod delitiose vivebant, praesumptuosae reddebantur, et volebant se de omnibus intromittere ; ita quod etiam in principatibus civitatis, multa dispensabantur per mulieres : et tamen nihil differt, utrum ipsae mulieres principentur, vel ipsi principes sub mulieribus regantur, quod eis subiecti propter insolentiam mulierum. Idem enim accidit utroque modo, ut scilicet civitas male regatur, quia mulieres deficiunt ratione ».

3. *Cf.* Lett, « Les régimes de genre ».

4. Il existe également une image, très répandue à la fin du Moyen Âge, de la moniale ou de la sainte tenant un livre. A-t-elle la même signification que celle de l'universitaire tenant un

Correspondantes

Des femmes pouvaient entretenir des correspondances avec des universitaires, comme déjà dans les siècles passés, certaines avaient correspondu avec des théologiens de renom, Anselme du Bec ou Pierre le Vénérable, par exemple[1].

J'ai inclus dans mon volume sur la *Fondation de l'université* des extraits de la correspondance célèbre entre le maître général de l'Ordre des prêcheurs Jourdain de Saxe et la sœur Diane de Bologne[2]. Celle-ci est dans la confidence des débuts de l'ordre à l'université, en particulier celle de Paris. Jourdain s'exprime en véritable théologien lorsqu'il s'adresse à Diane : il cite toujours abondamment l'Écriture et énonce parfois des thèses purement théologiques, comme celle de la possibilité du progrès moral à l'infini ici-bas[3]. Mais surtout, Jourdain associe constamment Diane et ses sœurs à son activité principale, qui consiste à recruter, dans les villes d'Europe où il passe, des maîtres et des étudiants pour les couvents de prêcheurs. Il associe Diane et ses sœurs à cette œuvre, réclamant régulièrement leurs prières à cet effet, car leur éloignement mutuel n'empêche pas qu'ils puissent être unis dans une même intention[4]. On peut donc voir dans Diane de Bologne et dans ses sœurs des fondatrices, associées

livre ? Eva Schlotheuber considère que cette image est moins le symbole de « l'apprentissage des lettres que celui de la méditation et de la conversion totale de l'esprit [de ces femmes] vers le divin ». « En revanche, la représentation d'hommes tenant leurs propres œuvres sous forme de livres serait bien la manifestation d'une autorité intellectuelle [...]. Cette perception différenciée ne signifie donc pas que les moniales n'étaient pas lettrées, voire, pour certaines, les détentrices d'un savoir intellectuel et théologique raffiné, mais plutôt que ce savoir "féminin" ne bénéficiait pas de la même reconnaissance que celui des hommes » (Duval, « La littéracie des femmes », p. 244, citant Schlotheuber, *Liturgical Life*, t. 1, p. 52).

1. Marie-Thérèse d'Alverny faisait remarquer, dans « Comment les théologiens et les philosophes voient la femme », *Cahiers de civilisation médiévale* 20/78-79, avril-septembre 1977, p. 105-129 (129), que « les théologiens ont écrit aux femmes, par exemple Pierre le Vénérable à Héloïse, des lettres respectueuses, souvent élogieuses, qui témoignent de grands égards vis-à-vis des femmes ».

2. Bermon, *La Fondation*, p. 241-256.

3. *Beati Jordani de Saxonia Epistulae*, éd. A. Walz, Roma, Institutum historicum Fratrum Praedicatorum, 1951, n. 40, p. 45-46 (Paris, vers Pâques 1228), trad. fr. E. Bayonne, *Lettres du B. Jourdain de Saxe*, Paris & Lyon, Bauchu, 1865, p. 29 : « Rien ici-bas n'est si parfait qui ne puisse se perfectionner encore, jusqu'à ce que nous arrivions heureusement au séjour où il n'y aura plus aucun défaut, où toutes choses recevront leur perfection dernière, où tout bien découlera de Dieu, où Dieu lui-même se donnera surabondamment ». Voir Bermon, *La Fondation*, n. 31, p. 251.

4. Bermon, *La Fondation*, p. 252.

intentionnellement et explicitement dès les premiers temps à la croissance de l'ordre des prêcheurs dans les milieux universitaires européens et en particulier dans le milieu parisien. L'association de Diane à l'œuvre de Jourdain vient en outre documenter les liens aujourd'hui bien reconnus qui existent dès l'origine entre l'université de Paris naissante et le milieu bolonais [1].

PLACE SYMBOLIQUE DES FEMMES À L'UNIVERSITÉ LES UNIVERSITAIRES ET LE FÉMININ

S'il n'y avait pas de femmes maîtres, graduées de l'université, les maîtres eux-mêmes s'identifiaient volontiers de façon métaphorique à des figures féminines. L'historienne Fiona Griffiths, professeur d'histoire médiévale à l'université de Stanford, étudie comment les clercs médiévaux s'inspiraient de figures féminines réelles et symboliques [2]. Pour ma part, je remarque que dans un sermon de 1230 prêché à Orléans, Philippe le Chancelier se décrit comme « une mère » pour les étudiants, après avoir décrit la ville de Paris comme une telle mère [3]. En 1231, la Bulle de Grégoire IX *Parens scientiarum*, *Mère des sciences*, adoptera dès son *incipit* la même métaphore, appliquée également à la ville de Paris [4]. Cette image se retrouvera plus tard sous la plume d'un autre Chancelier, Jean Gerson : « Ceux qui dirigent les écoles doivent être avec les élèves comme mères » [5]. Dans son grand sermon *Vivat rex* (1405) il écrit : « [Les étudiants sont] comme une semence vertueuse dérivée de tout le corps de la chose publique ou ventre de l'université, pour naistre gens de toute perfection » [6]. Nicole Bériou exprime un certain scepticisme à cet égard, remarquant que « jamais en parlant aux femmes ou des femmes, les prédicateurs ne lient le

1. *Ibid.*, p. 253. *Cf.* N. Gorochov, « Les maîtres parisiens et la genèse de l'université », dans *Cahiers de recherches médiévales et humanistes* 18, 2009, p. 53-73.

2. F. Griffiths & J. Hotchin (éd), *Partners in Spirit, Women, Men, and Religious Life in Germany, 1100-1500*, Turnhout, Brepols, 2014, voir notamment dans ce volume : S. S. Poor, « Women Teaching Men in the Medieval Devotional Imagination », p. 339-365.

3. Philippe le Chancelier, *Sermon du 6 avril 1230*, dans Bermon, *La Fondation*, p. 193 : « Je puis dire que vous êtes de doux fils ».

4. Voir Bermon, *La Fondation*, p. 219-232.

5. Jean Gerson, *Œuvres complètes*, éd. P. Glorieux, t. 5, Paris-Tournai, Desclée, 1964, p. 338.

6. *Id.*, *Œuvres complètes*, t. 7/2 : *L'œuvre française*, éd. P. Glorieux, Paris, Desclée, 1968, p. 1146. (Je remercie J. Verger de m'avoir signalé cette référence).

fait de nourrir les enfants et de les instruire; pourtant lorsqu'ils parlent d'eux-mêmes, ils se désignent eux-mêmes comme des nourrices »[1].

Autre image intéressante : avant 1240, Jacques de Vitry reprend dans son sermon XVI une comparaison célèbre entre les universitaires qui étudient les philosophes païens et les femmes juives qui emportent les trésors des Égyptiens[2]. Ce thème, tiré d'Exode III 21-22, a été interprété dès Origène[3] comme signifiant la transmission aux chrétiens de la culture païenne.

Last but not least, le Prologue des Sentences de Pierre Lombard s'ouvre avec l'offrande de la pauvre veuve, de Marc 12 : 44 : *Tous les autres ont donné de leur abondance; mais celle-ci a donné de son indigence même, tout ce qu'elle avait, et tout ce qui lui restait pour vivre*[4]. Pierre Lombard et tous les théologiens après lui offrent leurs Sentences, tels une pauvre veuve (*paupercula*).

La place symbolique des femmes est grande à l'université. Pensons aux allégories des arts libéraux ou des vertus, que l'on trouve partout, sculptées sur les portails des cathédrales notamment; ce sont des figures féminines qui donnent corps à des sciences.

À cela s'ajoute le thème bien connu de la philosophie identifiée à une femme (dont nous avons parlé plus haut). Le XIIIe siècle voit pourtant le passage du paradigme boécien de la Philosophie Reine, représentée en majesté de façon analogue à la Vierge, au paradigme de la philosophie servante. Le nouvel aristotélisme, conquis sur les païens, a, semble-t-il, fait chuter la philosophie du statut de reine à celui de servante[5]. Toutefois, il y a différents types de servantes. Jacques de Vitry, dans son sermon XVI déjà cité, a une version violente de la métaphore: la philosophie est une captive prise au combat, telle celle dont parle Dt 21 (11-13) (si un fils d'Israël *veut épouser une belle femme* prise au combat, *il l'introduira dans sa maison* ;

1. N. Bériou, « The Right of Women to Give Religious Instruction in the Thirteenth Century », dans *Women Preachers*, p. 134-146, plus part. p. 140.

2. Jacques de Vitry, *Sermon XVI aux étudiants*, éd. J. Longère, *Iacobi de Vitriaco. Sermones vulgares vel ad status*, Turnhout, 2013, CCCM 255, p. 286-306, trad. dans Bermon, *La Fondation*, p. 333-365 (352).

3. G. Folliet, « Note complémentaire 46 », dans Augustin, *Le Magistère chrétien. La catéchèse des débutants. La doctrine chrétienne*, trad. fr. G. Combès & J. Farges, Paris, Desclée, 1949, p. 582-584.

4. Pierre Lombard, *Sententiae*, éd. I. Brady, t. I/2, p. 3, cité *supra*, n. 1, p. 184.

5. Sur la philosophie servante, *cf.* J.-L. Solère & Z. Kaluza (éd.), *La servante et la consolatrice. La philosophie dans ses rapports avec la théologie au Moyen Âge*, Paris, Vrin, 2002.

et elle se rasera les cheveux, se coupera les ongles et quittera sa robe)[1]. Par contraste, un siècle plus tard, le dominicain Robert Holcot dans la première leçon de son très diffusé commentaire à la Sagesse, a une version beaucoup plus douce et alanguie de la philosophie servante. Il introduit une analogie entre la théologie et la reine Esther, qui avait *deux servantes : sur l'une d'elles, elle s'appuyait mollement ; l'autre l'accompagnait en portant sa traîne* (Est 15, 5-6, traduction Lemaistre de Sacy). La première est la *sapientia philosophorum* ; la seconde est « la loi des papes et des empereurs ». La théologie feint de s'appuyer sur la sagesse des philosophes, elle feint seulement, car elle n'en a pas besoin, et lorsqu'elle argumente, questionne, répond, elle le fait uniquement pour son plaisir (*pre deliciis*) et non par nécessité. La deuxième servante de la théologie, celle qui vient en second, est « la loi des papes et des empereurs », qu'il faut tenir à distance parce qu'elle a donné lieu à des hérésies (Holcot pense à Jean XXII et à Marsile de Padoue)[2].

Autre figure féminine servant de repère scientifique, la *vetula*, la « petite vieille », à laquelle Jole Agrimi et Chiara Crisciani ont consacré un panorama assez complet[3]. Rappelons seulement l'affirmation de Thomas d'Aquin, dans le sermon *Attendite a falsis prophetis*: « une vieille femme d'aujourd'hui en sait plus sur les choses de la foi que n'en savaient autrefois tous les philosophes »[4].

1. Jacques de Vitry, *Sermon XVI aux étudiants*, § 13, trad. dans Bermon, *La Fondation*, p. 343-345. Il pourrait y avoir ici une allusion au projet de censure du *corpus aristotelicum*.

2 Voir P. Bermon, « *Sapientia*. Sagesse et philosophie morale selon Robert Holcot († 1349) », dans *Przegląd Tomistyczny* 25, 2019 [oct. 2020], p. 171-193.

3. J. Agrimi & C. Crisciani, « Savoir médical et anthropologie religieuse. Les représentations et fonctions de la *Vetula* du XIIIe au XVe siècle », *Annales E.S.C.* 48/5, 1993, p. 1281-1308.

4. Thomas d'Aquin, *In Symbolum Apostolorum*, pr. : « Nullus philosophorum ante adventum Christi cum toto conatu suo potuit tantum scire de Deo et de necessariis ad vitam aeternam, quantum post adventum Christi scit una vetula per fidem »; *Attendite a falsis prophetis*, pars 2 : « Videte tam multi fuerunt philosophi et multa dixerunt de his quae pertinent ad fidem, et vix invenietis duos concordare in unam sententiam; et quicumque aliquid veritatis dixit, non dixit eam sine admixtione falsitatis. Plus scit modo una vetula de his quae ad fidem pertinent, quam quondam omnes philosophi. Legitur quod Pythagoras primo fuit pugil; audivit magistrum disputantem de immortalitate animae, et disserentem quod anima esset immortalis; et in tantum allectus est quod dimissis omnibus dedit se studio philosophiae. Sed quae vetula est hodie quae non sciat quod anima est immortalis ? Multo plus potest fides quam philosophia : unde si philosophia contrariatur fidei, non est accipienda ».

Enfin, il existe bien d'autres figures féminines, telle Atalante, dont Robert Holcot explique dans son *sermo finalis*, qu'elle est comme la théologie: on ne l'épouse qu'après une poursuite effrénée [1].

Les femmes dans les quodlibets universitaires

On parlait en outre beaucoup des femmes à l'université.

Deux tendances s'observent. On était entre soi, entre hommes, on pouvait être misogyne. L'article de Marie-Thérèse d'Alverny, « Comment les théologiens et les philosophes voient la femme » [2] illustre abondamment et méthodiquement ce point en montrant l'importance de certaines autorités patristiques et scripturaires [3]. Ce discours ne passait apparemment pas devant les femmes. Lecoy de la Marche édite un *exemplum* amusant où l'on voit une châtelaine congédier un prêcheur misogyne, qui avait accusé devant elle la femme de Pilate d'avoir voulu dissuader son époux de se mêler du Jugement du Christ [4].

Mais les théologiens avaient bien d'autres discussions, à en juger d'après les titres de leurs quodlibets. Une recherche des termes « mulier » et « femina » dans les listes publiées par P. Glorieux et reprises par Quodlibase, fait apparaître les sujets qui préoccupent les théologiens. Parmi ceux-ci figurent, outre les questions de la prédication des femmes et celle des aumônes et du mécénat des femmes, évoquées plus haut :

1. J. C. Wey, « The *sermo finalis* of Robert Holcot », *Mediaeval Studies* 11, 1949, p. 219-224.

2. M.-T. d'Alverny, « Comment les théologiens », p. 105-129.

3. Toutefois, voir M. van der Lugt, « Sex Difference in Medieval Theology and Canon Law. A Tribute to Joan Cadden », *Medieval Feminist Forum* 46/1, 2010, p. 101-121, à propos de la création de la femme et de la question de l'hermaphrodite, montre que les théologiens et les canonistes sont souvent neutres et pragmatiques, certains rejetant même la définition aristotélicienne de la femme comme *mas occasionatus* (« mâle manqué » !). N. Cohen, « The Emotional Body of Women », dans D. Boquet & P. Nagy (éd.), *Le sujet des émotions au Moyen Âge*, Paris, Beauchesne, 2009, p. 465-482, montre que les médecins italiens de la fin du Moyen Âge « ne sont pas influencés par les stéréotypes de genre », interprétant « les maladies féminines comme des expériences de la nature humaine ».

4. A. Lecoy de la Marche, *L'esprit de nos aïeux. Anecdotes et bons mots tirés des manuscrits du XIIIe siècle*, Paris, C. Marpon & E. Flammarion, 1888, p. 127-128, cit. dans Bériou, « La Madeleine dans les sermons parisiens », p. 310.

1. La question de la double filiation de Jésus: Le problème est de savoir si Jésus se rapportait à son Père divin et à sa mère humaine de manière différente et s'il faut lui reconnaître une double filiation. Il ne s'agit de rien de moins que de la relation de Dieu lui-même à sa mère humaine. Cette question est traitée dans au moins douze quodlibets: elle est aussi traitée par les théologiens dans les *Sentences* à la distinction VIII du livre III [1]. En français, nous avons l'étude déjà ancienne du fr. Henri-Marie Manteau-Bonamy. Il faudrait approfondir ces questions-là, du point de vue des études de genre. Le P. Manteau-Bonamy discerne une tendance, qu'il attribue au nominalisme à partir de Duns Scot, à faire de Marie « une mère aussi humaine que les autres mères ». Pour lui, Henri de Gand au contraire, insiste trop sur la divinité. Il résume: « Marie, pure créature, est divine, non pas certes comme femme, mais comme mère. Maternité et Filiation sont essentiellement des corrélatifs » [2].

Gerardus Bononiensis	II,7	Utrum in Christo sint due filiationes reales
Gerardus de Sancto Victore	I,1	Utrum in Christo sint due filiationes
Godefridus de Fontibus	I,3	Utrum in Christo sint due filiationes reales; una qua dicitur filius Patris ab eterno et alia qua dicitur filius matris ex tempore
Guido Terreni	III,5	Utrum relatio filiationis in Christo qua realiter refertur ad matrem fundetur immediate in substantia humanitatis
Guillelmus de Ockham	IV,11	Utrum filiatio Christi ad Beatam Virginem sit alia res ab omni re absoluta

1. Posée par Jean Duns Scot, cette question (éditée par C. Balic, *Ordin.* III, d. 8, q. unica, Vtrum in Christo sint duae filiationes reales) a été omise par A. B. Wolter dans son ouvrage intitulé *John Duns Scotus, Four Questions on Mary*, St. Bonaventure, Franciscan Institute, 2000, en raison de sa complexité et de la difficulté qu'elle aurait à trouver un écho aujourd'hui.

2. H.-M. Manteau-Bonamy, *Maternité divine et Incarnation. Étude historique et doctrinale de saint Thomas à nos jours*, « Bibliothèque thomiste, 27 », Paris, Vrin, 1949, p. 235-236.

Guillelmus de Wodeford	I,7	Utrum in Christo sint due filiationes reales
Henricus de Gandavo	IV,3	Utrum in Christo sint due reales filiationes, una ad patrem et altera ad matrem
Iohannes de Neapoli	XII,8	Utrum filiatio Christi temporalis que refertur ad matrem sit filiatio seu relatio realis vel rationis tantum
Iohannes de Polliaco	III,2	Utrum in Christo sint due filiationes reales
Martinus de Abbatisvilla	I,3	Utrum in Christo sint due filiationes
Radulphus Brito	I,8	Utrum Christus referatur una relatione et filiatione ad Patrem et ad matrem
Richardus de Mediavilla	I,5	Utrum alia sit filiatio qua Christus refertur ad patrem ab illa qua refertur sicut filius ad matrem
Henricus de Gandavo	XV,11	Utrum homo generatus a viro et muliere, si assumeret in unitate persone a filio Dei, esset filius viri illius

2. Plusieurs questions révèlent des préoccupations de clercs. Quatre portent sur l'inceste spirituel, à savoir quand un père spirituel connaît charnellement sa fille spirituelle: on se demande si c'est plus grave que l'inceste charnel [1]. On demande trois fois si un clerc, après s'être marié sans avoir consommé son union, puis avoir été ordonné prêtre, peut faire

1. Les intitulés, auteurs et titres, des quodlibets cités dans les notes suivantes sont repris tels quels de la base *Quodlibase* [en ligne]. Gerardus de Abbatisvilla, *Quodl.* VII,6 : Utrum sacerdos curatus licite possit audire confessionem illius peccati quod cum eo commisit filia sua spirituali, et utrum de huiusmodi peccato possit eam absolvere, verbi gratia adulterii quod cum ea perpetravit; Guido Terreni, *Quodl.* IV,9 : Utrum pater spiritualis carnaliter cognoscens filiam spiritualem magis peccet quam pater carnalis cum filia carnali; Iohannes Parisiensis, *Quodl.* II,29 : Utrum magis peccet qui cognoscit filiam spiritualem quam carnalem ; Mattheus ab Aquasparta, *Quodl.* VI,13 : Utrum maius peccatum sit cognoscere filiam spiritualem quam carnalem.

l'amour avec sa femme [1]. Autre question: un prêtre grec marié peut-il célébrer la messe avec des prêtres de rite latin [2] ? On se demande aussi si un clerc aspirant aux saints ordres, ayant couché avec une vierge qu'il a ensuite épousée et avec laquelle il a vécu maritalement, une fois sa femme morte, doit être exclu des saints ordres [3]. Et voici un *casus* en forme de farce: un clerc s'est déguisé en moniale pour aller déflorer une religieuse, il fait au monastère profession dans la main de l'abbesse, devient moniale, puis sort du monastère après avoir satisfait sa libido; l'évêque peut-il le forcer à se faire moine dans le même ordre religieux [4] ? Pour finir, une question critique: pour quelle raison un clerc corrompu (non vierge) peut-il être consacré pasteur d'une église, alors qu'une femme corrompue (non vierge) ne peut être consacrée [5] ? À travers ces questions, les clercs évoquent leurs rapports sexuels compliqués avec les femmes.

3. Il y a aussi des questions posées du point de vue des femmes: Une femme est-elle obligée de révéler sous serment au tribunal que l'enfant qu'elle porte est le fruit d'un adultère? Réponse de Thomas d'Aquin, non si c'est resté secret et qu'il n'en découle pas d'infamie, car les choses occultes

1. Henricus de Gandavo, *Quodl.* V,38 : Utrum clericus, post matrimonium celebratum per verba de presenti in facie ecclesie, sed nondum consummatum per carnalem copulam subsecutam, si postmodum promoveatur in sacerdotem possit debitum reddere uxori petenti aut petere illud ab illa; Petrus Iohannis Olivi, *Quodl.* III,10 : An clericus post matrimonium per verba de presenti contractum nondum tamen consummatum, ad sacros ordines sine licentia uxoris promotus, teneatur reddere debitum uxori petenti ; R. Attrabensis, *Quodl.* I,6 : Posito quod clericus contrahat matrimonium, et ante carnalem copulam facit se ad sacros ordines promoveri, queritur utrum teneatur reddere debitum mulieri.

2. Servatius de Monte Sancti Eligii, *Quodl.* VI,6 (64) : Utrum sacerdos grecus, habens uxorem, sciens tamen latinum, debeat permitti celebrare missam inter latinos.

3. Gerardus de Abbatisvilla, *Quodl.* XIII,7 : Utrum clericus ad ordines suspirans qui virginem in fornicatione defloravit et postmodum matrimonium contraxit cum eadem et consummavit, reputandus sit bigamus et uxore mortua sit ab ordinibus repellendus.

4. Eustacius Atrebatensis, *Quodl.* III,22 : Queritur de intrante religionem fallaciter et dolose; et est casus quidam clericus iuvenis ut defloraret quamdam iuvenculam monialem simulavit se esse mulierem et intravit illud monasterium monialium et stetit ibi per annum et fecit professionem in manu abbatisse, et professus regulam beati Benedicti tamquam monialis; post impleta sua libidine exivit monasterium; queritur utrum episcopus possit eum compellere ad hoc ut sit monachus sive religiosus de cetero per totum tempus vite sue; et loquor religiosus in eodem ordine.

5. Gerardus de Abbatisvilla, *Quodl.* XII,7, Quare clericus corruptus in pastorem ecclesie potest consecrari, mulier vero corrupta non potest consecrari.

sont réservées au seul jugement divin [1]. Question en forme de drame shakespearien: Si une femme a une fille avec l'ennemi de son mari et que cet ennemi a de son côté un fils et si les deux familles décident de faire la paix en mariant leurs enfants qui sont en réalité demi-frère et sœur, la mère doit-elle se taire et laisser faire [2] ? Une fille-mère ou une femme adultère peuvent-elles ne regretter nullement l'existence de leur enfant, tout en regrettant les circonstances de sa conception [3] ? Une fille illégitime peut-elle conserver l'héritage que lui a légué son père [4] ? Une femme adultère doit-elle nourrir son enfant (sous-entendu prélever des ressources sur le

1. Thomas de Aquino, *Quodl.* V,8 a. 2 : « si vir accuset uxorem de adulterio occulto, utrum mulier teneatur in iudicio suum peccatum confiteri (Respondeo. Dicendum, quod circa hoc est distinguendum. Si enim adulterium sit omnino occultum, non debet peccatum suum in iudicio confiteri, nec debet ab ea exigi iuramentum de veritate dicenda, quia occulta soli divino iudicio reservantur, secundum illud I ad Cor. c. IV, 5 : *nolite ante tempus iudicare, quoadusque veniat dominus, qui* [...] *illuminabit abscondita tenebrarum.* Sed quando ex adulterio procedit infamia, vel aliqua signa evidentia apparent, quae vehementem suspicionem facere possunt, vel quando est semiplene probatum; tunc debet ab ea exigi iuramentum de veritate dicenda, et ipsa tenetur confiteri veritatem). *Cf.* Iohannes de Neapoli, *Quodl.* I,19, Utrum mulier debeat revelare viro suo filium ex se illegitimum natum; Iohannes de Neapoli, *Quodl.* X,27, Utrum mulier teneatur revelare viro filium ex se illegitime natum; Iohannes de Murro, *Quodl.* I,4, Queritur si constante matrimonio mulier ex adulterio suscipiat filium, vir suus credat esse suum, et mulier in confessione dicat sacerdoti sic esse, utrum sacerdos debeat ei dicere quod filium illum repellat a se et quod dicat talis non debet esse heres. »

2. Eustacius de Grandicuria, *Quodl.* III,9 : « Item, talis casus : ista mulier habet filiam ab inimico mariti sui, et ille inimicus habet filium; parentes decreverunt facere pacem per contractum istorum puerorum, qui secundum veritatem sunt fratres, seu frater et soror. Hoc videns mulier, utrum hoc debeat tacere, et permittere istud facere. »

3. Henricus de Gandavo, *Quodl.* VIII,20 : « Utrum mulier que genuit prolem in fornicatione, postquam factum adultum videat eum bene conversari, possit simul velle habere illum filium et detestari actum fornicarium quo eum genuit » ; Eustacius de Grandicuria, *Quodl.* IV,3 : « Casus : quedam mulier habuit filium de adulterio, qui filius multa bona facit illi, scilicet mulieri, scilicet matri sue. Modo de illo non est contrita, tamen de actu est contrita. Utrum sic contrita, sacerdos debeat et possit ipsam absolvere. »

4. Eustacius de Grandicuria, *Quodl.* V,3 : « Talis casus : mulier erat uxorata; habuit de adulterio filiam, sed maritus credebat quod esset filia sua. In morte, maritus dimittit illi filie centum libras. Postea mater dicit filie sue quod non est filia mariti defuncti, et si scivisset nunquam ei illas centum libras dedisset, et quod non retineat. Modo est questio utrum illa filia possit retinere illud legatum a patre putativo. »

patrimoine de son mari pour nourrir cet enfant)[1] ? Une fille à marier est-elle plus heureuse qu'une femme mariée[2] ?

4. Des questions posées du point de vue des hommes: Un homme peut-il épouser sa maîtresse à la mort de sa femme[3] ? Si un homme séduit une fille en lui promettant le mariage (*per verba de futuro*), puis se marie *per verba de presenti* avec une autre ensuite, de qui est-il l'époux[4] ? Un homme jeune peut-il épouser sans péché une femme vieille et stérile[5] ? Un homme peut-il partir en croisade sans sa femme[6] ? L'homme dirige-t-il sa femme d'un pouvoir politique ou bien d'un pouvoir despotique[7] ? Est-il plus grave de forniquer avec une femme publique qu'avec une femme dite « privée »[8] ? Est-il ou fut-il un jour licite d'avoir deux femmes[9] ? Est-on puni par Dieu si l'on tue sa propre fille ainsi que son amant pris en flagrant délit d'adultère[10] ?

1. Guido Cluniacensis, *Quodl.* II,1 : « Primo ponitur talis casus : quedam mulier habuit vivente marito suo filium de adulterio; si debeat ei ministrare, scilicet filio suo, alimenta. »

2. Iacobus de Viterbio, *Quodl.* I,16 : « Utrum felitior sit mulier nupta quam virgo nuptura. »

3. Iohannes de Neapoli, *Quodl.* X,21 : « Queritur talis casus : Quidam uxoratus vivente uxore promisit cuidam alteri mulieri, que ignorabat ipsum uxoratum, quod duceret eam in uxorem, et postea cognovit eam carnaliter; tandem post sex menses predicta mulier cognovit talem adulterum esse uxoratum, et hoc sibi dixit; qui hoc ipsum tali mulieri de plano confessus est et addidit : promitto tibi quod si illa morietur, post mortem eius te accipiam in uxorem. Modo queritur utrum tali uxore legitima defuncta, predictus adulter possit talem mulierem accipere in uxorem. »

4. Thomas de Aquino, *Quodl.* V,8 a. 1 : « Si aliquis despondeat aliquam per verba de futuro et postea eam carnaliter cognoscat, non quidem quasi consentiens in matrimonium, set solummodo volens fraudulenter subripere copulam carnalem, si postmodum contrahat cum alia per verba de presenti, utrum secunda sit uxor eius. »

5. Iohannes Parisiensis, *Quodl.* II,31 : « Utrum ille iuvenis potens ad generandum suscipiens uxorem vetustam vel sterilem peccat. »

6. Thomas de Aquino, *Quodl.* IV,7 a. 2 : « Utrum vir possit accipere crucem, si timeatur de incontinencia uxoris non valentis virum sequi. »

7. Raymundus Rigaldi, *Quodl.* V,15 : « Utrum vir debeat regere uxorem principatu politico vel despotico. »

8. Petrus de Sancto Odomaro, *Quodl.* II,1 : « Querebatur cui gravior penitentia esset iniungenda, an illi qui habuit rem cum publica muliere, scilicet cum meretrice, an illi qui habuit rem cum privata; et est questio de simplici fornicatione. »

9. Durandus de Sancto Porciano, *Quodl.* III,18 : « Utrum sit vel aliquando fuerit licitum simul habere duas uxores. »

10. Iohannes de Neapoli, *Quodl.* II,19 : « Utrum puniatur a Deo seu peccet ille qui occidit filiam in adulterio deprehensam et adulterum. »

5. D'autres questions sont plus médicales ou physiologiques. L'âme séparée du corps porte-t-elle un signe de son sexe, a-t-elle un genre [1] ? Un garçon est-il formé plus rapidement dans l'utérus qu'une fille [2] ? Qu'enfanterait une femme si Dieu n'infusait pas d'âme rationnelle à l'embryon [3] ? Un médecin peut-il donner un remède à une femme enceinte qui entraîne la mort du fœtus, sachant que s'il ne le donnait pas, mère et enfant mourraient [4] ? Enfin: Pourquoi les hommes sont-ils chauves et barbus et non les femmes [5] ?

6. Enfin, il y a des questions décalées: Où la vérité est-elle la plus forte: dans le vin, dans un roi ou dans une femme [6] ?

Jane Austen écrivait dans *Persuasion*: les hommes « ont tenu la plume » (*the pen has been in their hands*), ce sont « eux qui écrivent l'histoire et définissent les règles, ayant reçu, et de loin, la meilleure éducation » [7]. J'espère avoir montré que ce n'est pas tout à fait vrai à l'université au XIIIe siècle. Certaines femmes tenaient la plume. Surtout, beaucoup de femmes fournissaient les chandelles, les parchemins, les cahiers à copier, les enluminures, les fonds pour les pensions des étudiants ou les bâtiments de collèges.

> Sans la contribution des femmes à d'autres places que celles des clercs, l'université n'aurait pas fonctionné aussi bien [8].

1. Iohannes de Lana, *Quodl.* I,10 : « Utrum in anima humana a corpore separata sit aliquid signum per quod possit cognosci quod ista fuit anima viri et illa anima mulieris » ; Petrus de Trabibus, *Quodl.* I,11 : « Utrum anima in purgatorio cognoscat animam venientem fuisse in femina vel in viro. »

2. Iohannes de Neapoli, *Quodl.* X,12 : « Utrum masculus citius formetur in utero quam mulier. »

3. Iohannes Pecham, *Quodl. Romanum*, 36 : « Utrum Deo non infundente animam rationalem, embryonem formando, pararet mulier huiusmodi fetus, an fetus esset in aliqua specie. »

4. Iohannes de Neapoli, *Quodl.* X,26 : « Utrum medicus debeat dare medicinam mulieri pregnanti ex qua sequeretur mors filii, et si non daret eam sequeretur mors utriusque. »

5. Egidius, *Quodl.* I,18 : « Quare homines sunt calvi et habent barbam et non mulieres. »

6. Thomas de Aquino, *Quodl.* XII,13 a. 1 : « Utrum veritas sit fortior inter vinum, regem et mulierem. »

7. Jane Austen, *Persuasion*, London, Forgotten Books, 2008, p. 196 : « Men have had every advantage of us in telling their own story. Education has been theirs in so much higher a degree ; the pen has been in their hands. I will not allow books to prove anything ».

8. Courtenay, *Ritual for the Dead*, p. 81.

Il faut toutefois bien ouvrir les yeux pour voir les femmes dans cet environnement. Ce n'est pas tant qu'elles ne sont pas visibles, c'est plutôt que n'étant pas disposés à les voir, nous contribuons à leur invisibilisation, en minimisant l'importance de la sphère privée où leur influence était de droit et en étant aveugles à leur présence, autorisée ou non, dans la sphère publique. Comme nous l'avons montré, si les théologiens se considéraient comme les *doctores mulierum*, redevables d'une éducation aux femmes, il existait, concernant le droit de prêcher et d'enseigner publiquement, une asymétrie entre le régime d'autorisation masculin (concernant de fait seulement une toute petite minorité d'hommes, prélats et religieux) et féminin. Il semble que dans cette économie, les femmes concernées soient considérées comme étant plus directement en contact avec le divin, l'Esprit Saint, mais qu'elles ne puissent généralement pas s'en prévaloir, sauf situation exceptionnelle de pénurie de prédicateurs et d'enseignants, pour exercer de façon autorisée un enseignement public, prérogative dont seuls en temps normal certains hommes, prélats ou religieux, peuvent être investis, de façon ordinaire *ex officio* ou déléguée (prédication), ou du fait d'un grade universitaire (enseignement public). Pourtant, cette relégation à la sphère privée de la femme apte à saisir ou à délivrer un message d'intérêt public, pour choquante qu'elle soit, ne doit pas cacher le fait que la sphère privée était très vaste, incluant l'activité économique et le patrimoine. C'est sur toute cette sphère, les jeunes, le mari, la maisonnée, les domestiques, que la femme pouvait étendre son influence, même doctrinale, et cela ne se faisait pas de façon totalement informelle (leçons ou sermons privés, par exemple). Par ailleurs, les femmes étaient aussi présentes dans la sphère publique, de manière autorisée, officieuse ou interdite. Si bien qu'il faut s'intéresser à tous les lieux où s'accomplissaient des échanges culturels où les femmes avaient part :

- échanges avec des clercs dans la sphère privée, c'est-à-dire ni à l'église, ni dans les lieux où se tenait l'université: dans les demeures et les chapelles privées, notamment (le cas des ateliers et des places publiques est mis en discussion par Guibert de Tournai);
- présence autorisée des femmes dans la sphère publique, église et université: fondatrices, donatrices, protectrices, maîtresses d'école, utilisation par le prédicateur des sermons de la maîtresse des béguines Agnès d'Orchies, universités (*studia*) pour femmes imaginées par Pierre Dubois;
- présence requise des femmes dans la sphère publique: dans l'assistance aux sermons;

- présence officieuse (ou autorisée?) des femmes dans la sphère publique: par exemple dans l'auditoire de certains maîtres de l'université ;
- présence non souhaitée mais bien réelle des femmes dans la sphère publique: officialisation chez les stationnaires parisiens de la *Biblia gallicata*, dite « Bible des femmes », diffusion de son livre par Marguerite Porète.

Il faudrait comparer les traits caractéristiques de la femme lettrée du XIIIe siècle, avec la figure de la femme lettrée humaniste, Christine de Pizan, par exemple, mais également, entre autres, toutes les femmes qui tiennent la plume dans le volume *Early Modern Women Writing Latin*: Angela et Isotta Nogarola, Costanza Varano, Cassandra Fedele, Laura Cereta, pour ne mentionner que celles du XVe siècle [1]. L'université et la culture scolastique n'ont-elles pas formé des citadines lettrées, suscité des mécènes éclairées, favorisé des femmes expertes, voire des femmes savantes, averties des derniers développements de la science, qui les unes comme les autres ont préparé, préfiguré, l'apparition de l'humaniste lettrée de la Renaissance?

1. L. J. Churchill, P. R. Brown & J. E. Jeffrey (éd.), *Women Writing Latin, from Roman Antiquity to Early Modern Europe*, t. 3 : *Early Modern Women Writing Latin*, New York-London, Routledge, 2002. Voir aussi D. Régnier-Bohler (éd.), *Voix de femmes au Moyen Âge, savoir, mystique, poésie, amour, sorcellerie, XIIe-XVe siècle*, « Bouquins », Paris, Robert Laffont, 2006.

APPENDICE

PIERRE DUBOIS RECOMMANDE VERS 1300 L'ENVOI D'HOMMES ET DE FEMMES INSTRUITES EN ORIENT [1]

| Pour obtenir ces avantages et d'innombrables autres biens, que l'on ne peut pas tous prévoir ni décrire, que le très saint Père [...] Clément V veuille instituer ceci: XXXVII. 60

[...] Que dans chaque province selon les capacités des lieux (qu'il faut sur ce point calculer proportionnellement à la taille des populations), dans les lieux comme les prieurés des Templiers ou des Hospitaliers qui seront plus propices à ces projets, soient institués deux ou plusieurs centres d'études de garçons et presque autant de filles; ceux-là et celles-ci doivent être choisis pour y être instruits dès l'âge de quatre ou cinq ans; ils doivent être choisis, dis-je, par un sage philosophe, apte à discerner, au moyen de ses connaissances tirées de la doctrine philosophique, la disposition naturelle d'un individu, indicatrice d'une capacité à progresser. Que soient admis à ces centres d'études des nobles des deux sexes, si l'on en trouve, et autant qu'on en trouve.

Ensuite, que les uns (*alii*) soient instruits d'une manière continue, selon le programme ci-dessous, qui devra être modifié, amélioré et augmenté par des gens plus avisés que moi. Et ils seront admis à telle condition que jamais à l'avenir ils ne soient rendus à leurs parents, à moins que ceux-ci ne remboursent rubis sur l'ongle toutes les dépenses faites pour eux. Que les autres (*alii*) soient envoyés de centre d'étude en centre d'étude et

1. Notre traduction d'après le texte latin de P. Dubois, *De recuperatione terre sancte*, éd. Diotti, XXXVII, § 60-61 et XXXVIII, p. 153-155; LIII, § 85-86, p. 168-169. Voir Herlihy, *Opera Muliebria*, p. 107-110 et Jourdain, *Mémoire*, p. 104-105.

finalement en Terre Sainte et dans d'autres régions, pour autant que la sainte Église romaine, par la voix de ceux qu'elle aura délégués pour cela, jugera devoir l'ordonner. Ces étudiants et leurs docteurs vivront des biens desdits prieurés et des biens de ladite provision de Terre Sainte, pour autant que cela semblera plus expédient aux maîtres de la provision, élus par le
61 métropolitain des lieux avec le conseil des experts suffragants. | Que tous ceux-ci (*isti omnes*) soient d'abord quelque peu instruits, bien au préalable, dans la langue latine, pour être capables de la comprendre suffisamment; puis que certains d'entre eux soient ensuite instruits plus pleinement dans la langue grecque, d'autres dans la langue arabe et ainsi de suite dans les autres langues, mais surtout dans les langues des catholiques, pour qu'enfin, parlant et écrivant par le moyen de ces gens instruits dans les langues de toutes les nations, l'Église romaine, ainsi que les princes catholiques, puissent communiquer, par eux, avec tous les êtres humains, les attirant à la foi catholique et à l'unité de son chef.

À partir de ce moment, prenons les jeunes instruits en grammaire, où les plus jeunes sont orientés (s'il y en a quelques-uns d'instruits en logique, ils n'en seront que meilleurs): parmi eux, que quelques-uns (*aliqui*) soient aussitôt instruits dans les articles de foi et les sacrements, l'Ancien et le Nouveau Testament, pour être envoyés, dès qu'ils seront aptes, une fois instruits, dans ladite Terre, afin d'y assumer une cure d'âmes et d'y être promus au sacerdoce. Que l'on pourvoie à leurs besoins par le biais des églises et du peuple. Que d'autres (*alii*) soient instruits en médecine, d'autres (*alii*) en chirurgie (des hommes et des chevaux): par eux, on pourra aider l'armée et tout le peuple de l'un et l'autre sexe.

XXXVIII | Que les jeunes filles (*puellae*) soient instruites en médecine et chirurgie, ainsi que dans les matières préalables requises. Ayant été instruites ainsi, sachant écrire, elles seront adoptées comme filles et comme nièces – je parle des filles nobles et des autres filles suffisamment éduquées, aptes de corps et de beauté – par les plus grands princes de leurs régions, de la Terre Sainte et des autres terres proches, pour pouvoir être données dignement comme épouses aux plus grands princes, clercs et autres riches orientaux, parées aux frais de ladite provision, de telle sorte qu'on les croie filles de princes; frais qu'elles promettent de rembourser à la provision susdite de leur vivant, même une fois mariées à tous ces notables, si elles le peuvent; et si elles ne le peuvent pas, qu'elles promettent de rembourser, totalement ou partiellement, à leur mort, pour que la provision soit ainsi augmentée indéfiniment. Il serait très expédient que les prélats et clercs orientaux, qui ont des femmes, et qui n'ont pas du tout voulu renoncer au bénéfice des mariages avec des romaines et d'autres occidentales, aient de telles épouses: si elles étaient lettrées, croyantes dans les articles et les sacrements à la manière romaine, il arriverait par elles que leurs enfants et maris seraient longuement formés à penser, à croire et à célébrer les sacrements de cette manière, par des raisons très fortes, et par ces mêmes occasions qui conduisirent Salomon, suprême sage, à l'idolâtrie, par le conseil de ses femmes. Ces femmes, par affection pour leur terre natale, s'occuperaient (*procurarent*) de marier de nombreuses jeunes filles, dépendant de cette provision pour études, avec leurs fils et d'autres grands de la terre, surtout avec des clercs destinés aux prélatures.

Ces femmes auraient des chapelains célébrant et chantant selon le rite romain, initiant par là peu à peu au rite romain les habitants de ces lieux, surtout les femmes, qu'elles aideraient par l'exercice de la médecine et de la chirurgie, en particulier dans leurs infirmités et leurs nécessités intimes. Ceci ne pourrait vraisemblablement pas se produire sans que ces femmes, plus nobles et plus riches que les autres matrones, ayant la connaissance (*notitiam*) de la médecine et de la chirurgie, ainsi que des pratiques (*experimentorum*) qui peuvent être apprises partout, n'exercent une forte attraction sur ces matrones et ne les conduisent à communiquer, à se délecter et à tomber d'accord avec elles sur les articles de foi et les sacrements, tablant sur le fait que ces matrones auraient besoin de leurs conseils, voulant s'assurer à l'avenir pour elles-mêmes leur savoir-faire, et les aimant à cause de ces espérances.

| De plus, quiconque serait Pape à l'avenir pour un temps, aurait près de XXXIX.
la curie, dans la mesure où de tels gens auraient pu être instruits dans les 62
idiomes des catholiques orientaux, de tels personnages élégamment lettrés, par qui il ferait écrire aux prélats et aux autres grands de ces contrées. Et il pourrait ainsi facilement obtenir des spécialistes du grec.

Comme dans les centres d'études les plus reculés il y en aurait plusieurs de bien établis en grec et en latin, ceux qui sembleraient bien disposés à progresser au-delà des autres, et plus dociles, seraient choisis pour étudier, être auditeurs puis lecteurs, certains en droit civil et canonique, d'autres en astronomie, d'autres en sciences mathématiques et naturelles, d'autres en théologie, d'autres en médecine, sciences dont il y aurait des centres d'études fervents, séparés les uns des autres, pour ne pas s'entraver par la jalousie, ou autrement. Car, comme le dit le Philosophe dans sa *Rhétorique*, *les philosophes sont naturellement jaloux*.

Pour cette raison, si le Pape, dans des causes difficiles, envoyait un légat vers la terre des Grecs (et je dis la même chose des autres langues et régions): en même temps, il enverrait avec lui les meilleurs experts de n'importe quelle science, au nombre de deux ou plus, qui en disputant, consultant, conférant et utilisant tous les moyens, surpasseraient les gens les plus habiles de cette région, si bien qu'il n'y aurait personne qui fût capable de résister à la sagesse de l'Église romaine. La sagesse des Romains serait louée et crainte dans les parties orientales par ceux qui utilisent la raison, comme la reine de Midi (Lc 11:31) a loué la sagesse de Salomon.

XL. 63 | Par une telle provision faite en vue d'organiser des études, par l'envoi de gens instruits des deux sexes dans les parties orientales, il arriverait que nous soient communiqués, à nous Occidentaux, des choses précieuses, abondantes dans ces contrées, mais nous faisant défaut et très chères chez nous; elles nous seraient communiquées en abondance pour un petit prix, à cause de la bonne organisation du monde des catholiques: les choses du monde en effet, quelles qu'elles soient, même si elles sont réputées précieuses et chères car se trouvant rarement chez nous, sont réputées viles dans d'autres lieux, où elles se trouvent en grande abondance.

[...]

LIII. 85 | Quant aux jeunes filles relevant de la provision, il convient que toutes, comme les garçons, soient instruites en grammaire latine, puis dans les logiques et dans une autre langue; puis dans les principes des sciences naturelles et enfin en chirurgie et en médecine; ce que j'entends, au-delà de la grammaire et de la chirurgie, de celles que l'on trouvera dociles et disposées à ces choses-là, en comparaison des autres; elles seront instruites en toute science, même dans celles qui contribuent seulement à la médecine et à la chirurgie, d'une manière que l'on pourra rendre plus accessible aux sens, plus évidente et plus facile, à cause de la fragilité de leur sexe; et parce qu'elles passent plus rapidement d'un âge à l'autre que les mâles, elles parviennent plus rapidement à la perfection qu'il leur est possible d'atteindre, ce qui est le signe de la faiblesse de leur vigueur naturelle. Nous voyons une chose semblable, comme le dit le Philosophe, qui parle de cela dans le livre *Des animaux*, dans les arbres et autres plantes, *qui se fortifient et durcissent d'autant moins qu'ils croissent plus vite*. Pour revenir à ces jeunes filles, parmi elles, quelques-unes suffisamment prudentes, qui sembleront peu faites pour supporter les traversées sur mer, pourront rester continuellement auprès de nous pour veiller sur les autres, et avec leur secours on assurera le suivi des autres plus tranquillement et on les instruira plus pleinement tant dans la science que dans l'expérience de la chirurgie, et aussi de la médecine et de ce qui appartient notoirement à l'art et au métier des apothicaires.

| Quant aux jeunes filles qui seront destinées à se marier avec ceux qui 86
ne connaissent pas les articles de notre foi tels que l'Église romaine les connaît, les enseigne et les observe, il convient qu'on leur enseigne ces articles comme l'Église romaine les connaît, qu'elles portent sur elles tous ces articles, écrits brièvement et clairement, pour parvenir à les comprendre suffisamment. Savoir cela ne nuirait pas, bien plus, servirait pareillement à chacun des élèves relevant de cette provision et que l'on ne pourrait pas instruire plus complètement en théologie. En outre, dans les *studia* singuliers de médecine et de chirurgie que l'on instaurera pour les jeunes filles, il est expédient que restent deux filles, pour aider, plus savantes que les autres en médecine, en chirurgie et en la pratique de l'une et de l'autre, qui enseigneront les autres tant en théorie qu'en pratique; pour qu'au moment de quitter les *studia*, les filles aient acquis, avec les sciences, l'habileté de la pratique. Elles pourront apprendre plus et plus facilement pendant leur séjour au *studium* qu'ensuite et elles pourront y acquérir une expérience étendue, sans laquelle de telles sciences seraient peu utiles, témoin le Philosophe, qui dit: *Dans les actions humaines, nous voyons que ceux qui ont l'expérience sans l'art progressent bien plus que ceux qui ont la notion de la science sans l'expérience.*

HILDEGARDE DE BINGEN,
LA « PLUS QUE FEMME » ?

LAURENCE MOULINIER BROGI

Connue de longue date pour ses visions et ses prophéties, Hildegarde de Bingen (1098-1179) a conquis ces dernières années un public de plus en plus large grâce à deux autres de ses dons, la musique et à la médecine, domaines dans lesquels très peu de femmes ont laissé leur nom au Moyen Âge. Ses chants liturgiques (dont elle composa elle-même le texte et la musique), conservés dans des manuscrits contemporains de leur auteur, sont abondamment joués et enregistrés ; quant à sa médecine, elle séduit un nombre de plus en plus important d'adeptes en quête d'alternatives à la médecine traditionnelle. Depuis donc que l'œuvre et la vie de la bénédictine ont été redécouvertes, elles ont fait tout naturellement d'abord l'objet d'une lecture au prisme de l'histoire des femmes. Puis, à mesure que cette dernière a évolué vers une histoire des rapports de sexes, la figure et les écrits de Hildegarde ont été revisités à travers ce prisme, pour ne rien dire d'une lecture féministe. Si Hildegarde est en quelque sorte tombée dans le domaine public par deux biais, la musique et la médecine, elle n'en a donc pas pour autant perdu son attrait pour le monde savant et la bibliographie la concernant est désormais immense. Le 900e anniversaire de sa naissance, célébré avec éclat en 1998, marqua un pic prévisible mais ne donna pas pour autant le « la » d'un requiem pour une nonne : les publications hildegardiennes continuent d'aller croissant, et l'on peut parler sans se payer de mots d'une mondialisation du phénomène, même si des régions du monde sont plus embrasées que d'autres, souvent sous l'effet du développement des *gender studies* dont la bibliographie est désormais respectable. On ne cherchera pas ici à en rendre compte, et l'on se contentera de rappeler ici quelques éléments : d'abord, que l'auctorialité de Hildegarde a été mise en doute, comme celle d'autres femmes du XIIe siècle, au profit d'une paternité de son œuvre qui ne pouvait être que masculine; or désormais, malgré ses protestations d'inculture et d'indignité, topiques d'une certaine littérature « féminine » au Moyen Age[1], il est clair que Hildegarde a bel et bien laissé une œuvre diverse et foisonnante, où l'on peut même entendre sa propre voix en maint endroit. Ensuite, tout ce qui, dans l'œuvre et la vie de la grande abbesse rhénane, plaide pour une défense et illustration de son sexe; enfin, on s'interrogera sur la manière dont Hildegarde elle-même vivait son appartenance au sexe féminin.

UNE PATERNITÉ DÉSORMAIS ASSURÉE

Revenons rapidement en arrière. Hildegarde a laissé une œuvre très variée, dont les écrits médicaux occupent un cinquième, mais c'est tout récemment que la femme médecin a été redécouverte avec enthousiasme. Pendant plusieurs siècles, elle a pâti de l'ombre projetée par la figure de la prophétesse, pas tant à cause de ses écrits authentiques, les trois grands livres de visions conservés dans un petit nombre de manuscrits, qu'à cause de l'entreprise d'un compilateur du nom de Gebeno, du monastère cistercien d'Eberbach. La figure de la prophétesse connut en effet un rayonnement sans précédent à partir des années 1220, grâce à ce moine : apparemment né du désir d'opposer les prophéties de Hildegarde à celles de Joachim de Flore (†1202), le *Pentachronon* ou *Speculum futurorum temporum* de Gebeno, compilation de différentes révélations de l'abbesse, remporta, jusqu'au XVIIIe siècle, un succès attesté par le grand nombre de manuscrits qui nous en est parvenu[2]. Encore le prieur d'Eberbach dut-il pour cela rendre accessibles les écrits de la sainte en les réorganisant, conscient que leur style prophétique pouvait rebuter. Le rayonnement des écrits médicaux de Hildegarde semble du coup avoir été plus faible que celui de ses autres écrits, et ce sort rapproche l'abbesse allemande d'une véritable femme médecin contemporaine, la salernitaine Trota, longtemps confondue avec une Trotula qui n'est que le titre d'une œuvre due à un

1. Voir entre autres M. Goullet, « *In vera visione vidi, in vero lumine audivi* ; écriture et illumination chez Hildegarde de Bingen », *Francia. Forschungen zur Westeuropäischen Geschichte* 26/1, 1999, p. 77-102.

2. Cf. *La obra de Gebenon de Eberbach*, éd. J. C. Santos Paz, Firenze, SISMEL, 2004.

compilateur anonyme[1]. De fait, non seulement la *Practica*, écrit authentique de Trota, connut une faible diffusion, contrairement à d'autres textes qu'on lui attribuait, mais il se trouva certains critiques, notamment John Benton, pour suggérer que derrière Trotula se cachait un homme[2].

Hildegarde subit un sort comparable, selon des modalités différentes. Quelques points de repère : jusqu'au XVIe siècle, Hildegarde est connue comme prophétesse, directement ou via Gebeno, et c'est à ce titre qu'elle est citée par Agrippa de Nettesheim, à l'égal de sainte Brigitte, parmi les femmes justifiant la défense et illustration du sexe féminin qu'il avait entrepris de composer pour Marguerite d'Autriche et qui parut en 1529 sous le titre de *De nobilitate et praecellentia foeminei sexus declamatio.* Mais un an plus tard, Jean Schott imprima à Strasbourg le *Catalogus illustrium medicorum* d'Otton Brunfels qui ne mentionne pas Hildegarde… Signe que ni Brunfels ni Schott, en 1530, ne connaissaient l'encyclopédie naturelle publiée par Schott en 1533 sous un titre (*Physica*) et selon une organisation que ne reflète aucun manuscrit connu. J'ai tenté de mener l'enquête sur ce mystère dans ma thèse et n'y reviendrai pas[3].

D'autres jalons peuvent toutefois être posés : Conrad Gesner, à qui rien n'échappa, cita en revanche dument Hildegarde, de même que son élève Josias Simler, auteur d'un mémoire sur la bibliothèque de Gesner. Mais celui-ci ouvrit en quelque sorte l'ère du doute en distinguant deux Hildegarde – « duas Hildegardes, alteram abbatissam s. Ruperti, altera de Pinguia, Physicae auctorem » –, refusant de voir une seule et même personne dans l'auteur de la *Physica* récemment parue et l'abbesse du Rupertsberg. L'idée fit son chemin puisqu'à la charnière entre XVIIe et XVIIIe s., deux spécialistes d'histoire ecclésiastique, Jean-Gottfried Olearius (1635-1711) et William Cave (1637-1713), y souscrivaient encore. Et au vrai, c'est Gesner le premier qui avait dissocié Hildegarde, ne faisant pas grand cas de la seconde autrice d'un ouvrage de médecine :

1. *Cf.* M. H. Green, « In Search of an "Authentic" Women's Medicine : The Strange Fates of Trota of Salerno and Hildegard of Bingen », *Dynamis : Acta Hispanica ad Medicinae Scientiarumque Historiam Illustrandam* 19, 1999, p. 25-54, et *The* Trotula. *A Medieval Compendium of Women's Medicine*, éd. et trad. angl. M. H. Green, Philadelphia, University of Pennsylvania Press, 2001.

2. J. F. Benton, « Trotula, Women's Problems and the Professionalization of Medicine in the Middle Ages », *Bulletin of the History of Medecine* 59, 1985, p. 30-53.

3. *Cf.* L. Moulinier, *Le manuscrit perdu à Strasbourg. Enquête sur l'œuvre scientifique de Hildegarde*, Paris/Saint-Denis, Publications de la Sorbonne/Presses Universitaires de Vincennes, 1995.

> Utitur autem phrasi barbara, et dictionibus rerum quas describit germanicis. Multa obscura, muliercularum scholis digna, quaedam etiam superstitiosa et omni ratione carentia insunt[1].

Notons que la scission que Gesner faisait subir à Hildegarde n'épargnait pas l'hypothétique Trotula, et qu'il distinguait deux auteurs, « Trotulae mulieris curandarum aegritudinum ante, in et post partum », et « Trotulae antiquissimi auctoris ».

Taxée de « bonne femme », Hildegarde était encore vue comme une femme; en d'autres termes, l'unité de l'abbesse férue de science était brisée, mais Gesner puis Simler respectaient son identité sexuelle, ce qui ne fut pas toujours le cas par la suite. Une des nombreuses éditions du célèbre *Malleus maleficarum de Lamiis et strugibus et sagis alisque magis & Daemoniacis* de Sprenger et Institoris cite ainsi, via le *Speculum* de Vincent de Beauvais, les prédictions de « Hildegardus » à propos du *tempus muliebre*, du manque de virilité de l'époque[2]; coquille de l'édition? Cacographie dans la transmission? Toujours est-il que la variété de l'œuvre laissée par Hildegarde a pu empêcher de voir l'unicité de son auteur, et en 1612 parut à Mayence une *Vita S. Ruperti Confessoris a Lotharingiae principibus oriundi et Bingiorum ducis* attribuée à ... Beatus Hildegardus, comme s'en fait encore l'écho Fabricius au milieu du XIXᵉ siècle[3].

Le sexe de l'auteur constitua une vraie pierre d'achoppement pour des érudits se refusant à attribuer à une femme la paternité d'un ouvrage d'où la sexualité n'était pas absente. Luc Choulant (1791-1861) pour sa part, éditeur de Macer Floridus et de Gilles de Corbeil, ne pouvait admettre, je cite, qu'une « vierge sainte » ait pu traiter de sujets « offensants pour de chastes oreilles », et préférait croire qu'un médecin du Moyen Âge « avait usurpé son saint nom pour assurer une plus grande célébrité à une œuvre entièrement de son fait ». Selon lui, seul un homme, laïc de surcroît, pouvait se cacher derrière des écrits attribués à une religieuse... Mais plus encore que la condition de Hildegarde, c'est son sexe qui choquait Choulant et le poussa à inventer à la nonne un double masculin. John Benton (dont la thèse a été largement réfutée par Monica Green en 2001) ne

1. C. Gesner, *Bibliotheca universalis sive Catalogus omnium scriptorum locupletissimus in tribus linguis latina, graeca et hebraica*, Zurich, Froschover, 1545, fol. 232v.

2. J. Sprenger, Henricus Institoris, *Malleus maleficarum*, Francfort, W. Richter, 1600, p. 418.

3. J. A. Fabricius, *Bibliotheca Latina mediae et infimae aetatis*, t. 3, Firenze, Thomas Baracchi, 1858, p. 248.

fit pas autrement en écrivant que « les auteurs des trois traités du *Trotula* étaient probablement des hommes ». Ce qui revient, dans le cas de Trota comme celui de Hildegarde, à dénier la possibilité de parler du sexe à celui que l'on dit faible.

Dans le cas de Hildegarde, un dernier pas fut franchi avec certains commentateurs pour qui non seulement la paternité d'un traité sur les choses de la nature, mais aussi le statut d'auteur en général semblait incompatible avec la condition de femme. Ainsi, selon Wilhelm Preger, l'ensemble des écrits circulant sous le nom de Hildegarde, à l'exception d'un passage dans une lettre à Bernard de Clairvaux, étaient à rejeter comme inauthentiques, et à mettre au compte du seul Théodoric, biographe de la sainte. Cette démonstration, bien que convaincante, fut battue en brèche cinq ans plus tard par un prêtre d'Eibingen, J. Ph. Schmelzeis, en 1879, et pourtant, quelque temps après, le philologue F. J. E. Roth qualifiait encore d'obscénités certains passages de la *Physica* ou la traduction en langue inconnue – puisque Hildegarde a laissé aussi une langue imaginaire – de certains termes comme « stercus » ou « virile membrum » ; Roth reconnaissait toutefois que Hildegarde ne pouvait éviter d'aborder un thème comme celui de la vie sexuelle, notamment dans ses écrits théologiques, et d'autre part qu'il était usuel au Moyen Âge de faire figurer certains mots « inconvenants » dans les glossaires, tel celui de l'évêque Salomon de Constance au IXe s.

Tout cela est révolu, entre autres grâce au travail pionnier de deux sœurs d'Eibingen qui démontrèrent l'authenticité des écrits de Hildegarde en 1956[1]. Depuis, l'histoire des femmes et ses avatars ont pris leur essor, et Hildegarde est même vue parfois comme le chantre d'un certain féminisme avant la lettre. Hildegarde parle assurément des femmes, ce qui lui vaut aujourd'hui toute l'attention, et Bernhard Scholz la qualifiait par exemple de « first medieval woman to reflect and write at length on women »[2].

1. M. Schrader, A. Führkötter, *Die Echtheit des Schrifttums der heiligen Hildegard von Bingen : Quellenkritische Untersuchungen*, Köln/Graz, Bohlau, 1956.

2. *Cf.* B. Scholz, « Hildegard von Bingen on the Nature of Woman », *The American Benedictine Review* 31, 1980/4, p. 361-383, p. 361.

Bénie entre toutes les femmes ?

Sans qu'on puisse s'y arrêter longuement, il faut rappeler que l'image que donne de la femme le *Cause et cure,* un des deux traités de médecine mis sous son nom, est nettement plus positive que celle des théologiens ou médecins contemporains : contre ceux qui présentent à l'envi la femme comme insatiable, le plaisir féminin, comparé à l'action du soleil, est décrit comme moins ravageur que celui de l'homme, comparé à l'effet du feu ; le cycle menstruel est ramené au mouvement plus général des fluides sous l'action de la lune, et n'est pas donc pas la honte exclusive du sexe féminin ; le sang menstruel est longuement évoqué, sans l'aversion ou les craintes manifestées par les auteurs masculins à son endroit, et une recette à base de ce sang est même indiquée ; dans la galerie de portraits des différents caractères, seule la stérilité d'une certaine catégorie d'hommes, les flegmatiques, apparaît sans appel : la femme mélancolique peut toujours concevoir, à l'âge de cinquante ans, un enfant apparemment inespéré, si elle choisit le juste conjoint, et on peut lire ici une apologie de la femme considérée sous l'angle de la fertilité ; la mère de tout le genre humain elle-même, Ève, n'est pas tant la première pécheresse par qui tout le mal est arrivé que celle dont la faiblesse constitutive a rendu possible par la suite le rachat du genre humain : si Adam avait péché le premier, il se serait endurci dans son *incorrigibilitas*[1].

Mais elle parle aussi d'elle-même. En effet, outre les prologues de ses fameux écrits visionnaires, *Scivias*, *Liber vite meritorum* et *Liber divinorum operum*, elle prend directement la parole dans les quelques passages autobiographiques que le moine Théodoric d'Echternach inséra dans sa *Vita Hildegardis* achevée vers 1182[2], et surtout dans ses œuvres lyriques (*Symphonia harmoniae caelestium revelationum*), composées entre 1150 et 1158 selon son propre témoignage dans le *Liber vite meritorum*, et dans l'abondante correspondance qu'elle laissa.

1. Sur la conception de la nature féminine dans le *Cause et cure* et son originalité, thème qu'il est impossible de développer ici, je me permets de renvoyer à L. Moulinier, *Le manuscrit perdu à Strasbourg*, p. 197-205, et à *ead.*, « Conception et corps féminin selon Hildegarde de Bingen », *Storia delle donne* 1, 2005, p. 139-157.

2. Voir *Vita sanctae Hildegardis*, éd. M. Klaes, « Corpus Christianorum Continuatio Medievalis 126 », Turnhout, Brepols, 1993 et Ch. Munier (introd., trad. et comm.), *La vie de sainte Hildegarde et Les actes de l'enquête en vue de sa canonisation*, « Sagesses chrétiennes », Paris, Cerf, 2000.

Hildegarde composa elle-même les textes et les mélodies de la *Symphonia* célébrée pour son originalité dès 1148 par le maître parisien Eudes de Soissons[1], ce qui ne manque pas de soulever la question de l'origine de ce talent : au sein de sa famille même, puisqu'un des frères de Hildegarde, Hugo, était chantre à la cathédrale de Mayence ? Ou devait-elle sa créativité musicale à l'éducation qu'elle avait reçue auprès de la recluse Jutta de Sponheim, la *magistra* qui lui apprit, entre autres, l'art du psautier[2] ?

Lorsque celle-ci vint à mourir en 1136, affaiblie par trop d'ascèses, Hildegarde fut élue pour lui succéder comme *magistra* du couvent de femmes attaché à la communauté masculine du Disibodenberg. Elle commença alors à prendre confiance en elle et s'ouvrit à un moine, Volmar, qui devait rester son confident, son *symmysta*, jusqu'à sa mort en 1173, des visions qu'elle avait depuis l'enfance. Elle avait commencé en 1141 à en coucher certaines par écrit dans ce qui allait devenir le *Scivias*, et lorsque cette œuvre, encore inachevée, eut reçu les encouragements du pape Eugène III lors d'un synode réuni à Trèves fin 1147/1148, Hildegarde put désormais s'adonner sans crainte à une activité littéraire multiforme qui ne prit fin qu'avec elle, trente ans plus tard. Or cette assurance trouva également sa traduction dans la manière dont elle assuma sa charge de supérieure de monastère et dans les liens qu'elle établit avec nombre de grands de ce monde. Mais Hildegarde n'oublia pas pour autant qu'elle avait été la *pia discipula* de Jutta, et suscita, vers 1140, la rédaction d'une *Vita* de sa maîtresse, par un auteur anonyme dans lequel on peut sans doute

1. *Cf.* Hildegardis Bingensis, *Epistolarium*, éd. L. van Acker, « Corpus Christianorum Continuatio Medievalis, 91 et 91A », Turnhout, Brepols, 2 vol., 1991-1993 et *Epistolarium, Pars Tertia*, éd. L. van Acker (†) & M. Klaes-Hachmölle, « Corpus Christianorum Continuatio Medievalis, 91B », Turnhout, Brepols, 2001, Ep. XL, p. 102 : « dicitur quod… modos novi carminis edas ». Voir aussi le propre témoignage de Hildegarde, qui assigne à une vision divine l'origine de ces chants : « Et factum est in nono anno, postquam vera visio veras visiones, in quibus per decennium insudaveram, mihi simplici homini manifestaverat ; qui primus annus fuit, postquam eadem visio subtilitates diversarum naturarum creaturarum, ac responsa et admonitiones tam minorum quam maiorum plurimarum personarum, et symphoniam armoniae caelestium revelationum, ignotamque linguam et litteras, cum quibusdam aliis expositionibus, in quibus post praedictas visiones, multa infirmitate multoque labore corporis gravata, per octo annos duraveram, quas mihi ad explanandum ostenderat » (*Liber vite meritorum*, éd. A. Carlevaris, « Corpus Christianorum Continuatio Medievalis, 90 », Turnhout, Brepols, 1996, p. 8).

2. Voir entre autres *Jutta and Hildegard : The Biographical Sources*, trad. angl. et introd. A. Silvas, « Medieval Women : Texts and Contexts, 1 », Turnhout, Brepols, 1998.

reconnaître Volmar[1]. Comme d'autres femmes « auteurs » du Moyen Âge, Hrotsvita de Gandersheim et Herrade de Hohenbourg, par exemple, Hildegarde perpétua ainsi la mémoire de la figure féminine qui lui avait dispensé la formation initiale à l'origine de son épanouissement ultérieur[2].

Quoi qu'il en soit de l'origine de ses dons poético-musicaux, c'est bien sa subjectivité et sa sensibilité propre qui se donnent à lire et à entendre dans le choix des thèmes de ses 77 compositions, particulièrement dignes d'être qualifiées de lyriques si l'on admet, avec Paul Valéry, que « le lyrisme est le développement d'une exclamation ». Car dans cette *Symphonia* qui multiplie les « O » et les interjections[3], c'est le chant profond de Hildegarde qui s'élève comme un cri mélodieux. Certes, dans ses pièces qui célèbrent la Trinité, le Verbe du Père, « la force de l'éternité », « la vertu de la Sagesse », le pouvoir vivifiant de l'Esprit saint ou « l'amour inondant toutes choses », Hildegarde se fait avant tout « poétesse de Dieu », de même que dans ses louanges aux anges ou à l'Église qui s'élèvent vers le ciel telle la fumée de l'encens. Mais les figures qu'elle choisit également d'honorer par des hymnes ou séquences, ainsi que l'arithmétique de ces chants[4], reflètent clairement ses intérêts et ses affects personnels. Ses 16 compositions à la louange de la Vierge, par exemple, font clairement entendre la voix d'une nonne pleine d'amour pour celle dont la conception du Christ fait une figure maternelle et consolante.

Comme dans d'autres écrits, par exemple le traité de médecine *Cause et cure* cité plus haut, Hildegarde s'y livre à une variation sur le thème de la *felix culpa* : c'est finalement une bonne chose, selon l'abbesse, qu'Ève soit

1. Éditée par F. Staab, « Reform und Reformgruppen im Erzbistum Mainz. Vom "Libellus de Willigis consuetudinibus" zur "Vita domnae Juttae inclusae" », dans *Reformidee und Reformpolitik im Spätsalisch-Frühstaufischen Reich*, éd. S. Weinfurter, Mainz, Gesellschaft f. mittelrheinische Kirchengeschichte, 1992, p. 119-187.

2. On nous permettra de renvoyer à L. Moulinier, « H comme Histoire : Hrotsvita, Hildegarde et Herrade, trois récits de fondation au féminin », *Clio, Histoire, femmes et sociétés* 2, *Femmes et religion*, 1995, p. 85-107.

3. Cette voyelle « O » était porteuse d'un mélisme sans paroles, depuis longtemps important dans de nombreuses séquences et antiennes, mais Hildegarde y recourt plus systématiquement que d'autres ; *cf.* G. Iversen, *Chanter avec les anges. Poésie dans la messe médiévale. Interprétations et commentaires*, « Patrimoines. Christianisme », Paris, Cerf, 2001, p. 255.

4. Trois sont adressés au Christ, quatre à l'Esprit saint et cinq à Dieu, contre seize à la Vierge ou treize à Ursule et ses compagnes, par exemple ; *cf.* G. Iversen, « "O vos angeli". Hildegard's Lyrical and Visionary Texts on the Celestial Hierarchies in Context of her Time », dans R. Berndt (éd.), *Im Angesicht Gottes suche der Mensch sich selbst. Hildegard von Bingen (1098-1179)*, « Erudiri sapientia, 2 », Berlin, Akademie Verlag, 2001, p. 87-113.

« tombée » la première car en elle se compensent la cause et l'effet : dû à la plus grande fragilité de la femme, le péché fut plus facile à effacer en raison de cette même fragilité ; celle qui a attiré le courroux divin sur le genre humain est donc aussi sa chance de salut, celle qui a introduit le désordre est gage de sa réparation.

L'insistance avec laquelle est glorifié le ventre où s'est accompli ce mystère par l'infusion divine, reflète pour sa part magnifiquement la fascination d'une religieuse ayant opté pour une maternité spirituelle et non physique. La maternité constitue en effet un des plus beaux aspects de la condition de femme à ses yeux – et *a fortiori* la maternité virginale, en ce XIIe siècle qui vit l'essor, auquel saint Bernard de Clairvaux contribua grandement, du culte marial. Merveilleuse chez la femme, la maternité est miraculeuse avec Marie et ce mystère est peut-être plus fascinant encore pour Hildegarde que celui de l'Incarnation.

En témoigne son attachement à évoquer la réalité physique de cette grossesse inouïe ; Hildegarde célèbre avec sensualité l'imprégnation divine et pénètre par la pensée jusque dans ces entrailles où le Créateur Lui-même semble avoir éprouvé du plaisir. De fait, selon Hildegarde, la conception en Marie fut normale, à ceci près que le Saint-Esprit y joua le rôle de l'homme, et les chants qu'elle lui consacre célèbrent la joie du saint ventre de la Vierge qui « fleurit » lorsque « l'Esprit de Dieu » y « pénétra » et que « le Très-Haut s'y épancha », ainsi que la croissance du Fils de Dieu dans sa matrice bénie.

> N° 11. O quam magnum miraculum est
> Quod in subditam femineam formam
> Rex introivit
> [...]
> Et o quam magna felicitas est
> in ista forma
> Quia malicia, que de femina fluxit,
> Hanc femina postea detersit.

Ce thème a si bien captivé l'âme de la moniale qu'elle-même, évoquant une de ses convalescences, dit avoir recouvré la parole au terme de ses souffrances, « comme une parturiente après le travail »[1] dans le *Livre des*

1. Hildegardis Bingensis, *Liber divinorum operum*, éd. A. Derolez, P. Dronke, « Corpus Christianorum Continuatio Mediaevalis 92 », Turnhout, Brepols, 1996, II, 1, c. 31, p. 302 : « At ego tacui in patientia, silui in mansuetudine, et sicut pariens post laborem, ita loquebar post dolorem. »

œuvres divines, et que son biographe compare ses douleurs à celle de Lea dans l'enfantement[1]. Vierge d'homme et de savoir humain, Hildegarde, fécondée par la grâce divine, était enceinte des œuvres de Dieu qu'elle mettait au monde dans la douleur. N'est-il pas remarquable qu'un de ses correspondants, l'abbé Richard de Springiersbach, la nomme « très sainte et bénie entre les femmes »[2] ?

La continence voulue, défendue, offerte en sacrifice, constitue un autre pôle de fascination aux yeux de Hildegarde, qui la chante avec des accents suggestifs dans sa *Symphonia viduarum* (« pour l'amour de toi nous avons abandonné / l'amant fécond / et son étreinte ») comme dans ses treize compositions en l'honneur d'Ursule et des Onze mille vierges, des saintes alors particulièrement en faveur dans cette partie de l'Empire depuis l'invention supposée de leurs reliques à Cologne et les révélations proférées par la mystique Élisabeth de Schönau à leur sujet entre 1152 et 1156[3].

De ces jeunes corps voués au massacre pour l'amour de Dieu, Hildegarde exalte la noblesse et la beauté, comme à propos d'autres saints, masculins cette fois, qu'elle choisit de célébrer parce qu'ils sont liés à son histoire : Boniface, évangélisateur de la Germanie et fondateur de l'abbaye de Fulda, à qui était destinée cette antienne ; Euchaire et Matthias, patrons successifs[4] d'un monastère de Trèves avec lequel elle entretenait des rapports étroits[5], de même que Maximin[6] ; mais surtout Disibod et Rupert, patrons des deux monastères où elle vécut successivement, le Disibodenberg et le Rupertsberg, et dont elle écrivit par ailleurs la Vie[7]. Aux « beaux visages » des Onze mille vierges répondent ainsi le « beau

1. *Vita sanctae Hildegardis*, I, 8, éd. cit., p. 14, lignes 1-3.

2. *Epistolarium*, Ep. CCVII, « Richardus abbas ad Hildegardem », éd. L. van Acker, p. 464 : « sanctissima et inter feminas benedicta ».

3. Je me permets de renvoyer à mon article « Élisabeth, Ursule et les Onze mille vierges : un cas d'invention de reliques à Cologne au XIIe siècle », *Médiévales* 22-23, printemps 1992, p. 173-186.

4. Euchaire avait été le premier évêque de Trèves, au Ier siècle. En 1148, des reliques de saint Matthias furent apportées au monastère de Saint-Euchaire de Trèves, qui porta dès lors aussi le nom de l'apôtre.

5. Sur les rapports entre Hildegarde et Trèves, voir par exemple A. Führkötter, « Hildegard von Bingen und ihre Beziehungen zu Trier », *Kurtrierisches Jahrbuch* 5, 1985, p. 61-72. Rappelons qu'un neveu de Hildegarde, Arnold, fut archevêque de Trèves de 1169 à 1183.

6. Originaire du Poitou, ce saint avait été évêque de Trèves au IVe siècle.

7. Sur le contenu détaillé de ces textes hagiographiques, voir L. Moulinier, « H comme Histoire : Hrotsvita, Hildegarde et Herrade ».

visage » de Disibod, ce « beau tonsuré », ou le « vase de beauté » qu'était saint Rupert.

Hildegarde avait en effet résolu, à la fin des années 1140, de se séparer de la communauté masculine de son monastère d'origine après avoir reçu de Dieu une vision lui ordonnant d'aller fonder un nouveau cloître en un lieu alors à l'abandon, où étaient conservées les reliques d'un bienheureux ayant vécu à l'époque carolingienne, Rupert. La sécession ne se fit pas sans douleur, l'abbé du Disibodenberg, Cuno, voyant d'un mauvais œil le départ de la visionnaire, désormais célèbre et donc source de prestige pour son monastère. Hildegarde tomba alors malade et dut s'aliter, frappée de cécité, selon elle, par un Dieu courroucé par son retard à s'exécuter. Après qu'elle eut réussi à convaincre l'abbé qu'il s'agissait d'une punition divine, celui-ci finit par céder et Hildegarde, avec dix-huit de ses sœurs, quitta l'oasis du Disibodenberg pour une nature inculte et hostile où elle s'installa vers 1150. Et le 1er mai 1152, après des années de lutte et de sacrifice, l'église destinée à sa congrégation de moniales bénédictines sur la colline appelée Rupertsberg était dédicacée en présence de nombreux invités d'honneur.

Or, bien qu'ayant pris ses distances sur le plan juridique avec le monastère où elle avait passé la première moitié de sa vie, elle resta en contact avec les moines et ne se montra jamais oublieuse de son premier saint patron, bien au contraire[1]. Elle mit son talent au service de la *memoria* de Disibod, un moine irlandais du VIIe siècle, et le célébra dans quatre chants liturgiques. Puis, à la demande de l'abbé Helinger et des moines du Disibodenberg, elle s'attela en 1170 à la rédaction de sa *Vita* qui l'occupa trois ans durant, livrant ainsi à la postérité un document précieux puisque Hildegarde est, avec Hraban Maur et Marian Scot, un des rares auteurs à avoir parlé de ce moine[2]. Mais c'est sans doute par le récit de la vie du bienheureux Rupert que Hildegarde contribua le plus à répandre une conception de la sainteté en accord avec ce que fut sa propre existence, et à se présenter comme la digne héritière du saint dont elle avait choisi le patronage : plus encore que la *Vita sancti Disibodi*, la *Vita sancti Ruperti* est en effet à la fois un pan d'histoire locale et un *speculum* réfléchissant sa

1. Sur la production hagiographique de Hildegarde, voir S. Gouguenheim, « La sainte et les miracles. Guérisons et miracles d'Hildegarde de Bingen », *Hagiographica* II, 1995, p. 157-176.

2. *Vita sancti Disibodi episcopi*, éd. Chr. P. Evans, dans *Hildegardis Bingensis Opera minora* II, éd. J. Deploige, M. Embach, Chr. P. Evans, K. Gärtner, S. Moens, « Corpus Christianorum Continuatio Mediaevalis 226A », Turnhout, Brepols, 2016 p. 59-87

propre image que l'abbesse tend à ses sœurs. Ajoutons que cette *Vita* écrite par Hildegarde entre 1162 et 1170[1], donc avant la *Vita sancti Disibodi*, est le seul témoignage subsistant sur la vie et l'action de saint Rupert, et on a pu avancer que cette œuvre avait peut-être été conçue comme un « traité politique », destiné à consolider sa revendication du Rupertsberg pour y construire son futur couvent.

Rupert se voit certes consacrer un chant de moins que Disibod, mais *O Jerusalem*, qui lui est dédié, n'en est pas moins le morceau le plus long (et le plus audacieux, du point de vue des musicologues) de toute son œuvre. L'image de Jérusalem, héritée du vingt et unième chapitre de *l'Apocalypse,* est à la fois la pierre angulaire de ce morceau magistral, et la métaphore du travail spirituel entrepris par Hildegarde avec la fondation de son abbaye. Autour de ce saint patron, la poésie comme l'hagiographie s'avéraient aptes à communiquer, voire à renforcer, une conscience collective.

C'est donc à Hildegarde qu'il appartint, sur ordre de Dieu, de faire revivre l'endroit en lui redonnant l'éclat spirituel qu'il avait trois siècles plus tôt. Le succès fut à la hauteur de son rayonnement : si l'on en croit Trithemius (1462-1516) dans sa *Chronique de Hirsau*, saint Bernard lui-même aurait demandé à Hildegarde une relique de saint Rupert[2]. Une nouvelle fondation s'imposa donc bientôt comme une nécessité et en 1165, Hildegarde fonda une autre communauté féminine de l'autre côté du Rhin, sous l'invocation de saint Gislebert.

Voix féminine ou voix de virago ?

Ses lettres, comme ses précautions concernant ses fondations – Hildegarde acheta par exemple des vignes dès son arrivée au Rupertsberg dans les années 1150[3] et 20 ans plus tard, dans une lettre-testament introduisant son *Explanatio symboli sancti Athanasii*, elle est guidée par le

1. Sur les questions de datation de cette œuvre, voir A. Haverkamp, « Hildegard von Disibodenberg-Bingen. Von der Peripherie zum Zentrum », dans A. Haverkamp (éd.), *Hildegard von Bingen in ihrem historischen Umfeld, Internationaler wissenschaftlicher Kongreß zum 900jährigen Jubiläum, 13-19 September 1998*, Bingen am Rhein-Mainz, Philipp von Zabern Verlag, 2000, p. 15-69 ; n. 37, p. 24.

2. *Cf.* J. Trithemius, *Chronicon insigne monasterii Hirsaugiensis, Ordinis S. Benedicti*, Bâle, Oporinus, 1559, ad a. 1148.

3. Voir *Mainzer Urkundenbuch*, éd. P. Acht, 2 t., Darmstadt, Hessische Historische Kommission, 1968, t. I, p. 417.

souci d'assurer le droit de ses filles à rester au Rupertsberg –[1], donnent à entendre pour leur part la voix d'une femme de tête mais aussi de cœur, de même qu'elles permettent de comprendre l'ascendant extraordinaire désormais pris par la religieuse dans la deuxième moitié du XIIe siècle.

Si Régine Pernoud a pu l'appeler « conscience inspirée du XIIe siècle »[2], c'est qu'on la consulte de toutes parts : de toute l'Allemagne, de Liège, de Beauvais, mais aussi de Metz, d'Utrecht, de Prague, de Rome, etc. Des papes et des empereurs lui écrivent et acceptent apparemment ses critiques parfois virulentes. Enfin, nombre de ses correspondants s'adressent à elle pour savoir ce qu'il était juste de penser ou de comprendre dans tel passage des Écritures[3] et, malgré l'inculture qu'elle proclame, elle fait souvent figure d'experte en exégèse.

Dès sa première œuvre visionnaire, *Scivias*, « sache les voies », dont le titre original traduisait bien la volonté de révéler des « directions » aux hommes, elle s'était affirmée comme un guide, et cette orientation parcourt toute son œuvre.

Elle fournit ainsi à l'occasion à des communautés des éclaircissements propres à les réorienter sur certains textes fondateurs, comme le credo d'Athanase expliqué à ses propres sœurs[4], la règle bénédictine commentée pour une communauté de chanoines réguliers[5], ou 38 questions relatives à l'Écriture glosées pour les Cisterciens de Villers-en-Brabant[6]. À l'époque

1. Voir *Epistolarium*, II, p. 445-447 et *ibid.*, p. 347-349 : « Locum autem uestrum, o filie mee, Deus non destruet ».

2. R. Pernoud, *Hildegarde de Bingen, Conscience inspirée du XIIe siècle*, Monaco, Éditions du Rocher, 1995.

3. Voir par ex. sa réponse au futur cardinal Eudes de Soissons en 1148-49 quant à savoir ce qu'il faut exactement entendre par *paternitas* à propos de Dieu (Ep. XLr, dans *Hildegardis Bingensis Epistolarium*, éd. L. van Acker, p. 104), et les 38 questions que lui firent parvenir les moines de Villers-en-Brabant par l'intermédiaire de Guibert de Gembloux (*Triginta octo questionum solutiones,* éd. Chr. P. Evans, dans *Hildegardis Bingensis Opera minora* II, éd. cit., p. 109-129, et Ep. XXV, dans *Guiberti Gemblacensis Epistolae*, éd. A. Derolez, « Corpus Christianorum Continuatio Medievalis, 66 et 66A », Turnhout, Brepols, 1988-89, 2 t., p. 258 *sq.*). Voir aussi son explication d'Athanase (*Explanatio symboli sancti Athanasii*, éd. cit., p. 109-133) ou encore son commentaire à la Règle de saint Benoît, *Regula S. Benedicti juxta S. Hildegardem explicata*, éd. cit., p. 67-97.

4. *Explanatio Symboli Sancti Athanasii*, éd. Chr. P. Evans, dans *Hildegardis Bingensis Opera minora* I, éd. P. Dronke, Chr. P. Evans, H. Feiss, B. Kienzle, C. Muessig, B. Newman, "Corpus Christianorum Continuatio Mediaevalis 226", Turnhout, Brepols, 2007, p. 103-133.

5. *Regula S. Benedicti juxta S. Hildegardem explicata*, éd. cit., p. 67-97.

6. *Triginta octo questionum solutiones,* éd. Chr. P. Evans, dans *Hildegardis Bingensis Opera minora* II, éd. cit., p. 109-129.

où elle vécut, la direction spirituelle revêtait diverses formes, des traités sur les vices et vertus aux *specula*[1], en passant bien sûr par l'échange épistolaire[2], et Hildegarde a laissé une correspondance particulièrement vaste, au sein de laquelle certaines lettres formèrent comme des mini-traités et eurent une diffusion autonome[3].

De 1147 à sa mort en 1179, elle correspondit avec des prélats, des princes, une reine comme Aliénor, des clercs, des abbés et abbesses, et de simples moines, moniales ou laïcs des deux sexes. Certes, Hildegarde possédait à un haut degré la conscience de ce qui était acceptable ou non pour l'Église, comme il appert des démarches qu'elle entreprit avant d'oser écrire: elle adressa à Bernard de Clairvaux une véritable demande de direction pour savoir si elle devait garder le silence ou s'exprimer[4] et écrivit à Eugène III pas moins de quatre fois entre 1148 et 1153. Elle avait obtenu du pape, lors d'un synode à Trèves en 1148, l'autorisation de publier ce que lui dicterait l'Esprit saint[5], et se la fit ensuite confirmer par écrit.

Mais ce sont somme toute ses lettres, plus que ses livres, qui rendirent publics le personnage et l'enseignement de Hildegarde[6]: comme l'a souligné John Van Engen, si tous ses correspondants voulaient quelques lignes d'elle, bien peu demandaient ses ouvrages[7]! En revanche, dans l'esprit de ceux qui lui écrivaient comme dans le sien, ses missives avaient, comme ses autres écrits, une origine visionnaire: en témoigne l'emploi récurrent sous sa plume, sinon systématique, de la formule *in vera visione*

1. *Cf.* A. Vauchez & C. Caby (dir.), *L'histoire des moines, chanoines et religieux au Moyen Âge. Guide de recherche et documents*, Brepols, Turnhout, 2003, p. 278.

2. Voir à ce sujet G. Constable, *Letters and Letters Collections*, Brepols, Turnhout, 1976; H. Leclercq, « Le genre épistolaire au Moyen Âge », *Revue du Moyen Âge latin* 2, 1946, p. 63-70.

3. *Cf.* M. Embach, *Die Schriften Hildegards von Bingen. Studien zu ihrer Überlieferung und Rezeption im Mittelalter und in der Frühen Neuzeit*, Berlin, Akademie Verlag, 2003, p. 184 et p. 210-250.

4. Cf. *Hildegardis Bingensis Epistolarium*, éd. L. van Acker, Ep. I, p. 4 : « Sed audiens de tua sapientia et de tua pietate consolabor, quia non ausa sum ulli homini hec dicere pro eo quia multa schismata sunt in hominibus… posita sum in animam tuam, ut mihi reveles per hunc sermonem, si velis ut hec dicam palam, aut habeam silentium ».

5. Voir par exemple Eugène III à Hildegarde, Ep. IV, éd. L. van Acker, p. 10-11 : « exsultamus in Domino, quod honestatis tue opinio ita longe lateque diffunditur, ut multis fias odor vite in vitam, et a turba fidelium populorum in tui preconium exclametur : Que est ista, que ascendit per desertum tamquam virgula fumi ex aromatibus ? ».

6. J. Van Engen, « Letters and the Public Persona of Hildegard », dans A. Haverkamp (éd.), *Hildegard von Bingen in ihrem historischen Umfeld*, p. 375-420 ; p. 375.

7. *Ibid.*

vidi[1], ou encore le fait que dans le prologue du *Liber vite meritorum*, elle évoque toutes les œuvres qu'elle a composées grâce à une vision, y compris ses lettres (« eadem visio... ac responsa et admonitiones tam minorum quam maiorum plurimarum personarum... mihi ad explanandum ostenderat »)[2]. Et une lettre écrite par son fidèle secrétaire Volmar vers 1170 confirme que ses missives étaient perçues comme partie intégrante de son œuvre ; le moine y énumère les écrits de Hildegarde, et l'on reconnaît ses conseils spirituels derrière l'expression *responsa de universis casibus suis quaerentium* qui ouvre la liste[3].

Notons au passage que les échanges conservés dans ce recueil n'eurent parfois rien d'amène : Hildegarde adressa par exemple quelques lettres assez dures à l'archevêque Henri de Mayence entre 1151 et 1153[4], et ne mâcha pas non plus ses mots avec les plus grands, pape et empereur compris. Certaines montrent bien d'une part qu'elle n'avait peur de morigéner personne, et illustrent d'autre part une de ses méthodes d'argumentation favorite, à savoir le rappel, voire le ressassement des grandes étapes de l'histoire du salut.

Maternitas

Hildegarde entretint des rapports privilégiés avec certaines figures masculines, qu'elle était capable d'encourager, de fustiger, voire de menacer au nom de Dieu, ou de pleurer longuement comme son premier secrétaire, Volmar, avec qui elle entretint pendant des décennies, des années 1130 à la mort de son *symmista*, « co-initié », en 1173, une chaste amitié spirituelle.

Mais elle vécut entourée de femmes ses sœurs, et nombre de ses relations ou amitiés nous sont connues par les lettres écrites par ou à des femmes, qui forment près d'un cinquième de sa correspondance[5]. Si tant de

1. Voir à ce sujet M. Goullet, « *In vera visione vidi, in vero lumine audivi* », art. cit., p. 77-102.

2. *Liber vite meritorum*, éd. A. Carlevaris, p. 8.

3. Ep. CXCV, éd. L. Van Acker, p. 443 : « Ubi tunc responsum de universis casibus suis querentium ? Ubi tunc nova interpretatio Scripturarum ? Ubi tunc vox inauditae melodie et vox inaudite lingue ? Ubi tunc novi et inauditi sermones in festis Sanctorum ? Ubi tunc ostensio de animabus defunctorum ? Ubi tunc manifestatio preteritorum, presentium, futurorum ? Ubi tunc expositio naturarum diversarum creaturarum [...] ? ».

4. *Cf.* Ep. XVIIIr, éd. cit., p. 54 et Ep. XIX, *ibid.*, p. 55 (« Tu autem surge, quia dies tui breves sunt, et reminiscere quod Nabuchodonosor cecidit »).

5. *Cf.* S. Gouguenheim, « La place de la femme dans la création et la société chez Hildegarde de Bingen », art. cit., p. 110-111.

femmes, et pas seulement des abbesses, s'adressèrent et se confièrent à Hildegarde, c'est qu'elles pouvaient se reconnaître en elle, au-delà du désir de recevoir une lettre de la visionnaire la plus en vue de la Chrétienté. Hildegarde les rappelle souvent à leur devoir tout en prônant la modération, le sens de la mesure, la *discretio*[1] qu'elles sont nombreuses à oublier, et fait figure de directeur de conscience universel, sévère mais juste. Si elle est à l'occasion le médecin des corps, comme en témoignent les lettres de femmes affligées d'un flux de sang ou de stérilité[2], elle est surtout celui des âmes, vers qui se tournent ces femmes en proie au désarroi moral, telles l'abbesse Sophie tentée de renoncer à sa charge, ou la moniale Gertrude souffrant cruellement de l'absence de Hildegarde, alors en tournée de prédication dans différentes villes d'Allemagne.

Aux moniales d'Andernach, elle envoie une lettre constituant à certains égards un petit miroir des vierges, tout comme elle exalte la virginité de Marie, « tour d'ivoire », et « pure œuvre de virginité » à l'attention de l'abbé Helinger, à qui elle rappelle que « la Vierge, illuminée par le soleil du plan divin, tourna en positif la chute de la femme »[3]. Et l'on est frappé des liens étroits entre les leçons de cette dernière missive sur la Vierge et les louanges de la *Symphonia*, notamment : « qui ergo femina mortem instruxit / clara virgo illam interemit »[4]. *Virgo* est par ailleurs l'objet de jeux de mots poétiques avec *virga* dans plusieurs passages de son œuvre lyrique[5], comme dans la séquence « De sancta Maria » :

1. Sur l'importance de ce concept dans la pensée de Hildegarde, voir M. Schmidt, « *Discretio* bei Hildegard von Bingen als Bildungselement », *Analecta cartusiana* 35, 1983, p. 73-94.

2. Voir par exemple sa lettre écrite à une « Sibylla trans Alpes », affaiblie par un « flux de sang » ; pour y remédier, Hildegarde lui recommandait non pas de prononcer ces mots mais de les appliquer (probablement sous forme de phylactère) entre sa poitrine et son nombril (*Analecta sacra*, éd. J. B. Pitra, Mont Cassin, 1882, VIII, « Epistolarum nova series », Ep. XXXVI, p. 521).

3. Lettre LXXVIIr à l'abbé Helinger (1170), notre traduction dans « Hildegarde de Bingen, Chants et Lettres (choix) », dans D. Régnier-Bohler (dir.), *Voix de femmes au Moyen Âge. Savoir, mystique, poésie, amour, sorcellerie XII*e*-XV*e *siècle*, Paris, R. Laffont, 2006, p. 77-124.

4. *Symphonia harmoniae caelestium revelationum*, n° 6, *De sancta Maria, Antiphona*, trad. fr. *Louanges*, traduit du latin et présenté par Laurence Moulinier-Brogi, Paris, La Différence, 2014 (2e éd. revue et mise à jour), p. 22.

5. Voir à ce sujet M. E. Góngora, « *Feminea Forma and Virga* : Two images of Incarnation in Hildegard of Bingen's Symphonia », dans T. de Hemptinne & M. E. Góngora (éd.), *The Voice of Silence. Women's Literacy in a Men's Church*, Brepols, Turnhout, 2004, p. 23-36.

O virga ac diadema
purpure regis [...]
O virga, floriditatem tuam
Deus in prima die
creature sue previderat[1].

La virginité, qui certes n'a pas de prix, n'était toutefois qu'une des voies de la sanctification aux yeux de Hildegarde, qui eut probablement sous sa direction d'ex-femmes mariées et correspond aussi avec des femmes encore dans les liens du mariage ou en proie aux douleurs d'un récent veuvage. Elle est même convaincue que la continence ne convient pas à tout le monde et que ses excès peuvent être néfastes. Aussi, de même qu'elle prône une modération morale à ses correspondantes, elle vante une juste mesure dans le domaine des traitements à appliquer au corps et récuse tous les excès de l'ascétisme, qui n'est parfois qu'un des visages de l'orgueil, comme elle le rappelle au clergé de Cologne, dans une lettre attaquant clairement la prétendue pureté des Cathares, présents en Rhénanie depuis 1143 environ et particulièrement dans les années 1160[2]. Elle attire tout particulièrement sur cette question l'attention des femmes, Élisabeth de Schönau[3] ou autres correspondantes moins connues : prétendre à la chasteté pour se targuer de sainteté, là est la suprême vanité, écrit-elle à Jutta, converse de Wechterswinkel; de plus, l'abstinence immodérée, « incongrua », qui « manque de la viridité des vertus », est « desséchante » et engendre par conséquent, « non la paix mais l'irascibilité »[4].

1. *Louanges*, éd. cit., p. 28-30 = *n° 13 De sancta Maria, Sequentia.* Voir aussi le répons, ibidem, p. 32 (= *n° 14 De sancta Maria,* Responsorium) : « O tu, suavissima virga / frondens de stirpe Jesse ».

2. *Epistolarium*, Ep. XVr, « Ad pastores Ecclesiae », éd. cit., p. 34-44.

3. Une des lettres que Hildegarde envoie à cette jeune moniale est une critique en règle de l'ascèse : c'est le diable en effet, cet « oiseau très noir », qui suggère aux hommes prêts à tout pour effacer leurs péchés, de mortifier leur corps par les jeûnes, les larmes, la tristesse et l'abstinence. *Cf.* H. Omont, *Notices et extraits des manuscrits de la Bibliothèque nationale et autres bibliothèques*, Paris, 1903, t. 38, p. 369, trad. fr. de cette lettre dans S. Gouguenheim, *La Sibylle du Rhin. Hildegarde de Bingen, abbesse et prophétesse rhénane*, Paris, Éditions de la Sorbonne, 1996, n. 40, p. 94.

4. *Epistolarium*, Ep. CCXXXIV, « Hildegardis ad Iuttam conversam », éd. cit., p. 510.

Rappelons enfin que Hildegarde, directrice de conscience si encline à morigéner ses destinataires coupables d'excès ou de relâchement[1], vécut une relation d'amitié intense avec la nonne Richardis von Stade, qui devait lui arracher des accents extrêmes, voire excessifs, lorsqu'elle fut déçue. Richardis, qui comptait parmi les intimes de Hildegarde, la quitta pour accepter une charge abbatiale à Bassum, dans le diocèse de Brême dont son frère Hartwig était archevêque. Hildegarde exprima alors, en vain mais avec des accents pathétiques, sa déception et sa douleur à Richardis (« chaque fois que j'ai péché de cette façon, Dieu m'a montré ce péché sous forme d'angoisses ou de douleurs, et c'est ce qui s'est produit avec toi, comme tu le sais très bien »)[2] comme à Hartwig ; elle ne sembla pouvoir s'apaiser que quand ce dernier lui annonça la mort prématurée de sa sœur le 29 octobre 1152, précisant qu'avant de mourir, elle avait exprimé, en larmes, sa nostalgie pour le monastère de Hildegarde[3].

Demandons-nous pour finir comment Hildegarde voyait au juste sa féminité, elle dont certains font aujourd'hui la figure de proue d'une théologie genrée[4], en soulignant notamment que Hildegarde considérait la Sagesse, « Sapientia », comme un modèle préexistant de la parfaite féminité, *feminea forma*, actualisée en la nouvelle Ève, c'est-à-dire l'Église et/ou Marie. Songeons à la lettre qu'elle envoie à ses sœurs du Rupertsberg en 1153 et qui condense neuf de ses chants mariaux dans un hymne à la sainteté féminine incarnée par Marie, où figure entre autres la formule « o feminea forma, soror sapientie, quam gloriosa es, quoniam fortissima uita in te surrexit quam mors numquam suffocabit »[5]. Relisons aussi l'antienne « De sancta Maria », qui commence ainsi : « O quam magnum miraculum est, quod in subditam femineam formam, Rex introivit »[6]. Et n'oublions pas, comme l'a souligné récemment Michela Pereira,

1. On nous permettra de renvoyer à notre article « Maternità spirituale e direzione di coscienza secondo Ildegarda di Bingen », dans G. Filoramo (dir.), *Storia della direzione spirituale*, t. II, éd. S. Boesch Gajano, *L'età medievale*, Brescia, Morcelliana, 2010, p. 185-204.

2. Notre traduction dans « Choix de lettres… ».

3. Sur cet épisode et ses principaux acteurs, voir R. Holbach, « Hildegard von Bingen und die kirchlichen Metropolen », dans A. Haverkamp (éd.), *Hildegard von Bingen in ihrem historischen Umfeld*, p. 71-115, notamment p. 79 *sq*.

4. Voir le travail de B. J. Newman, *O feminea forma : God and Woman in the Works of St. Hildegard*, Ph. D. Diss. Yale University, 1981, ou encore J. S. Barton & C. J. Mews (éd.), *Hildegard of Bingen and Gendered Theology in Judaeo-Christian Tradition*, Melbourne, Monash University, 1995.

5. *Epistolarium*, II, éd. cit., p. 434-437.

6. *Louanges*, p. 26.

que l'opposition, aux yeux de Hildegarde, ne réside pas tant entre Ève et Marie qu'entre la chute dans le péché et sa purification, au point que les deux figures féminines fusionnent dans le nom archétypal de la femme, « feminea forma »[1].

À la fin du XIXe siècle, le cardinal Pitra lança à son sujet le qualificatif de « virago » :« Virago alacriter novo operi conscribendo incubuit »[2]. Et ce terme peut lui convenir, à condition de ne pas lui donner la péjorative valeur actuelle mais celle qu'elle avait au XIIe s. par exemple sous la plume du Pseudo-Hugues de Fouilloy : « Virgo autem non recte virago dicitur, si non viri officio fungitur »[3].

Isidore de Séville avait clairement rapproché ces deux mots séparés par une seule lettre, en expliquant qu'ils étaient reliés par la notion d'incorruptibilité et la capacité de résistance aux passions féminines[4]. Et, beaucoup plus proche dans le temps de Hildegarde, on rappellera que Pierre de Cluny, dans l'éloge qu'il fit de la culture de Héloïse, évoquait les âmes viriles et écrivait à Héloïse : « tu as surpassé toutes les femmes et t'es élevée au-dessus de presque tous les hommes »[5].

Que disait Hildegarde elle-même? Significativement, elle a deux manières de prédilection de se qualifier : soit elle se désigne comme un « homo simplex », un simple être humain d'avant la différence des sexes, et cette formule si récurrente sous sa plume vient sans doute du livre de Job, 1, 8; soit comme une « forme féminine », de préférence pauvre et inculte[6], et la dernière partie de l'*Explanatio sancti Athanasii est* de ce point de vue représentative, entre beaucoup d'autres exemples :

1. Voir à ce sujet M. Pereira, « *Feminea forma*. Le donne nello sguardo di Ildegarda », dans A. Bartolomei Romagnoli & S. Boesch Gajano (éd.), *« Speculum futurorum temporum ». Ildegarda di Bingen tra agiografia e memoria, Atti del Convegno di studio* (*Roma, 5-6 aprile 2017*), Roma, Istituto Storico Italiano per il Medio Evo, 2019, p. 171-194.

2. Pitra, *Analecta sacra*, 8, p. IX.

3. *De bestiis et aliis rebus*, PL 177, col. 133, Hugues de Fouilloy reprenant Isidore, *Etymologiae*, XI, II, 22.

4. Voir à ce sujet J. Cadden, *Meanings of Sex Difference in the Middle Ages. Medicine, Science, Culture*, Cambridge, CUP, 1993, p. 206.

5. Petrus Venerabilis, « Ad Eloysam abbatissam », dans G. Constable (éd.), *The Letters of Peter the Venerable*, Cambridge MA, Harvard UP, vol. 1, 1967, Letter 115, p. 304; voir aussi J. Cadden, *Meanings of Sex Difference*, p. 206.

6. Voir la *Vita S. Hildegardis*, éd. cit., III, 21, p. 61 : « Et ego, indocta et paupercula feminea forma, o blaspheme et derisor spiritus, tibi dico / in illa veritate, qua ego paupercula et indocta forma de lumine sapientie hec vidi », etc. Voir aussi « Ego paupercula feminea forma » (*De regula Sancti Benedicti*, éd. cit., *Liber divinorum operum*, éd. cit., p. 46), ou encore « misera et plus quam misera in nomine femineo », « ego pusilla », « ego paupercula et

> Propter timorem Dei, qui vita et veritas est, hominem in feminea forma haec scribentem ne despiciatis, quae doctrina litterarum indocta est, et quae ab infantia sua, usque ad septuagesimum aetatis suae annum, imbecillis erat, et quae scripturam hanc, oculis et auribus exterioris hominis non vidit, nec audivit; sed quae tantum interiori scientia animae suae eam vidit et audivit [1].

Le syntagme « feminea forma », dont elle use y compris à propos d'autres femmes [2], est susceptible de plusieurs lectures. Hildegarde y recourt dès son premier écrit, *Scivias*, dans lequel, comme l'a montré Samuel Gladden, l'expression ne reflète pas une posture d'humilité mais d'ironie : selon lui, Hildegarde feint d'accepter le discours masculin pour mieux le saper et le transformer en un discours féminin, le sien [3]. Quant à Paula Martin, suivant une voie ouverte par Barbara Newman, elle a montré que Hildegarde se servait de cette formule pour prendre ses distances avec la soumission d'autres femmes du Moyen Âge, et que sa conception de sa propre féminité découlait du concept du féminin divin : en brisant les barrières de genre, elle se posait non plus tant en femme qu'en figure, en « autre », hors et libre de la traditionnelle hiérarchie masculine [4].

Quant à l'origine de ce syntagme, ne se trouverait-elle pas dans le *Periphyseon* de Jean Scot Érigène ?

> Sententiis beati Gregorii ejusque expositoris, Maximi dico, est conclusum quod in futura vita post resurrectionem natura hominum omnino sexu, hoc est, virili et feminea forma carebit, quoniam in ipsam formam, quae ad imaginem Dei facta est, reversura est [5].

La liste des livres qui se trouvaient à l'abbaye Saint-Euchaire de Trèves au Moyen Âge, une abbaye avec laquelle Hildegarde fut en relation

indocta feminea forma » (Ep. I, dans *Epistolarium,* éd. cit., I, p. 3), etc. Voir à ce sujet B. Wheeler (éd.), *Representations of the Feminine in the Middle Ages,* « Feminea Medievalia, 1 », Cambridge (UK)-Dallas, Academia Press, 1993.

1. *Explanatio Symboli Sancti Athanasii,* éd. cit., p. 133.

2. Voir *Hildegardis Bingensis Epistolarium,* II, éd. cit., p. 530 : « cum feminea forma subtrahit se a junctura mariti propter Deum ».

3. Voir S. Gladden, « Hildegard's Awakening : A Self-Portrait of Disruptive Excess », dans B. Wheeler (éd.), *Representations of the Feminine*, p. 217-233.

4. P. J. Martin, « A Brightness of Purple Lightening : Hildegard of Bingen's Self-Perception », dans B. Wheeler (éd.), *Representations of the Feminine*, p. 235-246.

5. Jean Scot Erigène, *De divisione naturae* lib. V, éd. É. Jeauneau, Turnhout, Brepols, 2003 (CCCM 165), p. 152, ligne 1647. Voir à ce sujet Chr. Meier, « Eriugena im Nonnenkloster ? Überlegungen zum Verhältnis von Prophetentum und Werkggestalt in den figmenta prophetica Hildegards von Bingen », *Frühmittelalterliche Studien* 19, 1985, p. 468.

pendant plus de trente ans[1], permet de se représenter une bibliothèque à laquelle Hildegarde aurait éventuellement recouru, et donc des lectures possibles : on sait par exemple que l'abbaye possédait dans un manuscrit des Xe-XIe siècles (aujourd'hui Londres, British Library, Add. 11035) le livre I du *Periphyseon* de Jean Scot Erigène[2], dont l'influence se fait sentir aussi en d'autres endroits de l'œuvre de l'abbesse, le *Cause et cure* ou le *Liber divinorum operum*[3]. Le Michelsberg de Bamberg est un autre monastère avec lequel elle avait des contacts, comme l'atteste sa correspondance[4], et deux copies, complètes cette fois, de l'œuvre de Jean Scot Erigène s'y trouvaient au XIIe siècle[5]. Mais il ne s'agit là que de scénarios probables, et il n'est à vrai dire pas possible de savoir si Hildegarde a eu un accès direct au *Periphyseon* ou s'il a été connu par une source intermédiaire comme la *Clavis* d'Honorius.

EN GUISE DE CONCLUSION

Comme d'autres femmes du Moyen Âge, Hildegarde eut à subir un changement de sexe de la part de la postérité : l'idée que les lettres d'Héloïse avaient Abélard pour auteur unique a eu cours, et beaucoup voient dans les chansons de toile anonymes du XIIe siècle des compositions masculines… Il peut être piquant de rappeler ici que du vivant de Hildegarde et tout près de chez elle, dans un monastère cistercien où elle

1. *Cf.* A. Führkötter, « Hildegard von Bingen und ihre Beziehungen zu Trier », *Kurtrierisches Jahrbuch* 5, 1985, p. 61-72.

2. J. Montebaur donne à cette œuvre le titre de *Physiologia* et la range dans les *medicinalia* mais c'est bien du *De divisione naturae* qu'il s'agit, *cf.* P. Lehmann, « Bemerkungen zu einer bibliotheksgeschichtlichen Arbeit », *Historische Vierteljahresschrift* 26, 1931, p. 605-610 ; p. 607.

3. Voir par exemple l'*apparatus fontium* dans *Liber Divinorum Operum*, I, 1, 2, éd. A. Derolez & P. Dronke, « Corpus Christianorum. Continuatio Mediaevalis, 92 », Turnhout, Brepols, 1996, p. 48 : de très nombreux auteurs sont cités, qui utilisent le terme de *viriditas*; en premier lieu Filastrius et son *De diversis haeresibus*, qui se trouvait à Saint-Maximin de Trèves au XIIe siècle, puis Ambroise, Grégoire, Jean Scot Erigène, Pierre Damien, Hugues de Saint-Victor.

4. Les échanges épistolaires de Hildegarde avec le prieur, l'abbé ou les moines du Michelsberg correspondent aux *Epistolae* LVI à LX, éd. L. van Acker, p. 135-142. Voir aussi A. Führkötter, *Hildegard von Bingen. Briefwechsel*, Salzburg, Otto Müller Verlag, 1965, p. 136-139. Pour un tableau synoptique des très nombreux correspondants de l'abbesse, voir le *Conspectus materiae* en fin de chaque volume de l'*Epistolarium* édité par L. van Acker.

5. Cf. *Liber Divinorum Operum*, éd. cit., p. XIX.

avait des contacts étroits avec Élisabeth de Schönau, vécut un moine du nom de Joseph dont la qualité de femme et le nom de Hildegonde ne furent connus qu'à sa mort en 1188…

Hildegarde n'eut certes pas à se travestir ni même à se montrer en homme, comme Christine de Pizan racontant, à la fin du *Livre de mutation de fortune*, la métamorphose permettant à une femme d'accéder à la clergie, c'est-à-dire au monde savant. La conscience que Hildegarde avait de la féminité n'avait toutefois rien d'univoque ; si elle fut désireuse de chanter le corps féminin sous tous ses aspects, du plaisir sexuel des laïques au mystère de l'enfantement chez Marie, si elle se montra à l'écoute de nombreuses correspondantes, si elle tint à fonder un, puis deux couvent(s) féminin(s) en faisant sécession du Disibodenberg, les différentes manières dont elle se désigne dans son œuvre montrent qu'elle voyait tout de même la condition féminine comme moins enviable que celle de l'homme. Les temps perturbés que vit l'Église sont qualifiés de féminins, voire efféminés, de « tempus muliebre » qu'elle fait coïncider avec son siècle, et la forme féminine qu'elle chante à loisir est souvent qualifiée de « paupercula » ou »subdita ». Quant à la difficulté de vieillir au féminin, Hildegarde en donne un aperçu vécu dans la lettre où elle expose à son futur et dernier secrétaire Guibert de Gembloux les modalités de ses visions :

> Et in eodem lumine aliam lucem, que lux vivens mihi nominata est, interdum et non frequenter aspicio, quam nimirum quomodo videam multo minus quam priorem proferre sufficio, atque interim dum illa intueor, omnis mihi tristitia omnisque dolor de memoria aufertur, ita ut tunc mores simplicis puelle, et non vetule mulieris habeam [1].

Hildegarde a alors 77 ans et décrit entre autres à Guibert l'effet rajeunissant, euphorisant, presque antalgique de ces visions, qui transforment en jeune fille la *vetula* qu'elle sait être devenue.

Pour conclure, il me semble que c'est par la maternité spirituelle qu'elle se sent pleinement et heureusement femme, comme invitent aussi à le penser les correspondants qui s'adressent à elle en l'appelant « maternitas », ou comme le suggère ce dernier extrait d'une de ses lettres vibrantes à Richarde, sa fille chérie et ingrate devenue mère en accédant à l'abbatiat :

> Et maintenant je te dis à nouveau : Hélas, hélas, ma mère, hélas, ma fille, pourquoi m'as-tu abandonnée comme une orpheline ? J'ai aimé ta noblesse

1. *Epistolarium*, II, Ep. 103r, éd. cit., p. 261-262.

> morale, ta sagesse, ta chasteté, ton âme et l'ensemble de ta vie, à tel point que beaucoup ont dit : Mais que fais-tu donc ?
>
> À présent, qu'ils pleurent tous avec moi ceux qui ont un chagrin semblable au mien, ceux qui, dans l'amour de Dieu, ont éprouvé pour un être, dans leur cœur et dans leur esprit, un amour comme celui que je t'ai porté, et qui leur a été arraché en un instant, comme tu m'as été arrachée. Mais que l'ange de Dieu guide tes pas, que le Fils de Dieu te protège, et que sa mère te garde. Et souviens-toi de ta malheureuse mère Hildegarde, afin que ton bonheur ne faiblisse pas [1].

Mais c'est bien en transcendant la différence des sexes et en se posant en « simple être humain », syntagme dans lequel on peut lire « plus qu'une femme », et sans doute aussi « plus qu'un homme », que Hildegarde a pu faire entendre sa voix forte pendant plus de 40 ans.

1. Notre traduction dans « Choix de lettres... ».

AU CŒUR DU LIVRE, LA FEMME
ANGÈLE DE FOLIGNO DOCTRICE EN THÉOLOGIE

DOMINIQUE POIREL

Dans ce colloque sur la femme au Moyen Âge, il y a trois raisons d'étudier Angèle de Foligno. D'abord, parce que cette femme a parlé : ses paroles nous sont parvenues dans un livre, le *Livre d'Angèle de Foligno*, qui se divise en un *Mémorial*, et des *Instructions*[1]. Le *Mémorial* est l'autobiographie religieuse d'Angèle, laïque aisée de Foligno, devenue veuve et pénitente vers la fin du XIIIe siècle. Il nous raconte sa progression intérieure, ses scrupules, ses angoisses, ses visions, ses dialogues avec Dieu, le Christ et la Vierge, ses échanges avec son entourage, en particulier sa compagne la *socia* et son secrétaire le *frater scriptor*. Quant aux *Instructions*, il s'agit de textes très divers par la taille et la nature : billets à un frère ou à une communauté, consultations ou enseignements sur un

1. L'édition de référence a longtemps été *Il libro della Beata Angela da Foligno* (*edizione critica*), éd. L. Thier & A. Calufetti, « Spicilegium Bonaventurianum, 25 », Grottaferrata, Collegium Sancti Bonaventurae, 1985. Elle est aujourd'hui remplacée, pour le seul *Memoriale*, par *Angela da Foligno, Memoriale. Edizione critica*, éd. E. Menestò, « Uomini e mondi medievali, 35; Testi, 1 », Spoleto, Fondazione Centro italiano di studi sull'alto Medioevo, 2013. Sur le *Liber* dans son ensemble, voir G. Barone & J. Dalarun, *Angèle de Foligno. Le dossier*, « Collection de l'École française de Rome, 255 », Rome, École française de Rome, 1999; voir aussi, *Il « Liber » di Angela da Foligno e la mistica dei secoli XIII-XIV in rapporto alle nuove culture. Atti del XLV Convegno storico internazionale. Todi, 12-15 ottobre 2008*, « Centro italiano di studi sul Basso medioevo – Accademia Tudertina », Spoleto, Centro italiano di studi sull'alto medioevo, 2009; *Il Liber di Angela da Foligno: temi spirituali e mistici. Atti del Convegno internazionale di studio, Foligno, 13-14 novembre 2009*, éd. D. Alfonsi & M. Vedova, Spoleto, Centro italiano di studi sull'alto medioevo, 2010.

point de doctrine, méditations brèves, prières à Dieu, récits enfin de sa maladie, de ses dernières paroles et de sa mort en 1309. Le *Mémorial* et les *Instructions* offrent donc le témoignage aussi passionnant qu'il est rare d'une femme sur beaucoup de choses, mais avant tout sur elle-même.

Il y a une seconde raison d'étudier ici Angèle de Foligno, c'est que, dans le *Mémorial*, ce témoignage s'enchevêtre avec le récit de sa mise par écrit[1]. Dans la basilique d'Assise, une femme vocifère. Un frère mineur la met à la porte sur-le-champ, avec d'autant plus de honte qu'il est son cousin. Plus tard, de passage à Foligno, il passe lui demander quelle mouche l'a piquée. La femme commence à raconter: son pèlerinage d'Assise, en route le sentiment d'être visitée par la Trinité, une fois dans la basilique la cessation brutale de ce sentiment, des visions et de la douceur qui l'accompagnaient: voilà pourquoi Angèle a hurlé. Soupçonnant une possession démoniaque, le frère la force à raconter, il prend des notes pour en référer à de plus savants. Angèle le prévient qu'un feuillet ne suffira pas : de fait, c'est tout le *Mémorial* qui naît de ces notes, le frère, puis sa communauté, puis l'ordre, puis l'Église, se laissant peu à peu toucher et convaincre par le récit d'Angèle. Bouclant sur lui-même, le texte raconte donc sa propre genèse. Il ne fournit pas seulement une parole de femme, mais instruit sur les circonstances qui l'ont permise et transmise jusqu'à nous.

Mais il y a une troisième raison, qui découle de la précédente. Pour atteindre Angèle son *Livre* soulève pour le médiéviste des difficultés, certes ordinaires, dès lors qu'on scrute des témoignages de femme, mais qui sont ici poussées à l'extrême. Angèle n'a pas composé elle-même en latin, comme Hildegarde, mais a dicté ses paroles en dialecte ombrien à un frère franciscain qui les traduisait en latin à mesure qu'il les transcrivait. Bien plus, ce frère avoue les avoir résumés, mutilés, desséchés à cause de la hâte, tandis qu'Angèle, à qui plusieurs fois il a relu son travail, le trouve sans saveur et très obscur bien que vrai[2]. D'autre part, le *Mémorial* est

1. *Memoriale*, II, 34, éd. Menestò, p. 18-21, l. 101-183 = Thier & Calufetti, p. 168-174, l. 97-173.

2. *Ibid.*, éd. Menestò, p. 20-21, l. 154-163 = Thier & Calufetti, p. 172, l. 146-155 : « Et alia vice quando ego relegebam ei ut ipsa videret si ego bene scripseram, ipsa respondit quod ego sicce et sine omni sapore loquebar; et admirabatur de hoc. Et alia vice exposuit ita dicens : "Per ista verba recordor illorum que dixi tibi, sed est obscurissima scriptura, quia ista verba que legis michi non explicant illa que portant, ideo est scriptura obscura". Item alia vice dixit ita : "Illud quod deterius est et quod nichil est scripsisti, sed de pretioso quod sentit anima nichil scripsisti". Et sine dubio hoc erat propter defectum meum, non quia aliquid ego

précédé d'un prologue, qui présente les paroles d'Angèle, simple croyante, comme la doctrine d'une expérience (*experientiae doctrina*)[1]. Avant ce prologue, on lit un avant-propos, qui déclare que le *Mémorial* a été authentifié par le cardinal Giacomo Colonna et par une commission d'experts[2]. À l'autre bout, le *Liber* s'achève par l'épilogue d'un clerc qui ne se nomme pas, mais pourrait être Ubertin de Casale, et qui invite les lecteurs à se faire les disciples d'Angèle[3]. Ne soyons donc pas naïfs, cette parole de femme nous parvient à travers les filtres et les relais de paroles d'hommes, de plusieurs hommes, dont on ne saura jamais la part précise qu'ils ont prises dans le texte.

Le *Livre d'Angèle de Foligno* est donc une sorte d'oignon philologique : il se compose d'une succession de pelures masculines qui font écrin en même temps qu'écran autour de la parole d'Angèle. Qu'en reste-t-il à la fin ? C'est presque impossible à dire, et l'on comprend que Jacques Dalarun se soit demandé, sous la forme d'une boutade salutaire : « Angèle de Foligno a-t-elle existé ? »[4]. Dès lors qu'à peu près toutes nos informations historiques proviennent du *Liber*, pourquoi ne serait-elle pas, je cite, la « "fable mystique" d'un groupe de franciscains spirituels »[5] ? Comment, je cite encore – car c'est toute la question – comment « démêler l'écheveau de ce qui est accommodement du scribe et de ce qui est pression irrésistible de la femme »[6] ? Rejoindre la réalité médiévale par-delà les sources, qui la voilent en même temps qu'ils la dévoilent, est un problème de méthode constant pour l'historien. Quand cette réalité est une femme, la difficulté s'accroît. Mais quand cette femme est Angèle, la difficulté devient extrême. Pour affronter notre cas-limite, essayons, sans pleurer, de peler l'oignon. En analysant les divers discours masculins qui s'enveloppent les uns dans les autres, je tenterai, par contraste, d'isoler le

adderem, sed quia in veritate non poteram omnia capere que dicebat. Et ipsa dicebat quod ego vere scribebam, sed detruncate et deminute. »

1. *Memoriale*, *Prologus*, éd. Menestò, p. 3 = Thier & Calufetti, p. 128-130.

2. *Memoriale*, *Testificatio*, éd. Thier & Calufetti, p. 126-128 (le texte n'en est pas conservé dans l'édition Menestò). Voir M. P. Alberzoni, « L'*approbatio :* curia romana, Ordine minoritico e *Liber* », dans *Angèle de Foligno : le Dossier*, p. 293-318.

3. *Memoriale*, *Peroratio vel epilogus*, éd. Thier & Calufetti, p. 740-742.

4. Voir J. Dalarun, « Angèle de Foligno a-t-elle existé ? », dans « *Alla Signorina* ». *Mélanges offerts à Noëlle de La Blanchardière*, « Collection de l'École française de Rome, 204 », Rome, École française de Rome, p. 59-97.

5. *Ibid.*, p. 94.

6. *Ibid.*, p. 96.

discours le plus intérieur et, peut-être, d'y entendre enfin l'écho de la voix d'Angèle.

Les pièces liminaires

La première pelure du *Liber* est formée de trois pièces liminaires, deux au début, une à la fin, qui expliquent quelle valeur on doit accorder à l'ouvrage et comment il faut l'interpréter.

1. La première pièce est nommée – par les éditeurs – *Testificatio*, « Attestation ». Elle ne dit presque rien d'Angèle, sobrement désignée comme « une certaine servante du Christ »[1]; mais elle nous informe que l'ouvrage qui suit provient de sa bouche, a été mis par écrit avec la plus grande diligence et application par « un certain frère mineur digne de foi »[2], puis a fait l'objet d'une double évaluation. D'abord, par le cardinal Giacomo Colonna, « avant qu'il ne tombe dans le scandale avec le souverain pontife »[3]; c'est-à-dire avant qu'il ne conteste la validité de l'élection de Boniface VIII et se fasse en conséquence déposer; bref, avant qu'on puisse émettre des doutes sur la valeur de son approbation officielle. Ensuite, par une série de frères mineurs : huit lecteurs célèbres, dont un au *studium generale* de Milan, quatre ministres provinciaux, deux inquisiteurs, un custode; et encore trois frères très compétents et de nombreux autres frères dignes de foi, hommes très modérés et très spirituels[4]. Non seulement aucun de tous ces hommes (d'Église) n'a rien trouvé à redire au texte, mais tous « le vénèrent humblement et l'embrassent et le chérissent comme divin »[5]. Cet avant-texte est donc une légitimation non pas tant d'Angèle, ni même de son discours, mais du texte écrit qui en résulte, grâce

1. *Memoriale*, *Testificatio*, éd. Thier & Calufetti, p. 126, l. 2 : « cuiusdam famulae Christi ».

2. *Ibid.*, l. 2-3 : « per quemdam fratrem Minorem fide dignum ».

3. *Ibid.*, l. 4-6 : « dominum Jacobum de Columpna diaconum cardinalem, antequam cum summo pontifice in scandalum incideret ».

4. *Ibid.*, p. 126-128, l. 6-12 : « [...] et per octo famosos lectores visa et lecta fuerunt; quorum unus fuit lector in conventu Mediolanensi per plures annos, ubi est studium generale; quattuor qui fuerunt ministri in administratione provinciae Sancti Francisci; duo qui per plures annos inquisitores fuerunt in iam dicta provincia; unus qui custos fuit in diversis custodiis. Viderunt autem tres alii fratres, multum intelligentes et sufficientes pro officio lectoriae, nec non et plures alii fratres fide digni, viri utique modesti et multum spirituales ».

5. *Ibid.*, p. 128, l. 12-13 : « quorum nullus in aliquo ea redarguit, sed potius humiliter venerantur et tamquam divina carius amplectuntur ».

à l'intervention d'un « frère mineur digne de foi ». Bien sûr, que ce frère soit « digne de foi » implique que les éloges faits au texte rejaillissent sur la femme qui en est la source, mais clairement, cette femme qui n'est pas encore la *Beata* n'a d'elle-même aucune autorité, en dehors d'être chrétienne (*famula Christi*), bonne ou mauvaise d'ailleurs, on ne sait. En substance : ce texte vient d'une femme, mais vous pouvez le lire quand même, et c'est d'ailleurs très bien.

2. Le second texte, intitulé « Prologue » par les éditeurs, est du *frater scriptor*, ce frère mineur qui a mis par écrit les paroles d'Angèle. Comme dans une sorte de préambule d'acte, il part de considérations générales sur « l'expérience des fidèles », appuyées par deux citations de l'Écriture, pour arriver peu à peu au sujet précis du livre : ce que, de cette « expérience et doctrine », Dieu a fait savoir à travers « l'une de ses fidèles ». Angèle est donc toujours une simple fidèle sans nom. Elle compte un peu, mais moins que le sujet déclaré du Prologue et donc, selon lui, du *Livre* : à savoir l'« expérience »[1]. La condition pour acquérir cette expérience, c'est d'aimer Dieu[2]. En effet, l'Écriture l'atteste : à ceux qui l'aiment, Dieu fait éprouver très pleinement une *experientia* et même une *experientiae doctrina*. L'*experientia*, c'est quand Dieu vient dans les fidèles, fait sa demeure en eux, se manifeste à eux ; et l'*experientiae doctrina*, c'est quand à partir de cette expérience se construit une doctrine, un enseignement, une transmission de connaissances de maître à disciple[3]. L'enjeu du *Livre d'Angèle* – et l'on comprend qu'il faille un cardinal et une commission d'experts pour le légitimer – c'est de transmettre en matière divine, donc en théologie, une doctrine n'émanant ni des évêques, qui siègent dans la chaire de vérité, ni des docteurs de l'université, spécialistes sous la responsabilité des évêques de cette fonction magistérielle, mais des

1. *Memoriale*, *Prologus*, éd. Menestò, p. 3, l. 2-3, 7-9 = Thier & Calufetti, p. 128-130, l. 15-16, 20-23 : « Vere fidelium experientia probat, perspicit et contrectat de Verbo vite incarnato quemadmodum ipse in Evangelio dicit [...]. Quam experientiam et ipsius experientie doctrinam ipse Deus suos fideles facit probare plenissime. Et hic etiam nuper per aliquam suorum fidelium ad devotionem suorum fecit aliqualiter indicare predictam experientiam et doctrinam [...]. »

2. C'est ce qui ressort des deux citations mises dans la bouche du Christ : « [...] quemadmodum ipse in Evangelio dicit : "Si quis diligit me, sermonem meum servabit et Pater meus diliget eum et ad eum veniemus et mansionem apud eum faciemus". Et : "Qui diligit me, manifestabo ei me ipsum". » (Éd. Menestò, p. 3, l. 3-5 = Thier & Calufetti, p. 128, l. 16-19, à savoir Jean 14, 23 et 14, 21).

3. Sur ces notions, voir M. Vedova, *Esperienza e dottrina. Il* Memoriale *di Angela da Foligno*, « Biblioteca seraphico-capuccina, 87 », Roma, Istituto storico dei Cappuccini, 2009.

simples fidèles et même en l'occurrence d'une simple fidèle, que Dieu a visitée et à qui il s'est manifestée, parce qu'elle l'aimait.

On notera que ce même *frater scriptor*, déclaré « digne de foi » dans la *testificatio*, se dit quant à lui « indigne »[1] ; que ce même travail, dont la *testificatio* louait au plus haut point la diligence et l'application, lui-même le qualifie de « très diminué et très mutilé », mais « vrai cependant »[2]. Là où les experts validaient et louaient un texte, sans se soucier de sa source féminine, ce frère regrette au contraire la médiocre qualité de son texte, par comparaison avec la parole vive d'Angèle, dont il se souvient, ce qu'il est le seul à pouvoir faire. Au début du *Mémorial*, deux conceptions de la théologie se touchent donc, mais se juxtaposent et restent distinctes : l'une, de type hiérarchique et universitaire, valide un texte en le confrontant à une expertise fondée sur d'autres textes, les *auctoritates* ; l'autre, charismatique et potentiellement incontrôlable, ne fait pas de différence entre savants et illettrés, clercs ou laïcs, hommes ou femmes, mais remonte du texte à la parole, de la parole à l'expérience et de l'expérience à Dieu. Parce que Dieu a visité une fidèle, qui l'aimait, de cette visite est née une expérience, de cette expérience une doctrine : c'est cette doctrine qui est proposée dans le *Livre d'Angèle*.

3. La troisième pièce liminaire est éditée sous le titre *Peroratio vel epilogus* à la fin du *Liber*[3], d'après une partie seulement des manuscrits[4]. Quelques indices invitent à l'attribuer à Ubertin de Casale, qui dans

1. *Memoriale*, éd. Menestò, p. 3, l. 12-13= Thier & Calufetti, p. 130, l. 25-26 : « Qua vero causa et quomodo ego indignus scriptor coactus, ut credo, a Deo fuerim ad scribendum [...] ».

2. *Ibid.*, éd. Menestò, p. 3, l. 10-11 = Thier & Calufetti, p. 130, l. 23-24 : « [...] que minus plene et multum deminute et detruncate, in veritate tamen, in verbis sequentibus describuntur ».

3. Sur la ressemblance entre la tonalité de ce texte et les idées d'Ubertin de Casale, voir R. Guarnieri, « Santa Angela ? Angela, Ubertino e lo spiritualismo francescano. Prime ipotesi sulla *Peroratio* », dans *Angèle de Foligno : le Dossier*, p. 203-265 ; voir aussi S. Brugani, « Angela da Foligno e gli Spirituali », dans E. Menestò, *Angela da Foligno terziaria francescana. Atti del Convegno storico nel VII centenario dell'ingresso della beata Angela da Foligno nell'Ordine Francescano Secolare (1291-1991), Foligno 17-19 novembre 1991*, Spoleto, Centro Italiano di Studi sull'Alto Medioevo, 1992, p. 83-104.

4. Voir Thier & Calufetti, p. 112 (tableau des manuscrits par *Instructio*) : la *Peroratio* se trouve dans les mss I, S R, ainsi que dans les *Acta Sanctorum*. Sur les manuscrits du *Liber*, voir P. Mariani, « *Liber* e contesto : codici miscellanei a confronto », dans *Angèle de Foligno : le Dossier*, p. 71-144.

l'*Arbor vitae* déclare sa grande dette spirituelle envers Angèle de Foligno[1]. Plus ample par les dimensions et par la tonalité, cet épilogue ne nomme Angèle que de façon cryptée[2], mais il exalte au plus haut point sa personne et son rôle de *doctrix*, c'est-à-dire d'enseignante, de docteur au féminin. Si l'expérience était le thème conducteur dans le texte précédent, la sagesse domine dans celui-ci, mais avec, cette fois-ci, une intention polémique : l'auteur oppose en effet deux sagesses, la mondaine et la divine. La mondaine, qu'il qualifie d'après saint Jacques d'animale, de terrestre, de diabolique, est celle des maîtres enflés de leur science, qui parlent beaucoup et ne font rien, bref ces docteurs de l'université que pourfendent Olivi et Ubertin. C'est pour les confondre que l'autre sagesse, « la sagesse éternelle de Dieu », a suscité leur contraire, à savoir « une femme; laïque; liée au monde; entravée par un mari, des enfants, des biens et des richesses; simple par la science; impuissante par les forces »[3].

1. *Arbor vitae crucifixae Iesu*, Prol., 1, réimpression anastatique de l'édition de Venise 1485 par C. T. Davis, « Monumenta politica et philosophica rariora, I/4 », Torino, Bottega d'Erasmo, 1961, p. 5 col. A-B : « Vigesimoquinto autem anno etatis mee : & modo quem pretereo ad reuerende matris & sanctissime angele de fulgineo uere angelice uite in terris me adduxit noticiam. Cui sic cordis mei defectus : & sua secreta beneficia reuelauit iesus : ut dubitare non possem ipsum esse qui loquebatur in illa : & sic omnia dona propria per meam malitiam perdita in immensum multiplicata restituit : ut iam ex tunc non fuerim ille qui fui. Et in expertis prius sue uirtutis inflammantis splendoribus totam mentis mee faciem immutauit : & infirmitates et languores ab anima & corpore sic repulit : et priores distractiones renouauit : ut nullus sane mentis qui me prius cognouerit habeat dubitare quin spiritus christi in me sit de nouo genitus. Ac per hoc uelint nolint emuli de trahentes sanctitati irreprehensibilis uite illius sanctissime anime : & mutationi diuine : que ad eius uerbum & meritum oritur in uita multorum spiritualium in filiorum : fit mater pulchre dilectionis timoris & magnitudinis et sancte spei : quia ueniunt eis omnia bona pariter cum illa : et innumerabilis honestas per manus illius : etiam multis qui fuerant prioribus temporibus dissoluti. »

2. Éd. Thier & Calufetti, p. 742, l. 20-21, 29-30 : « ab Angela magni consilii viam divitiarum sapientiae crucis Christi addiscite [...]. Et vere neminem diligit, qui Angelam, immo viam et vitam Christi et doctrinam impugnat ». Le choix d'écrire « Angela » avec une majuscule, et non « angela » est bien sûr une interprétation de l'éditeur, puisque cette différence graphique entre noms propres et noms communs n'existe pas au Moyen Âge. Si on lit un nom commun, on comprend que l'auteur voit en celle qu'il loue un « ange » au féminin, comme dans l'expression « ange du bon conseil » traditionnellement appliquée au Christ, une « messagère » de l'Évangile. Ce qui n'est bien sûr pas incompatible avec un jeu sur le nom propre d'Angèle.

3. *Memoriale*, *Peroratio vel epilogus*, éd. Thier & Calufetti, p. 740, l. 2-6 : « Ne inflatura mundanae sapientiae animalis, terrenae, et diabolicae inflati spiritus magistrorum, qui magna dicunt et minima non faciunt, remaneret ab aeterna Dei sapientia inconfusa, suscitavit Deus mulierem saecularis status, mundo obligatam, viro, filiis et rebus et divitiis irretitam, scientia simplicem, viribus impotentem ».

Selon la dynamique paulinienne d'une folie de Dieu plus sage que la sagesse des hommes, le fait qu'Angèle présente tous ces handicaps, à commencer par la féminité, lui permet, grâce à « la vertu divinement infusée en elle », de « renouveler la sagesse des parfaits par la sainte folie de la croix du Christ »[1]. L'auteur y insiste par une série d'antithèses : la sagesse éternelle de Dieu a rendu folle la sagesse de ce monde en dressant

> contre des hommes, une femme ; contre des hautains, une humble ; contre des rusés, une simple ; contre des lettrés, une inculte ; contre l'hypocrisie religieuse, le saint mépris de sa propre condamnation ; contre des bavards oisifs et des mains paresseuses, la ferveur stupéfiante des œuvres et le silence des mots ; contre la prudence de la chair, la prudence de l'esprit qui est la science de la croix du Christ[2].

Aussi est-elle assimilée à la « femme forte » des *Proverbes*[3]. Bien plus, elle est l'*Angela magni consilii*, l'« ange du grand conseil », selon une citation du prophète Isaïe, traditionnellement appliquée au Christ, mais ici féminisée pour donner toute sa force au nom d'Angèle, « ange » au féminin. « Ange du bon conseil » et figure du Christ, Angèle l'est au sens où ce qu'elle enseigne, c'est la sagesse de la croix du Christ, c'est-à-dire le chemin de pauvreté, de douleur et d'humiliation qu'ont suivi « le bon Jésus et sa très douce mère »[4].Oui, Angèle enseigne, c'est pourquoi les mots évoquant la relation maître/disciple se multiplient dans la seconde partie du

1. *Memoriale, Peroratio vel epilogus*, éd. Thier & Calufetti, p. 740, l. 6-11 : « quae, virtute sibi divinitus infusa, per virtutem crucis Christi Dei et hominis, vincula mundi rupit, apicem perfectionis evangelicae ascendit, et per sanctam stultitiam crucis Christi perfectorum sapientiam renovavit, et obliteratam viam boni Jesu, quam excelsi gigantes tam per verba quam per opera inobservabilem asserebant, non solum possibilem ostendit et facilem, sed etiam summas delicias animae virtuosae ostendit. »

2. *Ibid.*, p. 740-742, l. 12-18 : « O sapientia caelica perfectionis evangelicae, quomodo cum aeterno Deo stultam fecisti sapientiam huius mundi, et tu, aeterne Deus, in ipsa : dum contra viros, feminam ; contra inflatos, humilem ; contra astutos, simplicem ; contra litteratos, idiotam ; contra religiosam hypocrisim, sanctum propriae condemnationis despectum ; et contra linguatos otiosos et manus remissas, stupendum calorem operum et verborum silentium ; et contra prudentiam carnis, prudentiam spiritus, quae est scientia crucis Christi, [opposuisti]. »

3. *Ibid.*, p. 742, l. 18-19 : « Unde in muliere forti apparet, quod in speculatoribus viris caecis erat carnali expositione sepultum. » *Cf.* Proverbes 31, 10-31 ; Ecclesiastique 26, 1-2, etc.

4. *Ibid.*, l. 20-24 : « Procul ergo a sanctae geniturae filiis omnis pudor abscedat, et ab Angela magni consilii viam divitiarum sapientiae crucis Christi addiscite, quae est paupertas, dolor et despectus [et vera oboedientia] boni Jesu et dulcissimae suae Matris, quam viros et mulieres et omnem creaturam lingua efficacium operum doceatis. »

texte pour dire en substance : n'ayez pas honte de vous mettre à l'école d'une femme, car elle est *doctrix disciplinae Dei*, c'est-à-dire : elle est docteur au féminin dans cette discipline qui est de Dieu et sur Dieu[1]. Bref, elle est théologienne. Pour appuyer cette idée, l'auteur applique à Angèle une description de la sagesse divine, d'après les Écritures : Angèle est « éclat de la lumière, miroir sans tache de la majesté de Dieu et image de sa bonté. Étant une, elle peut tout ; demeurant en soi, elle renouvelle toutes choses et à travers les nations se transporte dans les âmes saintes »[2]. Bref, « il n'aime personne, celui qui combat Angèle, ou plutôt la voie, la vie et la doctrine du Christ »[3]. Vous avez bien entendu, ce que l'auteur sacré disait de la sagesse divine, notre épiloguiste l'applique à une femme. Ce qu'on oserait à peine écrire sur les plus grands docteurs de l'Église, sur Augustin lui-même, notre auteur l'a écrit sur Angèle.

Il conclut en rappelant que si les apôtres ont d'abord prêché la vie du Christ passible, une femme (Marie-Madeleine) leur a enseigné – ce qui est bien mieux – la vie du Christ ressuscité[4]. De même, saint François a d'abord prêché aux premiers frères mineurs une règle morte dans les choses charnelles ; avec moi, dit l'auteur, apprenez d'Angèle – ce qui est bien mieux – une règle immortelle[5]. Bref, le précédent d'une prophétesse cité par saint Jérôme l'atteste, l'ordre de la providence n'est en rien contrarié si une femme devient *doctrix* pour faire honte aux hommes et aux docteurs de la loi, surtout quand, dit-il, « à ma connaissance il n'y en a pas de semblable sur terre »[6].

1. *Ibid.*, l. 24-25 : « Et ut gloriemini in vocatione tanti discipulatus, scitote, carissimi, quod ipsa est doctrix disciplinae Dei et electrix operum illius. »

2. *Ibid.*, l. 26-29 ; *cf.* Sagesse 7, 26-27 : « Et vere ipsa est candor lucis et speculum sine macula Dei maiestatis et imago bonitatis illius. Et cum sit una, omnia potest. Et in se permanens, omnia innovat, et per nationes in animas sanctas se transfert, et omnes filios suos amicos Dei et prophetas veritatis constituit. »

3. *Ibid.*, l. 29-30 : « Et vere neminem diligit, qui Angelam, immo viam et vitam Christi et doctrinam impugnat. » *Cf.* Sagesse 7, 28.

4. *Ibid.*, l. 32-33 : « Recordemini, carissimi, quod Christi primo passibilem vitam apostoli praedicantes, eam post mortem resuscitatam a femina didicerunt. »

5. *Ibid.*, l. 33-36 : « Sic, carissimi filii sanctae matris, regulam in carnalibus mortuam post passuram a nostris primis parentibus apostolis beato Francisco et eius sociis, praedicatam nunc in observantia sanctae matris, una mecum discite immortalem. »

6. *Ibid.*, éd. Thier & Calufetti, p. 742, l. 37-38 : « cui in mea notitia non est similis super terram ».

D'une pièce liminaire à l'autre, l'autorité d'Angèle ne cesse de croître : presque absente dans la première au profit de l'écrit recueilli de sa bouche ; simple fidèle dans la seconde, mais chargée d'un enseignement sur Dieu ; quasi divinisée dans la troisième où elle est assimilée à la sagesse de Dieu. Pourtant, c'est peut-être dans cette troisième pièce, où la figure d'Angèle est le plus exaltée comme femme, que sa parole est en même temps le plus instrumentalisée, contre des hommes, les docteurs de l'université, par un autre homme, visiblement leur collègue. Son éloge d'Angèle a beau être sincère ; il n'en est pas moins inséparable d'un règlement de compte interne à l'ordre franciscain et à sa composante masculine, cléricale et universitaire.

LA COLLABORATION ENTRE ANGÈLE ET LE *FRATER SCRIPTOR*

Une fois effeuillées ces trois pièces liminaires, nous entrons dans le texte d'Angèle de Foligno. Ou plutôt, dans le texte qu'Angèle de Foligno et le *frater scriptor*, le « frère secrétaire » si l'on veut, ont écrit en collaboration, suivant un partage des mots et des idées qu'il nous est impossible de reconstituer, et il n'est pas sûr que les intéressés eux-mêmes en auraient été capables. Entre deux positions extrêmes, qu'il faut sûrement rejeter : le frère a reproduit à la lettre les paroles d'Angèle ; ou, le frère a inventé de toutes pièces les paroles d'Angèle, un flou incompressible demeure[1]. Sûrement, on peut restituer au frère seul ses interventions off, encore que celles-ci, à la longue, ont dû être plus ou moins influencées par Angèle ; mais dans les propos de celle-ci, une prise de notes hâtive, la traduction simultanée de l'ombrien en latin, les inévitables malentendus entre une femme laïque et un homme mineur, la censure ou l'auto-censure même inconsciente ont pu, ont dû laisser leur marque sur les paroles attribuées à Angèle même, en discours tantôt direct tantôt indirect.

Dans cette ignorance invincible qui est la nôtre, l'historien dispose d'un point d'appui stable : dans le *Liber*, on discerne une longue mais ferme évolution. Quelle que fut sa réalité concrète au-delà des mots, l'Angèle du *Liber* n'est pas la même au début et à la fin de l'ouvrage. La collaboration

1. Il revient à Jacques Dalarun d'avoir le premier posé la question dans toute sa radicalité : J. Dalarun, « Angèle de Foligno a-t-elle existé ? », dans « *Alla Signorina* ». *Mélanges offerts à Noëlle de La Blanchardière*, « Collection de l'École française de Rome, 204 », Rome, École française de Rome, 1995, p. 59-97.

entre Angèle et le *frater scriptor* a lentement mais sûrement modifié leurs relations et positions respectives, suivant une quadruple évolution : psychologique, hiérarchique, littéraire et intellectuelle. Psychologique, en ce qu'Angèle avance du doute vers la certitude, du tourment intérieur vers la joie, du sentiment de culpabilité vers la libération. Hiérarchique en ce qu'Angèle passe du statut d'*indemoniata* à celui de *magistra*, de suspecte de possession diabolique à celui d'enseignante en matière divine ; et que corrélativement le *frater scriptor* passe du statut de confesseur, inquiet pour la santé spirituelle de sa pénitente et prêt à la confier à de plus experts, c'est-à-dire à l'inquisition, au statut d'auditeur et de disciple de plus en plus enthousiaste et convaincu. Littéraire, en ce que le texte, né d'un hurlement dans la basilique d'Assise, puis formé d'une prise de notes à la sauvette sur les dires douteux d'une femme apparemment déséquilibrée, devient peu à peu un livre, autobiographie autant qu'enseignement, dans lequel elle-même prend un rôle de plus en plus actif : on l'interrogeait, bientôt elle dicte. Si bien qu'une fois achevé le *Mémorial*, harcelée de demandes, Angèle est, toujours à travers des secrétaires, l'auteur d'une trentaine d'opuscules divers, lettres de conseil spirituel, réponses à des consultations doctrinales. Évolution intellectuelle, enfin, en ce que l'enseignement d'Angèle passe de la logorrhée à la pédagogie ; au contact régulier des frères, ses propos, d'abord informes, obscurs et peu cohérents, se structurent de plus en plus ; peu à peu elle reprend à son compte des outils intellectuels, qu'on penserait a priori ceux de clercs formés dans les écoles[1]. Faute de temps, je me concentrerai sur cette quatrième évolution, à mon avis la plus instructive et la moins étudiée.

C'est au début de l'ouvrage que les interventions du *frater scriptor* à la première personne du singulier sont les plus nombreuses et les plus substantielles. Au début du chapitre II, on lit ceci : « Il faut noter que moi, *frater scriptor*, avec l'aide de Dieu je me suis appliqué à raccorder la matière (*continuare materiam*) du premier pas » jusqu'à l'épisode du cri[2].

1. *Cf.* D. Poirel, « *Viva ratione :* Angèle de Foligno et ses raisons, du *Memoriale* aux *Instructiones* », dans *Il* Liber *di Angela da Foligno : temi spirituali e mistici. Atti del Convegno internazionale di studio, Foligno 13-14 novembre 2009*, éd. D. Alfonsi & M. Vedova, « Uomini e Mondi Medievali », Spoleto, Centro italiano di studi sull'alto medioevo, 2010, p. 93-131.

2. *Liber*, II, 25, éd. Menestò, p. 15, l. 3-5 = Thier & Calufetti, p. 158, 6-8 : « Notandum est autem hic quod ego frater scriptor, Dei adiutorio, studui continuare materiam a primo passu usque ad locum illum qui scribitur in vicesimo primo passu vel in fine secunde revelationis [...]. »

> À partir de cet endroit, je n'ai pas su comment raccorder la matière (*continuare materiam*). Et parce qu'à partir du XIXe pas je n'ai pas su comment compter avec certitude les autre pas en les distinguant, je me suis appliqué à résumer tout le reste de ce qui vient ensuite sous sept pas ou révélations[1].

Plus loin, il dit encore :

> Et elle (Angèle) disait que ce que j'écrivais est vrai, mais mutilé et diminué. Et moi, parce que je savais que j'écris lentement et que, par crainte des frères qui murmuraient de ce que je me tenais assis avec elle dans l'église pour écrire, je me hâtais beaucoup pour écrire, j'estime que ce fut un miracle divin si, ce que j'ai écrit, je l'ai écrit de façon ordonnée[2].

Dans le tandem d'Angèle et du frère, nous voyons quelles sont les intentions initiales de celui-ci : on pourrait les résumer par quatre verbes, *continuare*, c'est-à-dire produire quelque chose qui se tient, qui offre une continuité, donc raccorder, lisser, unifier; ensuite « distinguer » et « dénombrer », c'est-à-dire diviser et scander au moyen de nombres; enfin « ordonner », c'est-à-dire replacer les éléments à leur place dans une succession logique, et par là produire quelque chose d'intellectuellement harmonieux. D'une certaine manière, toute la *forma mentis* scolaire et universitaire du XIIIe siècle se résume en ce triple effort : unifier, dénombrer, ordonner. Si l'on se souvient de la prégnance du couple matière/forme, d'origine aristotélicienne, dans la culture savante médiévale, le fait que les paroles d'Angèle soient désignées comme une « matière » (*materia*) est très révélateur. Le *frater scriptor* conçoit son rôle comme celui qui, en l'ordonnant, l'articulant et l'unifiant, pétrit, moule et bâtit une « matière » informe, pour lui donner une forme assimilable par un public lettré.

C'est bien ce qui se passe d'abord. Angèle avait commencé en annonçant trente *passus vel mutationes*, c'est-à-dire trente étapes dans le parcours de l'âme sur le chemin de la pénitence. Elle en donne vingt premiers, très insatisfaisants intellectuellement, car les retours en arrière

1. *Liber*, II, 25, éd. Menestò, p. 15, l. 9-10 = Thier & Calufetti, p. 160, l. 11-12 : « Ab illo vero loco postea nescivi continuare materiam, quia raro postea et diversis temporibus pro scribendo aliquid potui sibi loqui. »

2. *Memoriale*, II, 34, éd. Menestò, p. 20-21, l. 162-167 = Thier & Calufetti, p. 172, l. 154-158 : « Et ipsa dicebat quod ego vere scribebam, sed detruncate et deminute. Et ego, quia sciebam multum tarde scribere et quia, propter timorem fratrum qui murmurabant quod sedebam cum ea in ecclesia ad scribendum, multum festinabam scribere, divinum miraculum existimo fuisse, illa que scripsi scribere ordinate. »

sont constants, et l'on finit par ne plus savoir de quoi l'on parle, les souvenirs individuels d'Angèle prenant vite le pas sur la description d'un itinéraire général et linéaire. Manifestement, ce schéma d'une gradation annoncée puis accomplie ne correspond pas à sa manière de parler, plus spontanée, plus instantanée. C'est pourquoi le frère reprend la main et, laissant tomber le nombre trente, il résume tout ce qui reste en sept *passus*, non plus chronologiques mais thématiques, clairement énumérés, articulés et mis en parallèles grâce aux ressources d'une prose rythmée et rimée, à l'école de saint Bonaventure. À lui donc la forme, à elle la matière. La teneur des propos angéliens reste, mais c'est lui qui dessine le cadre général dans lequel ils s'inscrivent, ce qui bien sûr n'est pas sans altérer la doctrine même.

Comme le *Mémorial* abonde en précisions sur la manière dont se déroule l'échange entre elle et lui, il y aurait beaucoup à dire sur tous ces passages où le frère questionne Angèle, d'abord par incrédulité, ensuite pour se faire préciser un point obscur, enfin pour s'instruire à son école[1];

1. *Memoriale*, II, 32, éd. Menestò, p. 17, l. 75 = Thier & Calufetti, p. 166, 72 « ego frater quesivi ab illa fidele Christi » ; « [...] cepi inquirere et cogere illam omnibus viribus meis et omnibus modis, quibus ipsam michi obligatam esse sciebam, ut diceret michi [...] » (*Memoriale*, III, 35, éd. Menestò, p. 22, l. 8-9 = Thier & Calufetti, p. 176, l. 11-12) ; « Quadam vice ego frater, qui indignus scripsi verba ista divina, feci sibi istam interrogationem [...] » (*Memoriale* III, 40, éd. Menestò, p. 28, l. 178-179 = Thier & Calufetti, p. 190, l. 181-182) ; « Ego frater qui scripsi, quando audivi quod, Deo volente, ut credo, accidit sibi dicere illud predictum verbum de corpore Christi, statim notavi in corde meo et quesivi et coegi eam quod diceret michi [...] » (*Memoriale* III, 42, éd. Menestò, p. 30, l. 229-231 = Thier & Calufetti, p. 194-196, l. 233-235) ; « Et ego frater scriptor quesivi ab ea [...] » (*Memoriale* IV, 52, éd. Menestò, p. 42, l. 306 = Thier & Calufetti, p. 226, l. 317) ; « Item cum ego frater scriptor inquirerem [...] » (*Memoriale* V, 54, éd. Menestò, p. 46, l. 103 = Thier & Calufetti, p. 240, l. 109) ; « ego frater scriptor quesivi ab ista fideli Christi de una questione [...] » (*Memoriale* VI, 69, éd. Menestò, p. 60, l. 263-264 = Thier & Calufetti, p. 278, l. 276) ; « Et ego frater quesivi [...] » (*Memoriale* VII, 79, éd. Menestò, p. 68, l. 170 = Thier & Calufetti, p. 302, l. 177) ; « Et postquam communicaveram eam, antequam reverteretur, quesivi ab ea sollicite quod diceret michi [...]. Et ego frater scriptor quesivi [...]. Et michi fratri inquirenti adhuc sollicite [...]. » (*Memoriale* VII, 81, éd. Menestò, p. 69-70, l. 207-208, 212 = Thier & Calufetti, p. 306, 218-219, 223, 225) ; « Quesivi ego frater quomodo cognoscebat [...] » (*Memoriale* VII, 84, éd. Menestò, p. 71, l. 265 = Thier & Calufetti, p. 312, 279) ; « Et ego frater scriptor quesivi [...] » (*Memoriale* VII, 89, éd. Menestò, p. 74, l. 347 = Thier & Calufetti, p. 320, 37) ; « Quadam vice, ego frater scriptor quesivi ab ea de una questione quam facit beatus Augustinus [...]. Et dum ego inquirebam [...] » (*Memoriale* IX, 110, éd. Menestò, p. 86, l. 17-18, 22-23 = Thier & Calufetti, p. 356, l. 19-20, 24) ; « Et cum ego frater scriptor inquirerem michi melius explicari quod dicebat » (*Memoriale* IX, 112, éd. Menestò, p. 89, l. 112-113 = Thier & Calufetti, p. 362-364, l. 107-108) ; « Et quia ipsa predicta fidelis Christi in

ceux où le frère résiste, conteste les propos d'Angèle, qui ne lui semblent pas orthodoxes[1]; où Angèle à l'inverse le rabroue sur son style sec[2], lui défend d'écrire certaines paroles[3], lui adresse personnellement des remontrances de la part de Dieu[4]; où enfin d'autres frères transmettent à Angèle des questions de doctrine, des prières d'intercession, comme s'ils lui reconnaissait un accès direct à Dieu[5].

Mais le temps me manque, et j'en viens tout de suite aux *Instructions* d'Angèle, dont plusieurs, écrites à la première personne du singulier, se présentent comme un enseignement donné par elle à ses correspondants,

omni communicatione consuebat recipere novam gratiam, ego frater, sicut pluries consuebam, interrogavi eam [...].» (*Memoriale* IX, 120, éd. Menestò, p. 93, l. 222-224 = Thier & Calufetti, p. 372, l. 217-219); «Et ego frater scriptor quesivi ab ea [...]» (*Memoriale* IX, 123, éd. Menestò, p. 95, l. 291 = Thier & Calufetti, p. 378).

1. *Memoriale* V, 55, éd. Menestò, p. 46, l. 110-114 = Thier & Calufetti, p. 240, l. 116, 119-120 : « Item quando predictam predicationem sibi factam a Deo michi retulerat [...], ego frater scriptor cepi contradicere et dicebam quod satis est asperum. »; « Et cum ego frater scriptor resisterem ei hic de credulitate » (*Memoriale* VII, 89, éd. Menestò, p. 74, l. 340 = Thier & Calufetti, p. 318-320, 354-355); «Et cum ego hic resisterem ei [...]», (*Memoriale* VII, 92, éd. Menestò, p. 75, l. 389 = Thier & Calufetti, p. 322, l. 403); « Et cum ego frater resisterem ei de predicta tenebra et non intelligerem [...] » (*Memoriale* IX, 110, éd. Menestò, p. 87, l. 39 = Thier & Calufetti, p. 358, l. 39); « Et michi fratri resistenti sibi per Scripturam divinam [...]. » (*Memoriale* IX, 114, éd. Menestò, p. 91, l. 154 = Thier & Calufetti, p. 366, l. 146-147).

2. *Memoriale* II, 34, éd. Menestò, p. 20, l. 154-160 = Thier & Calufetti, p. 172, 146-152 «Et alia vice quando ego relegebam ei ut ipsa videret si ego bene scripseram, ipsa respondit quod ego sicce et sine omni sapore loquebar; et admirabatur de hoc. Et alia vice exposuit ita dicens : "Per ista verba recordor illorum que dixi tibi, sed est obscurissima scriptura, quia ista verba que legis michi non explicant illa que portant, ideo est scriptura obscura". Item alia vice dixit ita : "Illud quod deterius est et quod nichil est scripsisti, sed de pretioso quod sentit anima nichil scripsisti". »

3. *Memoriale* III, 42, éd. Menestò, p. 31, l. 261 = Thier & Calufetti, p. 198, l. 364 : « [...] unde non oportet quod tu scribas istud. »; « [...] et fuerunt michi dicta verba altissima, que nolo quod scribantur» (*Memoriale* IX, 128, éd. Menestò, p. 100, l. 465-466 = Thier & Calufetti, p. 394, l. 464-465).

4. *Memoriale* V, 56, éd. Menestò, p. 48, l. 167-171 = Thier & Calufetti, p. 246, l. 174-178 : « Et dixit michi fratri ipsa fidelis Christi : "Hoc reputaveram dubium quod ita posset accidere maledictio, et tantum dubium quod multum dolueram audire. Unde dixi socie quod nolebam tibi istud dicere, quia timebam ne posset esse deceptio. Tamen dictum est michi quod istud dicerem tibi, quia aliud verbum tangebat te". »

5. *Memoriale* V, 61, éd. Menestò, p. 50, l. 218-220 = Thier & Calufetti, p. 250, l. 233-235 : « Quadam vice ego frater rogavi eam quod ipsa rogaret Deum pro fratre dicto de Marchia ne deciperetur. Et cum ipsa efficaciter oraret, subito responsio facta est ei [...] »; « Dixit michi fratri scriptori ita : "Quadam vice eram rogata ut ego rogarem Deum pro quibusdam rebus, quas volebat scire frater E. de Marchia; et rogavit ipse quod ego deberem respondere sibi". » (*Memoriale* V, 62, éd. Menestò, p. 50, l. 229-231 = Thier & Calufetti, p. 252, 248-250).

à contre-cœur et selon leur demande. Dans l'ensemble, on la voit maîtriser de mieux en mieux sa parole. Par exemple, dans l'*Instruction* VII, qui porte sur la tentation, ses causes et ses remèdes, le lexique reste proche de l'italien, avec même un ou deux passages qui se comprennent mieux si l'on revient à l'ombrien[1]. Le style reste oral, avec ses redites et ses retours en arrière. La syntaxe reste celle d'une personne qui pense en vernaculaire, avec ses phrases interminables où les propositions sont jointes par des liens de coordination plutôt que de subordination[2]. Toutefois, un thème est annoncé, qui est ensuite décliné à travers une série d'exemples parallèles, qui permet à la réflexion de se développer, de s'approfondir, de se conclure en deux belles phrases antithétiques. Surtout, on voit Angèle assimiler la pratique de l'annonce de plan[3]. Abordant le point le plus difficile, celui des remèdes à la tentation, on la voit s'y reprendre à deux fois[4]. La deuxième fois, elle annonce trois points, dont un qui se subdivise encore en trois[5]. C'est un peu maladroit, on risque de se perdre entre les deux triades, plusieurs copistes s'y sont d'ailleurs fourvoyés, rendant le texte plus complexe encore[6]; mais c'est original et intelligent, cela aide même à comprendre une doctrine implicite ailleurs, mais ici de façon plus claire, plus structurée. Angèle semble donc avoir acquis, peu à peu, la discipline de la langue et la maîtrise du temps. Elle semble avoir appris à ne pas tout dire en même temps, au risque de s'embrouiller ou de se répéter, mais à

1. *Cf.* D. Poirel, « Lachmann, Bédier, Froger : quelle méthode d'édition donne les meilleurs résultats ? », dans C. Giraud & D. Poirel (éd.), *La rigueur et la passion. Mélanges en l'honneur de Pascale Bourgain*, « Instrumenta patristica et mediaevalia, 71 », Turnhout, Brepols, 2016, p. 939-968.

2. Par exemple, le début même de l'*Instructio* VII : « Ego sum occaecata et obtenebrata et sine veritate. Et ideo, filioli mei, omnia verba quae habetis a me, habeatis suspecta sicut a persona maligna; et omnia bene notetis et nullis verbis credatis, nisi illis quae similantur vestigiis Jesu Christi. » (Éd. Thier & Calufetti, p. 532, l. 7-10).

3. *Ibid.*, p. 536, l. 51 : « Sed cum temptamur, duo consideremus »; « Tres autem sunt transformationes (proprietates *éd.*) necessariae amantibus » (*ibid.*, p. 538, l. 63); « Proprietates Amati nolo vobis dicere nisi tres » (*ibid.*, l. 70-71).

4. *Ibid.*, l. 58-62, et 63-83.

5. Trois transformations, dont la deuxième consiste à acquérir trois propriétés.

6. C'est le cas des manuscrits rhéno-flamands, les plus tardifs, qui remplacent « Tres autem sunt transformationes » (leçon des manuscrits A I R) par « Tres autem sunt proprietates », alors que la suite énumère : « Prima haec est, esse transformatum... Secunda transformatio est quando anima cupit cum magno desiderio transformare se... Tertia transformatio est esse totaliter transformatum... ». Il est vrai qu'une partie de ces manuscrits (*Bx*, *Bx1*, *Bx2*) redonnent une cohérence imparfaite au texte en changeant *transformatio* en *proprietas* après *Secunda*, voir Poirel, « Lachmann, Bédier, Froger », p. 964-965.

faire patienter son auditeur, à lui annoncer un plan simple, pour ensuite s'y tenir strictement.

Bien sûr, n'importe qui peut nier que ces progrès soient d'Angèle et les attribuer au *frater scriptor*. Les *Instructions* les mieux structurées, les plus claires, les plus réussies dans leur forme littéraire seront alors l'œuvre de ce dernier, ou du moins sa part d'élaboration y sera la plus importante; et à Angèle ne resteront que les *Instructions* les plus informes, les plus bizarres, les plus frustes. On peut le penser. Mais qui ne voit que l'argument est circulaire? On niera, chez Angèle, toute évolution dans le mode d'expression, de raisonnement et d'enseignement, parce que les textes les plus aboutis sont ceux où sa part est la moins grande. Or il me paraît naturel qu'au fil du temps une femme vive, intelligente, réceptive comme Angèle l'est à l'évidence, emprunte aux frères qu'elle ne cesse de côtoyer et qui ont fait d'elle leur maîtresse spirituelle des procédés assez simples pour communiquer, instruire et convaincre en matière de foi et de vie chrétienne. À tout le moins, qu'est-ce qui l'empêchait de s'approprier par imprégnation les procédés littéraires et intellectuels les plus banals dans la prédication aux laïcs[1]?

Sur une autre *Instruction*, la XXXV, il y a débat. La plupart des historiens la tiennent pour inauthentique, pour des raisons à première vue excellentes, mais qui ne me semblent pas décisives[2]. Cette *Instruction* manque certes dans les deux manuscrits les plus anciens, mais ceux-ci n'ont pas non plus l'*Instruction* XXXVI, tenue pour fiable, qui raconte la maladie et la mort d'Angèle et qui dans les manuscrits fait un tout avec elle[3]. Certes, l'*Instruction* XXXV se démarque des autres, en particulier elle n'est pas comme d'ordinaire la réponse à une consultation; mais les lignes qui la précèdent expliquent pourquoi elle est exceptionnelle :

1. Voir D. Poirel, « *Viva ratione :* Angèle de Foligno et ses raisons, du *Memoriale* aux *Instructiones* », dans *Il Liber di Angela da Foligno : temi spirituali e mistici*, p. 93-131.

2. En dernier lieu, voir M. Stróżyński, « The Chronology of the Instructiones of St. Angela of Foligno », dans *Franciscan Studies* 76/1, 2018, p. 159-206, qui déclare p. 200-201 : « Soon after Angela's death, her sons wrote two hagiographic texts, documenting Angela's last teachings, her "testament" and her "passing" (*transitum*) to the eternal life (XXXV and XXXVI). […] "Testament" and *Transitum* can be dated 1309-1310 and it is simply not possible to date the fragments. » Voir aussi D. Tomkinson, « *In the Midst of the Trinity* » *: Angela of Foligno's Trinitarian Theology of Communion*, thèse de doctorat de l'université de Fordham, 2004.

3. *Instructio* XXXVI, éd. Thier & Calufetti, p. 724-736.

> Voici la dernière lettre que fit la très sainte Angèle de Foligno, notre mère, avant qu'elle ne tombât mortellement malade, affirmant que c'était la dernière de toutes ses lettres. En effet elle connut longtemps à l'avance son heureuse fin. Aussi prononça-t-elle ces paroles avec beaucoup d'émotion et elle força presque le *scriptor*, qui était tiède, à écrire [1].

Si au contraire des autres textes l'initiative de la lettre revient clairement à Angèle, ce dont on voudrait faire une objection paradoxale à son authenticité, c'est tout simplement parce qu'elle est la dernière : c'est son ultime leçon, son testament doctrinal. Certes, elle présente un enseignement plus structuré que d'ordinaire : elle compte trois grandes divisions, sur les deux bienfaits de l'incarnation, les cinq mystères que le Seigneur a faits pour les hommes, et les sept dons ou bienfaits conférés aux hommes par la bonté divine[2]. Toutefois, à l'examen, ce plan présente des anomalies formelles qu'un écrivain de formation scolaire ou universitaire, comme l'entourage franciscain d'Angèle, n'aurait jamais laissé passer. En réalité, ces trois divisions ne sont pas trois parties de la lettre, abordant trois thèmes distincts ; elles sont trois tentatives successives, imparfaites mais de plus en plus réussies, pour mettre en ordre toutes les raisons de louer Dieu, exprimées par des séries d'exclamations admiratives[3].

On peut douter du caractère angélien de cette lettre, malgré la rubrique très claire qui la lui attribue ; on peut douter qu'une femme, même au soir d'une vie passée en milieu franciscain, soit capable d'adopter à leur image une rationalité pédagogique, classificatrice, arborescente, comme en usent et en abusent les prédicateurs du temps. Mais ce doute a des causes qui ne sont pas dans les textes, mais dans le regard que nous projetons sur les femmes du Moyen Âge. Ce regard doit être interrogé, critiqué. En sens inverse, je n'ai jamais vu de texte, écrit de main de clerc, qui présente les bizarreries et les fulgurances de cette *Instruction* XXXV.

1. *Instructio* XXXV, éd. Thier & Calufetti, p. 712, l. 5-9 : « Haec est ultima littera quam fecit sanctissima Angela de Fulgineo, mater nostra, antequam infirmaretur ad mortem, asserens tunc istam esse ultimam omnium litterarum. Praescivit enim suum felicem transitum longo tempore ante. Unde cum multo affectu haec verba locuta est, et quasi coegit scriptorem, qui tepidus erat, ad scribendum et dixit. »

2. *Ibid.*, éd. Thier & Calufetti, p. 712, l. 10-17 ; p. 714-718, l. 31-91 ; p. 720-722, l. 92-137.

3. Voir Poirel, « *Viva ratione* », p. 117-129.

LA VOIX D'ANGÈLE

Si maintenant nous passons à la voix d'Angèle, telle qu'elle nous parvient dans le *Memoriale*, rapportée par le *frater scriptor*, puis dans ces *Instructiones* qui semblent pour la plupart dictées par elle, que dit-elle d'elle-même comme femme, que dit-elle de sa féminité, de la féminité en générale ? À ma grande surprise, rien ou presque rien. Chaque fois que la féminité survient dans son discours, c'est toujours dans des phrases où les deux sexes sont posés l'un à côté de l'autre, en équilibre et sur le même plan. Ainsi parle-t-elle fréquemment « des hommes et des femmes »[1], de « tous les hommes et toutes les femmes »[2] (138). Parlant des affections humaines, elle énumère le père, la mère, la sœur et le frère[3] (VI), ou la mère et le frère[4] (XXXIV). Parlant de l'amour spirituel entre les hommes, elle donne pour exemple « deux ou trois mâles, ou femmes, ou les deux mélangés »[5] (*mares vel feminae vel mixtim*) (II). Si elle parle de la mort de sa mère, aussitôt après elle mentionne la mort de son mari ou de ses fils[6]. Dans un hospice de pauvres, raconte-t-elle, sa compagne et elle lavent « les pieds des femmes et les mains des hommes »[7] (242). Si la Vierge Marie s'incline, c'est sur « des fils et des filles »[8] (IV). Si elle recommande à son

1. *Memoriale*, II, 34, éd. Menestò, p. 19, l. 112-113 = Thier & Calufetti, p. 168, l. 107-108 : « similiter et alii valde boni viri et mulieres » ; « aliqua persona, vel homo vel mulier » (*Instructio* VII, 90, éd. Menestò, p. 74, l. 360-361 = Thier & Calufetti, p. 320, l. 375) ; « ut dicant homines et mulieres [...] ; ut homines dicerent ac mulieres » (*Instructio* I, éd. Thier & Calufetti, p. 408, l. 45, 48-49) ; « Et quando invenitis blanditores homines vel mulieres » (*Instructio* VII, éd. Thier & Calufetti, p. 540, l. 89).

2. *Memoriale*, éd. Menestò, I, 12, p. 6, l. 80-81 = Thier & Calufetti, p. 138, l. 81-82 : « et de omnibus hominibus et feminis ».

3. *Instructio* VI, éd. Thier & Calufetti, p. 530, l. 11-12 : « facit laxare patrem, matrem, sororem et fratrem et omnem aliam affectionem ».

4. *Instructio* XXXIV, éd. Thier & Calufetti, p. 698, l. 11-12 : « nec pro matre neque pro fratre ».

5. *Instructio* II, éd. Thier & Calufetti, p. 410, l. 15-16 : « duo vel tres mares vel feminae vel mixtim ».

6. *Memoriale* I, 12, éd. Menestò p. 7, l. 89-91 = Thier & Calufetti, p. 138, l. 89-90 : « Et factum est, volente Deo, quod illo tempore mortua fuit mater mea, que erat michi magnum impedimentum. Et postea mortuus est vir meus et omnes filii in brevi tempore. » ; « Et vivere erat michi pena super dolorem mortis matris et filiorum » (III, 37, éd. Menestò, p. 27, l. 134-135 = Thier & Calufetti, p. 186, l. 136-137).

7. *Memoriale* V, 55, éd. Menestò, p. 47, l. 126 = Thier & Calufetti, p. 242, l. 132-133 : « lavimus pedes feminarum et lavimus manus hominum ».

8. *Instructio* IV, éd. Thier & Calufetti, p. 500, l. 182-183 : « super istos filios et filias se inclinans ».

correspondant de prier, c'est « pour moi, la plus vile des créatures, et pour tous tes frères et toutes tes sœurs »[1] (XVIII). Même la Vierge Marie n'est jamais évoquée sans compagnie masculine, que ce soit son Fils[2], ou « tous les saints »[3], ou « les apôtres »[4], ou « leurs disciples »[5] (XXXIV), un saint en particulier : saint Jean l'Évangéliste[6], saint Antoine[7] (270), ou saint François[8] (300).

1. *Instructio* XVIII, éd. Thier & Calufetti, p. 584, l. 90-91 : « pro me vilissima creatura et pro omnibus fratribus et sororibus tuis ».

2. Voir *Memoriale* I, 18, éd. Menestò, p. 9, l. 170-172 = Thier & Calufetti, p. 144, l. 169-171 ; I, 19, p. 11, l. 211-212 = 148, l. 209-210 ; II, 27, p. 16, l. 35-37 =162, l. 36-37 ; II, 30, p. 164, l. 56-59 =164, l. 54-56 ; III, 36, p. 24, l. 61 =180, l. 62-63 ; IV, 52, p. 42, l. 297-298 =226, l. 309-310 ; V, 61, p. 50, l. 224-228 =250-252, l. 240-244 ; VI, 63, p. 52, l. 16-22 =258, l. 19-25 ; VI, 65, p. 54, l. 78-80 =262, l. 84-86 ; VI, 66, p. 55, l. 99-100 =264, l. 106-108 ; VII, 75, p. 65, l. 81-82 =296, l. 85-86 ; VII, 80, p. 69, l. 177-189 =304, l. 185-198 ; VII, 98, p. 79, l. 512-519 = 334, 532-538 ; IX, 118, p. 92, l. 202-204 =370, l. 195-197 ; *Instructio* III, éd. Thier & Calufetti, p. 466-468, l. 271-296 ; IV, p. 484, l. 6-7 ; p. 490-492, l. 76-82 ; p. 504, l. 215-216, 228-229 ; V, p. 508, l. 36-38 ; VII, p. 542, l. 104-108 ; XIII, p. 560, l. 36-37 ; XVIII, p. 584, l. 87-89 ; XXVII, p. 634, l. 19-20, 22-24 ; XXVIII, p. 642, l. 50-52 ; XXXIV, p. 692, l. 129-131 ; p. 704-706, l. 251-253 ; p. 708, l. 273-275, XXXVI, p. 736, l. 155-156).

3. *Memoriale* I, 9, éd. Menestò, p. 5, l. 54 = Thier & Calufetti, p. 136, l. 55 : « Et invocabam omnes sanctos et beatam Virginem » ; « omnes sancti paradisi habent tibi specialem amorem et Mater mea ; et eris associata a me cum eis [...], scilicet de sanctis et de Matre sua » (*Memoriale* IV, 45, éd. Menestò, p. 36, l. 126-127, 128 = Thier & Calufetti, p. 210-212, l. 134-136, 136-137).

4. *Memoriale* V, 54, éd. Menestò, p. 44, l. 44-45 = Thier & Calufetti, p. 234, l. 50-51 : « Et in isto mundo reliquit Matrem, quod fuit sibi valde dolendum, et apostolos. » ; « Et adhuc vocabat beatam Virginem primo, et postea obsecrabat et vocabat omnes apostolos » (*Memoriale* VII, 78, éd. Menestò, p. 67, l. 127-128 = Thier & Calufetti, p. 300, l. 134-136).

5. *Instructio* XXXIV, p. 692-694, l. 133-135 : « quod non fecerunt apostoli nec aliquis discipulorum nec Ioannes Evangelista nec etiam Mater sua sanctissima Virgo Maria ».

6. *Ibid.* et « per dolorem Matris Christi et sancti Ioannis » (*Memoriale* I, 16, éd. Menestò, p. 8, l. 138-139 = Thier & Calufetti, p. 142, l. 138) ; « et figebam me in sancto Ioanne et in Matre Dei cogitando dolorem eorum » (*Memoriale* I, 18, éd. Menestò, p. 9, l. 165-166 = Thier & Calufetti, p. 144, l. 164-165) ; « Et dabatur michi intelligere quod sanctus Ioannes tantum dolorem sustinuerat de passione et de morte Christi et de dolore Matris Christi, quod existimabam et existimo eum fuisse plus quam martyr. » (*ibid.*, éd. Menestò, l. 170-173 = Thier & Calufetti, l. 169-172).

7. *Memoriale* VI, 67, éd. Menestò, p. 57, l. 155-157 = Thier & Calufetti, p. 270, l. 166-168 : « ad reverentiam Dei omnipotentis et sancte Marie Virginis et istius sancti, scilicet sancti Antonii, quod festum erat die Sabbati, scilicet mane sequenti ».

8. *Memoriale* VII, 78, éd. Menestò, p. 67, l. 127, 130-131 = Thier & Calufetti, p. 300, l. 134-135, 138-139 : « Et adhuc vocabat beatam Virginem primo [...] et beatum Franciscum et evangelistas obsecrabat similiter et clamabat ».

Quand Angèle parle d'elle-même – hormis l'inévitable emploi du genre féminin, requis par la grammaire – elle ne le fait jamais au féminin, et jamais dans tout le corpus, elle ne se désigne elle-même comme *mulier, femina, uxor, sponsa, mater, vidua*, hormis deux exceptions, qui confirment la règle, puisqu'il s'agit de contextes où Angèle rapporte des paroles d'autrui sur son compte: quand Dieu l'appelle sa «fille»[1] et, surtout dans l'*Instructio* XXXVI qui raconte les derniers moments d'Angèle, sa «promise», *sponsa*[2]; et quand, dans l'étrange *Instructio* première, elle-même se charge de tous les péchés et s'imagine allant nue par les cités et les places, pour s'entendre dire par la foule: «La voici cette

1. *Memoriale* III, 36, éd. Menestò, p. 23, l. 41-44 = Thier & Calufetti, p. 180, l. 43-45: «Et incepit dicere: "Filia mea, dulcis michi, filia mea, delectum meum, templum meum, filia, delectum meum, ama me, quia tu es multum amata a me, multum plus quam tu ames me». Et sepissime dicebat: «Filia et sponsa, dulcis michi»; «filia dulcis, templum meum» (*Memoriale* III, 36, éd. Menestò, p. 25, l. 99 = Thier & Calufetti, p. 184, 99); «Filia mea, dulcis michi plus quam ego sum tibi» (*Memoriale* III, 37, éd. Menestò, p. 27, l. 149-150 = Thier & Calufetti, p. 188, l. 150); «"Filia mea, dulcis michi multo plus quam ego sum tibi"» (*Memoriale* IV, 44, éd. Menestò, p. 32, l. 20 = Thier & Calufetti, p. 202, l. 24-25); «"Filia mea, amata multo plus michi quam ego tibi". Et sepe dicebat: "Filia mea amata [...]".» (*ibid.*, 45, éd. Menestò, p. 36, l. 124-125 = Thier & Calufetti, p. 210, 133-134); «Filia mea dulcis michi» *ibid.*, 46, éd. Menestò, p. 37, l. 159 = Thier & Calufetti, p. 214, l. 169); «Filia mea, dulcis michi» (*ibid.*, 51, éd. Menestò, p. 40, l. 259 = Thier & Calufetti, p. 222-224, l. 273-274); «Dixit: "Filia mea, dulcis Filio meo". [...] "Filia mea, dulcis Filio meo et michi [...]"» (*ibid.*, éd. Menestò, 52, p. 41, l. 288, 290 = Thier & Calufetti, p. 226, l. 301, 302-303); «Et dixit: "Filia mea, dulcis michi" [...], "Filia mea, dulcis michi [...]"» (*Memoriale* VI, 64, éd. Menestò, p. 53, l. 49, 52 = Thier & Calufetti, p. 260, l. 56, 58-59); «"Filia mea, amata a Deo omnipotente et ab omnibus sanctis paradisi"» (*ibid.*, 66, éd. Menestò, p. 55-56, l. 115-116 = Thier & Calufetti, p. 266, l. 123); «"Filia divine sapientie, templum Dilecti, delectum Dilecti". Et: "Filia pacis, in te pausat tota Trinitas, tota veritas, ita quod tu tenes me et ego teneo te".» (*Memoriale* IX, 127, éd. Menestò, p. 99, l. 420-422 = Thier & Calufetti, p. 390, 417-419).

2. *Instructio* XXXVI, éd. Thier & Calufetti, p. 724, l. 7-8: «Haec sunt verba novissima quae dixit legitima sponsa Christi Angela de Fulgineo, quando ad suum felicem exitum propinquavit»; «Et dixerunt animae ipsi angeli: [...] Praepara te ad recipiendum illum, qui te desponsavit anulo sui amoris.» (*Ibid.*, p. 726, l. 21, 22-23); «Et anima audivit sibi dici ista verba: O sponsa, o speciosa, o amata a me cum dilectione. In veritate nolo quod venias ad me cum istis doloribus sed cum iubilo et laetitia inenarrabili, sicut decet regem ducere sponsam diu amatam cum regio vestimento. Et demonstravit mihi vestimentum quod demonstrat sponsus sponsae diu amatae.» (*Ibid.*, p. 732, l. 103-107); «Transiit autem venerabilis sponsa Christi Angela de Fulgineo ex huius mundi naufragio ad caeli gaudia, longo sibi ante tempore iam promissa, anno Dominicae incarnationis MCCCIX, pridie nonas Ianuarii, tempore domini Clementis papae V – Deo gratias. Amen.» (*Notificatio*, éd. Thier & Calufetti, p. 738, l. 2-5). Voir aussi une fois dans le *Memoriale*, p. 180, cf. *supra* n. 1.

femme qui... »[1], etc. Les rares traces de féminité dans le *Liber* interviennent donc dans deux cas limites : l'extrême exaltation et l'extrême humiliation, à travers une parole révélée par Dieu ou une vision fantasmée de la foule, jamais dans des situations de la vie ordinaire, alors que c'est au quotidien qu'Angèle et sa compagne apparaissent dans le *Liber* comme deux femmes laïques entourées d'hommes franciscains. Que la différence des sexes soit si peu présente, dans le contexte d'un *Liber* à deux voix, masculine et féminine, cela nous interroge. N'est-ce pas nous, historiens modernes, bien plus qu'elle, qui assignons Angèle à son sexe ?

Une des paroles que Dieu lui adresse est particulièrement instructive; mais il faut un peu de temps pour comprendre de quoi il s'agit, car Angèle, qui la rapporte, résiste et ne veut pas entendre; puis, une fois qu'elle l'a entendue, elle ne veut pas la répéter au *frater scriptor*. Même Dieu, qui prononce cette parole, s'y prend à deux fois pour la faire comprendre. Il raconte d'abord un premier *exemplum*, puis lui en substitue un second, car, dit-il, le *frater* comprendra mieux ainsi. Voyons donc de quoi il s'agit. La parole en question n'est rien moins qu'une malédiction, dirigée contre ceux qui sont spécialement instruits et illuminés par Dieu, mais ferment ensuite leurs oreilles à cette lumière et à cette doctrine, pour suivre « la voie commune contre leur conscience »[2]. En un sens, c'est exactement ce que fait Angèle. Alors que Dieu lui répète cette parole à de nombreuses reprises, elle refuse de l'entendre, la trouve trop « forte » et « craint qu'il s'agisse d'une tromperie », à cause de la malédiction finale[3].

1. *Instructio* I, éd. Thier & Calufetti, p. 404, l. 12-14 : « Et vellem ire nuda per civitates et plateas et appendere ad collum meum pisces et carnes dicendo : Haec est illa vilissima mulier, plena malitiae et simulationis et sentina omnium vitiorum et malorum, quae [...] » ; « Rogate Deum ut diaboli exeant de hoc idolo, ut mundus non plus decipiatur ab ista maledicta femina. » (*Ibid.*, p. 406, l. 41-42) ; « Et vellem mittere in gulam meam unam litortam et facere me extrasinari per civitates et plateas, ut pueri ducerent me ac dicerent : Haec est illa mulier quae toto tempore vitae suae ostendit falsum pro vero » (*ibid.*, p. 408, l. 46-48).

2. *Memoriale* V, 56, éd. Menestò, p. 47, l. 138-143 = Thier & Calufetti, p. p. 244, l. 147-152 : « "Omnes illi qui docentur a Deo et illuminantur ut intelligant viam suam, et in isto lumine et documento, quod fit eis a Deo specialiter, claudunt aures et nolunt audire et attendere illud quod loquitur eis Deus in anima, sed incrossant se et sequuntur doctrinam aliam a documento quod intelligunt sibi factum a Deo, et volunt tenere viam communem contra conscientiam, illi habent maledictionem a Deo omnipotente". »

3. *Ibid.*, éd. Menestò, l. 144-146 = Thier & Calufetti, p. 244, l. 153-155 : « Et multotiens dicebatur istud quod predictum est, quia ipsa respuebat audire, cum videretur sibi valde forte ; et timebat esse deceptionem quod illis, quibus Deus dat lumen et gratiam, postea det maledictionem. »

Quels sont donc ces deux exemples dont Dieu, à travers Angèle, se sert pour expliquer son propos ?

> Et alors il prenait l'exemple d'une femme, qui commencerait d'apprendre à faire des ouvrages subtils (*opera subtilia*), et s'y met de si bon cœur qu'il lui faut changer d'enseignante (*magistra*) [1].

Ici, Angèle interrompt le premier exemple, alors qu'à l'évidence elle n'est pas encore au bout de son histoire, et se met à en raconter une seconde : « Et il lui était dit de dire cet exemple » – le second – « à moi, *frater scriptor*, car moi, le frère, je le comprendrais mieux que l'exemple de la femme » [2]. Dans ce second exemple, il est question cette fois d'un étudiant (*scholaris*), mis aux écoles par un père plein de sollicitude pour son fils : il ne regarde pas à la dépense pour le placer dans les meilleures conditions de réussite scolaire. Il le pourvoit en vêtements honorables, et après un premier maître il lui en procure un second, meilleur que le premier. Si donc – voici la pointe – cet étudiant se montre négligent, que va-t-il lui arriver ? Il va perdre tous les avantages liés à ses études et retourner « à l'état laïc et au labeur physique » (*ad statum saecularem et ad laboritium*) [3]. Il en va ainsi, poursuit Angèle, de celui qui est d'abord instruit par la prédication et par les textes, mais est ensuite illuminé spécialement par Dieu : s'il se montre négligent et méprise la doctrine et la lumière spéciales dont Dieu l'a fait bénéficier, celles-ci lui sont retirées et il reçoit en échange la malédiction [4]. Angèle conclut en disant au *frater*

1. *Memoriale* V, 56, éd. Menestò, l. 146-148 = Thier & Calufetti, p. p. 244, l. 156-157 : « Et tunc ponebatur ei exemplum de muliere, que inciperet discere facere opera subtilia, et habet inde bonum cor ita quod oportet eam mutare magistram ».

2. *Ibid.*, éd. Menestò, p. 48, l. 150-152 = Thier & Calufetti, p. p. 244, l. 158-160 : « Et post istud exemplum dictum est ei aliud exemplum ; et dicebatur ei quod illud exemplum diceret michi scriptori, quia ego frater melius intelligerem quam exemplum de muliere. »

3. *Ibid.*, éd. Menestò, l. 154-158 = Thier & Calufetti, p. p. 244, l. 162-166 : « Exemplum ponebatur de scholare qui ponebatur ad scholas a patre. Et pater facit ibi expensas et honorat eum in vestimentis et studet eum ut discat; et procurat postea quod mutetur ad alium magistrum maiorem. Et accidit quod si predictus scholaris negligenter agit, quod redit ad statum secularem et ad laboritium, et de illo quod didicerat nichil ei remanet. »

4. *Ibid.*, éd. Menestò, l. 158-166 = Thier & Calufetti, p. p. 244-246, l. 166-173 : « Ita, qui prius docetur per predicationem vel per scripturas et postea specialiter illuminatur a Deo, et quod datur sibi intelligere postea specialiter lumine quomodo sequatur viam Christi, propter quam addiscendam Pater fecit eum prius per alios doceri et postea cum doceat eum speciali doctrina et lumine, qua non potest doceri nisi ab ipso, si negligenter agit et se studiose incrossat sicut dictum est, et, quia Deus voluit quod esset lumen aliis et ipse despicit

scriptor qu'en dépit de tous ses propres doutes elle s'entendait dire – par Dieu – de rapporter cette parole au frère, parce qu'il y avait là quelque chose qui le concernait[1].

Deux jeux d'opposition me semblent remarquables dans ce récit, un peu compliqué du fait des résistances d'Angèle, mais néanmoins très instructif. D'abord, sont distingués : d'un côté, « la voie commune », l'enseignement ordinaire, à propos de Dieu, à travers la prédication et les textes : *per praedicationem vel per scripturas*[2] ; et, de l'autre, cette doctrine et cette lumière que Dieu révèle à certains spécialement, « doctrine et lumière dont on ne peut être instruit que par lui »[3], c'est-à-dire directement. Comment ne pas ranger dans cette seconde doctrine les révélations d'Angèle, par contraste avec la manière habituelle des clercs de s'instruire eux-mêmes et d'instruire les fidèles ? Ce qu'Angèle ne voulait pas dire, mais qu'elle finit tout de même par dire, c'est : ne méprisez pas mes révélations, sous peine d'encourir une malédiction. Ne méprisez pas mes révélations, car même si elles sont d'une autre nature que cette pratique des textes et de la parole exhortative en quoi consiste le ministère du théologien, mes révélations concourent au même but : instruire sur Dieu. Bien plus, elles le font d'une manière différente, supérieure, comme le second maître est supérieur au premier, d'une manière directe, puisque Dieu y enseigne en personne.

La seconde opposition, qui croise la première, porte sur deux types d'enseignants, l'un est une femme, *magistra*, l'autre est un homme, *magister*. Pour Angèle et pour Dieu à travers elle, les deux exemples, celui de la *magistra* et celui du *magister*, sont équivalents ; la différence des sexes n'a aucune importance. Pour le *frater scriptor*, en revanche, et proba-

doctrinam et lumen predictum, Pater Deus aufert illud lumen et gratiam et habet maledictionem. »

1. *Ibid.*, éd. Menestò, l. 167-171 = Thier & Calufetti, p. p. 246, l. 174-178 : « Et dixit michi fratri ipsa fidelis Christi : "Hoc reputaveram dubium quod ita posset accidere maledictio, et tantum dubium quod multum dolueram audire. Unde dixi socie quod nolebam tibi istud dicere, quia timebam ne posset esse deceptio. Tamen dictum est michi quod istud dicerem tibi, quia aliud verbum tangebat te". »

2. Nous écrivons ici « scripturas » sans majuscules, au contraire des éditions Menestò (l. 159) et Thier & Calufetti (l. 167) : nous pensons en effet qu'il s'agit de l'écrit quel qu'il soit (y compris bien sûr les saintes Écritures), par opposition à la parole vive du prédicateur.

3. *Ibid.*, éd. Menestò, l. 159-161, 162-163 = Thier & Calufetti, p. p. 244-246, l. 167-168, 169-170 : « [...] et postea specialiter illuminatur a Deo, et quod datur sibi intelligere postea specialiter lumine quomodo sequatur viam Christi, [...] et postea cum doceat eum speciali doctrina et lumine, qua non potest doceri nisi ab ipso [...]. »

blement aussi pour sa communauté derrière lui, cette différence compte à tel point qu'après avoir commencé par la *magistra*, Angèle et Dieu s'arrêtent net, ils ont compris que le pauvre frère était perdu si on lui parlait d'une enseignante. On quitte donc l'exemple de la femme, qui progresse de *magistra* en *magistra*, pour parler d'un étudiant passant lui aussi d'un *magister* à l'autre. De quel enseignement s'agissait-il dans le premier cas? D'*opera subtilia*, qui peuvent être des travaux d'aiguille minutieux, ou des ouvrages de l'esprit très subtils: c'est au choix du lecteur[1]. Là encore, le vocabulaire est indifférent. Là encore, Angèle et Dieu ne marquent pas de distinction claire entre la femme et l'homme, au contraire du public clérical et masculin auquel ils s'adressent. Si donc on rapproche les deux jeux d'opposition, on découvre que pour Angèle et pour Dieu les révélations d'Angèle constituent un enseignement, d'un type alternatif, mais valide. Angèle est une vraie enseignante, elle délivre une authentique doctrine, qui n'est pas moindre, au contraire, que celle des clercs, même si ceux-ci ont d'abord du mal à en convenir.

DERNIÈRE PELURE
NOUS-MÊMES

Dire que pour Dieu, pour Angèle, puis peu à peu pour son entourage, Angèle est tenue pour une véritable enseignante en matière sacrée, n'est-ce

1. Éd. Menestò, p. 47, l. 146-148 = Thier & Calufetti, p. 244, l. 156-157: « Et tunc ponebatur ei exemplum de muliere, que inciperet discere facere opera subtilia ». Au sens propre, l'*opus subtile* renvoie plutôt à des travaux minutieux comme les ouvrages d'aiguille, opposés aux travaux de force du paysan ou du portefaix : « Sindones : linteamina subtili opere facta. » (Haimon d'Auxerre, *Annotatio libri Isaiae prophetae*, III, 23, p. 166); « In sabbato enim delicato, non grossa et rusticalia opera, sed subtilia et deliciosa debet agere verus Israelita » (Pierre de Celle, *De conscientia*, éd. J. Leclercq, *La spiritualité de Pierre de Celle*, « Études de théologie et d'histoire de la spiritualité, 7 », Paris, Vrin, 1946, p. 224); « Quando quis facit elevari quod grave est, supponit humerum; sed quando facit elevari quod est leve, supponit digitum; et ideo dicit, opera digitorum, quasi leve sit ei facere caelos : isa. 40 : quis appendet tribus digitis molem terrae, et caelos palma ponderabit? Vel quae digitis facimus subtilia opera sunt. » (Thomas d'Aquin, *In Psalmos reportatio*, *In Psalmo* 8, 3, éd. de Parme, t. XIV, Parme, 1863, p. 168bis, col. 2). Toutefois, le passage au sens figuré est fréquent, sans parler du sens allégorique : « Iesus Christus ex sacco nostrae naturae fecit sibi tunicam, quam acu, idest subtili opere Spiritus Sancti, et filo, idest fide beatae Virginis, consuit et seipsum induit, et super ipsam cinerem vilitatis et paupertatis aspersit. » (Antoine de Padoue, *Sermones dominicales et Mariani*, éd. B. Costa, L. Frasson, I. Luisetto & P. Marangon, Padova, Ed. Messagero, 1979, *Sermo in dominica XIII post Pentecostem*, I, 4, t. 2, p. 156).

pas se heurter à l'évidence qu'Angèle n'est pas une théologienne, mais – pour employer un mot que j'avais soigneusement évité jusqu'ici – une mystique ? Certains se souviennent peut-être du colloque qui s'est ici tenu il y a deux ans, sur la question : « Existe-t-il une mystique médiévale ? », où l'étude du mot et de son histoire m'avait fait conclure que notre emploi moderne du mot « mystique » est anachronique, inconsistant et révélateur de nous-mêmes qui l'employons bien plus que de la chose étudiée[1]. En conclusion de cet exposé, je voudrais développer cette thèse que la catégorie de « mystique », dans laquelle nous rangeons spontanément des personnages médiévaux comme Angèle de Foligno, pourrait bien être une nouvelle pelure, celle qui enveloppe toutes les autres, mais aussi la plus opaque, parce qu'il est très difficile de se dépouiller de ce qui nous structure collectivement depuis un ou deux siècles[2].

Commençons par une observation simple. Dans tout le *Liber*, tel que l'ont édité Thier et Calufetti, les mots *mysticus* et *mystice* apparaissent quatre fois, à propos d'une élévation de l'âme (268), d'une vision d'Angèle (278), de son union à Dieu (298) et encore de ses élévations (366). Chaque fois, le mot intervient dans des titres entre crochets : c'est un ajout des éditeurs, qui résument section par section le contenu du *Liber*[3]. Si l'on examine ces sections, quels mots trouve-t-on à la place de « mystique », pour désigner les dites élévations, vision et union à Dieu ? Aucun. La notion de mystique, quel que soit les divers sens qu'on lui donne aujourd'hui, n'a pas cours dans le *Liber*, elle n'est qu'une extrapolation des éditeurs, soucieux, comme tous les historiens modernes avec eux, de surcaractériser des textes féminins en les rangeant dans une case à part.

1. *Existe-t-il une mystique au Moyen Âge ? Actes du colloque international de l'Institut d'Études Médiévales de l'Institut Catholique de Paris, organisé à Paris les 30 novembre-1er décembre 2017*, Actes réunis par D. Poirel, Turnhout, Brepols, 2021.

2. *Cf.* A. de Libera, « Angèle de Foligno et la mystique "féminine". Eléments pour une typologie », dans *Angèle de Foligno : le Dossier*, p. 345-371.

3. <Angela, diabolo temptante, potentia divina in celebratione Eucharistie et penitentie sacramenti miro modo liberatur, confirmatur et *mystice* levatur, immo intelligit moderantem « ludum Dei » cum anima>, *Memoriale* VI, éd. Thier & Calufetti, p. 268, l. 144-147 ; <De controversa "Dei absoluta et ordinata potentia" rogata, Angela narrat quomodo in quadam *mystica* visione mysterium divine voluntatis, potentie, bonitatis, sapientie iustitie que noverit, omni denique dubio ablato>, *ibid.*, p. 278, l. 271-274 ; <Angela describit operationes amoris, qui in anima sua unionem mysticam se cum parat, ineffabili et immutabili statu pacis spiritualis subsecuto>, *Memoriale* VII, *ibid.*, p. 298, l. 112-114 ; <Angela loquitur generatim de vita sua cotidiana *mysticis* elevationibus comitata>, *Memoriale* IX, *ibid.*, p. 366, l. 130-131. L'édition Menestò ne comporte pas d'intertitre.

Nous-mêmes donc, hommes du XXIe siècle, qu'entendons-nous par « mystique », quand nous disons que les élévations, visions et unions à Dieu d'Angèle sont mystiques? Qu'est-ce que cela dit en plus, qui manquerait sans cela, non pas pour les médiévaux, puisque manifestement ils n'en ont pas besoin, mais pour nous? Un renvoi au divin? Mais il est déjà omniprésent dans le texte. L'idée d'expérience? Mais on a vu qu'elle est exprimé dès le début du *Memoriale*[1]; en outre, elle serait redondante avec l'idée d'union, de vision et d'élévation, car que serait une union, une vision ou une élévation qui ne serait pas une expérience? L'idée d'intériorité? Mais Angèle ne prétend nullement que ses révélations soient intérieures : elle ignore même, comme saint Paul, si elles se produisent dans le corps ou hors du corps[2]. Un renvoi aux théories de Denys l'Aréopagite sur la théologie mystique? Mais nous en sommes très éloignés dans le *Liber*: Angèle ne nie pas du tout qu'on puisse parler de Dieu, fût-ce négativement, c'est ce qu'elle n'arrête pas de faire. Ses visions et ses révélations sont à l'opposé de la théologie mystique.

1. Voir *supra* p. 277-278. Voir aussi « Et incepi experiri istam indicibilem vel ineffabilem consolationem et pacificam et quietam, tantam quam nescio loqui » (*Memoriale* III, 37, éd. Menestò, p. 27, l. 142-143 = Thier & Calufetti, p. 186, l. 143-144); « Et est alia generatio hominum sub predicto domino, qui, quamvis cognoscant eum per predicta bona eius, tamen multo melius cognoscunt eum per bonitatem eius et sue persone, quam experiuntur in se. » (*Memoriale* V, 59, éd. Menestò, p. 49, l. 204-207 = Thier & Calufetti, p. 248, l. 215-218); « [...] et apportat secum unum lumen tam magnum, quo intelligit tantam plenitudinem bonitatis Dei, illam quam probat in se, et multo plus quam experiatur in se; et tunc securatur et certificatur quod Christus est intus in se. » (*Memoriale* VII, 89, éd. Menestò, p. 74, l. 342-345 = Thier & Calufetti, p. 320, l. 358-360); « Vides modo qualia bona sunt ista que experiris per me » (*Memoriale* VII, 93, éd. Menestò, p. 76, l. 408-409 = Thier & Calufetti, p. 324, l. 422-424); « Et dicebat quod quasi semper erant nove elevationes, ita quod illud quod experiebatur in una elevatione non experiebatur in alia nisi quasi semper noviter, quia semper experiebatur novum » (*Memoriale* IX, 113, éd. Menestò, p. 90, l. 138-141 = Thier & Calufetti, p. 366, l. 133-135); « et ita intelligit acutum dolorem in anima Christi dum iacebat in corpore Matris sicut postea, preter illud scilicet quod non habuerat experientiam. » (*Memoriale* IX, 118, éd. Menestò, p. 92, l. 202-204 = Thier & Calufetti, p. 370, l. 195-197); « et quod illud bonum, quod sancti habent in vita eterna, non est aliud bonum a predicto, sed est ibi alia experientia; et quod in vita eterna est tantum alia experientia et tantum diversa ab illo quod predictum est, quod minor sanctus, qui minus habet in vita eterna, habet plus quam possit dari alicui anime existenti in hac vita ante mortem corporis. » (*Memoriale* IX, 129, éd. Menestò, p. 101, l. 477-482 = Thier & Calufetti, p. 396, l. 476-481).

2. *Memoriale* II, 29, éd. Menestò, p. 17, l. 51, 54-55 = Thier & Calufetti, p. 162, l. 49-50, 53 : « Item ultimo quomodo vidit, in raptu mentis vel in excessu, [...] nescit si tunc fuit in corpore vel extra corpus. »

Alors, que signifie notre emploi du mot « mystique » à propos d'Angèle ? Une seule chose, à mon avis : notre inaptitude d'hommes modernes à simplement imaginer qu'au Moyen Âge on ait pu mettre l'homme et la femme, fût-ce à titre exceptionnel, sur un même plan en matière de *doctrina sacra*, c'est-à-dire de théologie. Ranger Angèle dans la catégorie de mystique, c'est dire en somme : oui certes, cette femme parle de Dieu, mais elle en parle en femme, donc non pas en théologienne, mais en mystique. La catégorie de « mystique », c'est l'intrusion du Code civil et de la misogynie napoléonienne dans l'historiographie religieuse du Moyen Âge.

Contre cette catégorie artificiellement clivante, et son application anachronique, inconsistante et trompeuse à Angèle de Foligno, souvenons-nous de ce que dit le *frater scriptor* au début du *Liber* : les paroles d'Angèle ne contiennent pas seulement une *experientia* de Dieu, expérience du divin qui n'a en soi rien d'exceptionnel puisqu'elle est accessible à tous les fidèles qui aiment Dieu et gardent sa parole ; mais en plus de cette *experientia*, Angèle transmet une *doctrina*, un enseignement, ce qui fait d'elle une *doctrix*, une femme docteur[1]. Angèle enseigne donc ; à sa manière certes, qui est d'ailleurs moins la manière d'une femme que celle des simples « fidèles », hommes ou femmes ; mais en enseignant de cette manière, différente de celle des clercs, elle propose un contenu doctrinal de si haute qualité qu'une commission d'experts et un cardinal le déclare irrépréhensible, vénérable et même « divin »[2], qu'enfin un théologien inconnu la met presque au rang de la Sagesse divine[3].

Quelle que soit la réalité concrète, si difficile à rejoindre, que fut la femme Angèle de Foligno, là pour notre colloque réside, je crois, la principale leçon de son *Liber* : nos ornières historiographiques, comme le concept équivoque de « mystique », et à travers lui tous nos préjugés, nos écailles, nos pelures d'historiens occidentaux modernes, nous empêchent de voir Angèle telle qu'elle se voyait elle-même et telle qu'elle

1. *Memoriale*, *Peroratio vel epilogus*, éd. Thier & Calufetti, p. 742, l. 24-25, l. 36-41 : « Et ut gloriemini in vocatione tanti discipulatus, scitote, carissimi, quod ipsa est doctrix disciplinae Dei et electrix operum illius. […] Nec est contra ordinem suae providentiae, in opprobrium virorum doctricem facere mulierem, cui in mea notitia non est similis super terram. Quia et beatus Hieronymus dicit de Olda prophetissa ad quam concurrebat populus, quia in opprobrium virorum et doctorum legis, qui erant transgressores mandati, est ad femineum sexum prophetia translata. »

2. *Memoriale*, *Testificatio*, éd. Thier & Calufetti, p. 128, l. 12-13 : « […] quorum nullus in aliquo ea redarguit, sed potius humiliter venerantur et tamquam *divina* carius amplectuntur. »

3. Voir *supra* p. 278-282, à propos de la *Peroratio vel epilogus*.

fut considérée au tournant des XIIIe-XIVe siècles : comme ce qu'ironiquement le latin ecclésiastique médiéval sait mieux exprimer que le français moderne et laïc, moralement émancipé mais sourdement misogyne : comme une « maîtresse », comme une « doctrice » ; comme une enseignante en matière sacrée, une théologienne, certes atypique, informelle, étonnante, mais véritable, vénérable et officiellement reconnue[1].

1. *Memoriale*, *Peroratio vel epilogus*, éd. Thier & Calufetti, p. 742, l. 25. 37 : « ipsa est doctrix disciplinae Dei », « doctricem facere mulierem » ; « [...] ipsa experta et horum magistra » (*Instructio* IV, éd. Thier & Calufetti p. 496, l. 132). Nous rejoignons ici les observations faites en 1995 par Jacques Dalarun : « En même temps qu'on manifeste un intérêt accru pour les saintes femmes médiévales, on s'empresse de les enfermer dans la catégorie rassurante de la "mystique féminine", non sans agiter le soupçon que la paire fait pléonasme. Alain de Libéra stigmatise ce penchant avec humour et un zeste de férocité : "Tout repose ici sur la convention des sexes : il y a la "mystique" qui est féminine, et la "théologie", qui est masculine, puis, dans la mystique même, un conflit de tendance : ici la mystique "sponsale" ou "nuptiale", là la mystique "spéculative" ou "intellectuelle" ; à gauche les filles, qui pensent au mariage, à droite les garçons, qui ont un métier" » (J. Dalarun, « Angèle de Foligno a-t-elle existé ? », p. 88-89, citant A. de Libera, *Penser au Moyen Âge*, Paris, Seuil, 1991, p. 299). Voir aussi, plus récemment : « Très au-delà de l'œuvre de Claudio Leonardi et de l'Italie, l'assimilation entre femmes et mystique a été un phénomène massif dans l'historiographie à compter des années 1970. Une telle "gendérisation" – aux hommes la théologie, aux femmes la mystique – ne peut que contribuer, pour ces dernières, à la relégation de leur vie spirituelle et intellectuelle dans une sous-catégorie. [...] Pourtant, dans le passage qui suit, extrait de la *Vie de la bienheureuse Claire de Rimini*, la pénitente se place sur le terrain de la "divine théologie" (alors même que le terme "mystique", dans quelque acception que ce soit, est absent de sa légende italienne) [...] ». On y lit en revanche que « des hommes très lettrés et ayant autorité tant dans les mystères sacrés que dans les lettres divines et d'autres hommes très vertueux meilleurs que les autres » soumettent à Claire « une question sur les écrits des saints et la divine théologie. Alors, le Seigneur l'inspira et, avec l'aide du Saint Esprit, elle résolut si bien et si clairement lesdites questions qu'elle leur donna merveilleusement satisfaction. Et la quittant, tous affirmaient vraiment : "L'Esprit saint est en elle, il parle par elle et la dirige." » (J. Dalarun, « Un Huron chez les mystiques », dans D. Poirel (éd.), *Existe-t-il une mystique au Moyen Âge ?,* p. 171-184, ici p. 182, citant *La Vita della beata Chiara da Rimino*, éd. J. Dalarun, dans *id.*, « *Lapsus linguae* ». *La légende de Claire de Rimini*, Spoleto, Centro italiano di studi sull'alto Medioevo, 1994, p. 19-54, ici p. 47).

LES AVATARS DE MARGUERITE PORETE LE GENRE DANS LA RÉCEPTION DU *MIROUER DES SIMPLES AMES*

MARIE-PASCALE HALARY

Longtemps considéré comme anonyme, le *Mirouer des simples ames* n'a été assigné à une *autrice*, Marguerite Porete, qu'en 1946, grâce aux travaux de Romana Guarnieri. Les faits, tels qu'ils sont aujourd'hui établis, sont bien connus : celle qui a écrit, d'abord en langue d'oïl [1], ce texte de spéculation religieuse, cette Marguerite dite Porete, a été brûlée comme hérétique à Paris en 1310. On sait par ailleurs que le texte condamné a été assez largement diffusé, de manière anonyme, notamment grâce à des traductions en latin et dans différents vernaculaires. On pourrait donc penser qu'avec le *Mirouer*, nous avons affaire à un bon exemple de la circulation d'un « discours de femme » – ce que confirment en un sens les très nombreuses études récemment consacrées à ce texte, études en grande partie suscitées par l'intérêt porté, durant ces dernières décennies, à l'auctorialité féminine. Et, de fait, le cas de Marguerite Porete est particulièrement intéressant.

En effet, dans le contexte socio-historique des XIIIe et XIVe siècles, qu'une femme écrive en langue dite vulgaire, en apparence sans médiation latine, cléricale et masculine, un texte spéculatif portant sur l'amour spirituel est un *problème*. Rien ne le montre mieux que deux désignations,

1. Voir surtout G. Hasenohr, « La tradition du *Miroir des simples âmes* au XVe siècle : de Marguerite Porète († 1310) à Marguerite de Navarre », *Comptes rendus des séances de l'année – Académie des inscriptions et belles-lettres* 143/4, 1999, p. 1347-1366.

assez connues, de Marguerite dans les sources historiques : les *Grandes Chroniques de France* l'appellent « béguine clergesse »[1] quand le continuateur de Guillaume de Nangis évoque « quaedam pseudo-mulier de Hannonia, nomine Margaretha, dicta Porrette »[2]. Si l'expression presque oxymorique « béguine clergesse » met à mal la distinction sociale entre les clercs et les laïcs que la réforme grégorienne a réaffirmée, comment comprendre la formule de « pseudo-mulier » ? Cette expression, qui ne peut être commentée précisément dans le cadre de cette étude, signale un écart par rapport à la distribution des fonctions entre le masculin et le féminin telle que celle-ci est définie par l'institution ecclésiastique[3] : dès lors qu'elle écrit, dès lors qu'elle propose une réflexion sophistiquée sur une haute matière et dès lors qu'elle prêche publiquement, Marguerite, pourrait-on dire, transgresse son sexe[4] ; elle devient une « fausse femme »[5]. Selon cette perspective, au plan social comme au plan du genre, Marguerite est un être *inclassable*.

Face à cette auctorialité féminine problématique, j'ai voulu me concentrer, non sur la figure de Marguerite, mais sur le *Miroir des simples ames* lui-même. Il est notable qu'avant 1946, aucun document que nous ayons conservé ne donne la bonne attribution : aucun manuscrit n'indique le nom de Marguerite Porete[6]. La diffusion et la réception de ce texte

1. *Les Grandes Chroniques de France*, éd. J. Viard, Paris, Champion, 1920-1953, 10 t., voir t. 8, p. 272-273.

2. Cité par P. Verdeyen, « Le procès d'inquisition contre Marguerite Porete et Guiard de Cressonessart (1309-1310) », *Revue d'histoire ecclésiastique* 81, 1986, p. 88. On trouve la même formule dans la chronique du continuateur de Géraud de Frachet (*ibid.*, p. 90).

3. Voir M. Lauwers, « L'institution et le genre. À propos de l'accès des femmes au sacré dans l'Occident médiéval », *Clio. Histoire, femmes et sociétés* 2, en ligne, 1995, consulté le 3 février 2015.

4. Telle est également l'interprétation de D. Renevey, « Le pouvoir de la voix masculine : le cas de la version en moyen-anglais du *Miroir des simples âmes* de Marguerite Porete », dans B. Vejdovsky, L. Perry & K. Stirling (éd.), *Body Politics : Discours corporels et corps discursifs. Études de lettres. Revue de la Faculté des lettres de l'Université de Lausanne*, 2001/4, p. 34, et, surtout, de M. Sargent, « The Annihilation of Marguerite Porete », *Viator* 28, 1997, p. 253-279.

5. « A fake woman », selon la traduction de P. Wright, « Marguerite Porete's *Mirror of Simple Souls* and the Subject of Annihilation », *Mystics Quarterly* 35/3-4, décembre 2009, p. 67. S. L. Field propose « a certain pseudowoman » (*The Beguine, the Angel, and the Inquisitor : The Trials of Marguerite Porete and Guiard of Cressonessart*, Notre Dame, University of Notre Dame Press, 2012, p. 234) tout comme, avant lui, M. Sargent (« The Annihilation of Marguerite Porete », p. 253).

6. Je ne reviens pas sur le débat récent sur l'attribution du *Miroir* et l'identification de Marie de Valenciennes. Voir E. A. R. Brown, « Jean Gerson, Marguerite Porete and Romana

s'accompagnent d'attributions variées, souvent anonymes, tantôt féminines et tantôt masculines. Je voudrais proposer le début d'une enquête : que se passe-t-il quand le texte est attribué à un homme ? Est-ce que l'assignation d'une auctorialité masculine ou féminine modifie la lecture qui est faite du *Miroir* ? Autrement dit, qu'est-ce que le genre, au sens de *gender*, fait au texte et à son interprétation ? Le *genre* est-il même une « catégorie utile d'analyse historique »[1] ?

En reprenant ce dossier déjà très étudié et pour lequel je me concentrerai sur quelques faits, je voudrais examiner un discours de femme qui, en raison des conditions historiques de sa diffusion, a parfois circulé sous un masque d'homme et a parfois été associé à des figures féminines très différentes. Sous ce rapport, le *Miroir* est un bon exemple des différentes stratégies auctoriales ou éditoriales mises en œuvre pour diffuser un « discours de femme ». Le premier enjeu de cette enquête, qui n'en est qu'à ses commencements, est spécifiquement littéraire. Cette étude amène en effet à interroger la catégorie d'*écriture féminine* : face à un tel exemple, cette catégorie a-t-elle encore un sens[2] ? Mais, plus largement, c'est aussi la catégorie de *mystique féminine* qui est mise à l'épreuve[3] et on pourrait se demander si celle-ci est pertinente (cette distinction sexuée est-elle fondée ?) ou si elle n'est pas plutôt une construction de l'histoire, construction qui a peut-être bien commencé dès le « Mâle Moyen Âge ».

La réception du *Miroir* est assez différente selon les zones géographiques (ce qui recouvre en partie le critère linguistique) : j'examinerai donc successivement la diffusion anglaise, la diffusion italienne et la diffusion française du texte en me concentrant sur les cas où des informations sont apportées concernant l'auteur ou l'autrice du *Miroir*.

Guarnieri. The Evidence Reconsidered », *Revue d'histoire ecclésiastique* 108/3-4, juillet 2013, p. 693-734 ainsi que S. L. Field, R. E. Lerner & S. Piron, « A Return to the Evidence for Marguerite Porete's Authorship of the *Mirror of Simple Souls* », *Journal of Medieval History* 43/2, mars 2017, p. 153-173.

1. J. Scott, « Genre : Une catégorie utile d'analyse historique », trad. fr. E. Varikas, *Les Cahiers du GRIF* 37/1, 1988, p. 125-153.

2. Voir en particulier C. Müller, *Marguerite Porete et Marguerite d'Oingt de l'autre côté du miroir*, New York-Bern-Frankfurt, P. Lang, 1999 ; D. Renevey, « Le pouvoir de la voix masculine » et, selon une perspective différente, J.-P. Albert, « L'écriture des mystiques : affirmation ou effacement du sujet ? », dans A. Iuso (éd.), *Scritture di donne. Uno sguardo europeo*, Sienne, Protagon editori toscani, 1999, p. 23-32.

3. Sur la catégorie problématique de mystique féminine, voir notamment D. Boquet, « Incorporation mystique et subjectivité féminine d'après le Livre d'Angèle de Foligno (†1309) », *Clio. Femmes, Genre, Histoire* 26, en ligne, 2007, consulté le 5 juillet 2020.

La réception anglaise
Quand le Miroir n'était pas écrit par une femme

En 1984, dans la préface de son étude fondatrice, Peter Dronke faisait l'hypothèse que, si Marguerite Porete avait été un homme, son œuvre aurait sans doute été beaucoup plus largement étudiée [1]. Or cette hypothèse est, pour ainsi dire, actualisée par la diffusion anglaise du livre.

Pour témoigner de cette réception en Angleterre, nous disposons aujourd'hui de quatre manuscrits : trois conservent la traduction anglaise du texte français, laquelle date sans doute de la fin du XIVe siècle ou du début du XVe [2]. Il s'agit des manuscrits d'Oxford (Oxford, Bodleian Library, Bodley 505), de Cambridge (Cambridge, St John's College, 71) et de l'anthologie assez connue Londres, 37790 (London, British Library, Additional 37790) [3]. Le dernier manuscrit (Cambridge, Pembroke College, 221) contient la traduction latine que Richard Methley a effectuée à la fin du XVe siècle à partir de la version anglaise. Différentes indications permettent d'inscrire ces manuscrits dans les réseaux cartusiens [4] et attestent que la diffusion anglaise du *Miroir* est avant tout assurée par les Chartreux.

Or, jusqu'au milieu du XXe siècle, cette réception anglaise ignore non seulement le nom de Marguerite mais aussi son identité féminine. Dans tous les manuscrits sauf un (sur lequel je reviendrai), le *Miroir* est anonyme, le traducteur anglais n'apportant comme précisions que le titre du texte et sa langue d'origine :

1. P. Dronke, *Women Writers of the Middle Ages : A Critical Study of the Texts from Perpetua († 203) to Marguerite Porete († 1310)*, Cambridge, CUP, 1984, p. X.

2. Selon M. G. Sargent, « Medieval and Modern Readership of Marguerite Porete's *Mirouer Des Simples Âmes Anienties* : The French and English Traditions », dans N. R. Rice (éd.), *Middle English Religious Writing in Practice*, Turnhout, Brepols, 2013, p. 47-89 ; R. Stauffer, « Possibilities for the Identity of the English Translator of the *Mirror of Simple Souls* », dans W. R. Terry & R. Stauffer (éd.), *A Companion to Marguerite Porete and The Mirror of Simple Souls*, Leiden-Boston, Brill, 2017, p. 264-292 ; et M. Cré, « Further Thoughts on MN's Middle English Translation of Marguerite's *Mirouer des simples ames anéanties* », dans *A Companion to Marguerite Porete*…, p. 240-263. R. E. Lerner, quant à lui, fait l'hypothèse d'une traduction antérieure à 1361 : « New Light on The *Mirror of Simple Souls* », *Speculum* 85/1, 2010, p. 106.

3. M. Cré, *Vernacular Mysticism in the Charterhouse. A Study of London, British Library, MS Additional 37790*, Turnhout, Brepols, 2006.

4. M. Sargent, « Le *Mirouer des Simples Âmes* and the English Mystical Tradition », dans K. Ruh (éd.), *Abendländische Mystik im Mittelalter*, Stuttgart, J. B. Metzler, 1986, p. 443-465 et M. Cré, *Vernacular Mysticism in the Charterhouse*, p. 23 *sq*.

> This boke, þe whiche is clepid þe Myrour of Symple Soules, I, moost vnworþi creature and outcast of all oþire, many ȝeeris goon wrote it out of French into English aftir my lewide kunnynge, in hope þat bi þe grace of God it schulde profite þoo deuout soules þat schulden rede it [1].

On pourrait dire que, *par défaut*, la diffusion anglaise du *Miroir* fait de ce texte un discours d'homme. Au demeurant, tous les individus évoqués dans ce que j'appelle le dispositif auctorial et éditorial sont des hommes, qu'il s'agisse des trois clercs à l'origine de l'approbation, de Richard Methley ou encore des possesseurs connus des manuscrits. On peut également signaler le nom de James Grenehalgh, lecteur qui annote à la fois le manuscrit 37790 et celui qui conserve la version latine, le nom du copiste de cette traduction latine (William Darker) ainsi que celui à qui celle-ci est dédicacée : Thurstan Watson. Le seul qui reste anonyme est celui qui *translate* le français en anglais ; il donne seulement ses initiales (pour indiquer ses gloses) : M. N.

> And in þese fewe places þat I putte yn more þan I fynde writen, I wole bigynne wiþ þe firste lettre of my name, 'M'and ende wiþ þis lettre 'N'þe firste of my surname [2].

S'agissant de l'identité et du sexe de M. N., plusieurs hypothèses ont été faites [3] et si on a pu, ponctuellement, proposer le nom d'une femme [4], aucun indice n'oriente vers une identité féminine et, comme Richard Methley, on peut reconnaître : « in anglicum idioma nescio quis eundem transtulit » [5]. En réalité et indépendamment du nom de M. N., la réception anglaise se caractérise par une circulation et une destination masculines [6]. Le fait le plus notable à cet égard est sans doute l'attribution du texte à Jean de Ruysbroeck dans le manuscrit qui conserve la traduction latine : « Iste liber

1. *The Mirror of Simple Souls. A Middle English Translation*, éd. M. Doiron, « Archivio italiano per la storia della Pietà », Roma, Edizioni di Storia e letteratura, 1968, p. 7.

2. *Ibid.*, p. 8.

3. Voir en particulier R. E. Lerner, « New Light on *The Mirror of Simple Souls* » ; R. Stauffer, « Possibilities for the Identity of the English Translator » ; et M. Cré, « Further Thoughts on MN's Middle English Translation ».

4. Notamment M. Newton : voir R. Stauffer, « Possibilities for the Identity of the English Translator », p. 282-288.

5. Cité par C. Kirchberger, « Introduction », dans *The Mirror of Simple Souls, by an Unknown French Mystic of the Thirteenth Century, Translated into English by M. N.*, éd. C. Kirchberger, London, Burns Oates and Washbourne Ltd., 1927, p. XXIII.

6. Voir le cas, bien documenté, du manuscrit 37790 dans M. Cré, *Vernacular Mysticism in the Charterhouse*.

aliter intitulatur Russhbroke, qui fuit prior de ordine Cartusiensi et hunc libellum primo composuit »[1]. Depuis Edmund Colledge, on a apporté une explication intéressante à cette (mauvaise) identification de Ruysbroeck comme un prieur cartusien (et il est même parfois précisé qu'il est le prieur de la chartreuse parisienne de Vauvert) : tout viendrait d'une confusion entre le nom latin de Vauvert (*Vallis Viridis*) et le nom latin de Groenendal (*Viridis Vallis*) où Ruysbroeck fut chanoine augustinien à la fin de sa vie[2]. Cette association avec Paris est sans doute ce qui permit d'attribuer un texte originellement écrit en français à un mystique flamand. Il ne paraît pas infondé de penser que la diffusion anglaise du *Miroir* est en partie la conséquence de cette mauvaise attribution : le texte fournit l'exemple du discours d'une femme condamnée pour hérésie qui finit par circuler sous le nom d'*un* mystique, identifié à tort comme un chartreux. Précisément, ce sont les réseaux cartusiens qui ont permis la circulation du traité en Angleterre.

En traversant la Manche, le *Miroir* est passé d'une auctorialité de femme à une auctorialité d'homme (ne serait-ce que par défaut) ; dans le même temps (et le nom de Ruysbroeck n'y est sans doute pas étranger), il semble presque être devenu un texte orthodoxe. Plus précisément (puisque je ne me prononce pas sur le contenu doctrinal du *Miroir*), le texte est désormais *reçu* comme un texte orthodoxe. C'est ce qu'attestent sa diffusion dans un milieu monastique, ou encore son association, dans certains manuscrits, avec des textes parfaitement autorisés[3]. La critique s'accorde pour considérer que l'Angleterre ignorait tout de l'histoire continentale du *Miroir*[4]. Au demeurant, au sein de la version anglaise elle-

1. Cité par M. G. Sargent, « Medieval and Modern Readership of Marguerite Porete's *Mirouer* », p. 71.

2. Je reprends ces éléments à *ibid.*, p. 72.

3. M. Cré (*Vernacular Mysticism in the Charterhouse*, en particulier p. 199-250) montre que le manuscrit 37790 s'organise selon une dialectique entre des textes longs, représentatifs d'une « mystique moderne » (Richard Rolle, Ruysbroeck, Julian de Norwich, Marguerite Porete), et des compilations ou des textes brefs qui convoquent, à travers des Pères de l'Église ou des autorités monastiques, toute la tradition spirituelle. Toutefois, même avec un contexte manuscrit invitant à lire le *Mirrour* comme un texte orthodoxe, des lecteurs ont pu établir des rapprochements avec des pensées plus hétérodoxes. C'est ce qu'indiquent des annotations marginales tardives du manuscrit de Pembroke College : elles font référence à l'*Ad Nostrum* ou même à la Réforme. Voir M. G. Sargent, « Medieval and Modern Readership of Marguerite Porete's *Mirouer* », p. 72.

4. Voir N. Watson, « Melting into God the English Way : Deification in the Middle English Version of Marguerite Porete's *Mirouer des simples ames anienties* », dans

même, on note la multiplication des cautions et des instances permettant d'*autoriser* le texte, à l'instar du dispositif placé à l'ouverture du *Miroir* anglais[1]. Un premier prologue, assumé par le « translatour », prévient que cette traduction corrige une traduction antérieure car, dit le traducteur, « il a été informé que certains mots avaient été mal compris » : « I am enfourmed þat some wordis þerof haue be mystake »[2]. Cette révision, indique encore M. N., sera guidée par le souci de se conformer aux corrections de l'Église et de se soumettre aux éventuels amendements que feraient les clercs[3]. Après ce premier prologue, suit un deuxième prologue, organisé en deux chapitres[4] : il correspond à l'approbation du texte par trois autorités cléricales, approbation que l'on trouve également dans la version latine du traité mais que la version anglaise place avant le corps du texte, à la différence du *Speculum* latin. Avec ces deux prologues, c'est donc sur un dispositif d'*autorisation* du texte que s'ouvre le *Miroir* anglais – sans parler, dans le cas de la traduction latine, du nom de Ruysbroeck. Autrement dit, au seuil de cette version anglaise du *Miroir*, c'est un véritable pacte de lecture qui est conclu : il oriente l'interprétation du texte en plaçant la réception de celui-ci sous le signe de l'orthodoxie. Au cœur du texte anglais lui-même, translation fidèle de la version française, on pourrait montrer que les gloses ajoutées par M. N.[5] constituent une sorte de machine herméneutique qui permet, pour des passages délicats, de réduire les potentialités

R. Voaden (éd.), *Prophets Abroad : The Reception of Continental Holy Women in Late-medieval England*, Cambridge-Rochester, D. S. Brewer, 1996, p. 19-50.

1. De même, on peut comprendre la mise en latin effectuée par Richard Methley comme une manière de légitimer le texte et de le conserver dans la langue des autorités de la tradition spirituelle. Sur ce choix du latin, voir L. Saetveit Miles, « Richard Methley and the Translation of Vernacular Religious Writing into Latin », dans V. Gillespie & K. Ghosh (éd.), *After Arundel: Religious Writing in Fifteenth Century England*, Turnhout, Brepols, 2011, p. 449-466.

2. *The Mirror of Simple Souls*, éd. cit., p. 7.

3. *Ibid.*, p. 9.

4. *Ibid.* : « Heere endiþ þe prolog of þe translatour þat drowe þis booke out of Frensch into Englisch. And heere bigynneþ þe prolog in two chapitris upon þe same boke þat loue nameþ þe Mirrour of Simple Soules ».

5. Sur ces gloses, voir M. Sargent, « Le *Mirouer des Simples Âmes* and the English Mystical Tradition », ainsi que M. Cré, « The *Mirror of Simple Souls* in Middle English Revisited : the Translator and the Compiler », dans S. L. Field, R. E. Lerner & S. Piron (éd.), *Marguerite Porete et le Miroir des simples âmes. Perspectives historiques, philosophiques et littéraires*, Paris, Vrin, 2013, p. 249-262.

interprétatives laissées ouvertes par les propos de Marguerite[1] : les gloses de M. N. sélectionnent un sens univoque et orthodoxe quand la seule traduction du français pouvait donner lieu à plusieurs interprétations[2].

Ce que je voudrais surtout souligner, c'est que l'histoire anglaise du *Miroir* fait du texte controversé de Marguerite un discours d'homme et un texte relativement orthodoxe. Cette lecture, spécifiquement anglaise, est encore attestée au début du XXe siècle, au moment où Evelyn Underhill redécouvre le texte dans la version de M. N. En 1927, la première édition de ce texte encore anonyme est due à Clare Kirchberger et si certaines de ses intuitions sont aujourd'hui confirmées, elle ne semble pas douter que l'auteur soit un homme[3]. Rien ne témoigne mieux de cette réception et de cette lecture que les remarques de la philosophe et mystique Simone Weil : celle-ci, qui ne connaît que la version anglaise, meurt en 1943, avant que le *Miroir* ne soit attribué à Marguerite.

> « Miroir des âmes simples ». Mystique français du XIVe.
> Ruysbroek, *The sparkling stone*, chap. VIII.
> Sacrum commercium. Speculum Perfectionis. Ouvrages franciscains.
>
> > Jacopone da Todi
> > De lo'nferno non temere
> > e del ciel sperm non avere ;
> > e de nullo ben gaudere
> > e non doler d'aversitate.
> > La virtú non è perchene,
> > ca'l perchene è for de téne,
> > sempre encognito te tène
> > a curar tua enfermitate[4].

Traduisant en français le titre anglais, Simone Weil reprend ensuite le sous-titre de Clare Kirchberger qui parlait d'un mystique français inconnu (*un Unknown French Mystic*). Ce qui me semble intéressant, ce sont les textes et les auteurs auxquels la philosophe associe le *Miroir* en raison

1. *The Mirror of Simple Souls*, éd. cit., p. 8 : « But ȝit as I seide afore, it haþ be mystake of summe persoones þat haue red þe booke. Therfore at suche places þere me semeth moost nede, I wole write mo wordis þerto in maner of glose, aftir my symple kunnynge as me semeþ is best ». Pour un exemple de ce contrôle interprétatif, voir la glose portant sur le passage concernant les messes et les sermons : *ibid.*, p. 18-19.

2. Voir D. Renevey, « Le pouvoir de la voix masculine… ».

3. C. Kirchberger, « Introduction », p. XXIX-XXXIII.

4. S. Weil, « Cahiers d'Amérique », dans *La Connaissance surnaturelle*, Paris, Gallimard, 1950, p. 162.

d'une similitude concernant le contenu : Ruysbroeck (encore), des textes franciscains, Jacopone da Todi. Elle esquisse là quelque chose comme un petit corpus, bien différent de celui que rassemble un recueil comme les *Femmes troubadours de Dieu* : au fond, les textes cités par Simone Weil sont plus proches de l'anthologie du manuscrit 37790 que de celle de Georgette Epiney-Burgard et Emilie Zum Brunn. Attribuer le *Miroir* à un homme ou une femme, si ce n'est pas nécessairement décisif, peut avoir des conséquences sur l'interprétation qu'on fait du texte et, ici, sur le contexte textuel dans lequel on inscrit le *Miroir* (les différents regroupements évoqués sont pertinents mais ils ne proposent pas exactement la même lecture).

LA RÉCEPTION ITALIENNE
LE MIROIR, LIVRE DE SAINTE ET LIVRE D'HÉRÉTIQUE

Même si les choses ne sont pas aussi systématiques, passer de l'Angleterre à l'Italie, c'est pratiquement passer d'une attribution masculine à une attribution féminine. La question qui se pose cette fois est celle de l'identité des femmes associées au *Miroir*.

Pour étudier la diffusion du texte en Italie, on peut regrouper les manuscrits qui conservent la traduction latine continentale[1] (ils sont, pour la plupart, originaires d'Italie) et ceux qui conservent la version italienne de ce texte : cette translation est faite à partir du latin et on distingue en général deux recensions, présentes dans quatre manuscrits[2]. Quant aux manuscrits latins complets, ils sont au nombre de 4 également. Un cinquième (Oxford, Bodleian Library, Cod. Laud lat. 46) a contenu le *Speculum* mais le traité a été découpé ; il n'en reste que la première page.

1. L'enquête récente de J. Trombley (« New Evidence on the Origins of the Latin *Mirror of Simple Souls* from a Forgotten Paduan Manuscript », *Journal of Medieval History* 43/2, mars 2017, p. 137-142) permet de dater la version latine, qui ne saurait être postérieure à 1317. Plusieurs études présentent de manière précise la tradition manuscrite du latin : voir surtout M. G. Sargent, « Medieval and Modern Readership of Marguerite Porete's *Mirouer Des Simples Âmes Anienties* : The Manuscripts of the Continental Latin and Italian Tradition », dans A. Petrina (éd.), *The Medieval Translator. Traduire au Moyen Âge*, Turnhout, Brepols, 2013, p. 85-96 et J. Trombley, « The Latin Manuscripts of the *Mirror of Simple Souls* », dans *A Companion to Marguerite Porete*, p. 186-217.

2. Voir M. G. Sargent, « Medieval and Modern Readership of Marguerite Porete's *Mirouer* », ainsi que D. Falvay, « The Italian Version of the *Mirror* : Manuscripts, Diffusion and Communities in the 14-15th Century », dans *A Companion to Marguerite Porete*, p. 218-239.

Le nombre de manuscrits latins et italiens atteste une réelle diffusion italienne du *Miroir*, en particulier dans les milieux lettrés [1].

Comme ailleurs, rien n'indique que l'identité de Marguerite Porete ait pu être connue et, comme ailleurs encore, on trouve des indices de ce qu'on peut appeler une auctorialité masculine par défaut. Ainsi du traité récemment découvert par Justine Trombley : réfutant violemment le *Miroir*, il le tient pour l'œuvre d'*un* hérétique (et il en arrive, manifestement sans le savoir, aux mêmes conclusions qu'en 1310) : « hunc hereticum cum suo opere relinquimus igne cremandum » [2].

Il existe toutefois, dans certains manuscrits, quelques indices signalant qu'une femme est à l'origine du texte. L'élément le plus intéressant, souvent signalé, est le titre alternatif conservé par le seul feuillet du manuscrit d'Oxford : « Incipit liber qui appellatur speculum animarum simplicium. Aliter vocatur Margarita » [3]. Tout se passe comme si une trace demeurait du nom de l'autrice. Mais cette trace a été comme brouillée au cours de la chaîne de transmission des versions et des manuscrits. Le cas de ce manuscrit d'Oxford est toutefois problématique car il y a un débat sur son origine : allemande ou italienne [4] (ce qui change tout). Il n'en demeure pas moins que ce fragment montre que la tradition latine du *Speculum* a pu garder le souvenir du nom de Marguerite [5]. Surtout, les versions italiennes semblent n'avoir jamais ignoré qu'une femme avait écrit le *Miroir* : dans la première recension, le traducteur attribue le livre à une autrice ; dans la

1. Autres témoins de cette circulation, les condamnations et réfutations du *Speculum*, en particulier le manuscrit latin 4953 du Vatican et le manuscrit Padua, Biblioteca universitaria, 1647, étudié par J. Trombley.

2. La citation et l'analyse sont reprises à J. Trombley, « New Evidence on the Origins of the Latin *Mirror of Simple Souls* », n. 24, p. 142 et n. 40, p. 146.

3. Cette transcription est celle de J. Trombley (« The Latin Manuscripts of the *Mirror of Simple Souls* », p. 199) qui corrige la transcription erronée qui circulait depuis P. Verdeyen.

4. P. Vedeyen est convaincu de son origine germanique et pense qu'il a pu être lié aux Chartreux de Strasbourg, qui possédaient un *De simplici anima* (« Introduction », dans *Marguerite Porete, Le Mirouer des simples ames / Margaretae Porete Speculum simplicium animarum*, éd. R. Guarnieri & P. Verdeyen, Turnhout, Brepols, 1986, p. XII). Cette hypothèse a été réfutée par M. G. Sargent (« Medieval and Modern Readership of Marguerite Porete's *Mirouer* »), qui penche pour une réalisation italienne. J. Trombley, enfin, après la consultation de plusieurs spécialistes, fait l'hypothèse d'une main du Nord de l'Europe (« The Latin Manuscripts of the *Mirror of Simple Souls* », n. 3, p. 187).

5. De même, le manuscrit Vatican, Biblioteca apostolica vaticana, Cod. Chigianus B IV 41 propose des titres pour les différents chapitres du *Speculum*. Le mot margarita (« perle ») apparaît quatre fois et il a pu être interprété comme une référence cryptée à Marguerite (*ibid.*, p. 200).

deuxième, cette autrice est identifiée à Marguerite de Hongrie[1]. Ces éléments textuels internes attestent que l'Italie ne fut pas aussi ignorante que l'Angleterre : on a parfois su que le livre était l'œuvre d'une femme voire que celle-ci s'appelait Marguerite.

Dans ce contexte, il est intéressant de distinguer deux constructions autour de cette figure auctoriale féminine, constructions qui s'accordent chacune avec une lecture du *Miroir*.

La première apparaît dans la deuxième recension de la traduction italienne (3 manuscrits), celle qui attribue le livre à Marguerite de Hongrie et qui fut sans doute diffusée par et dans les milieux dominicains. Alors que le *Miroir* et son autrice avaient été brûlés à Paris pour hérésie, la version italienne du texte est comme sauvegardée en étant rattachée à une figure de sainteté féminine. C'est surtout à partir de la première moitié du XIVe siècle que l'ordre des Prêcheurs promeut, en particulier en Italie, le culte de cette sainte femme, fille du roi de Hongrie et issue de l'ordre dominicain. Dans son étude sur la construction hagiographique de cette Marguerite, Viktória Hedvig Deák montre l'évolution du modèle de sainteté auquel elle ressortit : exemple de sainteté évangélique, elle représente ensuite la sainteté mystique[2]; « la sainte est devenue fiancée du Christ, ce qu'elle n'était guère au XIIIe siècle »[3]. Il est alors permis d'imaginer que dans le contexte italien des XIVe et XVe siècles se produisit la rencontre entre un texte spirituel attribué à une femme et associé au prénom de Marguerite et le culte d'une sainte hongroise, prénommée Marguerite, qui avait progressivement reçu des caractéristiques « mystiques » ou spirituelles. Et c'est ainsi que le texte jugé hérétique en France fut, en Italie, placé sous la protection d'une sainte[4]. Cette attribution apparaît comme essentielle dans la « fabrique » de l'orthodoxie du *Miroir/Specchio* : si le texte est assigné à

1. Le prologue attribue le texte à « Beata Margarita figliuola del re d'Ungario » (cité par M. G. Sargent, « Medieval and Modern Readership of Marguerite Porete's *Mirouer* », p. 89). Le manuscrit de Budapest donne même le titre de *Libro della Beata Margherita* (D. Falvay, « Il *Libro della Beata Margherita*. Un documento inedito del culto di Margherita d'Ungheria in Italia nei secoli XIV e XV », *Nuova Corvina. Rivista di Italianistica* 5, 1999, p. 35-45).

2. V. Hedvig Deák, *La Légende de sainte Marguerite de Hongrie et l'hagiographie dominicaine*, trad. fr. A. Léonas, Paris, Cerf, 2013.

3. P. Henriet, « Victória Hedvig Deàk, La Légende de sainte Marguerite de Hongrie et l'hagiographie dominicaine », *Revue de l'histoire des religions* 1, 2016, en ligne, consulté le 8 avril 2019, p. 3.

4. Au sens strict, Marguerite de Hongrie n'a été canonisée qu'en 1943 mais V. Hedvig Deák montre qu'elle représente vraiment la première religieuse dominicaine que l'ordre reconnaît comme sienne.

une femme, celle-ci n'est plus une inclassable béguine mais une religieuse, dont la valeur spirituelle est reconnue par les autorités ecclésiastiques. Mais la nouvelle lecture induite par cette attribution va, selon moi, beaucoup plus loin. Dans deux des trois manuscrits qui font de Marguerite de Hongrie l'autrice du *Specchio*, se trouve un appendice qui participe à la construction hagiographique de la sainte[1] : « In questo capitoletto si contiene come questa beata Margarita ricevette le stimmate del nostro signore Jhesu Christo, nelle mani, et né piedi, et nel lato destro »[2]. La courte narration qui suit reprend plusieurs éléments attendus quand il s'agit de décrire l'extase d'une sainte : l'abondance de larmes, le *raptus* associé à une lévitation, le don des stigmates, etc. L'association de ce récit apocryphe sur la vie de Marguerite de Hongrie et de la version italienne du *Miroir* qui lui est attribué me semble avoir pour effet de « féminiser » l'expérience spirituelle décrite dans le traité. Tout se passe comme si la radicalité du propos tenu dans ce livre était effacée par l'appendice biographique : l'expérience inédite de l'anéantissement est réduite à une extase somme toute commune, qui correspond parfaitement aux modèles contemporains de sainteté féminine. Prolongé par le récit hagiographique, le *Miroir* deviendrait, dans ce cadre orthodoxe, une manifestation de cette « mystique féminine » qui, selon mon hypothèse, se construit peu à peu au cours du Moyen Âge.

Ce même contexte italien, toutefois, a aussi associé une autre figure de femme au *Miroir* mais les choses sont, cette fois, très différentes. Dans l'Italie du XVe siècle et contrairement au siècle précédent, les condamnations du *Miroir*, surtout dans sa version latine, se multiplient[3]. Le texte est maintes fois dénoncé pour son caractère hérétique – sans que, pour autant, les événements parisiens ne semblent connus. On peut, par exemple, signaler l'hostilité de Bernardin de Sienne, pour qui le *Miroir* présente la doctrine de l'Hérésie du Libre Esprit. Il faut surtout évoquer une lettre, adressée en 1437 au pape Eugène IV par Jean de Capistran[4]. Datée du 10 septembre, cette lettre commence par une référence à une missive envoyée la veille (qui n'a pas été retrouvée) et qui portait sur le *Speculum simplicium animorum*, livre dans lequel de nombreuses erreurs

1. Cet appendice est édité par T. Klaniczay, « La fortuna di Santa Margherita d'Ungheria in Italia », dans S. Graciotti et C. Vasoli (éd.), *Spiritualità e lettere nella cultura italiana e ungherese del basso Medioevo*, Firenze, L. S. Olschki, 1995, p. 3-27.

2. *Specchio dell'anime semplici* dans *ibid.*, p. 25.

3. J. Trombley, « The Latin Manuscripts of the *Mirror of Simple Souls* », p. 206 *sq.*

4. Cette lettre est signalée et présentée dans *ibid.*, p. 210-211.

apparaissent en pleine lumière : « in quo multi patentes errores [...] luculenter apparent ». L'auteur enchaîne ensuite immédiatement avec le texte suivant :

> Sed quia iuxta dominicam sententiam quarentes inveniunt [Lc II, 10], nonnulla etiam nuper invenimus non minora pericula contra fidem ; nam cum alia quaereremus, Dominus Castellanus et ego, reperimus quosdam libros, conscriptos ex dictatu cuiusdam dominae Minae. In quibus expressissime patent daemonum illusiones et revelationes phantasticae [1].

À Venise où il opère, Jean de Capistran a trouvé plusieurs cas où la foi est en péril : l'auteur cite alors des « livres, écrits sous la dictée d'une certaine dame Mina, dans lesquels sont très clairement visibles les illusions diaboliques et des révélations pleines de fantasmagories ». On voit comment la lettre passe du *Speculum* aux livres de cette Mina : dans les deux cas, il s'agit de livres qui menacent la foi. On ne peut pas exclure, non plus, que l'identité féminine de la première autrice soit connue, ce qui serait une autre justification de la référence à la seconde. En somme, passant du *Miroir* à Mina, Jean associe deux femmes qui sont à l'origine de livres condamnables. La relation est différente du cas précédent où l'autrice du *Miroir* était identifiée à Marguerite de Hongrie ; ici, cette autrice et Mina sont rapprochées. Il n'en demeure pas moins que cette association est révélatrice de la manière dont l'autrice du *Miroir* est construite dans cette lettre.

On pourrait se demander dans quelle mesure le genre est une « catégorie utile d'analyse historique », dans quelle mesure l'identité de genre de Mina est un critère pertinent. Il me semble que différents éléments topiques, propres à la représentation négative de la femme, permettent de faire de Mina un double de Marguerite hérétique. La suite du texte donne en effet :

> Ex quibus debachata dicebat se gravidam per quadraginta quinque annos, et quod duos haberet in utero filios, marem videlicet et feminam, quorum masculus Papa sit statim futurus, femina vero mulierum fidem defendet.
> Et quod sibi coelitus traditae fuerunt *claves regno coelorum* [...]. Ex qua re sibi faciebat oboedientiam exhiberi, cum reverentia genuflectionis et cum osculo manus. Et multa enormia et nefandissima continentur in his libris, quae brevi calamo nequeunt explicari, ex quibus, iuxta canonicas sanctiones, corpus exhumari deberet et publice concremari.

1. Dans R. Guarnieri, *Il movimento del libero spirito. Testi e documenti*, Roma, Ed. di storia e letteratura, 1965, p. 645.

Cette dame Mina qui, dans le passage précédent, est associée au diabolique se caractérise par une maternité monstrueuse, avec une grossesse durant 45 ans qui est aussi une grossesse gémellaire. Est également inquiétante sa prétendue connaissance de l'avenir puisqu'elle prédit que son fils à naître deviendra pape. Pire encore, parce qu'elle affirme qu'on lui a confié les clés du Paradis, elle demande à recevoir des marques d'obéissance, avec une génuflexion et un baiser sur la main. Au fond, l'existence de cette femme est problématique pour l'institution ecclésiastique : c'est ce que semble penser Jean de Capistran qui, alors qu'elle est décédée, voudrait que son corps fût exhumé afin de pouvoir le faire brûler en public. Mina, contre-modèle de Marguerite de Hongrie, ressortit à une autre construction de l'autrice du *Miroir* : elle figure la femme hérétique.

La diffusion italienne du *Miroir* fait se côtoyer la sainte et l'hérétique, qui sont peut-être comme les deux faces, l'envers et l'endroit, de l'attribution du texte à une femme. En effet, si je n'ai trouvé aucun élément attestant une rencontre entre ces deux avatars de Marguerite Porete, les deux dossiers mentionnent un passage par Venise, dans les premières décennies du XVe siècle : si l'Inquisition de 1437 permet à Jean de Capistran d'associer le *Speculum* aux livres de cette *domina Mina*, on sait que Thomas de Sienne (dit Caffarini), actif dans cette même ville entre 1394 et sa mort, en 1434, a utilisé l'hagiographie de Marguerite de Hongrie et, en particulier, l'épisode des stigmates, pour promouvoir le culte de Catherine de Sienne[1]. L'enquête reste à mener afin de savoir si ces deux masques de Marguerite ont pu coexister à Venise, éventuellement dans des langues différentes.

LA RÉCEPTION FRANÇAISE
QUAND LE MIROIR DEVIENT ÉTRANGER À LA « SCIENCE FEMENINE »

Il n'est pas assuré que la diffusion du texte français s'accompagne toujours d'une connaissance du genre de son autrice. On peut néanmoins signaler que le *Miroir* a été destiné à un public féminin – ce dont témoigne, par exemple, une annotation marginale du manuscrit de Chantilly : « Notez bien, bonnes pucelles »[2]. Je n'insisterai pas sur les deux manuscrits

1. Voir V. Hedvig Deák, *La Légende de sainte Marguerite de Hongrie*, p. 186 *sq*. Pour l'épisode des stigmates, voir la comparaison proposée par T. Klaniczay, « La fortuna di Santa Margherita d'Ungheria in Italia », p. 25-27.

2. P. Acosta-García, « "Notez bien bonnes pucelles" : A Complete Transcription of the French and Continental Latin Annotations of the *Mirror of Simple Souls* », *Sacris Erudiri* 56,

(Valenciennes et Chantilly) qui conservent la (ou les) version(s) française(s) du *Miroir*; je voudrais plutôt examiner deux lectures assez tardives du livre de Marguerite.

Une partie des remarques de Jean Gerson a déjà été commentée à plusieurs reprises[1]. Dans le *De distinctione verarum revelationum a falsis*, le chancelier introduit une référence probable à Marguerite Porete dans un développement sur les risques de confusion entre amour charnel et amour spirituel[2] – développement qui accorde une large part aux erreurs de certaines femmes[3]. La méprise des béghards et des béguines concerne la manière d'aimer :

> *ob indiscretam dilectionem nomine devotionis palliatam* / en raison d'un amour sans discernement travesti sous le nom de dévotion.

Suit alors la référence à Marie de Valenciennes, nouvel avatar, pour ainsi dire, de Marguerite Porete (et qui peut s'expliquer par une abréviation pour *Margarita* résolue, à tort, en *Maria*)[4] :

> Argumentum hujus rei est in quodam libello incredibili pene subtilitate ab una foemina composito, quae Maria de Valenciennes dicebatur; haec agit de praerogativa & eminentia dilectionis divinae, ad quam si quis devenerit, sit secundum eam ab omni lege praeceptorum solutus.

Cette mention est donnée comme un exemple de la confusion entre deux formes d'amour: dans ce « petit livre d'une subtilité

2017, p. 347-392. Voir aussi G. Hasenohr, « La seconde vie du *Miroir des simples âmes* en France : Le *Livre de la discipline d'amour divine* (XVe–XVIIIe s.) », dans *Marguerite Porete et le Miroir des simples âmes*, p. 282-284. Sur les différentes lectrices du *Miroir* et son lien avec le prieuré de la Madeleine et l'ordre de Fontevraut, voir cette dernière référence ainsi que « La tradition du *Miroir des simples âmes* au XVe siècle… ».

1. R. E. Lerner, *The Heresy of the Free Spirit in the Later Middle Ages*, Berkeley, Los Angeles-London, University of California Press, 1972, p. 164-168, E. A. R. Brown, « Jean Gerson, Marguerite Porete and Romana Guarnieri », et O. Boulnois, « Qu'est-ce que la liberté de l'esprit ? La parole de Marguerite et la raison du théologien », dans *Marguerite Porete et le Miroir des simples âmes*, p. 127-154.

2. Jean Gerson, *De distinctione verarum revelationum a falsis*, dans *Œuvres complètes*, éd. P. Glorieux, Tournai-Paris, Desclée, 1960-1973, 11 t., t. 3, p. 51-52. La traduction, parfois légèrement mod., est reprise à O. Boulnois, « Qu'est-ce que la liberté de l'esprit ? ».

3. Comme l'indique Y. Mazour-Matusevich, « La position de Jean Gerson (1363-1429) envers les femmes », *Le Moyen Âge* 112, février 2006, p. 337-353, cette erreur n'est pas exclusivement féminine.

4. Contre cette identification, voir E. A. R. Brown, « Jean Gerson, Marguerite Porete and Romana Guarnieri ».

presqu'incroyable » qui traite « de la prérogative et de l'éminence de l'amour divin », l'autrice indique que celui qui parvient à un tel amour « est détaché de toute loi des commandements ». Or, tandis qu'il peut être « vrai, chaste et saint », l'amour peut aussi être « vain, erroné ou concupiscent » (*vanus* [...], *erroneus aut libidinosus*) : alors, « il forme pour lui-même diverses illusions, de telle façon qu'il croit voir, ou se représenter mentalement ce qu'il ignore totalement » (*varias sibi format illusiones, ita ut credat videre seu cogitare quae prorsus ignorat*). Gerson pointe alors un des éléments qui doit être condamné : la confusion sur l'état des bienheureux, attribué à tort aux « vagabonds sur terre » (*de viatoribus*). Et le chancelier de donner la cause de cette méprise : « l'orgueil de son esprit l'a induite en erreur, mêlé qu'il était à une si grande passion d'amour » (*fallebat eam sua tumiditas animi tantae passioni dilectionis immixta*). Même s'il faut rester nuancé[1], on mesure l'importance, dans ce passage, de ce qu'on pourrait appeler la nature féminine selon Gerson : cette Marie/Marguerite qu'il critique ne parle que d'amour ; soumise à la passion d'amour, elle se trompe d'objet et, dépourvue de toute forme de discernement/*discretio*, elle se place sur le seul plan affectif. Ce faisant, le théologien la cantonne hors du champ du discours savant. Au fond, ce qui permet ici la dénonciation du *Miroir*, c'est l'inscription de l'autrice dans un *paradigme du féminin* (avant tout construit par l'institution cléricale). Voici comment Olivier Boulnois conclut son analyse de ces propos de Gerson :

> À partir de Gerson [...], la (théologie) mystique cesse d'être une doctrine de l'union à Dieu, atteinte au comble d'une ascension intellectuelle. [...] La mystique devient un discours affectif, principalement féminin et visionnaire, non point qu'elle revendique d'abord ce statut, mais parce que c'est la place que lui assigne l'institution théologique[2].

Au fond, la lecture de Gerson aboutit à un résultat assez proche de la construction proposée par certains manuscrits italiens : dans les deux cas, l'attribution du *Miroir* à une femme permet d'en faire un texte représentatif d'une spiritualité féminine, qu'il s'agisse de condamner celle-ci (Gerson) ou non (version italienne).

1. Voir Y. Mazour-Matusevich, « La position de Jean Gerson (1363-1429) envers les femmes », et D. Elliott, *Proving Woman : Female Spirituality and Inquisitional Culture in the Later Middle Ages*, Princeton, PUP, 2004, p. 266.

2. O. Boulnois, « Qu'est-ce que la liberté de l'esprit ? », p. 139.

La construction de ce paradigme du féminin est également visible chez une lectrice célèbre du *Miroir*: Marguerite de Navarre. Comme le montre un passage fort connu des *Prisons*, la sœur de François Ier savait que le *Miroir* est l'œuvre d'une femme [1] :

> Mais entre tous [les livres], j'en viz ung *d'une femme*, / Depuys cent ans escript, remply de flamme / De charité si tresardentement, / Que *rien qu'amour n'estoit son argument, / Commancement et fin de son parler* [2].

Si on reconnaît l'association entre identité féminine et écriture de l'amour, la différence avec Gerson est d'importance : Marguerite de Navarre consacre plus de 100 vers (v. 1315-1422) à faire l'éloge du *Miroir*. Un extrait (v. 1375-1422), plus rarement cité mais intéressant s'agissant de l'opposition entre deux paradigmes, se conclut ainsi :

> Ces bons docteurs où l'on se doit mirer / Assez ne puys louer ny admirer : / Ny n'ay sçavoir pour leur esprit comprendre [...]. / Mais seulement de celle m'esmerveille / Dont je n'ay veu escripture pareille, / Et qui n'a eu pour maistre et precepteur / Que Amour tout seul de soymesme inventeur [3].

D'un côté, il y a les « docteurs » dont la science vient du travail et de l'étude; de l'autre, il y a cette « vierge [...] basse » (v. 1379), « remplye d'ignorance, / Qui n'avoit point des lettres apparence, / Et qui n'avoit frequenté nulle escolle » (v. 1385-1387). Bien que cette distribution ne se réduise pas à une polarisation masculin/féminin, le critère du genre y

1. Cette information n'apparaissant pas dans les manuscrits français connus, comment Marguerite de Navarre en a-t-elle eu connaissance ? Si on ne peut sans doute pas exclure une transmission par l'Italie, A. Passot (citée par G. Hasenohr, « La seconde vie du *Miroir* », n. 65, p. 286) fait l'hypothèse d'une médiation par le *Livre de la discipline d'amour divine*, texte qui constitue (selon les analyses de G. Hasenohr) une réécriture du *Miroir* assortie d'un contrôle interprétatif. Or ce texte, peut-être dû aux Célestins, est adressé à une lectrice et évoque les paroles de celle qu'il ne nomme pas (Marguerite) et qu'il désigne comme une « aultre escoliere, vostre condisciple ». Outre qu'elle identifie le *Miroir* comme un texte écrit par une femme, cette réécriture procède à un montage énonciatif qu'on retrouve souvent : la diffusion et la réception du texte composé par une autrice et destiné à un public de femmes restent encadrées par les hommes et l'institution. Pour d'autres hypothèses, voir C. Müller, « "La lettre et la figure" : lecture allégorique du *Mirouer* de Marguerite Porete dans les *Prisons* de Marguerite de Navarre », *Versants* 38, 2000, p. 157-158.

2. Marguerite de Navarre, *Les Prisons*, éd. S. Glasson, Genève, Droz, 1978, livre III, v. 1315-1319.

3. *Ibid.*, v. 1415-1422.

participe[1]. Ce qui permet de valoriser « l'ignorante » et de la rendre plus « subtille » que les docteurs, c'est qu'elle est en contact direct avec le Loing Près : « Et se voit myeulx sa puyssance divine / Où moins reluyt science femenine » (v. 1397-1398). Si cette femme « sans lettres » écrit, c'est qu'elle est inspirée par Dieu. En dépit du complet renversement hiérarchique entre les docteurs et la femme spirituelle, Marguerite de Navarre, me semble-t-il, acquiesce à une construction telle que celle de Gerson : il est, selon eux deux, une manière « féminine » d'écrire sur la rencontre avec Dieu. L'inscription dans ce paradigme expliquerait que Marguerite de Navarre nie toute *literacy* chez l'autrice du *Miroir* et qu'elle réfute tout savoir savant chez cette dernière. En forçant un peu le trait et à partir du dernier vers cité, on pourrait aller jusqu'à dire que, pour Marguerite de Navarre, la « science féminine » est une contradiction dans les termes.

Avec les lectures de Gerson et Marguerite de Navarre, il apparaît que le genre peut orienter l'interprétation du texte. L'identité féminine de l'autrice, connue dans les deux cas, invite ces lecteurs à privilégier les éléments qui correspondent au paradigme du féminin, à cette mystique affective qui se distingue de toute science. Ce paradigme ressortit évidemment à une construction sociale et historique, celle qui, en niant toute « science féminine », a permis que la mystique *devienne* féminine.

Pour conclure, si le *Miroir* n'a pas disparu, sa diffusion dans plusieurs langues a été favorisée par différents masques auctoriaux et montages « éditoriaux », dont plusieurs rappellent des dispositifs fréquents pour des écrits de femmes. Le texte porétien a ainsi circulé comme un texte d'homme ou a été attribué à une figure de sainteté ; il a également connu une « seconde vie », grâce à sa réécriture par des célestins – selon un partage relativement attesté entre une femme sans doute à la marge de l'institution et des hommes qui représentent cette institution et qui contrôlent le discours féminin.

Ce que révèle surtout cette diffusion, c'est que le genre est une clé herméneutique. Mais si l'interprétation peut être guidée par le genre de l'auteur ou de l'autrice, ce n'est pas de manière binaire et mécanique : à l'instar de la version italienne, une autrice comme Marguerite de Hongrie peut *autoriser* le texte et afficher son orthodoxie ; de manière corollaire, nombre de témoins du *Miroir* sont attribués à un homme et donnent lieu

1. Voir S. Kocher, « Marguerite de Navarre's Portrait of Marguerite Porete : A Renaissance Queen Constructs a Medieval Woman Mystic », *Medieval Feminist Newsletter* 26, septembre 1998, p. 17-23.

à des condamnations. En réalité, si le genre guide l'interprétation et fournit une matrice d'intelligibilité, c'est en tant que construction sociale et historique qui, par exemple, associe au nom d'une autrice un texte où l'affectif domine ou une figure d'illettrée. De telles constructions sont manifestes chez les lecteurs médiévaux du *Miroir*; c'est également le cas avec Romana Guarnieri (qui, accordant foi au discours de l'inquisiteur, voit en Marguerite l'exemple de l'hérétique) ou même avec les féministes (dont certaines font de la béguine un symbole des femmes dont la parole s'est perdue). Ces lectures, au fond, révèlent moins l'identité de Marguerite que celle de ses lecteurs et la nature de la société dans laquelle ils vivent. Le premier bénéfice de l'exemple anglais est là : il montre qu'il y a eu un public du *Miroir* qui, ne sachant pas que le texte était celui d'une femme, a proposé une autre lecture et a associé le discours porétien à des traités patristiques et monastiques. Ce faisant, il a peut-être restitué à Marguerite sa « science femenine » et offert la possibilité de la penser comme une « femme savante ».

DISCOURS DE FEMMES SUR LE POUVOIR AU FÉMININ DURANT L'ÉPOQUE MÉDIÉVALE

MICHELLE BUBENICEK

Proposer de traiter du discours féminin sur le pouvoir exercé par les femmes, au Moyen Âge, relève assurément de la gageure, tant le sujet présente de difficultés potentielles. Car il s'agit, en l'occurrence, non seulement de traiter du pouvoir politique en des mains féminines, thématique de recherche encore assez neuve, même si elle suscite depuis plusieurs années des travaux réguliers [1], mais aussi d'aborder cette thématique, non plus sous l'angle – traditionnel, je dirais même attendu – du regard des hommes, mais bien du point de vue des femmes elles-mêmes, ce qui ne laisse pas de présenter quelques obstacles, ne serait-ce que sous l'angle des sources disponibles.

Il convient aussi d'emblée de souligner que le pouvoir au féminin, au sens politique du terme, demeure au Moyen Âge une exception, même si chacune, chacun peut avoir en tête quelques figures célèbres de fortes femmes, ayant exercé des responsabilités politiques, à l'exemple d'Aliénor d'Aquitaine, de Blanche de Castille ou encore de Marguerite de Provence [2].

1. L'histoire des femmes et du genre, courant assurément plus récent en France que dans le monde anglo-saxon, suscite cependant, depuis plus d'une vingtaine d'années, dans la communauté des chercheurs français, des travaux réguliers ; voir notamment F. Thébaud, *Écrire l'histoire des femmes et du genre*, Lyon, ENS éd., 2007 ; D. Lett, *Hommes et femmes au Moyen Âge. Histoire du genre, XIIe-XVe s.*, « Cursus Histoire », Paris, A. Colin, 2013.

2. Les biographies de reines et de princesses, forcément réductrices, ont longtemps constitué, jusque récemment encore, l'angle principal de l'étude de l'action des femmes de pouvoir.

Le pouvoir féminin demeure une situation d'exception, de relative rareté, un état qui sort de l'ordinaire; le pouvoir étant par définition une affaire d'homme, opinion commune au Moyen Âge, chez les hommes comme chez les femmes. De ce point de vue, ils ne sont pas si nombreux les cas de femmes que l'on peut scruter pour étudier et tenter de définir en quoi consiste alors le pouvoir politique au féminin. Seules les femmes nobles, en situation d'exercice d'un pouvoir seigneurial ou princier, sont potentiellement concernées.

Venons-en ensuite à la question du discours féminin sur ce même pouvoir au féminin. Lorsqu'elles se trouvent en situation d'exercer le pouvoir, les femmes s'expriment-elles sur la nature des responsabilités qui sont les leurs ? Comment analysent-elles leur pouvoir, si jamais elles l'analysent ? Nous sommes alors confrontés à la question des sources : comment en effet tracer cette parole féminine spécifique, si tant est qu'elle existe ? Et, par ailleurs, existe-t-il même des auteurs féminins ayant, au Moyen Âge, traité de la question du pouvoir politique des femmes ?

Pour aborder l'ensemble de ces problématiques, l'on se propose tout d'abord de rappeler brièvement quels sont les types de situations de pouvoir au féminin, durant le Moyen Âge; de poser ensuite la question de l'existence ou non de sources susceptibles de livrer le discours non plus des hommes, mais des femmes sur ces épisodes de gouvernance; de livrer, enfin, quelques éléments de conclusion sur ce pouvoir politique médiéval au féminin, tel qu'il semble avoir été exercé et vécu.

SITUATIONS DE POUVOIR AU FÉMININ AU MOYEN ÂGE

Dans quelles situations les femmes sont-elles susceptibles d'exercer le pouvoir, durant l'époque médiévale, où il va de soi que c'est normalement l'homme qui gouverne et décide ? Le fondement même du pouvoir politique au Moyen Âge est, en effet, la terre et partant, bien souvent, la seigneurie, qu'il faut à la fois administrer et défendre. Or, ces mêmes seigneuries, isolées ou regroupées à l'échelon d'une principauté, sont le plus souvent administrées, gérées et défendues par des hommes nobles;

le pouvoir politique au sens où on l'entendrait aujourd'hui est donc pleinement masculin[1].

Il existe cependant des situations d'exception dans lesquelles ce même pouvoir seigneurial ou princier peut revenir aux femmes. En tant qu'héritières de fief, en l'absence d'héritier mâle, notamment, les femmes non encore mariées se retrouvent potentiellement en situation de pouvoir, mais ce type d'épisode est généralement bref, car ces héritières se retrouvent vite au cœur des stratégies matrimoniales. Et une fois qu'elles sont mariées, c'est le mari, « bail » de sa femme, qui administre l'ensemble des terres du couple, l'épouse demeurant une éternelle mineure, qui ne peut rien décider sans l'autorisation de son époux. Il est certain que le veuvage, fréquent au Moyen Âge, ouvre une sphère de liberté, car les femmes veuves non seulement retrouvent alors pleine disposition de leur héritage, mais encore sont susceptibles d'exercer, durant la minorité des héritiers du couple, le pouvoir précédemment dévolu à l'époux ; l'épouse qui exerce le bail ou la garde des enfants mineurs se retrouve, de fait, en situation de « régence », ce qui la place en position de décision sur l'ensemble des terres du couple. Notons, enfin, qu'au sein même du mariage, l'absence de l'époux, en raison d'une guerre, de la croisade ou de toute autre circonstance politique grave justifiant son éloignement, constitue aussi l'une de ces situations susceptibles de redonner à la femme noble une réelle autonomie[2].

Il est important de souligner que, dans les deux types potentiels de situation de pouvoir au féminin que l'on vient de décrire (minorité-garde et absence de l'époux), les dispositions prises par le mari défunt ou absent, par le biais d'un testament ou d'un autre acte écrit spécifique, peuvent se révéler aussi bien un appui qu'un frein pour l'épouse, l'époux prévoyant ou non ce pouvoir, l'autorisant nettement ou pas, ou tout au moins sous conditions, en fixant par exemple un conseil de régence, par essence

1. Sur l'ensemble de ces aspects et les suivants, les diverses contributions de la synthèse dirigée par Georges Duby et Michelle Perrot, au volume consacré à la période médiévale (G. Duby et M. Perrot [dir.], *Histoire des femmes en Occident*, t. II : *Le Moyen Âge*, Paris, Plon, 1991) demeurent une référence incontournable.

2. C. Opitz, « Contraintes et libertés (1250-1500) », dans G. Duby et M. Perrot (dir.), *Histoire des femmes en Occident*, p. 277-325. Sur le gouvernement « en absence », voir F. Lachaud & M. A. Penman (dir.), *Absentee Authority Accross Medieval Europe*, Woodbridge, Boydell Press, 2017, p. 171-190, et notamment, aux p. 171-190 : M. Bubenicek, « Was the Couple a Palliative to the Absence of the Prince ? The Political Role and Influence of Margaret of Flanders During the Reign of Philip the Bold, Duke and Count of Burgundy », dans Lachaud & Penman, *Absentee Authority*, p. 171-190.

masculin. Surtout, l'épouse trouve généralement en face d'elle des hommes de la parentèle de son époux – frères, oncles ou cousins plus ou moins éloignés –, tout disposés à endosser ce pouvoir à sa place... La nature du pouvoir exercé par la femme dépend alors de sa capacité à s'imposer et à faire face à ces divers contradicteurs [1].

L'exercice du pouvoir au féminin demeure donc, de toute évidence, notamment en l'absence d'héritier mâle, une situation d'exception qu'autorise parfaitement en Occident le droit coutumier de l'époque, en particulier en France, jusqu'à la deuxième moitié du XIVe siècle, époque à laquelle la loi salique, excluant les femmes du trône royal, entre en contradiction avec cette « loi courante » [2]. De fait, nous avons des preuves de l'onde de choc qu'a manifestement entraînée cette décision politique qui constituait une véritable exception au droit commun coutumier : dans les principautés et seigneuries de l'aire politique et culturelle française, bien des hommes sont alors manifestement tentés de se fonder sur cette exception royale française pour éliminer définitivement les femmes de la compétition successorale [3].

Un exemple extrêmement complet et très bien documenté de ces différentes situations de pouvoir au féminin est fourni, pour le XIVe siècle, par le personnage de Yolande de Flandre, comtesse de Bar, dame de Cassel et de Longueville (1326-1395) [4]. Née en 1326, demeurée seule héritière, après la mort de son frère aîné Jean, de son père Robert de Cassel, lui-même fils cadet du comte de Flandre Robert de Béthune et détenteur de l'apanage de

1. M. Bubenicek, « Quand les testaments règlent les régences. Les prises de pouvoir de Yolande de Flandre, comtesse de Bar, et de Marie de Blois, duchesse de Lorraine (XIVe siècle) », *Lotharingia* 7, 1996, p. 59-66.

2. Sur ce thème, la bibliographie, émanant d'historiens ou de juristes, est relativement abondante ; voir notamment R. E. Giesey, *Le rôle méconnu de la loi salique. La succession royale, XIVe-XVIe s.*, Paris, Les Belles Lettres, 2006.

3. L'exemple de la rébellion (en 1361) de Jean de Bourgogne contre sa cousine, la comtesse de Bourgogne Marguerite de France (fille cadette du roi Philippe V le Long (1316-1322) et de la comtesse de Bourgogne et d'Artois Jeanne II, épouse du comte de Flandre Louis de Nevers (1322-1346), est, à cet égard, très significatif : Michelle Bubenicek, « De Jean l'Aîné à Jean II de Bourgogne : les sires de Montaigu, des héritiers déçus ? », *Revue du Nord, numéro spécial : La face noire de la splendeur : crimes, trahisons et scandales à la cour de Bourgogne aux XIVe et XVe siècles* 91, avril-juin 2009, p. 259-293.

4. J'ai consacré à ce personnage ma thèse de doctorat d'histoire (M. Bubenicek, *Quand les femmes gouvernent. Yolande de Flandre, Droit et politique au XIVe siècle*, « Mémoires et documents de l'École des chartes, 62 », Paris, École des chartes, 2002), ainsi que divers articles, dont certains sont cités dans la présente contribution.

Cassel en Flandre maritime, Yolande de Flandre épouse, en 1340, le comte de Bar Henri IV qui décède en 1344. Jeune veuve de 18 ans, elle exerce alors pour ses deux fils mineurs, dans un contexte difficile, le gouvernement du Barrois durant près de seize années. Remariée en 1353 au chef de guerre Philippe de Navarre, frère du célèbre roi de Navarre Charles dit le Mauvais, elle en est séparée de corps dès 1356. Veuve du même Philippe en 1363, elle se consacre ensuite à l'administration de son héritage, notamment ses terres de l'apanage de Cassel, jusqu'à sa mort, survenue en 1395. Tout au long de sa longue existence, Yolande de Flandre a dû cependant mener de rudes combats, pour conserver un pouvoir que, de toute évidence, elle se plaisait à exercer. Sa carrière politique constitue donc, au chapitre des gouvernements de femmes, à la fois un cas-type et un laboratoire d'analyse particulièrement riche d'enseignements.

PAROLES DE FEMMES SUR LE GOUVERNEMENT AU FÉMININ ? QUELQUES ENSEIGNEMENTS THÉORIQUES

Les situations de pouvoir au féminin, au Moyen Âge, du type de celles qu'a pu connaître la comtesse de Bar et dame de Cassel ont-elles fait « couler beaucoup d'encre » ? Certes, les chroniqueurs, notamment bourguignons, nous livrent, par bribes, leur appréciation sur tel ou tel gouvernement de femme[1], mais qu'en est-il des potentiels jugements féminins ? On sait à quel point les femmes qui manient la plume sont aussi une exception, au Moyen Âge central comme encore à la fin de la période. Plutôt rares sont les auteures, et à quelques exceptions près, l'écriture féminine quand elle existe est bien souvent affaire de religion et de spiritualité[2].

1. M. Bubenicek, « De l'image des femmes de pouvoir chez quelques chroniqueurs de France du Nord au XIVe siècle », dans E. Poulain-Gautret, J.-P. Martin, J.-P. Arrignon et S. Curveiller (dir.), *Le Nord de la France entre épopée et chronique : actes du colloque international de la Société Rencesvals (section française), Arras, 17-19 octobre 2002*, Arras, Artois Presses Université, 2005, p. 209-224.

2. Pour le Moyen Âge central, on songe bien évidemment à des noms comme ceux de la poétesse Marie de France, d'Hildegarde de Bingen, dont l'œuvre abondante concerna aussi bien la mystique que la médecine ou la musique, ou encore de la comtesse de Die : voir R. Lejeune, « La femme dans les littératures française et occitane du XIIe au XIIIe s. », *Cahiers de civilisation médiévale* 20, 1977, p. 201-217 (qui liste notamment les femmes auteures pour cette période). À la période suivante, le nom de la mystique Marguerite Porete est dans toutes les mémoires, mais s'impose sans doute surtout celui de Christine de Pisan : voir *infra* et A. Paupert, « Marie de France et Christine de Pisan », *Revue de la BnF* 39, 2011/3, p. 6-13.

Une exception cependant, à cette situation, pour la fin de la période, celle de Christine de Pisan, la première femme écrivain de métier, auteure prolifique protégée des princes, en particulier du duc de Bourgogne[1]. Christine est ainsi l'auteur d'un grand nombre d'ouvrages, dont deux, parus en 1405, nous intéressent ici tout particulièrement : *Le livre de la cité des dames*[2] et le *Livre des trois vertus à l'enseignement des dames* ou *Trésor de la cité des dames*[3], dédié à Marguerite de Bourgogne, fille du duc Jean sans Peur et dauphine de France. Le titre de ce dernier ouvrage est à lui seul révélateur du contenu de l'œuvre, entre traité d'éducation et miroir à l'usage des femmes : plusieurs chapitres se veulent ainsi destinés à l'usage de la « sage princesse », dès lors que celle-ci se trouve placée en position de gouverner.

Avant l'heure, ces deux ouvrages peuvent être à raison qualifiés de féministes[4], tant ils contiennent de conseils avisés, voire retors, donnés aux femmes, notamment aux femmes « politiques » : si l'art de prendre conseil y apparaît comme assez classique, le recours éventuel à l'hypocrisie, voire à la dissimulation, situent bien l'œuvre dans son temps, qui sera bientôt celui de Machiavel et d'une pratique plus réaliste de la politique et de la diplomatie. Notons aussi que cette partie de l'œuvre de Christine témoigne également d'une conscience très précise des difficultés auxquelles les femmes de pouvoir sont confrontées, l'auteure prenant alors nettement parti pour elles. À de multiples points de vue, l'écriture de Christine de Pisan apparaît donc comme très moderne.

En témoigneront sans nul doute quelques citations. Ainsi, à propos de la disposition générale des femmes à gouverner, l'auteure affirme dans *La Cité des dames* :

> Si l'on voulait affirmer que les femmes n'ont aucune disposition naturelle pour la politique et le pouvoir, je pourrais te citer l'exemple de beaucoup de femmes illustres qui ont régné par le passé. Et afin que tu te pénètres mieux

1. Le personnage a d'ores et déjà suscité une abondante bibliographie, dont : R. Pernoud, *Christine de Pisan*, Paris, Le Livre de Poche, 1985 ; L. Dulac & B. Ribémont (dir.), *Une femme de lettres au Moyen Âge. Études autour de Christine de Pizan*, Orléans, Paradigme, 1995 ; F. Autrand, *Christine de Pizan. Une femme en politique*, Paris, Fayard, 2009.

2. Christine de Pisan, *Le livre de la cité des dames*, trad. fr. et introd. E. Hicks & T. Moreau, Paris, Stock, 1986.

3. *Ead.*, *Le livre des trois vertus*, éd. C. C. Willard & E. Hicks, Paris, Champion, 1989.

4. C'est aussi le cas d'autres œuvres de Christine de Pisan, très engagée, par exemple, dans la querelle sur le *Roman de la Rose*, à la défense des femmes ; sur son œuvre et sa vie, voir C. C. Willard, *Christine De Pizan. Her Life and Works*, New York, Persea Books, 1986.

de cette vérité, je te rappellerai encore quelques-unes de tes contemporaines qui restées veuves, ont si bien dirigé leurs affaires après la mort de leur mari qu'elles fournissent la preuve irréfutable qu'il n'est aucune tâche trop lourde pour une femme intelligente [1].

Dans le *Livre des trois vertus* ou *Trésor de la cité des dames*, Christine de Pisan se montre pourtant très consciente des difficultés que rencontrera inévitablement la « sage princesse demeurée veuve », à commencer par le contexte des rivalités masculines. Elle lui conseille alors l'usage de la diplomatie et l'incite à prendre appui sur les dispositions prises par son époux, notamment par testament :

Tout premierement vouldra avoir cognoissance du testament de son seigneur [...], s'il avient cas que la princepce demeure vesve a tout son ainsné filz encore joenne et meindre d'agage et que, par aventure, guerre et contens sourde entre les barons pour cause du gouverneement, la convient qu'elle employe sa prudence et son savoir pour les mettre et tenir en paix, car nulle guerre d'estranges anemis ne lui pourrit estre tant perilleuse comme ceste [2].

D'une manière générale, Christine de Pisan conseille d'ailleurs, dans le même ouvrage, aux jeunes femmes de s'initier, dès le mariage, et dès que possible, à l'administration et au droit :

et que elle sache tout le fait de son gouvernement, si que devant est dit, dans le vivant de son mary, c'est afin que se veuve demouroit, que elle ne fust pas trouvee ignorant de savoir son estre, si que chascun la voulsist foler et emporter sa piece [3] ;

soit toute enseignee et aprise des usages, drois et coustumes du lieu et quelz choses appartiennent : bien enlangagee, hautaine, se besoin est, par bonne discretion contre ceulx qui la vouldroient mespriser ou qui aucunement seroient rebarbatis et rebelles, et doulce, humble et charitable vers les gens obeissants [4].

Pour l'auteur précocement féministe qu'est Christine de Pisan, il convient donc que la femme noble se prépare bien à l'avance à l'éventualité du pouvoir, et qu'elle s'y prépare à la fois par l'instruction et par une

1. Christine de Pisan, *Le livre de la cité des dames*, au chap. I, IX.

2. *Ead.*, *Le Livre des trois vertus*, p. 83-84 (au chapitre portant sur le « gouvernement de la sage princesse demeurée veuve »).

3. *Ibid.*, p. 152.

4. *Ibid.*, au chapitre : « ci parle des dames baronnesses, la maniere du savoir qui leur appartient ».

certaine mise en condition mentale. La dame devra ainsi forcer sa nature et se montrer dure et hautaine en cas d'opposition ou de rébellion flagrantes, mais rester elle-même, « féminine », c'est-à-dire « doulce, humble et charitable » en cas d'obéissance de ses sujets. On notera au passage les *topoï* des qualités attribuées aux femmes (humilité, douceur, charité), tandis que la fermeté et l'orgueil apparaissent plutôt comme des vertus masculines capables de mater les oppositions. Si besoin est, et selon la nécessité du temps, la femme en position de gouvernement doit donc clairement se faire « virago » – agir comme un homme – au point d'adopter la même attitude. Il est également intéressant de noter, dans le même passage, que la dialectique, très typique de la fin de la période médiévale, de la sujétion (« obéissance ») et de son antonyme, la rébellion, se trouve ici appliquée à l'exercice d'une souveraineté non plus exclusivement masculine, mais aussi potentiellement féminine.

Et c'est bien cette transformation en cours de l'essence même du gouvernement médiéval, voire des conditions de son exercice, dès lors qu'il est placé en des mains non plus seulement masculines mais aussi féminines, qui justifie, chez les femmes aussi, le recours aux nouvelles stratégies alors en vigueur, notamment la pratique assumée de l'hypocrisie et de la dissimulation, pour garantir l'efficacité politique. Ainsi, la nouvelle dirigeante n'hésitera pas, par exemple, à garder ses ennemis tout proches, quitte à les associer éventuellement à son conseil, afin de les pouvoir mieux surveiller :

> Si feindra que elle se veult gouverner par eulx et par leur conseil, et les appellera en ses estrois conseilz comme elle monstrera semblant [1].

Ces quelques citations extraites, parmi bien d'autres, du *Livre des trois vertus* de Christine de Pisan permettent de comprendre toute l'utilité, pour la femme de pouvoir, de cet ouvrage certes théorique, mais aussi très bien renseigné : avisé et nuancé, le livre fait visiblement écho à de réelles situations de pouvoir, telles que nous pouvons aussi les analyser, à la lumière des sources de la pratique.

1. Christine de Pisan, *Le Livre des trois vertus*, au chapitre XVI : « ci devise le quart enseignement de Prudence qui est comment la sage princesse tendra discrete manière mesmement vers ceulx que elle saura bien qui ne l'aimeront pas ».

PAROLES DE FEMMES SUR LE GOUVERNEMENT AU FÉMININ ? CE QU'EN DISENT LES SOURCES

Qu'en est-il, en effet, du ressenti des femmes confrontées aux difficultés de l'exercice du pouvoir ? Si les sources de la pratique existent, qui documentent l'exercice des gouvernements féminins, ces mêmes sources nous livrent-elles également des indices sur la manière dont ce pouvoir a été vécu ?

L'on songe ainsi spontanément aux renseignements que pourraient livrer les correspondances, mais celles-ci, qu'elles soient masculines ou féminines, sont encore rares à l'époque médiévale, même à la fin de la période, et quand elles existent, l'on n'y trouve guère de considérations sur l'exercice du pouvoir[1]. La parole féminine se livre plutôt par bribes, au cours de certaines tractations diplomatiques ou dans les sources judiciaires. Certes, ces sources comportent des filtres et des biais dont il faut tenir compte, mais certaines répliques sont parfois criantes de vérité[2].

En réalité, le discours des femmes sur leur pouvoir et la façon dont elles le conçoivent est surtout perceptible à travers la diplomatique de leurs actes. Ainsi, le choix des titulatures utilisées, celui des types de sceaux usités, pour peu que le matériel sigillographique soit riche, sont généralement révélateurs d'une stratégie, d'une posture éminemment politiques. Car les sceaux sont, avec les chartes, les seuls documents où apparaisse la titulature des femmes, et sur les sceaux plus encore que dans les chartes, la légende du sceau étant limitée par la taille de l'objet, le choix qui est fait,

1. C'est le cas, par exemple, des missives de Yolande de Flandre : voir M. Bubenicek, *Quand les femmes gouvernent*, p. 29 et n. 19 ; il ne s'agit alors nullement d'une correspondance familiale ou mondaine, ni de « mémoires », au sens où on l'entendrait pour l'époque moderne. Mais ce n'est pas une exception pour l'époque, bien au contraire ; sur l'extrême rareté des pièces de correspondance à la fin du XIVe siècle : E. Petit, *Les ducs de Bourgogne d'après les documents inédits. Philippe le Hardi, 1re partie (1363-1380)*, Paris, Picard, 1909, p. 19.

2. La « conscience de classe » de Yolande de Flandre, mélange de morgue aristocratique et de fierté d'une héritière apparentée aux plus hauts lignages, apparaît ainsi nettement dans les mémoires échangés entre l'entourage du roi Charles V et celui de son cousin Louis de Male, comte de Flandre, à l'occasion de la captivité de la dame, alors jugée coupable de crime de lèse-majesté, dans les geôles du roi : M. Bubenicek, « Conscience de classe, image de soi et stratégies de communication chez Yolande de Flandre, comtesse de Bar et dame de Cassel (1326-1395) », dans E. Bousmar, J. Dumont, A. Marchandisse & B. Schnerb (dir.), *Femmes de pouvoir, femmes politiques durant les derniers siècles du Moyen Âge et au cours de la première Renaissance*, « Bibliothèque du Moyen Âge », Bruxelles, De Boeck, 2012, p. 311-324.

à tel ou tel moment de l'existence de la dame, d'y indiquer tel ou tel titre, au détriment de tel ou tel autre, est éminemment révélateur [1].

Qu'on nous permette, pour illustrer les apports de la diplomatique des actes féminins, de prendre une nouvelle fois l'exemple de Yolande de Flandre. Car son matériel sigillographique est véritablement exceptionnel, avec huit matrices de sceaux différentes qui correspondent aux différentes étapes de sa « carrière » et reflètent également l'évolution de son statut : tout à tour épouse, héritière, veuve, veuve remariée, régente et bail de ses enfants, enfin dame poussée à la retraite forcée et privée des ressources du pouvoir [2]. La titulature de ses actes, qui évolue sans cesse au gré du statut et des fonctions de la dame, est également très riche d'enseignement [3].

Commençons par la titulature, dont certains éléments sont révélateurs de la personnalité politique de Yolande et peuvent véritablement être interprétés comme un « discours » de la dame sur son pouvoir. Yolande de Flandre est ainsi et se perçoit d'abord comme une héritière. Ainsi, de même que les filles de France, même une fois mariées, affirment souvent, aux XIVe et XVe siècles, leur appartenance au lignage royal par la titulature bien connue de « fille de roi de France », en tant que fille et héritière de Robert de Cassel, détenteur, au sein du comté de Flandre, de l'apanage de Cassel, apanage « souverain », elle tient tout particulièrement à son patronyme « de Flandre », dont elle ne s'est jamais départie. Mieux, elle n'hésite pas parfois à rappeler qu'elle aurait pu être comtesse de Flandre, car, en vertu de la coutume de Flandre qui excluait tout droit de représentation, c'était normalement à son père Robert, fils cadet du comte Robert de Béthune, qu'aurait dû revenir la couronne comtale, une fois le fils aîné Louis décédé… Alors conçu comme une sorte de lot de consolation pour la renonciation officielle du fils cadet à la fonction comtale, l'héritage constitué par l'apanage de Cassel était une sorte de comté de Flandre en

1. Sur ces thématiques, voir l'article de référence de B. Bedos-Rezak, « Women, Seals and Power in Medieval France, 1150-1350 », dans M. Erler & M. Kowaleski (éd.), *Women and Power in the Middle Ages*, Athens, University of Georgia Press, 1988, p. 61-82.

2. M. Bubenicek, *Quand les femmes gouvernent*, au chap. 4, p. 176 *sq.* : les huit matrices de sceaux de Yolande de Flandre constituent une collection tout à fait hors normes pour une femme, quand trois à quatre matrices sont déjà exceptionnelles et suffisent généralement pour signaler les femmes d'un rang particulièrement élevé, les seules susceptibles d'employer un artiste capable de graver lesdites matrices (*cf.* A. Stieldorf, *Rheinische Frauensiegel. Zur rechtlichen und sozialen Stellung weltlicher Frauen im 13. und 14. Jahrhundert*, Köln, Böhlau Verlag, 1999).

3. M. Bubenicek, *Quand les femmes gouvernent*, p. 173-176.

réduction, concédé en toute souveraineté[1]. De ce moment politique peut-être manqué, Yolande de Flandre aura toujours une conscience aigüe[2]. Pour cette même raison, Yolande tient aussi beaucoup à sa titulature de « dame de Cassel », qu'elle conserve jusqu'à sa mort, en 1395. Cet ancrage profond, en Flandre maritime, en « toute souveraineté », explique aisément la nature de la résistance acharnée qu'elle oppose aux tentatives de réduction territoriale opérées par le duc de Bourgogne et nouveau comte de Flandre Philippe le Hardi, à partir de 1384.

L'usage de la titulature dans les actes par les épouses nobles nous renseigne également parfois sur leur conception du mariage et leur perception du rôle de l'époux, même si le cadre juridique de ce dernier est clairement fixé par la coutume. À l'évidence, l'usage de la titulature est une fois encore politique. À cet égard, l'exemple des choix opérés par Yolande de Flandre est révélateur. Depuis son mariage avec le comte Henri IV de Bar, la dame se dit volontiers « comtesse de Bar », mais elle garde ce titre une fois veuve, car c'est elle qui gouverne le Barrois. Son remariage avec Philippe de Navarre-Longueville lui permet encore de se prévaloir du titre de « comtesse de Longueville ». Or, si Yolande, quasiment toute sa vie durant, eut recours au titre comtal « de Bar », l'utilisation qu'elle fait du titre de comtesse de Longueville est, quant à elle, à éclipse. Rappelons enfin que Yolande, conformément sa qualité d'héritière déjà évoquée, utilise constamment dans les actes ou sur ses sceaux, où la place est pourtant réduite, son patronyme « de Flandre ». Le tableau qui suit fournit la synthèse de l'utilisation de telle ou telle titulature dans les actes de la pratique, selon les périodes :

1. *Ibid.*, au chap. IX, 1 (la renonciation du cadet Robert au comté de Flandre, au-delà de la concession territoriale de l'apanage de Cassel, eut en effet un prix : au sein cet apanage, l'exercice des mêmes droits souverains que ceux du comte, des droits du reste très expressément listés).

2. Yolande de Flandre n'hésite pas à évoquer, à de multiples reprises, le « desheritement » dont elle-même et ses successeurs ont été victimes : M. Bubenicek, « Conscience de classe ».

Fourchette chronologique	Comtesse de Bar et dame de Cassel	Comtesse de Longueville et dame de Cassel	Comtesse de Bar, de Longueville et dame de Cassel
1353-1356	10 %	90 %	0 %
1357-1363	90 %	10 %	0 %
1363-1364	50 %	0 %	50 %
À partir de 1365	100 %	0 %	0 %

Veuve du comte de Bar depuis 1344, Yolande de Flandre se remarie, on l'a vu, avec Philippe de Navarre, comte de Longueville, en 1353. Le but de ce remariage était très clair : dans un contexte de compétition politique et guerrière avec une partie des seigneurs lorrains, Yolande misait sur un mari chef de guerre reconnu, qui pourrait apparaître comme son champion face à ses nombreux opposants. De façon très significative, alors qu'elle est pourtant au pouvoir en Barrois depuis plus de neuf ans, elle consent ainsi, entre 1353 et 1356, à presqu'abandonner son titre de comtesse de Bar pour celui de comtesse de Longueville : l'usage du titre de « comtesse de Bar » n'est alors que de 10 % contre 90 % pour celui de « Longueville ».

À partir de 1357, en revanche et jusqu'en 1363, on note la réapparition du titre de « comtesse de Bar », utilisé conjointement avec celui de Longueville, mais avec une fréquence inversée (90 %-10 %). En 1363 et 1364, l'usage des deux mêmes titres est cependant plus équilibré (50-50 %). Enfin, après 1365, l'on constate le retour à un usage conjoint des titulatures « de Bar » et « de Cassel ».

Il ressort de toutes ces observations une rupture très nette en 1356, date charnière qu'il convient d'assortir, ainsi que l'ensemble du tableau, de quelques explications. L'année 1356 correspond en réalité à la séparation de corps des époux Yolande et Philippe de Navarre. Le contexte est hautement politique, lié à un épisode fameux de la guerre de cent ans : l'année 1356 est en effet celle celui de la confiscation par le roi Jean le Bon, pour trahison envers la couronne, du comté de Longueville sur l'époux de Yolande, Philippe de Navarre ; la rupture entre le clan des Navarrais et le parti du roi est alors trop nette pour que Yolande puisse suivre sans risque le parti de son mari. Elle choisit expressément le parti du roi, et se désolidarise alors nettement de Philippe. De fait, dès 1355, Philippe avait déjà quitté la

Lorraine et regagné ses terres de Normandie, tandis que Yolande demeurait fidèle au Barrois et perdait le champion sur lequel elle avait compté pour l'appuyer. De façon significative, en 1356, alors que leur rupture politique et sans doute aussi personnelle est consommée, elle abandonne quasiment totalement le titre de comtesse de Longueville, quitte à le reprendre plus tard, entre 1363 et 1364, soit peu après le décès de Philippe, en 1363, quand le contexte est celui du règlement de sa succession : la dame est alors consciente que, pour pouvoir réclamer son douaire sur les terres de Philippe, le port du titre de « comtesse de Longueville » est un réel atout. Après 1365, en revanche, même si ce règlement successoral n'est pas encore achevé[1], seuls comptent les titres de Bar et de Cassel. Une fois confirmée son éviction définitive du gouvernement du Barrois (après 1361), il importait en effet à Yolande d'y pouvoir récupérer le douaire auquel elle avait aussi droit[2], tout en assurant, face aux visées politiques ambitieuses du nouveau comte de Flandre, la sauvegarde de l'héritage paternel de l'apanage de Cassel.

Un véritable discours politique se dégage donc de l'usage que font les femmes des diverses titulatures dont elles peuvent se prévaloir. Cet usage n'est pas aléatoire, mais au contraire mûrement réfléchi et révélateur de stratégies finement élaborées ; c'est en tout cas très nettement le cas chez Yolande de Flandre.

Reste à évoquer maintenant les apports en matière de discours du matériel sigillographique usité par les femmes de pouvoir. Ces apports dépendent bien évidemment de la richesse de ce matériel, particulièrement abondant dans le cas de Yolande de Flandre, avec pas moins de huit matrices de sceaux différentes, grands sceaux, petits sceaux et signets. Une fois encore, les types adoptés varient au gré des changements de statut de la dame ; ils transmettent aussi certains messages de nature politique. L'un de ces messages est perceptible à travers l'un des types adoptés, lors de ses débuts en politique, dans le contexte de la régence exercée, pour ses fils mineurs, dans le comté de Bar, entre 1344 et 1361.

1. En raison de la faveur du roi, Bertrand du Guesclin est alors le nouvel héritier du comté de Longueville, Charles V ayant attribué à son connétable cette portion des terres confisquées sur Philippe de Navarre-Longueville. Il est dès lors évident que le droit de Yolande à pouvoir y réclamer son douaire se heurte en quelque sorte à la « raison d'État » : voir M. Bubenicek, « Bon droit et raison d'État : réflexions sur les rapports entre le pouvoir royal et la justice du Parlement dans le dernier tiers du XIVe siècle », *Cahiers de recherches médiévales (XIII e-XIV e s.)* 7, dir. G. Giordanengo, *Droits et pouvoirs*, 2000, p. 159-170.

2. Douaire centré sur la ville de Clermont-en-Argonne, donc dit « du Clermontois ».

Grand sceau de Yolande de Flandre 1353,
Archives départementales du Nord, Lille – B 1328 / 7804

Jeune veuve de dix-huit ans, Yolande de Flandre est alors confrontée, on l'a déjà signalé, à diverses oppositions nobiliaires et familiales. Pour exercer le pouvoir en tant que tutrice de ses fils, elle dut faire preuve de beaucoup de volonté et d'énergie, car le testament de son défunt époux, dont on sait qu'il pouvait constituer un appui pour la veuve, ne lui fut, dans son cas, pas précisément favorable : selon toute apparence, le défunt comte avait jugé son épouse trop jeune et sans expérience, au point de confier le bail des enfants non à leur mère, mais à leur grand-tante, la reine Jeanne, épouse du roi de France Philippe VI et, plus généralement à sa parentèle maternelle bourguignonne [1]. Pourtant, Yolande ne tarde pas à s'imposer en tant que « bail » de ses enfants et gouverne le Barrois, non sans faire face à de multiples difficultés, durant plus de quinze années. Or, – hasard ? – elle utilise pendant cette période un signet tout à fait particulier [2]. Il s'agit d'un petit sceau rond sans légende, de couleur rouge, d'environ 21 mm de

1. M. Bubenicek, « Quand les testaments règlent les régences ».

2. L'empreinte ici commentée est datée de 1346 : elle figure sur l'acte coté Archives départementales de Meurthe-et-Moselle, B 542, n° 41. Sceau recensé et décrit par E. Des Robert, *Tableau systématique des sceaux de Lorraine, des pays rhénans et autres du Trésor des chartes de Lorraine et des séries anciennes des archives de Meurthe-et-Moselle, augmenté de table alphabétique et de table héraldique*, Bade, Édition Art et Science, 1952, repr. Nancy 1982, n. 24, p. 71.

diamètre et utilisé plaqué sur papier[1]. Ce signet de fantaisie était selon toute vraisemblance, et conformément à ce que l'on sait de l'usage des signets, utilisé pour la correspondance personnelle ou secrète.

Signet de Yolande de Flandre – 1346
Arch. Dép. de Meurthe-et-Moselle [B 542, n° 41, détail]

L'iconographie est la suivante : au centre d'une rosace à huit lobes, dans un ovale couché, figure un petit homme à manteau flottant, chevauchant un lion dont il force la mâchoire. La scène est une variante du combat contre le lion, thème qui jouit d'une grande vogue au Moyen Âge, qu'il s'agisse d'une référence à la vigueur de Samson qui n'hésita pas à combattre un lion à mains nues et le vainquit en lui désarticulant la mâchoire, ou à l'épisode biblique mettant en scène David et le lion ; on sait en effet que le combat contre le lion, lui-même symbole de force et de puissance, est un motif utilisé fréquemment dans l'art à partir du XIIe s. Au XIVe siècle, il est adopté, par le biais de la sigillographie, par divers personnages de la haute noblesse lorraine, tels que Jean IV de Sarrebrück,

1. Ce qui constitue d'ailleurs, sans nul doute, l'une des raisons de la fragilité du sceau et, partant, du très peu d'exemplaires conservés.

sire de Commercy (1329); Eudes VI de Grancey, gendre de Thibaut de Bar-Pierrepont (1363), Thibaut étant du reste l'un des grands adversaires de Yolande régente du Barrois; ou encore Geoffroy IV d'Apremont[1], etc. La référence au combat contre le lion sert alors à évoquer le courage et la bravoure chevaleresques des dits seigneurs.

Pour une femme soucieuse de s'imposer et de gouverner face à des compétiteurs masculins faisant volontiers état de valeurs chevaleresques, choisir, en 1346, la scène du combattant au lion, pour faire graver un sien signet, était assez audacieux. Car, plus que d'un simple effet de mode iconographique, il s'agit là manifestement d'assimiler la vigueur et le courage dont le personnage a fait preuve pour maîtriser un animal réputé indomptable, donc de récupérer à son profit des vertus masculines, celles du combattant, du guerrier. Dans le contexte particulièrement difficile de la régence barroise, Yolande affirme aussi la détermination et la force dont elle n'hésitera pas à user, au besoin : elle agira, si nécessaire, en « virago », c'est-à-dire « comme un homme ». En l'occurrence, la gravure du signet avait ainsi autant valeur d'avertissement que d'affirmation de soi[2].

Mais, ce faisant, Yolande rejoignait certains des conseils délivrés par Christine de Pisan qui recommandait à la princesse souhaitant gouverner d'avoir « cuer d'homme ». Remarquons à ce propos qu'avoir « cuer d'homme » était aussi, chez les chroniqueurs soucieux de décrire de fortes personnalités de femmes, une formule souvent utilisée : ainsi, Froissart l'emploie notamment pour décrire la comtesse Jeanne de Montfort, qui durant la guerre de cent ans et plus particulièrement la guerre de succession de Bretagne, chevauchait et faisait la guerre comme un homme[3].

1. E. Des Robert, « Le chevalier au lion », dans *Mémoires de l'Académie de Stanislas* 7e série, 22, 1924-1925, p. 61-79, aux p. 64-65.

2. Vers 1360, alors qu'elle vit pourtant séparée de son deuxième époux, Philippe de Navarre, Yolande utilisa également un petit sceau parti d'Evreux-Navarre et de Flandre tout à fait nouveau, l'écu est en losange, forme très rarement utilisée, en tout cas rarement chez les hommes et pas du tout chez les femmes… On note donc une fois encore chez elle la volonté d'afficher des goûts plutôt masculins.

3. M. Bubenicek, « De l'image des femmes de pouvoir ».

En guise de conclusion
Quel modèle pour le pouvoir des femmes au Moyen Âge ?

Le constat final est sans surprise. Au Moyen Âge, le pouvoir au féminin apparaît comme un calque du pouvoir masculin, mais comment en aurait-il été autrement à une époque où les femmes n'occupent pas naturellement cette sphère ? Ainsi, pour gouverner, il faut avoir « cuer d'homme », être une femme « virile », et les femmes qui décrivent ou exercent ce pouvoir par essence masculin en adoptent naturellement les codes. Femme de lettres s'adressant aux femmes qui gouvernent, Christine de Pisan elle-même leur recommande de faire usage des mêmes méthodes, d'adopter les mêmes attitudes, de l'art de la rhétorique et de la diplomatie, aux postures de souveraineté.

À l'évidence, le modèle entre cependant en contradiction avec le miroir par ailleurs tendu aux femmes par le biais des manuels d'éducation de l'époque. Une femme de pouvoir qui agit comme un homme est, comme on pouvait s'y attendre, en opposition avec ce que l'on attend traditionnellement d'une fille ou d'une épouse, une attitude plutôt en retrait, empreinte d'humilité et de douceur. Il n'est donc pas étonnant que les situations de pouvoir au féminin aient alimenté la mauvaise renommée, la « mala fama », de ces gouvernantes. Ainsi, la carrière mouvementée de Yolande de Flandre est à l'origine de sa réputation quelque peu sulfureuse, du XIVe siècle à l'époque contemporaine, son image dans la production érudite du XIXe siècle n'étant pas spécialement élogieuse [1]. On peut même dire qu'il existe une sorte de « légende noire » de Yolande de Flandre, mais n'est-ce pas plus généralement le cas de toutes les femmes de pouvoir un tant soit peu efficaces ? Car les méthodes brutales qui sont souvent celles du pouvoir, et qui sont tolérées sinon acceptées, chez les hommes, à commencer par la pratique de la guerre, ne le sont pas venant de femmes [2]. Mais en va-t-il encore vraiment différemment aujourd'hui ?

1. M. Bubenicek, *Quand les femmes gouvernent*, « Introduction ».

2. Dans le contexte de la guerre qu'elle mena contre l'évêque de Verdun, la disparition de chanoines prétendument éliminés par Yolande de Flandre lui vaudra ainsi l'excommunication et au-delà, pour longtemps, fort mauvaise réputation, ainsi qu'en témoigne, par exemple, ne serait-ce que le titre de l'article que consacra à l'affaire l'abbé T. Leuridan : « Une dame de Cassel fausse monnoyeuse et presbytéricide », *Annales du Comité Flamand de France* 20, 1893, p. 41-63.

JEANNE D'ARC
UNE FEMME D'ARMES

CATHERINE GUYON

Jeanne d'Arc figure parmi les femmes de l'histoire de France les plus connues, toutefois son rayonnement dépasse largement l'hexagone, puisqu'elle est à la fois célèbre en Europe de l'Atlantique à l'Oural, mais aussi au Japon et en Chine, aux États-Unis et en Afrique[1]. Elle est à la fois une figure de sainteté reconnue par l'Église et une héroïne combattante passée à la postérité pour avoir permis le relèvement de la France et délivré Orléans le 8 mai 1429, évènement commémoré régulièrement dans la ville depuis le XVe siècle et élevé au rang de fête nationale en 1920. La bibliographie johannique est pléthorique et les sources sont elles-mêmes abondantes : écrites souvent par des hommes, elles sont dominées par les procès de condamnation (1431) et de nullité (1456), ainsi que par des traités composés entre 1450 et 1456 dans le milieu royal français, auxquelles s'ajoutent de nombreuses chroniques dans diverses langues à l'échelle du continent européen, mais Jeanne a dicté également une bonne vingtaine de lettres dont la liste n'est d'ailleurs pas exhaustive[2]. La Pucelle est en tout cas un personnage qui, de son vivant comme tout au long de

1. On nous permettra de citer un essai de synthèse sur la bibliographie récente et le rayonnement mondial de Jeanne d'Arc : C. Guyon, « Introduction. L'image de Jeanne d'Arc en Lorraine et ailleurs : le regard des historiens du début du XXIe siècle », dans L. Chvedova et J.-M. Wittmann (dir.), *L'image de Jeanne d'Arc dans les littératures européennes des XIXe et XXe siècles : de la sainte nationale à la figure européenne*, Nancy, PUN, 2020, p. 21-43.

2. O. Bouzy, « Lettres de Jeanne d'Arc », dans *Jeanne d'Arc, histoire et dictionnaire*, « Bouquins », Paris, Robert Laffont, 2012, p. 816-823.

l'histoire et jusqu'à nos jours, a intrigué et suscité les passions. Elle interpelle par ses révélations divines, la nature de sa mission et le rôle qu'elle a pu jouer comme femme dans ce « mâle Moyen Âge » (Georges Duby [1]). Elle renverse en effet les critères de différenciation des sexes car elle intervient dans des domaines réservés habituellement aux hommes : la révélation divine, mais aussi la guerre qui l'incite à prendre l'habit d'homme, ce qui a constitué l'un des reproches majeurs du procès de condamnation.

Mais est-il aussi exceptionnel pour une femme de prendre les armes au Moyen Âge ? Quelle combattante était Jeanne d'Arc ? Et quelle était vraiment la nature de son combat ?

JEANNE ET LES FEMMES COMBATTANTES AUX XIVe, XVe ET XVIe SIÈCLES

L'épopée de Jeanne, si étonnante soit-elle, n'est en fait pas un phénomène isolé en cette fin du Moyen Âge où les guerres sont omniprésentes.

Christine de Pizan compose au début du XVe siècle un traité militaire, *Le livre des faits d'armes et de chevalerie,* et précise dans le *Livre des trois vertus* les devoirs d'une châtelaine : selon elle, les dames « doivent avoir ceur d'homme », « savoir les droits d'armes » afin d'être « prestes à ordonner ses hommes » « pour assaillir ou pour deffendre » les biens de leur famille si nécessaire et, d'une manière générale toujours veiller à que leurs forteresses soient bien garnies [2].

Ces recommandations rejoignent le thème des femmes fortes, les « viragos » : le mot n'est alors pas forcément péjoratif et désigne les femmes qui ont exercé des pouvoirs généralement réservés aux hommes. Ce thème est mis en évidence dans la « querelle des femmes » qui suscite en Occident une abondante littérature du XIVe au XVIIe siècle, par des apologies chez les uns, des critiques chez les autres [3]. Il n'est pas sans lien avec

1. G. Duby, *Mâle Moyen Âge. De l'amour et autres essais*, Paris, Champs Flammarion, 1988.

2. P. Cifarelli, « Une femme et la guerre à la fin du Moyen Âge. Le "Livre des faits d'armes et de chevalerie" de Christine de Pizan. D. Demartini. C. Le Ninan. A. Paupert & M. Szkilnik (éd.) », *Studi Francesi* 182, LXI/II, 2017, p. 339-341, mis en ligne le 1er août 2017, consulté le 30 juillet 2020.

3. On trouvera des éléments de synthèse et de bibliographie sur ce sujet dans C. Guyon, « Les femmes et l'écrit », dans C. Bousquet-Labouérie & A. Destemberg (dir.), *Écrits, pouvoirs et société aux XIIe-XIVe siècles, Angleterre, France, Italie, Péninsule ibérique*, Paris, Ellipses, 2019, p. 134 et p. 142-144.

les allégories des vices et des vertus sous forme de figures féminines armées (les vertus) qui foulent au pied des vices masculins qui se développent dans l'iconographie occidentale à partir du XIIe siècle et connaissent un essor considérable dans la péninsule italienne entre 1300 et 1415[1]. Ce thème fait surtout ressortir les modèles de femmes combattantes de la mythologie et de l'Antiquité gréco-romaine (Minerve ou les amazones) ou de la Bible (Déborah, Judith) qui figurent en bonne place dans les galeries des femmes illustres de la littérature et les images des XVe et XVIe siècles. C'est au cours de la guerre de Cent Ans qu'apparaissent dans la peintures, la tapisserie et les statuaire, les 9 preuses, des païennes issues de l'histoire et de la mythologie antique, casquées et revêtues d'une armure, brandissant armes et écussons armoriés, qui sont présentées en parallèle des 9 preux masculins. Ce thème aristocratique par excellence, qui connaît un extraordinaire succès en France, Angleterre et Bourgogne, mais moins en Italie, est mis en relation par Sophie Cassagnes-Brouquet avec une crise de la chevalerie[2]. En mai 1429, l'évêque d'Embrun Jacques Gélu a composé un traité *De puella aurelianensi* où il évoquait au sujet de Jeanne les figures bibliques de Déborah et de Judith. Jeanne est, comme Déborah, à la fois chef de guerre et prophétesse. Dans plusieurs traités qui accompagnèrent le procès en nullité de 1456, en particulier celui d'Élie de Bourdeilles, elle était à nouveau rapprochée de ces deux femmes de Bible, tandis que sur l'enluminure du *Champion des dames* de Martin le Franc (1440) elle voisinait avec Judith brandissant la tête coupée d'Holopherne[3]. En 1429 un clerc français établi à Rome avait également comparé Jeanne à Judith, mais aussi à Penthésilée, reine des Amazones. En 1435 le poète italien Antoine Artesan a repris cette image de l'Amazone, tout comme Jean de Montigny dans son mémoire sur la Pucelle (1452) et Symphorien Champier dans *La Nef des dames*(1503)[4]. L'historienne américaine Deborah Fraoli interprète Jeanne d'Arc comme l'aboutissement de ces traditions littéraires[5], tandis que Sophie Cassagnes-

1. B. Cosnet, *Sous le regard des vertus, Italie, XIVe siècle*, Rennes, P.U.R., 2015, p. 21-40.

2. S. Cassagnes-Brouquet, « Les Neuf Preuses, l'invention d'un nouveau thème iconographique dans le contexte de la Guerre de Cent ans », dans L. Capdevila *et al.* (dir.) *Le genre face aux mutations. Masculin et féminin, du Moyen Âge à nos jours*, « Histoire », Rennes, P.U.R., 2003, p. 279-289.

3. Paris, Bnf, Ms. fr. 12476, fol. 101 v°.

4. S. Cassagnes-Brouquet, *Chevaleresses, une chevalerie au féminin*, Paris, Perrin, 2013, p. 190-193.

5. *Ibid.*, p. 191.

Brouquet conclut que Jeanne a fini par être perçue comme la 10e preuse, en parallèle à Bertrand du Guesclin [1].

En dehors de ces thèmes littéraires et iconographiques, les exemples concrets ne manquent pas à l'époque féodale. Parmi d'autres combattantes, on peut citer plusieurs « Mathilde », celle de Toscane qui a pris au XIe siècle les armes pour défendre le pape et deux autres qui s'opposèrent au XIIe siècle pour le contrôle de l'Angleterre, « l'emperesse » mère d'Henri Plantagenêt et Mathilde de Boulogne épouse d'Étienne de Blois, sans compter les femmes qui participèrent aux armées des croisés. Mais les exemples sont plus nombreux lors des guerres des XIVe et XVe siècles. Tel fut le cas de Mahaut d'Artois qui a levé les troupes contre Saint-Omer en 1306 et, à plusieurs reprises, contre le seigneur d'Oisy, châtelain de Cambrai. Froissart raconte que lors du siège d'Hennebont en 1342 contre les troupes françaises, la comtesse Jeanne de Flandre, épouse de Jean de Montfort, prétendant au duché de Bretagne, alliée des Anglais, est montée à cheval, incitant hommes et femmes au combat, a escaladé la tour de guet et conduit elle-même une sortie pour mettre le feu au camp français, et, l'année suivante, a remporté une bataille navale devant Guernesey. En 1347, Marguerite du Tyrol, en l'absence de son époux Louis, margrave de Brandebourg, mena une résistance victorieuse contre l'empereur Charles IV et l'évêque de Trente. Au XIVe siècle, Jeanne de Belleville, épouse d'Olivier de Clisson, « le fer à la main, porta le carnage et l'incendie ». Plus proche chronologiquement de Jeanne d'Arc, la dame de la Rocheguyon défendit son château après le décès de son mari tombé à Azincourt en 1415. En Lorraine, Marie d'Harcourt, femme d'Antoine de Vaudémont, vint en 1450 au secours de la forteresse de Vaudémont assiégée : bien que récemment relevée de couches, elle s'hésita pas à monter à cheval, fit prendre les armes à plusieurs seigneurs, et, les conduisant elle-même au *combat*, contraignit les agresseurs à se retirer. Quelques décennies plus tard, Marie d'Autriche, reine de Hongrie, fille de Charles Quint, à la mort de Louis II roi de Bohême et Hongrie tué en 1526 à la bataille de Mohacs, s'illustra par ses prouesses militaires, qui, d'après Brantôme dans *La vie des dames illustres,* lui avaient valu le surnom de « madre de los soldatos ».

Si ces exemples concernent surtout des femmes de l'aristocratie, le XVe siècle inventa une nouvelle figure militaire : la parvenue d'origine modeste, souvent issue des campagnes, mise en parallèle selon Frédéric

1. Cassagnes-Brouquet, *Chevaleresses, une chevalerie au féminin*, p. 190-192.

Verrier (*Le Miroir des amazones*) avec les condottiere de basse extraction qui fleurissaient en Italie et reflétaient une démocratisation de la milice et une inversion des valeurs entre une chevalerie noble ayant perdu de son rayonnement sur les champs de bataille de la fin du Moyen Âge et une infanterie non noble, mais plus efficace, les paysans étant réputés pour leur robustesse physique. Le phénomène toucha donc aussi les femmes. Il s'agissait le plus souvent de femmes « sans hommes » : des vierges, des femmes séparées de leur mari ou des veuves. À l'échelle de l'Occident, Jeanne d'Arc, issue d'une famille de paysans de Domremy, n'était donc pas isolée : il est ainsi possible de la rapprocher de Maria de Pozzuoli qui, au XIVe siècle, a défendu sa cité contre des pirates et, au siècle suivant, de Buona (ou Bianca) di Valtellina dans le nord de l'Italie, épouse de Pietro Brunoro qui se métamorphosa de bergère en soldatesse. En France, dans un milieu urbain, une dénommée Jeanne L'Aisnée, plus connue sous le nom de Jeanne Hachette, s'imposa lors du siège de Beauvais par les troupes de Charles le Téméraire en 1472 : elle saisit une hache pour repousser un Bourguignon montant à l'assaut des murs et se battit sur les remparts ; à son exemple les autres femmes de la ville portèrent de la poudre et des armes aux combattants et se mirent aussi à donner des coups : leur intervention stoppa net l'avance du Téméraire. De même, en Castille, Giuliana de Corbi, qui a grandi dans les champs dut s'enfuir vêtue en homme les cheveux coupés, pour partir à la recherche de son mari ; elle s'enrôla dans la guerre de Grenade en 1492 et accomplit des prouesses contre les Musulmans et fut récompensée par les rois catholiques qui l'anoblirent [1].

QUELLE COMBATTANTE ÉTAIT JEANNE D'ARC ?

Si Jeanne n'est pas un phénomène si isolée, quelle combattante était-elle ? Sa mission était clairement d'ordre militaire puisque son objectif était, comme elle le dit elle-même, « de bouter les Anglais hors de France » [2]. De plus, elle donna comme signe de son envoi par Dieu le succès

1. F. Verrier, *Le Miroir des Amazones, Amazones, vierges et guerrières dans la littérature italienne des XVe et XVIe siècles*, Paris, L'Harmattan, 2004, *passim*.

2. Phrase célèbre qui est extraite de la lettre au duc de Bedford (22 mars 1429) : « Je suis cy envoiée de par Dieu, le Roy du ciel, corps pour corps, pour vous bouter hors de toute France » (*Procès de condamnation de Jeanne d'Arc*, éd. P. Tisset, Paris, Société de l'Histoire de France, 1960, t. II, p. 185-186).

d'une opération militaire : la délivrance de la ville d'Orléans assiégée depuis huit mois par les Anglais.

Dès Vaucouleurs, elle prit l'habit d'homme et partit avec sa première épée remise par Robert de Baudricourt, capitaine de la place forte. Après l'entrevue avec Charles VII à Chinon elle reçut une armure complète, puisqu'un compte de 1429 de maître Hémon Raguier, trésorier des guerres, mentionnait le paiement à un armurier de Tours de 100 livres tournois pour « le harnois complet de la Pucelle ». Sur l'indication de ses voix, elle fit chercher derrière l'autel de Sainte-Catherine de Fierbois une épée marquée de cinq croix, sur laquelle on a beaucoup fantasmé, mais qui serait une arme déposée en ex-voto dans le sanctuaire français de sainte Catherine d'Alexandrie fréquemment invoquée par les combattants et les prisonniers de guerre[1]. Jeanne se fit faire des fourreaux, ainsi qu'un étendard à Tours. Ayant brisé l'épée de Fierbois en chassant les prostituées, elle utilisa ensuite jusqu'à Compiègne une troisième épée prise à un bourguignon[2]. Plus que le comportement au combat, la possession d'armes et de chevaux, l'habit d'homme fut l'un des plus gros reproches fait lors du procès de condamnation. « Sans aucunement rappeler cette décence qui convient au sexe féminin en portant de honteux habits convenant au sexe masculin », lui dit-on, tandis que le libelle du procureur lui reprocha d'avoir « sans pudeur pris l'habit infâme et l'état des hommes d'armes » et « a assumé présomptueusement et orgueilleusement la domination sur des hommes »[3].

Pourtant, elle n'était pas la seule femme qui combattit en tenue masculine, telle une autre Jeanne, Jeanne de Flandre, mère de Jean IV de Montfort, qui un siècle plus tôt, en 1342, avait mis une armure lors du siège d'Hennebont[4]. Revêtir un habit d'homme tombait pourtant alors sous le coup de la justice et la police, même si le travestissement en homme par une femme était plus toléré que celui d'un homme en femme comme l'ont montré les travaux de Marina Warner pour la fin du Moyen Âge et de

1. On nous permettra de renvoyer à notre mémoire inédit d'habilitation soutenu à la fin de l'année 2015 et en cours de publication : *Par la roue de sainte Catherine : dévots et pèlerins de sainte Catherine d'Alexandrie entre Orient et Occident*.

2. O. Bouzy, art. « épée », *Jeanne d'Arc, histoire et dictionnaire*, p. 690.

3. *Procès de condamnation de Jeanne d'Arc*, éd. cit., t. II, p. 263. Sur l'habit masculin de Jeanne on renverra à l'article de F. Michaud-Fréjaville, « Un habit "deshonnête". Réflexions sur Jeanne d'Arc et l'habit d'homme », Atelier « recherches récentes sur Jeanne d'Arc ». Table ronde franco-allemande organisée à l'Institut historique allemand de Paris le 12 janvier 2006, *Francia* 34/1, 2007, p. 176-185.

4. F. Michaud-Fréjaville, « Un habit "deshonnête" », p. 180.

Sylvie Steinberg pour la Renaissance[1]. Les deux historiennes ont rappelé que les motivations des femmes étaient diverses : se protéger d'un danger, combattre, mener une vie monacale et ascétique. Jacques Gélu, déjà cité, explique si le Deutéronome (Deut. 22, 5) interdisait aux femmes de vêtir en homme, les mystères de la foi étaient insondables et justifiaient le fait que Dieu chargeait une femme de commander à des hommes de guerre[2]. Lors du procès de nullité, Guillaume Manchon rappela que Jeanne s'est vêtue en homme pour se protéger de dangers[3]. Toutefois, la Pucelle ne voulait aucunement bouleverser l'ordre établi et dépasser les limites fixées par la société de son temps par le port du vêtement d'homme et par ses actions militaires, elle disait clairement qu'elle aimerait mieux « filer auprès de sa mère » (autrement dit suivre les taches féminines et la place assignée aux femmes) et qu'elle a revêtu un vêtement d'homme uniquement sur le commandement de Dieu[4].

Outre son armure et ses armes, Jeanne avait reçu une maison militaire avec des chevaux, des pages, des serviteurs et un chapelain, Jean Pasquerel, que lui a d'ailleurs choisi sa mère Isabelle Romée lors d'un pèlerinage au Puy-en-Velay. Mais comment se définit-elle elle-même ? Dans la lettre au duc de Bedford (du 22 mars 1429) qui lui est lue à la 5e séance du procès (1er mars 1431), elle emploie l'expression de « chef de guerre » ; face à ses juges, elle tient cependant à préciser qu'elle n'était chef de guerre que pour renvoyer les Anglais[5] : ce point a suscité des discussions animées chez les historiens. Quel titre avait-t-elle obtenu réellement ? était-elle capitaine ? ou un simple « porte étendard » comme l'a écrit Jean Gerson ? Françoise Michaud-Fréjaville a montré que le sujet est complexe et embarrassait ses contemporains dans les traités qu'ils lui consacrèrent ont souvent esquivé la question[6]…

1. M. Warner, *Joan of Ark, The Image of the Female Heroism*, Oxford, OUP, 2013 (nouv. éd.) ; et S. Steinberg, *La confusion des sexes. Le travestissement de la Renaissance à la Révolution*, Paris, Fayard, 2001.

2. O. Bouzy, « Le traité de Jacques Gélu *De adventu Iohanne* », *Bulletin de l'association des Amis du centre Jeanne d'Arc* 16, 1992, p. 29-39 ; et O. Hanne, « "De la venue de Jeanne" de Jacques Gélu », *Jeanne d'Arc et la guerre de Cent Ans*, Soteaca, Groupe Hommel, 2012, p. 2-5.

3. *Cf.* F. Michaud-Fréjaville, « Un habit "deshonnête" », p. 179.

4. *Procès de condamnation de Jeanne d'Arc*, éd. cit., t. II, p. 74.

5. *Ibid.*, p. 83 et éd. de la lettre, p. 185-186.

6. F. Michaud-Fréjaville, « Jeanne d'Arc, *dux*, chef de guerre », *Cahiers de recherches médiévales* 12, 2005, p. 189-197.

Mais en dehors de l'avis des hommes, comment Jeanne se considérait-elle ? Comment s'exprimait-elle ? dans ses lettres, elle mentionnait souvent ses soldats, « archers, compagnons de guerre », sa « bonne compagnie », et employait un vocabulaire viril en leur demandant de combattre « hardiment » ; et si les Anglais ne partent pas, « nous frapperons et feront si grand hahay (cri) qu'il n'y a lieu mille ans en France » affirmait-elle au duc de Bedford[1]. Elle évoqua le 27 février l'épée prise sur un bourguignon qui pouvait donner « de bonnes buffes et bons torchons »[2] : c'est-à-dire de bonne gifles. Elle a menacé « d'occire » les Anglais qui ne voulaient pas quitter le royaume de France. Elle suivait aussi les usages militaires : le 13 septembre, elle se rendit à l'abbaye de Saint-Denis et offrit en ex-voto un harnais et les armes prises sur un prisonnier qu'elle fit devant Paris. Lorsqu'au procès de condamnation, on lui en demanda la raison : elle expliqua « que c'est par dévotion comme il est de coutume chez les hommes d'armes quand ils sont blessés »[3]. Elle avait donc pleinement intégré le monde militaire, ses usages et ses codes.

Thibaut d'Armagnac seigneur de Thermes, chevalier et bailli de Chartres, qui a combattu à Patay, témoigne en 1456 :

> En dehors de la guerre, Jeanne était la simplicité et l'innocence même ; mais pour conduire et mener les armées et engager la guerre, pour ordonner l'armée pour la bataille et motiver les soldats, elle se comportait comme le plus habile et le plus expérimenté des capitaines du monde entier, quelqu'un qui aurait été éduqué pour la conduite de la guerre depuis sa naissance. [...] Impossible de montrer plus de courage et d'habileté qu'elle ne le fit, à l'assaut des bastilles d'Orléans[4].

Le duc d'Alençon, l'un de ses proches compagnons d'armes, renchérit :

> chacun s'émerveillait qu'elle agisse aussi sagement et avec clairvoyance dans la conduite de la guerre comme si elle était un capitaine qui avait vingt ou trente années d'expérience en particulier dans la mise en place de l'artillerie dans laquelle elle excellait[5].

Pourtant Philippe Contamine considère que Jeanne n'a pas été un authentique capitaine de l'armée royale, qu'elle a été d'abord accueillie

1. *Procès de condamnation de Jeanne d'Arc*, éd. cit., t. II, p. 185-186.

2. *Ibid.*, p. 77.

3. *Ibid.*, p. 76.

4. *Procès en nullité de la condamnation de Jeanne d'Arc*, éd. P. Duparc, Paris, Klincksieck-Société de l'histoire de France, 1983, t. III, p. 119-120.

5. *Ibid.*, t. IV, p. 70.

avec moquerie par plusieurs capitaines français à Orléans et a continué à être exclue des conseils de guerre dans la campagne du Val de Loire (Jargeau, Meung, Beaugency). Il souligne qu'elle a mené peu de batailles rangées (hormis Patay) et surtout participé à des guerres de siège avec une technique rudimentaire, basée sur l'élan et une confiance quasi mystique, confinant parfois à la témérité, qui contrastait avec les méthodes enseignées dans les manuels d'art militaire et appliquées par les grands chefs militaires de l'époque, qui reposaient sur la ruse et l'établissement de camps fortifiés. Bref, la tactique de Jeanne était rudimentaire et humainement risquée[1]. Elle intimait d'abord aux adversaires l'ordre de se retirer avant de lancer l'assaut, mais elle bénéficia du soutien immédiat de la troupe et rendit courage à des hommes harassés et démoralisés[2]. Sa réputation fut telle que 10 à 12 000 hommes viennent rejoindre l'armée royale. Elle a néanmoins permis de lever le siège d'Orléans et de remporter des succès en Val de Loire, tel à Meung où, comme le relate en 1456 Jean de Champeaulx, le combat était prévu le dimanche, elle fit d'abord célébrer la messe et les Anglais s'en allèrent[3]. L'armée avait vaincu sans combattre. Dans un autre contexte, elle réussit aussi à récupérer sans coups férir Troyes, Chalons et Reims. Mais les échecs ont été aussi au rendez-vous, à commencer par celui de Paris, qui eut lieu un 8 septembre, pourtant jour de fête de la Vierge Marie[4].

Mais Jeanne a-t-elle elle-même combattu ? A-t-elle fait couler le sang ? La question a été finement analysée par Françoise Michaud-Fréjaville[5] : des reproches lui en effet été faits lors du procès de 1431 : les 27 et 28 mars le promoteur Jean Estivet exposa soixante-dix articles résumant les accusations formulées au cours des séances. Le 25e article précisait : « Ladite Jeanne, usurpant l'office des anges, a dit et affirmé qu'elle a été et qu'elle est envoyée de par Dieu, même pour des actes qui tendent entièrement à la voie de fait et à l'effusion de sang »[6]. Le 23 mai suivant, lors de son admonestation, Pierre Morice apostropha violemment Jeanne :

1. P. Contamine, *De Jeanne d'Arc aux guerres d'Italie, Figures, images et problèmes, XVe siècle*, Orléans-Caen, Paradigme, 1994, *passim*, notamment p. 80-85.

2. S. Cassagnes, *Chevaleresses*, p. 195.

3. *Le procès de réhabilitation de Jeanne d'Arc*, éd. R. Oursel, Paris, Club du meilleur livre, 1954 (nouv. éd.), p. 267.

4. P. Contamine, *De Jeanne d'Arc aux guerres d'Italie*, p. 85-87.

5. F. Michaud-Fréjaville « L'effusion de sang dans les procès et les traités concernant Jeanne d'Arc (1430-1456) », dans *Le sang au Moyen Âge*, Montpellier, Cahiers du CRISIMA 4, 1999, p. 332-340.

6. *Procès de condamnation de Jeanne d'Arc*, éd. cit., t. II, p. 187.

> Tu t'es vantée de faire tuer tous ceux qui n'obéissaient pas et qu'aux coups on verrait qui aurait meilleur droit de Dieu au ciel [...]. Tu es traîtresse, fourbe, souhaitant cruellement l'effusion de sang humain, incitant à la tyrannie[1].

On l'accusait d'avoir menacé « d'occire » les Anglais et on lui reprochait plus précisément la mort de Franquet d'Arras. Qui était ce personnage ? Ce chef de compagnies bourguignonnes courait le pays avec 300 archers en s'illustrant par sa brutalité et ses rapines ; il finit par être capturé par la garnison de Lagny en mai-juin 1430. Jeanne voulait le garder pour l'échanger contre un aubergiste de Paris emprisonné par les Anglais. Le bailli de Senlis demandait au contraire qu'il lui soit remis et jugé pour ses brigandages. Jeanne apprit que malheureusement l'aubergiste était mort : elle laissa alors le bailli s'emparer de Franquet et le juger, et, à l'issue d'un procès, celui-ci fut exécuté. Les Anglais qui appréciaient Franquet reprochèrent sa mort à Jeanne, même si elle n'en était pas directement responsable[2]. Bref, on reproche à Jeanne des faits qui font partie du contexte violent de la guerre de Cent Ans, qu'on ne reprocherait pas à un homme mais qui renforcent les critiques déjà faites sur l'habit masculin... Il est certain que Jeanne a participé aux combats et qu'il y a eu des morts autour d'elle : certains hommes d'armes de son parti ont laissé leur vie à Compiègne ou à Paris, de même que ses adversaires, comme Glasdale et d'autres, ont péri dans les eaux de la Loire, mais la guerre n'est pas en dentelles, elle ne se fait pas sans violence.... Jean d'Aulon témoigna que Jeanne ne supportait pas la vue du sang[3], pourtant elle en paya elle-même le prix, puisqu'elle fut blessée à deux reprises à l'omoplate à Orléans et à la cuisse devant Paris.

Pour répondre aux accusations formulées en 1431 les défenseurs du procès de nullité de 1456 ont rappelé qu'elle avait eu le comportement attendu lors d'une guerre entre chrétiens : elle appliquait les principes de la théologie de la guerre juste élaborée à partir du XIIe siècle en respectant 5 points : la personne qui mandate, l'objet, la cause, l'esprit et l'autorité ; elle menait notamment une guerre juste pour une juste cause : restituer le royaume de France, à la demande d'une autorité suprême : Dieu lui-même[4].

1. *Procès de condamnation de Jeanne d'Arc*, éd. cit., t. II, p. 328.

2. F. Michaud-Fréjaville « L'effusion de sang dans les procès », notamment n. 7, p. 180-182.

3. *Procès en nullité*, t. I, p. 392.

4. F. Michaud-Fréjaville, « Jeanne d'Arc, *dux,* chef de guerre », p. 191.

Un autre combat ?

Mais le comportement de Jeanne dépassait celui de la guerre juste car elle ne combattait pas elle-même et affirmait n'avait jamais tué personne et tenir son étendard pour ne pas risquer de blesser quelqu'un, et elle ajoutait préférer 40 fois son étendard à son épée[1]. Elle était avant tout attachée à la paix et suivait les préceptes du Deutéronome (Deut. 20, 12) en ne se battant qu'après avoir épuisé les solutions négociées, d'où les lettres envoyées aux Anglais et aux Bourguignons avant les opérations militaires. « Rendez à la Pucelle les clés de toutes les bonnes villes elle est toute prête à faire la paix » dit-elle dans la lettre déjà citée adressée au duc de Bedford[2]. Elle voulait en fait établir la paix entre les chrétiens pour mener d'autres combats contre les ennemis de la foi en Terre sainte et en Europe centrale ; elle entendait conduire Charles VII en croisade et mourir à Jérusalem affirma Christine de Pizan dans le *Ditié*[3]. Jeanne avait fait adresser une lettre aux Hussites le 23 mars 1430 depuis le château de Sully-sur-Loire ; la lettre connue seulement par une copie aurait été écrite par son confesseur Jean Pasquerel, mais c'est bien Jeanne qui s'exprimait comme le pense Xavier Hélary[4] : elle conjurait les hérétiques de revenir à la vraie foi et menaçait de s'occuper d'eux dès qu'elle en aurait fini avec les Anglais. Ces projets qui peuvent aujourd'hui surprendre rejoignent les idéaux de l'époque, véhiculés par le clergé, notamment l'esprit de croisade qui perdure pendant des siècles[5].

Mais Jeanne se distinguait davantage sur d'autres points : elle refusait d'abord l'acharnement contre les ennemis. Ainsi, en 1456, Simon Beaucroix témoigne qu'à Orléans elle ne voulut pas poursuivre les Anglais qui fuyaient : « leur retraite me suffit » déclara-t-elle[6]. Elle fera de même à Beaugency. Son comportement étonnait ceux qui l'approchaient et avaient l'habitude des pratiques rudes des hommes d'armes. Martin Berruier au procès de nullité souligna qu'elle avait interdit dans l'armée « les blasphèmes, les rapines et les violences envers les pauvres » et « chassait

1. *Procès de condamnation de Jeanne d'Arc*, éd. cit., t. II, p. 77
2. *Ibid.*, p. 185-186.
3. C. Le Ninan, « L'idée de croisade dans deux œuvres de Christine de Pizan », *Cahiers de recherches médiévales* 8, en ligne, 2001, consulté le 31 juillet 2020, http://journals.openedition.org/crm/411.
4. X. Hélary, « Hussites », *Jeanne d'Arc Histoire et dictionnaire*, p. 765.
5. *Cf.* A. Dupront, *Le Mythe de Croisade*, Paris, Gallimard, 1997, 4 t.
6. *Le procès de réhabilitation de Jeanne d'Arc*, p. 317.

les filles de mauvaise vie »[1]. Simon Beaucroix affirmait qu'elle refusait de manger des vivres volées[2]. Guillaume de Ricarville disait qu'elle avait une pratique religieuse plus fréquente que ses contemporains : au milieu du campement des soldats elle entendait la messe chaque jour et recevait la communion chaque semaine[3]. Jean Pasquerel son aumônier expliqua qu'elle avait fait faire une bannière pour rassembler les prêtres, qu'elle y avait fait peindre « Notre Seigneur en croix » et faisait prier soir et matin les prêtres, ceux-ci marchaient en tête de l'armée sous la bannière au chant du *Veni Creator*[4].

La chevauchée de Jeanne marqua un tournant dans la guerre de Cent Ans, qui fut perçu comme tel par ses contemporains, mais son intervention à Orléans et ses autres victoires furent considérées par beaucoup comme miraculeuses et surnaturelles : sa guerre ne dépassait-elle le seul cadre ordre humain ? Gerson dans le traité de *De quadam puella* composé en mai 1429 fut sans doute l'un des premiers à l'exprimer en évoquant l'intervention divine pour justifier ses exploits. Martin Berruier considérait que Jeanne était dans tout ce qu'elle faisait mue par un esprit supérieur et non humain. Messire de Termes témoigne en 1456 « qu'elle relevait davantage de Dieu que des hommes » et Jean d'Aulon que « les faits de la Pucelle lui semblaient plus des faits divins et miraculeux qu'autrement » et qu'il était « impossible à une si jeune pucelle de faire telles œuvres sans le vouloir et la conduite de notre Seigneur »...

Le combat de Jeanne ne dépassait-il pas en effet le simple cadre militaire terrestre ? N'était pas aussi un combat spirituel contre les forces du mal, un combat par lequel elle tentait d'assurer le salut de ses contemporains et en les ramenant vers Dieu ? Son étendard n'était en rien un symbole guerrier puisqu'il représentait sur un fond de fleurs de lys d'or (la fleur des rois de France certes mais initialement la fleur de Paradis) le Christ de l'Apocalypse, roi du monde, entre deux anges qui serait saint Michel symbolisant la justice et saint Gabriel la miséricorde[5]. Les témoignages recueillis en 1456 étaient certes destinés à répondre aux accusions du procès de 1431, mais ils livraient également des faits nouveaux et précis.

1. *Procès en nullité*, t. I, p. 419.
2. *Le procès de réhabilitation de Jeanne d'Arc*, p. 318.
3. *Ibid.*, p. 256.
4. *Ibid.*, p. 345.
5. O. Bouzy, *Jeanne d'Arc, mythe et réalités*, Paris, L'atelier de l'archer, 1999, p. 72 ; et P. Contamine, « Remarques critiques sur les étendards de Jeanne d'Arc », Atelier « recherches récentes sur Jeanne d'Arc », *Francia*, p. 195-196.

André Bordes raconta ainsi qu'elle faisait des remontrances aux soldats pour qu'ils ne blasphèment plus et qu'il a vu « des hommes d'armes dont la vie était dissolue se convertir à son appel et cesser de commettre le mal »[1]. Renaude, veuve de J. Huré, se souvenait d'avoir vu Jeanne « réprimander un seigneur qui jurait, l'avoir pris par le cou avec douceur pour l'inciter à s'amender »[2]. Simon Beaucroix affirmait qu'elle exhortait les soldats à vivre honnêtement et à « aller à confesse » et ajoute « quand j'étais avec elle je n'eust jamais volonté de mal faire »[3]. Il témoigne que Jeanne manifestait une compassion particulière pour les blessés et les mourants, même ennemis[4]. À l'entrée dans Orléans Jean Pasquerel dit qu'elle vit beaucoup de blessés dont « elle eut grande compassion » et des Anglais tués dont « elle était bien dolente » car « elle disait qu'ils étaient morts sans confession méritaient d'être plaints ». Elle lui recommandait de demander aux soldats de confesser leurs péchés et de rendre grâce à Dieu pour la victoire. « Elle compatissait aux peines des soldats même du parti anglais, quand elle les voyait blessés ou à toute extrémité elle les faisait se confesser », ajoutait-il encore en précisant qu'elle avait demandé plusieurs fois que si elle mourrait on fasse faire des chapelles pour prier pour le salut de ceux qui ont rendu l'âme à la guerre[5].

Pour conclure on peut dire que Jeanne faisait partie des femmes combattantes qui se sont multipliées dans les traités littéraires, dans les représentations artistiques et dans les faits à la fin du Moyen Âge, mais qu'elle menait un combat singulier, plus spirituel que temporel. Son combat a eu une extraordinaire postérité, puisque l'armure, l'étendard et l'épée ont fait jusqu'à nos jours partie de ses attributs iconographiques. Sa béatification obtenue en 1909, peu avant le déclenchement de la Grande Guerre, a fait d'elle la sainte la plus invoquée après la Vierge Marie, par les poilus des tranchées[6]. La première chapelle construite en 1883 dans la basilique de Domremy, fut placée sous le titre de Notre-Dame des Armées, avec des références explicites à Jeanne d'Arc : les toiles d'Alphonse Monchablon (1897) montrant des soldats de la marine et des soldats de

1. *Le procès de réhabilitation de Jeanne d'Arc*, p. 272.
2. *Ibid.*, p. 275.
3. *Ibid.*, p. 317.
4. *Ibid.*, p. 318.
5. *Ibid.*, p. 347 et p. 353-355.
6. *Cf.* M. Delavenne, *Une sainte des tranchées, Jeanne d'Arc pendant la Grande guerre*, Épinal, Conseil départemental des Vosges, 2007.

l'armée de terre tués au combat ôtées dans les années 1960 ont été récemment réinstallées lors d'une célébration (1er novembre 2019) après une restauration à la demande des responsables de l'armée qui se reconnaissent toujours en Jeanne d'Arc. Ajoutons enfin qu'en Lorraine surtout la Pucelle reste une figure incontournable des lieux de mémoires de la Première guerre mondiale, puisqu'elle figure fréquemment sur les monuments aux morts des places de villages et sur les vitraux commémoratifs à l'intérieur des églises, réunissant quelque part le temporel et le spirituel[1]...

1. C. Guyon, « Représentations lorraines de Jeanne d'Arc (XVIIe-XXe siècles) », *Renaissance du Vieux Metz et des Pays lorrains* 164, 2012, p. 10-19.

INDEX NOMINUM

AUTEURS ANCIENS

AUTEURS MODERNES

INDEX DES MANUSCRITS

LISTE DES CONTRIBUTEURS

Pascale BERMON
PSL/CNRS/LEM

Julie BRUMBERG-CHAUMONT
PSL/CNRS/LEM

Michelle BUBENICEK
École Nationale des Chartes

Catherine GUYON
Université de Lorraine, CRULH Nancy-Metz

Marie-Pascale HALARY
Université Lyon 2

Laurent MAYALI
Berkeley Law, University of California, Berkeley

Laurence MOULINIER-BROGI
Université Lyon 2

Dominique POIREL
Institut de Recherche et d'Histoire des Textes (CNRS), Institut Catholique de Paris, Université Catholique de Lublin

Lorenzo SARACENO
Moine camaldule OSB, Eremo San Giorgio, Verone

Laure SOLIGNAC
Institut Catholique de Paris

TABLE DES MATIÈRES

Achevé d'imprimer en novembre 2022
sur les presses de
La Manufacture - Imprimeur – 52200 Langres

Tél. : (33) 325 845 892

N° imprimeur 221072 - Dépôt légal : décembre 2022
Imprimé en France